Uwe A. Oster

Wilhelmine von Bayreuth

PIPER

Zu diesem Buch

»Das Glück, von Dir geliebt zu werden, geht mir über Reiche und Kronen«, bekannte Friedrich der Große seiner erklärten Lieblingsschwester, der Markgräfin Wilhelmine von Bayreuth (1709–1758). Die von Voltaire verehrte »fürstliche Philosophin und Beschützerin der Künste« versammelte an ihrem Musenhof namhafte Künstler und Wissenschaftler; ihrer rastlosen Bautätigkeit verdankt die Nachwelt ein einzigartiges Ensemble spätbarocker Baukunst. Doch die Sehnsucht der »Pallas von Bayreuth« nach dem »irdischen Arkadien«, ihre lebenslange Suche nach Liebe und Harmonie, entsprang nicht zuletzt dem Wunsch, dem Netz der höfischen Intrigen zu entfliehen, das sie von frühester Jugend umgab. Auf dem Höhepunkt ihres Lebens muss sich Wilhelmine schließlich eingestehen, dass sie den Kampf um die Liebe ihres Mannes, des Markgrafen Friedrich von Brandenburg-Bayreuth (1711–1763) gegen eine schöne junge Hofdame verloren hat ...

Uwe A. Oster, geboren 1964, studierte Geschichte und Germanistik in Tübingen. Seit 1996 ist er stellvertretender Chefredakteur des Geschichtsmagazins Damals, wo er gelernt hat, über historische Themen fesselnd und populär zu schreiben. Er lebt in Hechingen bei Stuttgart.

Uwe A. Oster

Wilhelmine von Bayreuth

Das Leben der Schwester Friedrichs des Großen

Mit 16 Seiten farbigem Bildteil

PIPER

Mehr über unsere Autorinnen, Autoren und Bücher:
www.piper.de

Von Uwe A. Oster liegen im Piper Verlag vor:
Wilhelmine von Bayreuth

Unser Versprechen für mehr Nachhaltigkeit
• Klimaneutrales Produkt
• FSC®-zertifiziertes Papier
• Hergestellt in Europa

FSC www.fsc.org
MIX
Papier | Fördert gute Waldnutzung
FSC® C021394

Ungekürzte Taschenbuchausgabe
ISBN 978-3-492-24881-5
1. Auflage Februar 2007
7. Auflage Dezember 2023

Umschlaggestaltung: semper smile, München
Umschlagmotiv: Antoine Pesne (»Markgräfin Wilhelmine von Bayreuth«, um 1730/40; Bayerische Seen- und Schlösserverwaltung BSV)
Satz: Uwe Steffen, München
Gesetzt aus der New Baskerville
Litho: Lorenz & Zeller, Inning am Ammersee
Gedruckt von ScandBook in Litauen
Printed in the EU

Inhalt

IV

Die traurige Musenfürstin

V

Am Abgrund

I

Geiz, Glanz und Gloria

Eine Prinzessin, die sehr ungnädig empfangen wurde

Ein Sohn, ein Königreich für einen Sohn! Sophie Dorothea Kronprinzessin in Preußen war zuversichtlich, daß sie den größten Wunsch ihres Gemahls, Kronprinz Friedrich Wilhelm, erfüllen würde. Sie war, im wahrsten Sinne des Wortes, guter Hoffnung, als sie ihm im Juni 1709 schrieb: »Ich hoffe, daß Ihnen Dildei bald die Neuigkeit überbringen wird, daß es einen kleinen Grenadier gibt und daß es mir gutgeht.« Dildei war der Kammerdiener des Kronprinzen, der zu dieser Zeit nicht in Berlin war, sondern im Feldlager von Villemeau. Im Spanischen Erbfolgekrieg kämpften preußische Truppen an der Seite Österreichs, Englands und der Generalstaaten (der heutigen Niederlande) gegen Frankreich. Die Freude Friedrich Wilhelms über den Brief seiner Frau war groß, doch Dildei sollte nie dazu kommen, die angekündigte frohe Botschaft zu überbringen.

»Die Kronprinzessin gebar am 3. Juli 1709 eine Prinzessin, die sehr ungnädig empfangen wurde, da alles leidenschaftlich einen Prinzen wünschte. Diese Tochter ist meine Wenigkeit.« Mit einer gehörigen Portion Selbstironie hat die Markgräfin Wilhelmine von Bayreuth in ihren Memoiren (siehe S. 355) die nicht gerade begeisterten Reaktionen auf ihre Geburt beschrieben. Was aus heutiger Sicht herzlos klingen mag, war es keineswegs: Dem Haus Hohenzollern fehlte ein direkter Thronfolger. Das war um so prekärer, als die preußische Königswürde noch neu und nicht unangreifbar war. Am 18. Januar 1701 hatte sich Kurfürst Friedrich III. von Brandenburg selbst zum König in Preußen gekrönt – nicht zum König *von* Preußen, denn Westpreußen stand nach wie vor unter polnischer Oberhoheit. Das habsburgische Kaiserhaus hatte die Standeserhöhung zwar nach langen Verhandlungen akzeptiert, das änderte aber nichts daran, daß man die Hohenzollern nicht für seinesgleichen erachtete. Um so wichtiger war eine reibungslose Thronfolge – und das hieß: Der Kronprinz benötigte nichts mehr als einen Sohn. Zwar hatte am 23. November 1707 ein Prinz das Licht der Welt erblickt, der auf die Namen Friedrich Ludwig getauft wurde. Doch das Kind wurde kaum ein halbes Jahr alt.

Das Ereignis, auf das der ganze Hof weiter sehnsüchtig wartete, war die Geburt eines Thronfolgers. Am 16. August 1710 war es soweit: Die Kronprinzessin gebar einen Sohn, der wie sein Vater Friedrich Wilhelm getauft wurde. Doch das Schicksal schlug ein weiteres Mal zu: Am 31. Juli 1711 starb das Kind, noch nicht ein Jahr alt. Die Ärzte zankten sich, warfen sich gegenseitig Behandlungsfehler vor. Gerüchte machten, wie schon beim Tod des ersten Prinzen, die Runde: Die lauten Kanonenschüsse zu seiner Geburt hätten die todbringende Krankheit ausgelöst, der König habe dem Baby die Taufkrone zu fest aufs Haupt gedrückt ... Tatsächlich freute sich Friedrich I. ungemein über die Geburt des Kindes und ließ, wie es Brauch war, nach der Taufe »alle Stücke [Kanonen] von den Wällen« abfeuern, doch das war wohl kaum der Grund für den Tod des kleinen Prinzen ein Jahr später.

Am 24. Januar 1712 schenkte Sophie Dorothea erneut einem Sohn das Leben. An die Kurfürstin Sophie von Hannover schrieb der stolze Großvater, »daß wir ... Ursache dafür haben, dafür Gott zu danken. Die Kronprinzessin befindet sich noch zur Zeit recht wohl und mein Enkel ebenfalls. Er schreiet brav und ist recht fett und frisch.« Nach dem Wunsch des Königs wurde das Kind nur auf den Namen Friedrich getauft: »Sie wissen«, schrieb dieser damals an einen Freund, »daß dieser Name meinem Hause glückbringend gewesen ist. Hoffen wir, daß dieses Kind ebenso glücklich sein wird, wie seine Vorfahren.« Glücklich, das wurde er nicht unbedingt, aber er wurde zum bedeutendsten König, den das Haus Hohenzollern in seiner Geschichte hervorgebracht hat. Und er wurde zum engsten Vertrauten seiner Schwester: Friedrich der Große. Die Zuneigung Wilhelmines ging bis in die ersten Lebenstage des Bruders zurück: »Allhier«, so König Friedrich in einem Brief am 8. Februar 1712, »befinden sich unsere Kinder auch noch alle gesund, insonderheit aber der Prinz von Preußen [Friedrich] ... und ist zu verwundern, daß die Prinzessin [Wilhelmine] ihn so sehr lieb hat, da sie ihre zwei ersten Brüder nicht leiden konnte.« Am 20. Dezember schließlich erzählte er der Kurfürstin von Hannover, daß er der »kleinen Prinzessin« eine Kutsche, wohl eine Spielzeugkutsche oder eine kleine Kinderkutsche, geschenkt habe. Das verdiene zwar nicht unbedingt erwähnt zu werden, »aber sie hat sich sehr darüber erfreuet«.

Die Fixierung auf einen Thronfolger sollte nicht darüber hinwegtäuschen, daß auch Prinzessinnen wichtige Figuren im großen Spiel der Dynastien waren: Gelang es, sie gut zu verheiraten, konnten daraus Allianzen zwischen Staaten entstehen. Daran erinnerte die Kurfürstin Sophie in ihrem Antwortbrief an König Friedrich I. auf die Nachricht von der Geburt Wilhelmines. Zwar, so Sophie, »hätte es mir noch mehr erfreut, wenn Eurer Königlichen Majestät durch einen Prinzen gesegnet worden, doch haben Euer Majestät auch eine königliche Prinzessin nötig, [um] Allianzen zu machen«.

Es war üblich, schon über eheliche Verbindungen zu verhandeln, wenn die Brautleute noch Kinder waren. Für Wilhelmines Mutter stand ohnehin fest, mit wem ihre Tochter den Bund der Ehe schließen würde. Die gebürtige Welfin träumte von einer weiteren Verbindung zwischen Hannover und Berlin. Wilhelmine sollte den 1707 geborenen Sohn ihres Bruders Georg heiraten. Schon im September 1709, als ihre Tochter gerade zwei Monate alt war, schrieb sie an ihren Mann: »Der kleine Fritz fragt mich ständig nach Neuigkeiten von seiner Braut.« Der kleine Fritz, damit ist Friedrich Ludwig von Hannover gemeint, mit der Braut Wilhelmine. Nichts sollte die Kronprinzessin und spätere Königin in den folgenden Jahrzehnten mehr umtreiben als diese Heirat, und nichts sollte das Eheleben Sophie Dorotheas und Friedrich Wilhelms mehr belasten als dieser Traum, der sich zur fixen Idee auswuchs.

Dabei wären die unterschiedlichen Charaktere der beiden schon Belastung genug für diese Ehe gewesen: Schon als Kind waren die wesentlichen Charaktermerkmale Friedrich Wilhelms ausgeprägt. Im Alter von zehn Jahren schenkte ihm sein Vater das Gut Wusterhausen, aus dem er noch vor seiner Thronbesteigung einen mustergültigen Betrieb machte: Preußen im kleinen. Und wie er sich später als König um alles selbst kümmern wollte, so tat er dies auch in Wusterhausen. Jede noch so kleine Ausgabe hielt er akribisch in seiner »Rechnung über meine Ducaten« fest. Ob Bindfaden, Blumen oder Tintenfaß, mathematische Instrumente oder Geld, »für einen Hund zu füttern«, nichts vergaß der penible Junge, nicht einmal die wahrlich geringen Kosten für die Reparatur seiner »Trommeln und Stöcke«.

Am glücklichsten war Friedrich Wilhelm, wenn er mit seinen Soldaten exerzieren konnte, und auch das tat er bereits als Jugendlicher in Wusterhausen, »weil ich doch in der ganzen Welt in nichts Plaisir finde als in einer guten Armee«.

Aber es war nicht nur Plaisir. Als während des Nordischen Krieges 1711 russische, sächsische und polnische Truppen durch Hinterpommern zogen, ohne sich einen Deut um die preußische Neutralitätserklärung zu scheren, wurde Friedrich Wilhelm – damals noch Kronprinz – die Machtlosigkeit seines Landes bewußt. Nur eine starke Armee konnte Abhilfe schaffen und für Respekt sorgen. In der Umgebung Friedrich Wilhelms I. dominierten dementsprechend die Uniformen: »Wenn man von dem Berliner Hof redet«, bemerkte Johann Michael von Loen 1718, »so verstehet man darunter schier nur die Kriegsleute; diese allein machen eigentlich den königlichen Hof aus. Die Räte, Kammerherren, Hofjunker und dergleichen, wann sie nicht zugleich Kriegsämter haben, werden nicht viel geachtet ... Was ... die Lustbarkeiten bei Hof betrifft, so kommen dieselbe mit denjenigen des wienerischen und dresdnerischen Hofs in keinen Vergleich. Ja, ich muß schier sagen ... Schauspiele findet man in Berlin gar nicht, es sei dann, man verstehe darunter die schöne Mannschaft, die täglich auf die Parade ziehet und welche für einen Liebhaber der Soldaten alles übertrifft, was man Schönes in der Welt sehen kann.«

Tatsächlich gab es keine Hofkapelle, die diesen Namen verdient hätte, und die Musiker, die in des Königs Diensten standen, hatten Choräle zu spielen – das mußte reichen. Ab und an kamen Werke Georg Friedrich Händels zur Aufführung, bei denen der König regelmäßig einschlief. In der Instruktion Friedrich Wilhelms für seinen Nachfolger hielt er diesen an, »Opern, Komödien, Redouten, Balletts und Maskeraden« zu »unterdrücken«, seien sie doch »Satanas Tempel« und »skandalöse Plesirs«.

Mit seiner von bürgerlichem Arbeitsethos geprägten Lebenseinstellung blieb Friedrich Wilhelm auch seinen Eltern zeitlebens fremd. Friedrich I. und Sophie Charlotte, wie ihre spätere Schwiegertochter eine gebürtige Welfin, waren verschwenderisch und prunkliebend, der Wissenschaft, der Architektur und den Künsten zugetan, die unter ihrer Regierung in Preußen eine solche Blüte erlebten, daß Berlin zum Spree-Athen wurde. Auch das war nicht die Welt Friedrich Wilhelms, der Kunst und Wissenschaft nur dann gelten ließ, wenn sie einen praktischen Nutzen hatten, wie etwa die Medizin. Ansonsten waren Professoren für ihn nichts weiter als »Blackscheißer« (Tintenkleckser) und Studenten »Universitätsschurken«. Nur wer zum Offizier nicht taugte, sollte Gelehrter werden. Auf keinen Fall sollten sie sich in seine Angelegenheiten mischen: »Die Blackscheißer sollen schreiben, was ich befehle, und sollen mir keinen Rat geben.« Daß die Akademie der Wissenschaften unter Friedrich Wilhelm I. für die Bezahlung der Hofnarren zuständig war, sagt eigentlich alles.

Und dieser aus der barocken Art geschlagene Prinz heiratete ausgerechnet Sophie Dorothea von Hannover. In ihren Memoiren hat die Markgräfin Wilhelmine ihre Mutter so beschrieben: »Ihre edle und majestätische Haltung flößt allen, die sie sehen, Ehrerbietung ein; ihre große Weltgewandtheit und ihr glänzender Geist deuten auf mehr Gründlichkeit, als ihr eigen ist. Sie hat ein gutes, großmütiges und mildreiches Herz; sie liebt die schönen Künste und die Wissenschaften, ohne sich allzusehr mit ihnen befaßt zu haben ... Sie verkörpert allen Stolz und Hochmut ihres hannoveranischen Hauses. Ihr Ehrgeiz ist maßlos, sie ist grenzenlos eifersüchtig, argwöhnischen und rachsüchtigen Gemütes und verzeiht nie, wo sie sich für beleidigt hält.«

Sophie Dorothea vermißte in Berlin das Hofleben, das sie aus Hannover kannte, und gewöhnte sich zeitlebens nicht an die derbe Lebensweise ihres Mannes. In jungen Jahren war sie eine schöne Frau, doch nahm ihr Körperumfang analog dem ihres Mannes zu. Halb spöttisch, halb ehrfürchtig erhielt sie am Berliner Hof den Spitznamen »Olympia«. Die

Ehe Friedrich Wilhelms und Sophie Dorotheas litt aber nicht nur unter den unterschiedlichen Charakteren. In seinen Briefen nannte der Kronprinz seine Frau zwar »Fieke« oder »Fiekchen«, und er liebte sie aufrichtig, aber er tat dies auf eine besitzergreifende, alles andere ausschließende Weise. Er erwartete von ihr die gleiche Hingabe, wie er sie in seinen eigenen Briefen zum Ausdruck brachte: »Ich kann diese Post nicht vorübergehen lassen, ohne Ihnen zu bezeugen, wie sehr ich Sie leidenschaftlich liebe. Ich habe eine große Ungeduld, Sie wiederzusehen und Sie in meiner Gesellschaft zu haben, daß ich es Dir gar nicht ausdrücken kann, meine liebe Fieke, alle meine Zufriedenheit besteht in Ihnen und all mein Glück in dieser Welt, wenn Sie wollen, aber ich hoffe, daß meine sehr liebe Fieke es immer wollen wird. Seien Sie überzeugt, meine liebste Fieke, daß ich Sie von ganzem Herzen liebe und nicht ohne Sie leben kann, meine liebste Fieke ...«

Niemals wäre es Friedrich Wilhelm in den Sinn gekommen, sich den Gepflogenheiten der Zeit entsprechend eine Mätresse zu nehmen. Doch wie er hinter allem und jedem Verrat witterte, verdächtigte er auch seine Frau und machte ihr damit das Leben schwer. Verhielt sich Sophie Dorothea nicht, wie es ihr Mann erwartete, war die Auseinandersetzung vorprogrammiert. Dann überhäufte er sie mit nebulösen Vorwürfen, die einerseits Folge seiner krankhaften Eifersucht, andererseits auf sein insgesamt sehr problematisches Verhältnis zum anderen Geschlecht zurückzuführen waren. In ihrem Memoiren schreibt Wilhelmine darüber: »Obwohl ... der König seine Gemahlin leidenschaftlich liebte, konnte er nicht umhin, sie unbillig zu behandeln ... Und er verfuhr so, weil, wie er sagte, die Frauen in Zucht gehalten werden müßten, sonst tanzten sie ihren Männern auf der Nase.«

Sophie Dorothea war nicht bereit, die geringschätzige Behandlung und die Launenhaftigkeit ihres Mannes hinzunehmen: »Ich kann Eurer Königlichen Hoheit versichern, daß ich mich in keiner Weise Ihnen gegenüber schuldig fühle, daß ich mich nicht des geringsten Vergehens gegen Sie schuldig gemacht habe und daß ich ... all den Respekt und all die Zärtlichkeit für Sie empfinde, die eine anständige Frau (für ihren Mann) haben muß und kann. Ich hoffe inständig, daß Eure Königliche Hoheit all die falschen Verdächtigungen aufgeben, für die es nicht den geringsten Grund gibt. Es genügt nicht, daß Sie sagen, Sie hätten Grund zur Klage über mich; Sie müssen – bitte – sagen, welches diese Gründe zur Klage sind, die Sie zu haben vorgeben. Was den Ring betrifft, den Sie mir öffentlich und vor Gott in der voll besetzten Kirche gegeben haben, den müssen Sie auch öffentlich wieder abziehen und zurückgeben. Ich kenne nichts außer dem Tod, das uns scheiden könnte, und wir haben genügend Zeit, vor diesem zu leben.«

Auch nach dem Tod des ersten Sohnes war der König mit dem Gedanken an eine Scheidung umgegangen, sei es aufgrund seiner Eifersucht, sei es, weil er mittlerweile selbst glaubte, seine Frau könne keine Kinder mehr bekommen. In einem Brief nahm Sophie Dorothea am 28. November 1708 Stellung: »Sie sprechen mir von Scheidung; ich würde wünschen, daß Sie darüber mit dem König sprechen, der ihr Vater ist [und mit dem Sophie Dorothea ein herzliches Verhältnis hatte], und wir würden nach der Überprüfung sehen, wer von uns beiden unrecht oder recht hat. Es ist ungemein bedrückend, mich behandelt zu sehen, wie Sie mich behandeln; ich habe mir nichts vorzuwerfen, weder, was die Zärtlichkeit betrifft, die ich für Sie habe, noch was meine Ehre anbelangt. Sagen Sie, was Sie an meinem Verhalten auszusetzen haben. Ich fordere Sie heraus, etwas an meinem Verhalten auszusetzen. Ich wäre sehr glücklich, wenn Sie dies überprüfen wollten und dann Grund hätten, die Behandlung zu bereuen, die Sie mir haben zukommen lassen und die zutiefst unwürdig war.« Bei seinen Eifersuchtsanfällen verkündete Friedrich Wilhelm bisweilen sogar lautstark, er werde seine Frau noch nach Spandau – also in Festungshaft – bringen lassen.

So kann man verstehen, daß Sophie Dorothea nicht unglücklich darüber war, wenn ihr Mann sich nach Potsdam oder Wusterhausen zurückzog, wo er seiner Jagdleidenschaft frönen konnte und so leben durfte, wie er es gerne hatte, fernab aller höfischen Zwänge. Und man kann ebensogut nachvollziehen, daß Sophie Dorothea alles andere denn begeistert davon war, ja es als Strafe empfand, wenn Friedrich Wilhelm sie nach Wusterhausen kommen ließ, wo er in der Regel die Monate September bis November verbrachte. Das dortige Schloß entsprach keineswegs dem, was von einem barocken Herrscher als Mindestmaß an höfischer Repräsentation erwartet wurde. In ihren Memoiren hat Wilhelmine den bevorzugten Wohnort ihres Vaters mit bitterer Verachtung und Sarkasmus beschrieben: »Dieses Märchenschloß, dieser sogenannte Palast ... bestand gleichsam nur aus einem Nebengebäude, dessen Herrlichkeit noch durch einen alten Turm erhöht wurde, in dem eine hölzerne Wendeltreppe hochging. Rings um das Gebäude lief ein Erdwall und dahinter ein Graben, dessen schwarzes stehendes Wasser dem Styx glich und einen wahren Pesthauch ausströmte ...« Wer sich ein Bild von der Lebenswelt des »Soldatenkönigs« machen möchte, kann dies an keinem anderen Ort besser tun als hier, die Einfachheit des fast schmucklosen Baues beeindruckt bis heute. Dies gilt noch mehr für das Jagdschloß Stern, das Friedrich Wilhelm 1730 bis 1732 in der Potsdamer Parforceheide errichten ließ, wobei die Bezeichnung »Schloß« zu falschen Vorstellungen führt. Es ist ein einfaches holländisches Bürgerhaus, eingeschossig, mit geschweiftem Giebel. Holland, das war seit seinen beiden Reisen durch das Land 1700 und 1704/05 Friedrich Wilhelms Vorbild für Preußen, nicht im politischen Sinne, aber in der Lebensart: fleißig, sauber, ordentlich, bürgerlich.

Wie weit die Lebenswelten Friedrich Wilhelms und Sophie Dorotheas auseinander lagen, zeigt ein Blick auf das Schloß Monbijou, das Sophie Dorothea als Refugium diente. Bereits König Friedrich I. hat dieses durch Eosander Göthe erbaute – im Zweiten Weltkrieg zerstörte – Schloß seiner Schwiegertochter geschenkt. Hier konnte sie ihr barocken Vorstellungen entsprechendes eigenes Hofleben entfalten – mit Musik und Tanz, geselligen Runden und galanten Gesprächen. Daß vor allem die beiden ältesten Kinder zwischen diesen Lebenswelten aufgerieben zu werden drohten, liegt auf der Hand.

Die Vorstellungswelt Friedrich Wilhelms zeigt sich auch in den Anweisungen, nach denen er seine Kinder erziehen ließ. Eine reiche Quelle dafür ist der 1714 geschlossene »Arbeitsvertrag« der Madame de Roucoulle. Die Hugenottin war schon die Gouvernante Friedrich Wilhelms gewesen, nun sollte sie sich auch um dessen Kinder kümmern. Das waren damals Wilhelmine, Friedrich und Charlotte Albertine, die aber nur ein Jahr alt wurde. Im selben Jahr brachte die Kronprinzessin neuerlich ein Mädchen zur Welt, Friederike Luise, die später Markgräfin von Brandenburg-Ansbach werden sollte. Während sich Madame de Roucoulle später hauptsächlich um den Kronprinzen gekümmert hat, war für Wilhelmine deren italienische »Untergouvernante« (Sous-Gouvernante) Leti verantwortlich, auf die noch näher einzugehen sein wird. Es ist davon auszugehen, daß sie ähnliche, wenn nicht gar identische Anweisungen über ihre Aufgaben erhalten hat. Diese Instruktionen sind um so wichtiger, als die Gouvernanten über Jahre hinweg die engsten Bezugspersonen der Kinder waren.

Vor allen anderen Dingen sollte die Gouvernante die Kinder zu Frömmigkeit und Tugendhaftigkeit anregen. »Um das zu erreichen, muß sie unseren Prinzen und Prinzessinnen den Wert der Tugenden, deren erste die Frömmigkeit und die Furcht vor Gott sind, verständlich machen.« Und wenn »die Kinder im Alter etwas fortgeschrittener sind, sollen sie regelmäßig alle Tage die Heilige Schrift lesen und morgens und abends auf Knien ihre Gebete verrichten«. Eine zentrale Stellung in den Anweisungen für die Gouvernante nimmt das Verhältnis der Kinder zu ihren Eltern ein. Dabei verstand Friedrich Wilhelm den Gehorsam und die Verehrung gegenüber den Eltern »als einen der ersten Artikel der Frömmigkeit«. Die Erzieherin solle es nicht daran mangeln lassen, den Kinder begreiflich zu machen, daß sie den Eltern Respekt und Ergebenheit schuldeten.

In einer Zeit, in der die Kindersterblichkeit hoch und die Medizin noch wenig entwickelt war, kam der Gesundheit ebenfalls oberste Priorität zu. Daher sollte die Gouvernante sich mit »besonderer Sorgfalt der Gesundheit unserer Prinzen und Prinzessinnen annehmen und tunlichst alles vermeiden, was diese auf irgendeine Art beeinträchtigen kann«. Und würden die Kinder doch einmal krank, »muß sie alle nur vorstellbare Sorgfalt für ihre Genesung verwenden. Ebenso soll sie genau auf die Medikamente achten, die man ihnen gibt.« Keinesfalls sollten die Kinder, wenn sie krank sind, nur das Bett hüten und sich in stickigen Zimmern aufhalten: »Weil die Promenade [der Spaziergang] genau so gut ist wie andere Arten der Erholung und darüber hinaus sehr viel zur Bewahrung der Gesundheit beiträgt, soll die Gouvernante mit unseren Prinzen und Prinzessinnen von Zeit zu Zeit jenes Vergnügen unternehmen, so häufig, wie sie es wünschen, und je nachdem, ob es die Luft, die Jahreszeit und andere Umstände erlauben.«

Gleich mehrere Artikel in den Instruktionen zeigen, wie eng das Verhältnis zwischen Erzieherin und Kindern zwangsläufig war. »Die Gouvernante soll immer bei den genannten

Prinzen und Prinzessinnen sein, ohne sie je zu verlassen. Sie soll sie bei allen ihren Tätigkeiten sorgfältig beobachten, damit sie sie korrigieren kann in dem Falle, daß sie sich unwürdig verhalten. Daher muß die Gouvernante sie auch überallhin begleiten.« Und an anderer Stelle noch deutlicher: »Und wie wir schon gesagt haben, darf die Gouvernante die Kinder niemals allein lassen, sie muß dauernd bei ihnen sein.« Die Kinder waren ständig beaufsichtigt, konnten nie für sich sein, waren unter steter Kontrolle – ein goldener Käfig. Doch in diesem Käfig saß auch die Gouvernante. Sie hatte eine fast absolute und nahezu unkontrollierte Machtposition. Die Dienerschaft war angewiesen, alle Befehle und Anweisungen der Gouvernante auszuführen, »mit der Genauigkeit und Promptheit, die erforderlich ist«. Sie besaß das »vollste Vertrauen« des Königspaares, wurde gut bezahlt, aber auch sie war förmlich angekettet an ihre Schützlinge. Daß daraus eine explosive Gemengelage entstehen konnte, sollte das Schicksal Wilhelmines nur allzubald zeigen.

Zur Allgegenwart der Gouvernante, die dem Mädchen kaum Freiräume ließ, kam ein unerbittlicher Unterrichtsplan hinzu: »Ein Lehrer folgte dem anderen; sie nahmen mich den ganzen Tag in Anspruch und ließen mir nur wenig Zeit zur Erholung übrig.« Jeden Samstag wurde das Wochenpensum abgefragt. Der erste Hinweis auf einen eigenen Lehrer der kleinen Prinzessin stammt vom April 1715. Damals bedankte sie sich bei ihrem Vater in einem auf französisch geschriebenen Brief, »daß er die Güte gehabt hat, mir einen Lehrer zu geben. Vor acht Tagen habe ich damit begonnen, deutsch zu schreiben und zu lesen. Er lehrt mich auch meinen Katechismus und zu Gott zu beten.«

Der wichtigste Lehrer Wilhelmines war Mathurin Veyssière de La Croze, »der sich durch seine Kenntnisse in der Geschichte, den orientalischen Sprachen und allen Gebieten des Altertums einen so großen Ruf erworben hatte«.

Veyssière de La Croze, ein aus seinem Kloster geflohener Benediktinermönch, war als Privatlehrer in Berlin eine Berühmtheit und galt als wandelnde Bibliothek mit einem geradezu enzyklopädischen Gedächtnis. Friedrich der Große nannte ihn später in einem Brief an Voltaire ein »Repertorium aller deutschen Gelehrten« und »Magazin der Wissenschaften«. »Man mochte ihn fragen, was man wollte, immer konnte man darauf rechnen, daß er Bescheid wußte und die Ausgaben, ja die Seiten zitierte, auf denen man alles fand, was man zu wünschen wußte.« Unter den modernen Sprachen beherrschte er Französisch, Englisch, Spanisch, Portugiesisch, Deutsch und Italienisch, unter den klassischen Lateinisch und Altgriechisch. Doch er begeisterte sich ebenso für das Neugriechische, das Hebräische, die slawischen Sprachen, das Baskische, selbst Grundkenntnisse des Chinesischen eignete er sich an.

Für Wilhelmine muß der Unterricht Veyssières prägend und nachhaltig beeindruckend gewesen sein. Vier Jahre lang unterrichtete er sie in Geschichte und Geographie, von 1717 bis 1721. In diesen vier Jahren unternahm der Gelehrte mit seiner Schülerin eine Tour d'horizon durch die gesamte Weltgeschichte. Er packte diese in drei Hefte, die Wilhelmine später mit einem Ledereinband versah und in ihre Bibliothek aufnahm. Das Schema war relativ einfach: Rot schrieb Veyssière die Fragen, schwarz die Antworten, die Wilhelmine auswendig zu lernen hatte. Dabei versuchte der Franzose auch hier, Anekdoten und spannende Szenen einzubauen, damit seine Schülerin nicht die Lust verlor. Ebenso ging es Veyssière de La Croze nicht darum, die Prinzessin nur Jahreszahlen auswendig lernen zu lassen. Er beschrieb die Charaktere der einzelnen Personen, ihre Stärken und Schwächen. Dabei dominiert die Herrschaftsgeschichte, aber vor allem in der Antike werden auch Philosophen und ihre Lehren vorgestellt.

Weniger Glück als Veyssière de La Croze, der von der ganzen Königsfamilie hochgeachtet wurde, hatte Wilhelmines Religionslehrer. Wilhelmine selbst erzählt in ihren Memoiren, daß sie während einer Prüfung durch ihren Vater die Zehn Gebote durcheinandergebracht habe, worauf dieser »in solchen Zorn« geraten sei, »daß er mich fast geschlagen hätte. Mein armer Lehrer mußte für den Schaden geradestehen. Er wurde tags darauf davongejagt.« Entweder hat Wilhelmine hier die Jahreszahlen durcheinandergebracht und auch den eigentlichen Grund für die Trennung von ihrem Religionslehrer als Kind verständlicherweise nicht erkannt, oder es gab zwei Religionslehrer, mit denen Friedrich Wilhelm I. nicht zufrieden war. Bekannt ist, daß der Hofprediger Johann Ernst Andreä für den religiösen Unterricht der Prinzessin zuständig war und diese 1724 konfirmierte, nicht ohne sie zuvor drei Stunden lang über ihr Glaubensbekenntnis examiniert zu haben. Weil er die Prinzessin in dieses Glaubensbekenntnis dogmatische Bekenntnisse einflechten ließ, die der König ablehnte, fiel Andreä in Ungnade.

Für Rechtschreibung und Französisch war Hilmar Curas zuständig, der normalerweise am Joachimsthaler Gymnasium in Berlin unterrichtete. Curas unterrichtete Wilhelmine bis 1718 gemeinsam mit ihrem Bruder Friedrich, was die Geschwister noch mehr zusammenschweißte. Da man es bei der Prinzessin auch als angebracht empfand, daß sie ein Musikinstrument lernte, brachte ihr der kursächsische Kammermusiker Silvius Leopold Weiß, der dazu eigens immer wieder aus Dresden anreiste, das Lautenspiel bei. Auch am Klavier entwickelte sich Wilhelmine zu einer virtuosen Kennerin, die bei Hofe immer wieder aufspielte und »accompagnirte«, vorzugsweise, wenn der König nicht anwesend war. Für beide Königskinder wurde die Musik eine Quelle des Trostes, fast zärtlich bezeichneten sie ihre Instrumente als

»principe« und »principessa«, die sich ebenso ergänzten wie ihre Besitzer.

Für die Auswahl der Lehrer und den Unterrichtsstoff war die Königin verantwortlich. So hat sie auch dafür gesorgt, daß Wilhelmine von frühester Kindheit an Englischunterricht bekam, für den der Kaplan der englischen Gesandtschaft verantwortlich zeichnete. Dieser unterwies die junge Prinzessin zudem in der Liturgie der anglikanischen Staatskirche: Wilhelmine sollte den englischen Thron bestens vorbereitet besteigen. Insgesamt muß man Sophie Dorothea bei der Wahl der Lehrer für Wilhelmine eine glückliche Hand bescheinigen. Sie hat dafür die besten zur Verfügung stehenden Kräfte engagiert, ein Zeichen, wie wichtig sie die Erziehung der Tochter im Vorgriff auf deren spätere Rolle als Königin genommen hat.

Während Wilhelmine als Erwachsene mit zahlreichen gesundheitlichen Problemen zu kämpfen hatte, war sie als Kind ein rechter »barocker« Wonneproppen. So hat sie Antoine Pesne 1711 im Alter von zwei Jahren gemalt. Dieses Gemälde ist nicht nur interessant, weil es das erste ist, das von Wilhelmine gemalt wurde, sondern auch aufgrund der für ein Kinderporträt außergewöhnlichen Komposition. Die zweijährige Prinzessin sitzt leicht schräg auf einem großen roten Samtkissen mit goldenen Borten. Zwar trägt sie nur ein leichtes Hemdchen, doch hinter ihrem Rücken und zu ihren Füßen ist ein Hermelinmantel ausgebreitet. Im Hintergrund ist ein Thronsessel zu sehen, die Finger ihrer rechten Hand hat Wilhelmine in herrscherlicher Geste gespreizt, den Kopfschmuck kann man als Andeutung eines Diadems oder einer Krone sehen – Pesne hat das kleine Mädchen schon als Königin gemalt.

Ein zweites Kinderbildnis Pesnes zeigt Wilhelmine im Alter von fünf Jahren gemeinsam mit ihrem Bruder Friedrich. Es illustriert zum einen die enge Beziehung, die zwischen den beiden ältesten Kindern des Kronprinzenpaars von frühester Kindheit an geherrscht hat. »Meine einzige Erholung«, schrieb Wilhelmine in ihrem Memoiren, »bestand darin, meinen Bruder zu besuchen. Niemals haben sich Geschwister so zärtlich geliebt.« Zum anderen ist dieses Bild wie ein offenes Lesebuch mit all seinen Andeutungen: Wilhelmine trägt ein eng tailliertes Kleid mit tiefem Ausschnitt. Den Hermelinmantel trägt sie über den Schultern, überall hat sie Blumen – im Faltenwurf ihres Mantels, über der rechten Schulter und in ihrem Haar. Ein wenig fragend blickt sie den Betrachter an. Anders Friedrich. Auch er hat Mädchenkleider an (was bei kleinen Jungen in der Zeit nichts Außergewöhnliches war), doch einiges verrät den zukünftigen Herrscher: Er trägt Band und Stern des von seinem Großvater gestifteten Schwarzen Adlerordens, an seiner Seite hängt eine Marschtrommel, auf der der preußische Adler mit der Krone abgebildet ist. Während Wilhelmine steht, drängt der kleine Friedrich aus dem Schloß hinaus in den angedeuteten Garten. So sind selbst auf diesem scheinbar nur idyllischen Doppelporträt die zukünftigen Rollen der beiden Kinder angelegt. Friedrich als künftiger König und Oberbefehlshaber der Armee, Wilhelmine als Grande Dame und ihres Status bewußte Königin. Daß gerade Wilhelmine ihre Rolle zu spielen wußte, zeigt ein Brief des englischen Gesandten Charles Lord Whitworth vom September 1716: »Die älteste Prinzessin ist eines der lieblichsten Kinder, die ich je gesehen habe. Sie tanzt reizend, ihre Haltung übertrifft ihre Jahre in ihrem ganzen Benehmen und in Hinsicht ihres Verstandes.«

Die Realität sah freilich oft anders aus als der schöne Schein der Gemälde und öffentlichen Auftritte. Am 25. Februar 1713 war Wilhelmines Großvater, König Friedrich I., im Alter von 55 Jahren gestorben. Er war schon länger krank gewesen, hatte Gicht, Herz- und Atembeschwerden. Wilhelmine traf der Tod des geliebten Großvaters schwer: »Als man ihm seinen Tod ankündigte, fügte er sich mit männlicher Resignation in den Ratschluß der Vorsehung. Er fühlte sein Ende nahen, nahm Abschied vom Kronprinzen und von der Kronprinzessin und legte ihnen das Wohl des Landes und seiner Untertanen ans Herz. Er ließ sodann meinen Bruder und mich zu sich rufen und erteilte uns den Segen um acht Uhr abends. Sein Tod erfolgte sehr bald nach dieser traurigen Zeremonie. Er verschied am 25., vom ganzen Königreich betrauert und beklagt.«

Mit dem Begräbnis Friedrichs I. ging das Zeitalter des Barocks in Preußen zu Ende. Der neue König strich den Hofstaat radikal zusammen, verkaufte die Diamanten seines Vaters, ließ Gold und Silber einschmelzen. Die genialen Baumeister Eosander Göthe und Andreas Schlüter zogen es vor, nach Schweden beziehungsweise Rußland zu gehen. Soldaten und Uniformen gaben nun den Ton an. Friedrich Wilhelm selbst trug ebenfalls Uniform oder bürgerliche Kleidung. Einfachheit war Trumpf, in allen Lebensbereichen. Und es durfte nur noch so viel Geld ausgegeben werden, wie man auch einnahm. Was in Preußen in diesen Tagen geschah, war nicht nur ein Thronwechsel, es war ein radikaler Umbruch. Dies bekam auch der Adel zu spüren. Er werde die Souveränität der Junker ruinieren, tönte Friedrich Wilhelm nach seiner Thronbesteigung, und es war ihm ernst damit. Die ständige Opposition der Adligen, ihre Privilegien waren dem Selbstherrscher Friedrich Wilhelm ein Dorn im Auge.

Königin Sophie Dorothea wünschte sich auch nach der Thronbesteigung ihres Mannes nichts sehnlicher als eine Verbindung ihrer Tochter mit Prinz Friedrich Ludwig von Hannover, um so mehr, nachdem ihr Vater 1714 als Georg I. den englischen Königsthron bestiegen hatte und fortan das Kurfürstentum Hannover und England in Personalunion regierte. Prinz Friedrich Ludwig war nun Herzog von Gloucester und damit Nummer zwei in der Thronfolge. Die preußische Königin war auf diese Rangerhöhung ihrer Familie ungeheuer stolz. Allein mit der Heirat Wilhelmines nach England wollte sie sich nun nicht mehr zufriedengeben. Eine Doppelhochzeit sollte ihr Glück perfekt machen: Für Kronprinz Friedrich hatte sie Friedrich Ludwigs Schwester Amalie vorgesehen. In London machte man sich zwar ebenfalls Gedanken über die Hochzeit der Königskinder, doch blieb man etwas zurückhaltender als in Berlin. So berichtete der preußische Geschäftsträger Charles Bonnet im Dezember 1716, daß man am englischen Königshof über eine Verbindung Friedrich Ludwigs noch nicht weiter nachdenken wolle, im Falle der Prinzessin Amalie aber schon über Kandidaten diskutiert habe. Und darunter sei auch der Kronprinz von Preußen. Natürlich hätte eine solche Heirat politische Konsequenzen gehabt: Preußen hätte sich dadurch dem katholischen Wiener Kaiserhof entfremdet und wäre im Fahrwasser des protestantischen England gesegelt. Wien arbeitete daher mit allen Mitteln daran, eine solche Verbindung zu verhindern.

Die Königin war sich ihrer Sache so sicher, daß sie das Unheil, das sich über ihrem Plan zusammenbraute, überhaupt nicht wahrnahm. Friedrich Wilhelm I. hatte keine Günstlinge wie sein Vater. »Ein großer Herr muß niemand als sich selbst trauen«, war eine seiner Maximen. Doch diese Vorsicht ließ der König außer acht, wenn es um seine »Freunde« ging – Männer, mit denen er in seinem Tabakskollegium in Wusterhausen zusammensaß und über derbe Späße lachte. Daß diese Männer auch ihre eigenen Interessen verfolgten und seine Freundschaft auszunutzen wußten, erkannte der König selten. Er schloß dabei von seiner eigenen Haltung fälschlicherweise auf andere: »Meines Erachtens gibt es nichts Abscheulicheres als Männer, die gegen ihre wahre Meinung sprechen oder ihr Wort verpfänden mit dem Hintergedanken, es nicht zu halten, sofern sie nicht auf ihre Kosten kommen. Ich betrachte diese Leute als Ungeheuer, vor denen man sich mehr hüten muß als vor allen Übeln der Welt, denn sie zerstören Treu und Glauben, die Grundlagen der menschlichen Gesellschaft, ohne die es weder Ruhe noch Sicherheit auf Erden gibt.«

Unter diesen »Männerfreunden« stand Fürst Leopold von Anhalt-Dessau, der »Alte Dessauer«, an erster Stelle. Als Organisator der preußischen Armee erwarb der Haudegen sich große Verdienste, doch er vergaß auch sein eigenes Weiterkommen nicht. Der zweite Mann, der an dieser Stelle genannt werden muß, ist Friedrich Wilhelm von Grumbkow, den Friedrich Wilhelm im Spanischen Erbfolgekrieg kennen- und schätzengelernt hatte. Gemeinsam hatten sie bei Malplaquet gekämpft. 1712 ernannte der König ihn zu seinem Generalkriegskommissar, später wurde er Vizepräsident des Generaldirektoriums, in dem die Fäden der gesamten Landesverwaltung zusammenliefen. Wie der Dessauer war der weltläufige Grumbkow Dauergast im Tabakskollegium des Königs. Wilhelmine hat an diesen beiden Vertrauten ihres Vaters kaum ein gutes Haar gelassen. Dem Fürsten von Anhalt-Dessau gestand sie in ihren Memoiren zwar zu, daß er »einer der größten Feldherren dieses Jahrhunderts« gewesen sei, doch dieser Einleitung ließ sie sogleich ihren ganzen Abscheu folgen: »Sein brutales Aussehen ist furchterweckend, und seine Physiognomie entspricht seinem Charakter. In seinem maßlosen Ehrgeiz ist er aller Gewalttaten fähig, um zum Ziele zu gelangen.« Dabei machte sie den Dessauer direkt für die dauernden Auseinandersetzungen zwischen ihren Eltern verantwortlich. Leopold habe gefürchtet, daß ihre Mutter allen Einfluß »auf das Herz ihres Gemahls« gewinne; »und um es zu verhindern, säte er Zwietracht zwischen ihnen und machte sich den Hang des Kronprinzen [Friedrich Wilhelm] wohl zunutze, indem er sie auf seine Gemahlin zu lenken wußte«. Grumbkow wiederum hielt Wilhelmine zugute, »daß er einer der befähigtsten Minister« sei, höflich, geistreich und redegewandt. Doch auch dieser freundlichen Einleitung ließ sie eine vernichtende Charakterbeschreibung folgen: »All diese schönen Außenseiten verbergen ein tückisches, eigennütziges und verräterisches Herz. Sein Privatleben ist ein denkbar ungeregeltes, sein ganzer Charakter nur ein Gewebe von Lastern, so daß ihn alle anständigen Leute verabscheuen.«

In der endlosen Debatte um die Heirat Wilhelmines und Friedrichs waren Leopold von Anhalt-Dessau und Grumbkow die Gegenspieler der Königin. Statt der von Sophie Dorothea favorisierten englischen Doppelhochzeit schlugen sie vor, Wilhelmine mit dem Markgrafen Friedrich Wilhelm von Brandenburg-Schwedt zu verheiraten. Dieser Plan mochte Sophie Dorothea und ihrer Tochter nicht gefallen, doch betrachtet man die Sache nüchtern, kommt man zu einem anderen Ergebnis: König und Kronprinz waren gesundheitlich anfällig. Sollte der Kronprinz sterben, wäre Friedrich Wilhelm von Brandenburg-Schwedt die Nummer eins in der Thronfolge gewesen. Was lag also näher, dessen Chancen, König zu werden, durch eine Verbindung mit Wilhelmine zu vergrößern. So wäre diese Hochzeit durchaus im Interesse des preußischen Staates gewesen, wenigstens konnte man diese Einschätzung mit einigem Grund vertreten. Allerdings hatte der Dessauer auch persönliche Gründe, für diese Verbindung einzutreten, war doch die Mutter des Schwedter Bräutigams niemand anderes als seine Schwester Johanna Charlotte. Leopold wäre durch diese Heirat also in engste verwandtschaftliche Beziehungen zum Königshaus getreten.

Während Grumbkow und der Dessauer in der Folge den König im Tabakskollegium »bearbeiteten«, setzte die über diese Entwicklung entsetzte Königin alle Hebel in Bewegung, um der Sache ein schnelles Ende zu bereiten. Zwar konnte sie es nicht verhindern, daß der 15jährige Markgraf seine zehn Jahre jüngere »Braut« schon einmal besuchen durfte, doch sie hatte der kleinen Wilhelmine zuvor mit Erfolg klar gemacht, daß der Schwedter ein ganz fürchterlicher Kerl sei. Natürlich konnte die Fünfjährige tatsächlich nichts mit diesem Vetter anfangen, spielte ihm Streiche und versuchte ihn mit Erfolg, zu erschrecken, »denn er war ein Hasenfuß«. Auch wenn Wilhelmine die Situation als kleines Mädchen kaum einzuschätzen wußte, so ist es doch erschrekkend zu sehen, welches Netz an Intrigen und Eigennutz um sie gesponnen wurde. Sie war nicht Subjekt, sondern Objekt: für Grumbkow und den Dessauer, für ihre Mutter, die in ihr nur den eigenen Ehrgeiz stillen wollte und ihre Kinder instrumentalisierte, und auch für den Vater, der vor allem daran interessiert war, daß seine Familie wie ein von ihm in Gang gesetztes und kontrolliertes Uhrwerk präzise funktionierte: »Ordre parieren, nicht räsonieren.« Über ihre Mutter schrieb Wilhelmine später selbst verbittert: »Sie hat nie eines ihrer Kinder geliebt. Sie nahm nur insofern teil an ihnen, als sie zum Werkzeug ihres Eigennutzes dienen konnten.«

In ihren Memoiren hat Wilhelmine ein weitgehend düsteres Bild ihrer Kindheit entworfen, und auch der Vater erscheint meist als am Horizont drohende, den Stock schwingende und brüllende Gefahr. Das bezieht sich aber nicht auf die frühen Kindheitsjahre, über die Wilhelmine selbst schreibt: »Der König liebte mich mit Leidenschaft. Keinem seiner andern Kinder zeigte er sich so aufmerksam wie mir.« Daß auch Wilhelmine ihren Vater aufrichtig geliebt hat, bestätigen die zahlreichen Briefe, die sie an den oft abwesenden König geschrieben hat. Sicher enthalten diese Briefe von der Mutter und der Gouvernante vorgegebene Standardformulierungen, um dem gestrengen Vater das Bild der braven Tochter zu vermitteln, und die darin enthaltenen Demutsformeln entsprechen den Konventionen der Zeit. Aber diese Briefe enthalten ein solch erfrischendes Maß an kindlicher Naivität, Unbefangenheit und Freude, daß man dahinter auch Wilhelmines eigene Gedanken und Wünsche vermuten kann.

Wilhelmine begann im Alter von noch nicht einmal fünf Jahren (!) damit, regelmäßig Briefe an ihren Vater zu schreiben, oft im Abstand von wenigen Tagen. Sind unter den Kinderbriefen auch deutsch geschriebene, überwiegt später das Französische, ehe sie sich als Erwachsene nahezu ausschließlich dieser Sprache bedient hat. Zwar schimpfte Friedrich Wilhelm gern über welsche Lebensart, was ihm gleichbedeutend mit Verweichlichung war, gleichwohl sprach er selbst ein perfektes, wenn auch etwas altertümliches Französisch, und seine meist deutsch geschriebenen Briefe und Bemerkungen (»Ich bin Deutscher. Ergo will ich meine Sprache schreiben ...«) sind durchsetzt von französischen Vokabeln. Selbstverständlich war er sich bei aller Deutschtümelei bewußt, daß seine Kinder die Umgangssprache der europäischen Höfe ebenso beherrschen mußten wie er selbst. Auch politisch war Friedrich Wilhelm keineswegs ein Gegner Frankreichs. In seinem politischen Testament von 1722 hielt er seinen Nachfolger sogar dazu an, mit den Franzosen »Amitié und Commerce« zu machen, denn »die Franzosen können Euch gute Dienste tun«. Das schränkte er kurz vor seinem Tod zwar wieder etwas ein und riet, daß man Frankreich nicht zuviel trauen dürfe, doch eine grundsätzliche Ablehnung war auch das nicht.

In ihren Kinderbriefen ließ Wilhelmine den Vater an ihrem Alltag teilhaben, vor allem an den außergewöhnlichen Ereignissen. So berichtete sie ihm am 8. Mai 1717 stolz, daß man ihr zwei (Milch-)Zähne gezogen habe, die sie dem Vater als Beweis ihrer Tapferkeit gleich mitschickte (und die sich nach bald 300 Jahren noch immer, in Papier eingewickelt, bei diesem Brief befinden). Natürlich wußte Wilhelmine, was ihr Vater besonders gerne hörte, und so berichtete sie ihm eine Woche später über die militärischen Übungen des damals fünfjährigen Kronprinzen: »Mein Bruder vollbringt Wunder, er spricht von nichts anderem als vom Krieg und von der Jagd, und Monsieur Duhan [sein Lehrer] läßt ihn den ganzen Tag exerzieren.« Ein solcher Stellenwert des Militärischen erschreckt den heutigen Leser, doch blieb den Preußensprößlingen auch Zeit für harmlosere Vergnügungen. Dies mag ein Brief Wilhelmines vom 11. Juni 1720 belegen: »Sonntag kommt ein Mann, der einen Hund hat, der sich mit seinem Meister auf deutsch, französisch und englisch unterhält.« Von dem »brutalen französischen Hof« sei der Mann, wie Wilhelmine in einer »Gazette« gelesen haben will (!), eingesperrt worden. Auch in diesem Brief äußerte die kleine Prinzessin den Wunsch, den Vater endlich einmal wiederzusehen, komme es ihr doch so vor, als sei dieser schon ein Jahr weg. Nur einen Monat darauf schrieb sie ihm gar, daß sie nachts nicht schlafen könne, »weil mein sehr lieber Papa nicht da ist«. Dieses Verlangen nach dem Vater taucht in zahlreichen weiteren Kinderbriefen Wilhelmines auf. Während sie als Jugendliche und junge Erwachsene meist im Bannkreis der Mutter zu finden ist, brachte sie in früher Kindheit dem Vater eine offenere Zuneigung entgegen. Zumal die Mutter nicht immer so reagierte, wie das kleine Mädchen sich dies gewünscht hätte: »Zum Geburtstag der Mutter wollte ich ihr vorschlagen, eine kleine Musik zu haben, aber meine liebe Mutter wollte es nicht erlauben. Ich glaube, daß, wenn mein lieber Papa hier gewesen wäre, es ein Fest gegeben hätte.«

Eine weitere authentische Quelle über die ersten Lebensjahre Wilhelmines und Friedrichs sind die Briefe der Königin Sophie Dorothea an ihren Ehemann. Sie sind vor allem von dem Bemühen geprägt, dem Vater das Bild strebsamer und wohlerzogener Kinder zu vermitteln. So schrieb sie etwa am 11. Juli 1714: »Wilhelmine ist sehr brav und sagt, daß sie gut lernen möchte, damit Sie bei Ihrer Rückkehr zufrieden mit ihr sind.« Und ganz ähnlich am 4. Januar 1715: »Wilhelmine strengt sich sehr an, um Ihnen bei Ihrer Rückkehr zeigen zu können, was sie über die Geschichte weiß.« Um den König zu erfreuen, flocht auch Sophie Dorothea immer wieder Bemerkungen über militärische Übungen ihres Nachwuchses ein: »Ich habe Fritz und Wilhelmine in die Zimmer des verstorbenen Königs [im Stadtschloß] mitgenommen ..., um ihnen [von dort aus] die Artillerie im Lustgarten zu zeigen, was sie sehr vergnügt hat.« Zu Weihnachten bekam der Prinz Spielzeugsoldaten, und den gerade einmal Vierjährigen ließ Sophie Dorothea mit einer kleinen Pistole schießen. Der Vater werde ihn hoffentlich nicht mehr für einen Hasenfuß halten ... Daß Friedrich Wilhelm musische Erziehung aber nicht per se abgelehnt hat, wenigstens bei den Töchtern, zeigt ein Brief Sophie Dorotheas vom Januar 1716, den sie nicht geschrieben hätte, wenn sie nicht davon ausgegangen wäre, ihren Mann damit erfreuen zu können: »Ich habe Wilhelmine gestern tanzen und Cembalo spielen sehen. Ich war entzückt, wieviel sie in kurzer Zeit gelernt hat.«

Deutlich wird in den Briefen Sophie Dorotheas, daß Wilhelmine und Friedrich von frühester Kindheit an häufig zusammen waren. Dabei war der 1712 geborene Kronprinz ganz anders veranlagt als die ältere Schwester: »Er war geistreich, seine Gemütsart war finster. Er dachte lange nach, bevor er antwortete, aber dafür antwortete er richtig. Er lernte sehr schwer, und man erwartete, daß er einmal mehr Verstand wie Geist an den Tag legen würde. Ich war hingegen außerordentlich lebhaft und schlagfertig und besaß ein außerordentliches Gedächtnis.« Für den Kronprinzen war Wilhelmine Vorbild und engste Vertraute. Und von ihr ließ er sich auch ins Gewissen reden, wenn er Tagträumen nachhing oder wenig Lust zum Lernen zeigte. Seinem Vorleser Henri Alexandre de Catt erzählte er viele Jahre später darüber: »Es ist ein großes

Glück für jeden Menschen und besonders für einen Fürsten, sich frühzeitig an Arbeit gewöhnt zu haben. Wissen Sie, wem ich zu Dank verpflichtet bin für diese Gewohnheit und diese Vorliebe für das Studium, das mehr als alles andere mit das Leben süß macht? Meiner Bayreuther Schwester! Als sie sah, daß ich gar kein Verlangen trug, mich zu beschäftigen und zu lesen, und daß ich nur umherzuschlendern liebte, sagte sie eines Tages zu mir: ›Aber, mein lieber Bruder, schämst du dich nicht, unaufhörlich umherzulaufen? Ich sehe dich niemals mit einem Buch in der Hand. Du vernachlässigst deine Fähigkeiten, und wenn du dereinst berufen wirst, eine Rolle zu spielen, was für eine wird es dann sein?‹ Diese Worte und einige Tränen rührten mich tief; ich begann zu lesen, fing jedoch mit Romanen an.« Doch ausgerechnet diese Lust am Lesen sollte schließlich einer der Gründe sein, weshalb sich Friedrich mit seinem Vater heillos zerstritt …

Natürlich spürte Wilhelmine, daß sie seit der Geburt ihres Bruders, obwohl die Älteste, nicht mehr den ersten Rang einnahm, sondern dieser dem Kronprinzen zukam. Wütend über diese Vernachlässigung, schrieb sie ihrem Vater im Mai 1719, daß »ich sehr gekränkt darüber gewesen bin, daß Sie meinem Bruder die Ehre erwiesen haben, ihm zu schreiben; und ich, die [Ihnen] schon 100 000 Briefe geschrieben hat, habe nie die Gnade gehabt, auch nur ein Wort aus Ihrer Hand zu empfangen. Ich weiß gut, daß mein Bruder mehr Anerkennung verdient als ich, weil er ein Junge ist, aber das ist nicht mein Fehler, wenn ich keiner bin, und ich bin doch auch die Tochter meines lieben Papa, und ich liebe ihn, wie ich keinen anderen Menschen auf der Welt liebe. Man hat mir auch gesagt, daß mein lieber Papa niemand anderem schreibt als Offizieren, und wenn das wahr ist, würde ich auch gerne einen militärischen Rang haben; Mademoiselle Leti sagt, daß ich gut ein Dragonerhauptmann sein könnte, wenn mein lieber Papa einen mit langem Kleid haben wollte, aber ich glaube, daß sie sich über mich lustig macht, indem sie das sagt …«

Während Friedrich der Große mit seiner Erzieherin, der Madame de Roucoulle, so gut auskam, daß er sie »Mutter« nannte, hätte das Verhältnis zwischen Wilhelmine und der für sie verantwortlichen Untergouvernante nicht schlimmer sein können: »Sie hieß Leti und war die Tochter eines italienischen Mönches, der aus seinem Kloster geflohen war und sich in Holland niedergelassen hatte … Seine Tochter hatte sich durch Zeitungskorrekturen ihr Brot verdient. Ihr Geist und ihr Herz waren italienisch, das heißt sehr lebhaft, sehr schmiegsam und sehr schwarz. Sie war eigennützig, hochfahrend und heftig. Ihre Sitten standen nicht im Widerspruch zu ihrer Herkunft, ihre Koketterie zog viele Liebhaber an, die sie nicht vergebens schmachten ließ. Ihre Manieren waren holländisch, das heißt sehr grob; aber sie wußte diese Fehler hinter so schönen Außenseiten zu verbergen, daß sie alle bezauberte, die ihr nahe kamen. Die Kronprinzessin ließ sich wie die anderen von ihr blenden und beschloß, sie bei mir als Fräulein anzustellen, jedoch mit der Vergünstigung, mich überallhin begleiten und an meinem Tisch essen zu dürfen.« Daß das preußische Kronprinzenpaar sich für »die Leti« als Erzieherin ihrer Tochter entschieden hat, erstaunt bei einem Blick auf deren Herkunft und Biographie. Doch diese war zuvor in Hannover als Gesellschaftsdame angestellt gewesen und für diesen Posten empfohlen worden. Zudem dürfte es ihr – stimmt Wilhelmines Beschreibung – leichtgefallen sein, Sophie Dorothea von ihren Fähigkeiten zu überzeugen.

»Die Leti« war von Oktober 1712 bis Ostern 1721 für Wilhelmine verantwortlich, eine lange und prägende Zeit. In der Außenwahrnehmung wurde die Leti für die recht früh bemerkbare Neigung Wilhelmines zu Hochmut und Standesdünkel verantwortlich gemacht. Doch dafür war nicht minder die Mutter verantwortlich. Für Wilhelmine war die

Erzieherin alles andere denn eine Vertrauensperson. Sie war Teil des großen Intrigennetzes, das um sie gesponnen wurde. Auch wenn man manche Übertreibung der Memoiren abziehen mag, so scheint doch glaubhaft, daß Wilhelmine von ihrer Erzieherin häufig und mitunter heftig Prügel bezogen hat, wobei diese Prügel zum Teil deutlich über das damals als erzieherische Maßnahme akzeptierte Maß hinausgegangen sind. Daß die Leti, die stets bei Wilhelmine im Zimmer schlief, auch noch »schnarchte wie ein Dragoner«, war nicht dazu angetan, das angespannte Verhältnis zu verbessern. Ihre Aufgaben hat die Erzieherin gleichwohl nicht versäumt, was Wilhelmine auch freimütig eingeräumt hat: »Die Leti gab sich unendlich viel Mühe, um meinen Geist zu bilden; sie lehrte mich die Anfangsgründe der Geschichte und Geographie und suchte zugleich mir gute Manieren beizubringen.« Im Jahr 1715 wurde die Leti gar zum ausschließlichen Fixpunkt im Leben Wilhelmines. Grund dafür war der Eintritt Preußens in den Nordischen Krieg. Obwohl Königin Sophie Dorothea schwanger war, begleitete sie ihren Mann für einige Zeit auf diesem Feldzug – und Wilhelmine blieb mit ihrer Gouvernante allein in Berlin.

Hängepartie zwischen London und Wien

Der Nordische Krieg war bereits im Jahr 1700 ausgebrochen. Eine sächsisch-polnisch-dänisch-russische Koalition versuchte damals, die Dominanz Schwedens in Nordeuropa zu brechen. Daß Friedrich I. nicht in diesen Krieg vor der brandenburgischen Haustür eingegriffen und sich statt dessen fernab im Spanischen Erbfolgekrieg in Flandern engagiert hatte, brachte ihm vor allem im 19. Jahrhundert manche Kritik ein. Um diese Kritik nachvollziehen zu können, bedarf es eines Rückblicks: Das Herzogtum Pommern war gemäß eines Erbvertrags 1637 an Brandenburg gefallen, doch behielt Schweden das wirtschaftlich interessantere Vorpommern auch nach dem Westfälischen Frieden von 1648 besetzt und betrachtete es als eigene Provinz. Warum hatte Friedrich I. nicht die Gelegenheit am Schopfe gepackt und diesen Krieg gegen Schweden dazu genutzt, um Vorpommern zu gewinnen? Man sollte nicht der Gefahr erliegen, Geschichte aus dem Blickwinkel der jeweiligen Gegenwart zu interpretieren. Immerhin gelang es ihm, sein Land durch sein Beiseitestehen weitgehend vor den kriegerischen Verheerungen zu schützen, die die Nachbarländer ohne Gnade heimsuchten.

Auch Friedrich Wilhelm I. verhielt sich nach seiner Thronbesteigung zunächst neutral, doch war der Kriegseintritt nur eine Frage der Zeit. Am 1. Mai 1715 war es soweit: Preußen erklärte Schweden den Krieg. Die Erfolge ließen nicht auf sich warten: Am 24. Dezember 1715 kapitulierte Stralsund, im April 1716 Wismar. Der Nordische Krieg zog sich danach noch einige Jahre hin. Preußen machte seinen Frieden mit Schweden 1720 offiziell. Das wichtigste Ergebnis dieses Friedensschlusses war die Bestätigung des Besitzes von Vorpommern bis zur Peene und Stettin, und das war nicht wenig, auch wenn Preußen dafür eine erhebliche Entschädigung bezahlen mußte. Der Stolz auf die Gebietszuwächse scheint sogar noch in den Memoiren Wilhelmines durch. Zwar wollte sie die Einzelheiten des Feldzugs lieber übergehen, stellte aber mit Genugtuung fest: »Er endete siegreich für meinen Vater, den König, der Herr über einen großen Teil von Schwedisch-Pommern wurde.«

Im Februar 1719 meldete sich ein alter Bewerber um Wilhelmines Hand: der Markgraf Friedrich Wilhelm von Brandenburg-Schwedt. Eigentlich hätte der Schwedter eine Nichte Zar Peters des Großen heiraten sollen, gleichsam als Bestätigung und Stärkung der russisch-preußischen Allianz. Da bei den Verhandlungen über dieses Eheprojekt kein Durchbruch erzielt werden konnte, kam der Markgraf selbst wieder auf den Plan einer Heirat mit Wilhelmine zurück. Er hatte sich dafür einen perfekten Zeitpunkt ausgesucht: Am 5. Januar 1719 war nämlich die Wiener Allianz geschlossen worden, die die unterschiedliche Interessenlage der am Nordischen Krieg beteiligten Mächte klar zutage brachte. Die Allianz war ein Defensivbündnis zwischen dem Kaiser, Sachsen-Polen und England-Hannover. Die drei Mächte wollten verhindern, daß Preußen und Rußland allzu gestärkt aus dem Krieg gegen Schweden hervorgingen, auch sollte Schweden nicht über Gebühr niedergedrückt werden. Dies entsprach der allgemein geteilten Auffassung, daß die politische Stabilität des Kontinents auf dem Gleichgewicht der Kräfte beruhte. Doch natürlich versuchten die Staaten innerhalb dieses Systems, ihre Position auszubauen, und gab es Monarchen, die grundsätzlich daran rüttelten – wie Karl XII. von Schweden oder später Friedrich der Große und Napoleon I. Zwar sollte die Wiener Allianz geheimgehalten werden, doch im Juli 1719 gelangte eine Abschrift des Vertrags nach Preußen. Heinrich Rüdiger von Ilgen, der für die Außenpolitik zuständige Kabinettsminister Friedrich Wilhelms, übersetzte das lateinische Original und versah die Übersetzung mit handschriftlichen Anmerkungen, die deutlich zeigen, gegen wen die Allianz nach Meinung Ilgens und des Königs gerichtet war: gegen Preußen natürlich!

Friedrich Wilhelm war vor diesem Hintergrund nicht gut auf seinen welfischen Schwiegervater zu sprechen, das Klima für das Projekt der englisch-preußischen Doppelhochzeit denkbar schlecht. Auch die Beziehungen zum Wiener Kaiserhof waren in dieser Zeit so schlecht wie selten zuvor. Anlaß hierfür war – neben der aufgrund der Wiener Allianz ohnehin schon miserablen politischen Großwetterlage – eine groteske Episode, die zugleich zeigt, welche Kreise die höfischen Intrigen ziehen konnten.

Ihren Anfang hatte die Geschichte bereits im September 1718 genommen. Dem »Alten Dessauer« schrieb Friedrich Wilhelm damals: »Ich muß Euer Lieben sagen, daß itzo meine Affären in der größten Krise sind und in der Welt alles sehr konfus aussiehet. Ich weiß sehr viel, aber kann es der Feder nicht anvertrauen. Wenn ich das Glück haben werde, Euer Lieben zu sprechen, da werde ich Ihnen Sachen sagen, die Sie sehr verwundern werden.« Was deutete der König hier so geheimnisvoll an? Friedrich Wilhelm sollte, so schrieb er in einem Brief an den Fürsten Leopold, durch eine Verschwörung »vom Kaiser ... aus dem Lande verjaget werden«. Dies hatte ihm jedenfalls der ungarische Hochstapler Johann Michael Clément mit Erfolg einzureden gewußt. Gefangen wolle man ihn nach Wien führen und den Kronprinzen, nachdem er zum katholischen Glauben übergetreten war, zum König machen. Friedrich Wilhelm wurde daraufhin so mißtrauisch, daß er nur noch mit seinem Degen und geladenen Pistolen neben sich ins Bett ging. Um seiner Geschichte mehr Glaubwürdigkeit zu verleihen, hatte Clément gar Briefe des Prinzen Eugen gefälscht, die diesen als Anstifter der ganzen Aktion erscheinen ließen. In seiner Wut schrieb der »Soldatenkönig« einen geharnischten Brief an den Prinzen, der nicht wußte, wie ihm geschah.

Cléments Geschichte stellte sich bald als bloßes Produkt seiner Phantasie heraus. Den Schaden hatte Friedrich Wilhelm, denn in Wien war sein Brief übel aufgenommen worden. Prinz Eugen selbst ließ den preußischen König wissen: »Ich kann, um die Wahrheit zu sagen, nicht begreifen, wie Leute in so wichtigen Anbringen so schlechterdings Glauben und Assistenz finden, ja sogar zwischen gekrönten Häuptern Verdacht erwecken können ...« Die Aktion, die man ihm zugetraut habe, stehe doch wohl eher einem »Chef der Banditen« an. Hielt man ihn in Berlin etwa für einen solchen?

Angesichts der Differenzen mit London und Wien war eine Verbindung mit Brandenburg-Schwedt, die die eigenen Familienbande stärken würde, naheliegend. Anders als beim ersten Versuch, den Schwedter Markgrafen mit ihrer Tochter zu verheiraten, war Königin Sophie Dorothea dieses Mal auf der Hut. Die Königin wußte, daß sie keine Zeit verlieren durfte. Umgehend schrieb sie daher an ihren Mann: »Elf Uhr abends. In diesem Moment erhalte ich Ihren Brief, in dem Sie von der Heirat des Prinzen Friedrich [Wilhelm], Sohn des Markgrafen Philipp, mit Wilhelmine sprechen. Weil sie noch sehr jung ist und wir sie erst in vier oder fünf Jahren werden verheiraten können, könnte sie sich eines Tages über uns beklagen, daß wir sie mit zu großer Hast verheiratet haben. Wir könnten noch einige Zeit warten, aber ich überlasse das ganz Ihrem Willen, doch um der Liebe Gottes willen überstürzen Sie nichts, damit Sie es sich nicht eines Tages vorwerfen und vor Gott verantworten müssen, wenn sie nicht glücklich ist. An zweiter Stelle, wenn Sie keinen Sohn hätten, das wäre eine andere Sache, und wenn Sie Verlangen danach hätten, sie bei sich zu behüten, könnten Sie dies tun, ohne sie zu verheiraten. Verzeihen Sie, wenn ich zu Ihnen spreche, wie ich denke. Die Zärtlichkeit einer Mutter, die ihre Kinder gerne glücklich sehen möchte und die nur daran denkt, sie zufrieden zu sehen, macht, daß ich Ihnen schreibe, wie ich denke. Aber Sie wissen, daß Sie der Herr in allen Dingen sind. Sie sind so klug, daß ich hoffe, daß Sie Überlegungen über die ganze Sache angestellt haben oder noch anstellen werden.«

Das war geschickt argumentiert: Sophie Dorothea wußte nur zu gut, daß die Hochzeit mit dem Herzog von Gloucester angesichts der politischen Eiszeit zwischen London und Berlin derzeit keine Aussicht auf Verwirklichung hatte. Also mußte sie Zeit gewinnen und versuchen, den König von dem Schwedter Plan abzubringen. Geschickt überließ sie die Entscheidung scheinbar ihrem Mann und gab ihm doch gleichzeitig die Argumente an die Hand. 1717 hatte Sophie Dorothea einen zweiten Sohn zur Welt gebracht. Damit schien die Dynastie auf einer gefestigteren Basis zu stehen als ehedem. Eine mögliche Erbfolge der Schwedter Linie stand daher nicht auf der Tagesordnung. Zwar konnte sich dies schnell ändern, wie der frühe Tod des auf den Namen Wilhelm getauften Sohnes zeigen sollte, doch das war im Februar 1718 nicht abzusehen. Der zweite Hinweis war ebenfalls naheliegend: Es gab keine Eile, Wilhelmine zu verheiraten. Also weshalb die Sache überstürzen? Das hätte im Falle der englischen Pläne Sophie Dorotheas natürlich ganz anders ausgesehen, doch das stand auf einem anderen Blatt …

Die Taktik Sophie Dorotheas, zunächst Zeit zu gewinnen, um die Schwedter Hochzeit schließlich ganz verhindern zu können, erwies sich als goldrichtig. König Georg I. von England hatte die Erfahrung machen müssen, daß die Habsburger sehr zurückhaltend waren, wenn andere die Ernte eines Bündnisses einfahren wollten. So vollzog er schon im Frühjahr 1719 einen neuerlichen Schwenk seiner Politik und näherte sich Preußen an. Dazu schickte er einen Gesandten an den Berliner Hof, der versprach, England werde sich in den Verhandlungen mit Schweden für die territorialen Forderungen Preußens einsetzen. Gleichwohl zögerte Friedrich Wilhelm, denn er hatte dem Zaren versprochen, nur mit ihm gemeinsam Frieden mit Schweden zu schließen. Daß auch Peter bereits eigene Verhandlungen mit Schweden führte, wollte er als Entschuldigung für diesen Vertrauensbruch zunächst nicht gelten lassen, doch beugte er sich dem Druck Ilgens, der diese Gelegenheit nicht ungenutzt lassen wollte. Zum nicht zuletzt durch England vermittelten Friedensschluß mit Schweden kam es offiziell zwar erst 1720, doch bereits im September 1719 war man sich über die Bedingungen weitgehend einig geworden. Zur Bekräftigung der neuen englisch-preußischen Partnerschaft reiste Friedrich

Wilhelm Anfang November 1719 nach Hannover. Man kann sich leicht ausmalen, in welcher Hochstimmung die Königin damals war.

Über das Ergebnis der fünftägigen Reise ihres Mannes informierte Sophie Dorothea sogleich auch ihre Tochter: »Die Doppelheirat wurde zur großen Befriedigung meiner Mutter beschlossen, deren lang gehegter Wunsch hiermit erfüllt werden sollte. Sie übergab uns, meinem Bruder und mir, die Verlobungsringe. Ich trat sogar mit meinem kleinen Liebhaber in Korrespondenz und empfing mehrere Geschenke von ihm.« Weniger begeistert war Wilhelmines Vater. Zwar hatte er in die Abmachungen eingewilligt, doch ansonsten wenig Freude an seinem Aufenthalt gehabt. Die Hofjunker seien hier mehr geachtet als die Offiziere, schimpfte er in einem Brief an Leopold von Anhalt-Dessau. »Mag Generalmajor oder Oberst, Major und Capitain sein, sie sind nicht besser als Lakaien ... Ich habe mir genug geärgert.« Trotz dieser – aus Friedrich Wilhelms Sicht – Mißachtung des Militärischen war in Hannover in diesen Tagen viel von einem Krieg gegen Rußland die Rede. Auch das ärgerte den Preußen: »Da wird von nichts als von Kriegsgeschrei gehört gegen den Zar. Sie sagen, es ist Bagatelle, die Zeit wird's lehren. Ich sehe noch nicht die Armee dazu, dem Zaren etwas zu tun.«

Wohl um die weiteren Verhandlungen in bezug auf Schweden und das von England erhoffte gemeinsame Vorgehen gegen Rußland zu besprechen, brach Friedrich Wilhelm am 14. August 1720 zu einem neuerlichen Treffen mit Georg I. nach Hannover auf. Daß der englische König schon wieder in seinen deutschen Landen weilte, war höchst ungewöhnlich, denn man sah es auf der Insel nicht gern, wenn der Monarch sein Königreich verließ, ja, die Welfen hatten als Bedingung für ihre Thronfolge zusichern müssen, daß der jeweilige Herrscher das Königreich nie ohne Erlaubnis des Parlaments verlassen werde. Die geplante Doppelhochzeit dürfte ein Thema der Gespräche gewesen sein, auch wenn ein Brief, den Königin Sophie Dorothea am 20. August an ihren Mann geschrieben hat, nicht recht einzuordnen ist. Er ist wohl als Antwort auf einen Brief Friedrich Wilhelms aus Hannover zu betrachten: »Ich habe wohl geglaubt, daß sich mein Vater informieren würde über ihre [der Kinder] Neuigkeiten, denn man sagt, daß er oft darüber spricht.« Das könnte einerseits heißen, Georg hatte sich bei seinem Schwiegersohn eben nicht sonderlich nach dessen Kindern erkundigt (daher der Konjunktiv), oder aber, der Satz ist als Bekräftigung zu interpretieren: Wie ich gedacht habe, hat sich mein Vater nach Neuigkeiten über seine Enkel erkundigt …

Wie dem auch sei. Der Entspannung der politischen Beziehungen zwischen England und Preußen folgte ein leidliches Auskommen der beiden Monarchen. Das »Projekt Doppelhochzeit« schien seiner Verwirklichung entgegenzusteuern. Es kam schon zu den üblichen Präliminarien: Porträts wurden ausgetauscht, damit sich die künftigen Eheleute wenigstens ein Bild voneinander machen konnten, und Wilhelmine mußte dem englischen Gesandten eine Probe ihrer Tanzkunst geben; schließlich sollte sie als Königin auf dem höfischen Parkett bestehen können. Zumindest die Porträts kamen in London nicht so gut an. Georg I. hatte seine Tochter im Verdacht, ein wenig getrickst zu haben: »Ich habe die Porträts der ältesten Prinzessin unter ihren Töchtern gesehen …; sie erscheint mir sehr gut beschaffen, aber es scheint mir, daß der Maler sie zu alt gemalt hat und daß sie auf diesem Porträt das Aussehen einer 20jährigen hat.« Wilhelmine war damals noch nicht zwölf. Natürlich war es in Sophie Dorotheas Interesse, das Mädchen so darzustellen, als sei sie bereits im heiratsfähigen Alter.

Das Verhältnis zwischen Wilhelmine und ihrer Sous-Gouvernante, der Signorina Leti, war über die Jahre hinweg nicht besser geworden. Auch die Erzieherin selbst war mit der Situation unzufrieden. Ob das tatsächlich daran lag, daß sie sich aufgrund einer Anweisung des Königs nicht mehr mit ihren Liebhabern treffen durfte, wie Wilhelmine in ihren Memoiren boshaft kolportiert, sei dahingestellt. Ebenso berichtet Wilhelmine, die Leti habe von der Sous-Gouvernante zur Hofmeisterin aufsteigen wollen. Dazu habe sie Lady Arlington eingeschaltet, eine alte Gönnerin am hannoverschen Hof. Sollte ihr der erhoffte Aufstieg in Berlin nicht gelingen, so sollte diese für sie um eine Stelle in England nachsuchen. Das wiederum war keinesfalls im Interesse der Königin. Es war schon schlimm genug, daß die Erzieherin in Berlin gegen die englische Hochzeit Wilhelmines arbeitete. Kaum auszudenken, welches Unheil sie mit übler Nachrede in Hannover beziehungsweise London anrichten könnte. Doch nachdem Lady Arlington signalisiert hatte, daß sich in England schon etwas für sie finden werde, war für die Italienerin in Berlin kein Halten mehr. Sie bat in einem »unverschämten Brief« um ihre Entlassung. Madame de Roucoulle riet der Königin, die Leti ziehen zu lassen: Für Wilhelmine wäre dies das größte Glück.

Erst jetzt soll Sophie Dorothea von den Mißhandlungen Wilhelmines durch ihre Erzieherin erfahren und dem König darüber berichtet haben. Dieser habe die Leti im ersten Zorn sofort in die Festung Spandau bringen wollen, doch dazu kam es nicht. Dem Entlassungsgesuch der ungeliebten Begleiterin Wilhelmines wurde stattgegeben, und die Leti ging 1721 nach Hannover. Und tat dort, wie Sophie Dorothea befürchtet hatte, alles, um ihre Tochter madig zu machen. Doch mehr als vorübergehende atmosphärische Störungen bewirkten die von der Leti in die Welt gesetzten Gerüchte nicht.

Nachfolgerin der Leti wurde Dorothea Henriette Louise von Sonsfeld, eine Wahl, die sich als ausgesprochen glücklich erweisen sollte. Wilhelmine verstand sich bestens mit ihr;

vorbei waren die Tage der Demütigung. Für Wilhelmines Haltung ist jedoch bezeichnend, was aus ihrer Sicht zuallererst für die neue Erzieherin sprach: »Fräulein von Sonsfeld stammt aus einem sehr vornehmen Hause, das mit den besten des Landes verwandt ist; ihre Ahnen zeichneten sich durch ihre Verdienste sowie durch die hohen Ämter aus, welche sie bekleideten.« Erst nach dieser Einführung kommt Wilhelmine in ihren Memoiren auf den Charakter der Sonsfeld zu sprechen, lobt ihre Tugenden, ihren Geist, ihre Energie und ihre Großmut. Die Zuneigung zwischen der neuen Erzieherin und Wilhelmine beruhte auf Gegenseitigkeit, und so blieb die damals 24jährige auch der erwachsenen Prinzessin treu, ja folgte ihr sogar als Hofdame nach Bayreuth: »Ich liebe und verehre sie wie meine Mutter; sie ist heute noch bei mir, und aller Wahrscheinlichkeit nach wird uns nur der Tod trennen.«

1723 sollte zum Jahr der bislang intensivsten Beziehungen zwischen Hannover/London und Berlin werden. Das lag in erster Linie daran, daß König Georg I. in diesem Jahr wieder nach Deutschland kam und somit persönliche Treffen leicht zu arrangieren waren. Den Anfang machte König Friedrich Wilhelm I., als er Anfang Juli zu seinem Schwiegervater nach Hannover reiste. Am Tag seiner Ankunft erhielt der König einen Brief seiner Frau, die ihn positiv auf den Besuch einstimmen wollte: »Die Freude meines Vaters wird heute groß sein, das Glück zu haben, Sie zu sehen.« Friedrich Wilhelm selbst sah die Sache etwas nüchterner und berichtete seinem Freund, dem Fürsten von Anhalt-Dessau, recht lakonisch: »Ich bin zu Hannover gewesen, ist alles auf dem alten Fuß.«

Kaum war Friedrich Wilhelm abgereist, kam Sophie Dorothea nach Hannover. Am 24. Juli 1723 berichtete sie ihrem Mann: »Ich bin gestern abend hier angekommen. Mein Vater hat mich nicht erwartet und geglaubt, daß ich erst am nächsten Montag kommen würde. Dennoch bin ich sehr gut empfangen worden, mein Bruder hat mir 1000 Grüße erwiesen und mich gefragt, ob Ihr zufrieden mit ihm gewesen seid …« Doch wichtiger als der Bruder war für Sophie Dorothea dessen Sohn, der zukünftige Bräutigam Wilhelmines. »Der Prinz Friedrich ist, wie Sie ihn mir beschrieben haben, und er findet Sie sehr sympathisch, wie die ganze Welt hier.« Geschickt umgarnte die Königin in diesem Brief ihren Mann und versicherte ihm, wie sehr man ihn in Hannover schätzte. War es da nicht folgerichtig, diese gegenseitigen Sympathiebezeugungen mit einer Hochzeit zu krönen?

Natürlich wollte Sophie Dorothea während ihres Besuchs mit ihrem Vater vor allem darüber sprechen. Zuerst sondierte sie das Terrain. Und dazu gehörte ein Gespräch mit Mehmet, seinem »Leibtürken«. Entsprechend der Türkenmode der Zeit, schmückte sich auch der englische König mit einem solch auffälligen Begleiter. Mehmet galt als Vertrauensperson des Monarchen und hatte gute Nachrichten: Es gebe Grund zu der Annahme, daß der englische König noch in diesem Jahr einen offiziellen Besuch in Berlin machen werde. Doch der König zierte sich auffallend lange, bis er seiner Tochter endlich nachgab. Wilhelmine begründete dies damit, daß es der Leti gelungen sei, sie vor dem König madig zu machen: Sie sei von so abstoßender Häßlichkeit, »daß jedem Manne die Lust vergehen müßte, mich zu heiraten; und was sie dann von meinem Charakter gesagt, stände im besten Einklang mit meinem Äußeren; ich sei so zornig und boshaft, daß ich aus reiner Wut mehrere Male tagsüber von der fallenden Sucht [der Epilepsie] ergriffen würde.« Gerade vor diesem Hintergrund habe ihre Mutter den Besuch in Hannover unternommen und dort darauf gedrängt, daß ihr Vater nach Berlin komme, um sich selbst von der Unwahrheit dieser Gerüchte überzeugen zu können. Tatsächlich schickte Georg I. »verschiedene Damen wiederholt von Hannover nach Berlin …, um mich in Augenschein zu nehmen. Ich mußte mich vor ihnen ausziehen und ihnen meinen Rücken zeigen, um ihnen zu beweisen, daß ich nicht bucklig sei.« Man kann leicht nachvollziehen, daß Wilhelmine diese Prozedur als entwürdigend empfand und sich schämte. Doch waren solche Vorabbegutachtungen an sich nicht ungewöhnlich, vor allem dann nicht, wenn es, wie im Falle Wilhelmines, entsprechende Gerüchte gab.

Bis ihr Vater tatsächlich nach Berlin kam, mußte sich Sophie Dorothea noch ein wenig gedulden. Erst am 3. Oktober 1723 kam der entscheidende Brief, in dem Georg I. ankündigte, daß er in den nächsten Tagen aufbrechen werde. Nun war hektische Betriebsamkeit angesagt: »Ich habe gestern eine Unmenge von Leuten gesehen, die hierhergekommen sind, um meinen Vater zu sehen«, berichtete Sophie Dorothea ihrem Mann am 5. Oktober und fügte hinzu: »Der Markgraf Philipp [von Brandenburg-Schwedt] hat gesagt, er habe sich schöne Spitzen gekauft, um passend gekleidet zu sein. Die Kaufleute bekommen alle ihre Waren los.« Der Stolz und die Freude der preußischen Königin sind in diesen Zeilen mit Händen zu greifen. Endlich durfte sie einmal die vollendete Gastgeberin sein, dazu noch für den englischen König, ihren Vater.

Am 8. Oktober 1723 war der große Tag gekommen: Die preußische Königsfamilie empfing den Gast aus England im Schloß Charlottenburg. Nachdem er zunächst den König und die Königin begrüßt hatte, kam Wilhelmine an die Reihe: »Er umarmte mich, und sich zur Königin wendend, sagte er: ›Sie ist sehr groß für ihr Alter.‹« Noch einmal wurde die Prinzessin begutachtet. Georg I. »nahm eine Kerze und betrachtete mich von Kopf bis Fuß. Ich stand unbeweglich wie eine Statue und aufs tiefste verwirrt. Dies alles geschah, ohne daß er ein Wort zu mir sagte. Nachdem er mich also gemustert hatte, wandte er sich an meinen Bruder, dem er viel Liebes erwies und mit dem er sich lange unterhielt.«

Dieser Empfang irritierte Wilhelmine sichtlich, und ihre Mutter tat gut daran, die 14jährige fürs erste in ein Nebenzimmer zu führen, in dem sich das Gefolge des englischen Königs aufhielt. Hier gewann Wilhelmine ihre Sicherheit schnell zurück, zumal nachdem ihre Mutter den Raum wieder verlassen hatte: »Ich fühlte mich viel weniger verlegen ..., schöpfte Mut und begann mit den Herren ein Gespräch. Da ich ihre Sprache so gut wie meine Muttersprache konnte, bestand ich sehr wohl vor ihnen, und alle schienen entzückt. Sie lobten mich bei der Königin und sagten ihr, daß ich englisch aussehe und wie dazu geboren sei, ihre Herrscherin zu sein.« Nur König Georg, so hatte es den Anschein, war von Wilhelmine noch nicht restlos überzeugt, was aber auch daran gelegen haben mag, daß für ihn die Hochzeit seiner Enkelin Amalie mit dem preußischen Kronprinzen größeres Gewicht hatte und er sich daher einfach weniger um Wilhelmine kümmerte. Allerdings hatte ihn die mißglückte Begrüßung zu der Frage gebracht, ob die Prinzessin denn immer so ernst sei oder gar ein melancholisches Temperament habe. Bei Tisch änderte sich die Stimmung nicht, der englische König blieb einsilbig, und mit Wilhelmine wechselte er kein Wort. Der Grund für diese Wortkargheit muß aber nicht unbedingt in einer Verstimmung des Königs gesucht werden, sondern könnte darauf hindeuten, daß dieser schon zu Beginn seines Besuchs gesundheitlich angeschlagen war.

Beim Festessen kam es dann fast zu einer Tragödie: »Gegen Ende der Mahlzeit [wurde dem englischen König] unwohl ... Er fing an zu schwanken ..., fiel auf die Knie, seine Perücke auf eine Seite, der Hut auf die andere. Man streckte ihn sachte am Boden aus, und eine gute Stunde lang blieb er besinnungslos liegen. Endlich nach vielen Belebungsversuchen kam er wieder zu sich.« Es könnte sich um einen leichten Schlaganfall gehandelt haben, den Georg I. an diesem Abend erlitt. Doch nachdem es ihm die Nacht über »sehr schlecht« gegangen war, erholte er sich tags darauf rasch wieder und nahm an allen »Festlichkeiten und Vergnügungen« teil.

Auch wenn Wilhelmine ihren Großvater als kalt und gefühllos in Erinnerung behielt, so war der Besuch aus Sicht der Prinzessin und ihrer Mutter dennoch ein großer Erfolg. »Täglich«, erinnert sich Wilhelmine in ihren Memoiren, »fanden geheime Sitzungen der englischen und preußischen Minister statt. Das Ergebnis war das endliche Zustandekommen des Bündnisvertrags und der doppelten Verlobung ... Die Unterschriften wurden am 12. desselben Monats vollzogen.« Tatsächlich war dieser sogenannte Charlottenburger Vertrag ein Markstein auf dem Weg der weiteren Annäherung zwischen Preußen und England, die aber erst zwei Jahre später in einen regelrechten Bündnisvertrag mündete. Die beabsichtigte Doppelheirat wurde während des Besuchs in Berlin nicht schriftlich fixiert. Es heißt, Georg habe die Verbindung mit Rücksicht auf das zarte Alter der künftigen Eheleute noch nicht öffentlich verkünden wollen, doch sei sie auch für ihn beschlossene Sache gewesen. Natürlich könnte diese Begründung nur eine Ausrede gewesen sein, um sich nicht festlegen zu müssen. Dies um so mehr, als Georg in England kein absolutistischer Herrscher war, sondern nur im Einklang mit Parlament und Premierminister handeln konnte. Das galt auch für die Frage der Heirat des zukünftigen Prinzen von Wales.

Mit solchen Hintergedanken wollte sich die preußische Königin in den Tagen nach der Abreise ihres Vaters nicht beschäftigen. Sie war sich sicher, ihr Ziel erreicht zu haben. Zumal aus Hannover gute Nachrichten durchsickerten: »Mein Vater«, so schrieb sie am 24. Oktober an ihren Mann, »konnte Sie nicht genug loben. Er war bezaubert von Berlin, seinen schönen Bauwerken und der ganzen Pracht. Er hat gesagt, daß auch die Freundschaft, die wir ihm bekundet haben, ihm viel Freude bereitet hat. Bei Tisch hat er zu Prinz Friedrich [dem Herzog von Gloucester] gesagt ..., daß Wilhelmine sehr hübsch und gut gewachsen sei, viele Reize und Geist habe, daß sie ihm sehr gefalle, daß Fritz sehr charmant gewesen sei, schließlich, daß alle Kinder schön seien wie kleine Engel und daß er im kommenden Jahr wieder nach Deutschland kommen werde, daß er wieder hierher [nach Berlin] käme und länger bleiben wolle.« Noch zuversichtlicher stimmte Sophie Dorothea, als sie hörte, daß der Viscount Townshend, einer der engsten Berater ihres Vaters, mit diesem ein längeres Gespräch über das »Thema Wilhelmine« gehabt habe und sich demnach alles auf das allerbeste gestalte.

Selbst Grumbkow beeilte sich in dieser Situation, die Gunst der Königin zu gewinnen. Französische Bestechungsgelder dürften ihm dabei geholfen haben, eventuell vorhandene Skrupel über seine etwas abrupte Meinungsänderung hintanzustellen. Daß Grumbkow in dieser Situation zumindest vorübergehend seine Agitation gegen die englische Hochzeit einstellte, war für Sophie Dorothea ein weiterer Beleg dafür, daß alles seinen erhofften Lauf nahm. Selbst die Zeitungen kündigten schon die bevorstehende Vermählung Wilhelmines mit dem Herzog von Gloucester an. Was konnte nun noch schiefgehen? Friedrich Wilhelm reiste im November sogar noch einmal nach Hannover, um mit seinem Schwiegervater auf die Jagd zu gehen. Wenige Tage zuvor war er wieder einmal Vater geworden, und wieder war es eine Prinzessin, die auf den Namen Amalie getauft wurde. Sie blieb ehelos und ging als Äbtissin von Quedlinburg in die Geschichte ein.

In vielen Trinksprüchen, Briefen und Gesprächen hat Friedrich Wilhelm I. seine fast naiv zu nennende Treue zum Kaiserhaus betont. Doch Karl VI. betrachtete den Preußenkönig als polternden Emporkömmling, dessen Unterstützung er 1724 nur brauchte für die Anerkennung der »Pragmatischen Sanktion«, mit der er die Erbfolge seiner Tochter Maria Theresia sicherstellen wollte. Dieses Ereignis fiel zusammen mit einer sich herausbildenden neuen Mächtekonstellation in Europa. Auf der einen Seite standen Österreich und Spanien, auf der anderen England, die Generalstaaten (die Niederlande) und Frankreich. Friedrich Wilhelm fühlte sich dem Kaiser als Reichsfürst zwar bis zu einem gewissen Grad persönlich verpflichtet, doch er verkannte nicht, daß England als protestantische Macht konfessionell der näherliegende Partner und die enge Verwandtschaft der beiden Häuser ein weiteres Argument für ein Bündnis war. Friedrich Wilhelms Hoffnung war, daß eine der beiden Seiten ihm nach dem zu erwartenden Aussterben des Hauses Pfalz-Neuburg zur Erbfolge in den Herzogtümern Jülich und Berg verhelfen würde. Damit würde die preußische Präsenz im Westen des Reiches massiv gestärkt – ein Unterfangen, das man aber weder in Wien noch in London für besonders förderungswürdig hielt. Doch Friedrich Wilhelm stellte klar, daß er für Äpfel und Birnen nicht zu haben sei. Kaisertreue Trinksprüche im Tabakskolleg waren die eine Sache, Realpolitik die andere: »Ich bin des Kaisers Freund und werde nichts gegen den Kaiser und das Reich tun, aber auf den Fuß lasse ich mir nicht treten.«

Wegen eines von der Magdeburger Ritterschaft gegen ihn angestrengten Prozesses am Reichshofrat war der König 1724/25 ohnehin nicht gut auf den Kaiserhof zu sprechen. Wie konnten seine eigenen Untertanen, die die Magdeburger doch waren, so etwas tun? Und wie konnte der Kaiser einen solchen Prozeß führen lassen? Daß das alles im Einklang mit der Reichsverfassung geschah, kümmerte ihn nicht. Und so war es nicht zuletzt seine persönliche Verbitterung, die ihn 1725 auf die englische Seite umschwenken ließ. Für Königin Sophie Dorothea war dies um so wichtiger, als die von ihr erhoffte Doppelhochzeit von einem guten Einvernehmen Preußens und Englands abhängig war. Wie wütend Friedrich Wilhelm auf Karl VI. war, zeigt ein Brief vom 7. April 1725, in dem er seinen »Feinden in Wien« unterstellte, diese versuchten ihn zu provozieren, »damit ich zu einem verzweifelten Schritt verfalle, wobei man mir das ganze Reich auf den Hals hetzen und mich und mein Haus ins alleräußerste Unglück stürzen könnte«. Der Adressat dieses Briefes war Friedrich Heinrich Reichsgraf von Seckendorff, ein Mann ganz nach dem Geschmack des »Soldatenkönigs«: Obwohl er in kaiserlichen Diensten stand, war Seckendorff Protestant, und er hatte in zahlreichen kriegerischen Auseinandersetzungen sein soldatisches Können unter Beweis gestellt. Bei Malplaquet war er 1709 erstmals dem damaligen preußischen Kronprinzen begegnet. 1715 trafen sich die beiden bei der Belagerung von Stralsund. In der Folge führten der König und Seckendorff einen regen, in freundschaftlichem Ton gehaltenen Briefwechsel. Bald sollte Seckendorff zu einer der einflußreichsten Gestalten am preußischen Hof werden.

Im Sommer 1725 kam König Georg I. von England ein weiteres Mal nach Deutschland. Diesmal im vollen Einvernehmen mit Regierung und Parlament, denn es galt, Preußen in das antihabsburgische Lager einzubinden. Ende Juli 1725 brach König Friedrich Wilhelm I. zu einem Besuch in Hannover auf. Dort erreichte ihn am 2. August ein Brief seiner Gemahlin, die darin ihrer Überzeugung Ausdruck gab, daß »man [mit] Ihnen noch vor Ihrer Abreise über die Hochzeit sprechen wird«. Doch diese Erörterungen dürften eher am Rande eine Rolle gespielt haben und allenfalls Mittel zum Zweck auf dem Weg zum eigentlichen Ziel gewesen sein. Denn ganz oben auf der Tagesordnung standen von englischer Seite initiierte Verhandlungen über ein englisch-französisch-preußisches Bündnis, die schließlich in den auf 15 Jahre geschlossenen Vertrag von Herrenhausen mündeten.

Zwischen den Verhandlungen über den Vertrag und dessen Unterzeichnung am 3. September fuhr Friedrich Wilhelm I. noch einmal zurück nach Potsdam, wo er am 10. August eintraf. Die Nachricht über das Bündnis zwischen England und Preußen vernahm Königin Sophie Dorothea mit Freuden. Doch wie stand es um die Hochzeit? Die bisherigen vagen Zusagen konnten weder Sophie Dorothea noch Friedrich Wilhelm gänzlich zufriedenstellen. Ein neuerlicher Besuch der Königin bei ihrem Vater sollte den endgültigen Durchbruch bringen. So brach sie wenige Tage nach der vorübergehenden Rückkehr ihres Mannes selbst nach Hannover auf, um ihren Vater endlich zu einer definitiven Antwort zu bewegen. Dort wurde sie »mit offenen Armen aufgenommen«, und Georg »sprach sich sehr liebevoll« über Wilhelmine aus. Mehr aber auch nicht: Wieder einmal verwies Georg darauf, daß er »uns nicht verheiraten dürfe, ohne zuvor die Einwilligung des Parlaments eingeholt zu haben: das zweite sei unsere Jugend, denn ich sei erst 16, der Herzog 18 Jahre alt. Um jedoch all diese Schwierigkeiten aus dem Wege zu räumen, versprach er ihr, alles so zu ordnen, daß bei seiner nächsten Anwesenheit in Deutschland unsere Hochzeit gefeiert werden könne.« Damit wollte sich Sophie Dorothea nicht zufriedengeben und nahm sich vor, so lange in Hannover auszuharren, bis sie mit der Zusage in der Tasche nach Berlin zurückkehren konnte. Zwischenzeitlich muß die Königin dabei auch ihren Gemahl wiedergesehen haben, der zur Unterzeichnung des Herrenhauser Vertrags ebenfalls wieder nach Hannover gekommen war. Der Bitte seiner Frau, so lange bei ihrem Vater bleiben zu dürfen, »als die Angelegenheiten es erfordern würden«, gab Friedrich Wilhelm nach, der wohl selbst darauf vertraute, daß diese ihren Willen noch durchsetzen würde.

Derweil gab es für Wilhelmine in Berlin zumindest zeitweise eine ungewöhnliche Situation: Die Mutter war weit weg, und die Prinzessin konnte sich, sooft sie wollte, mit ihrem Vater treffen, ohne Sophie Dorotheas Eifersucht fürchten zu müssen. Es sollten die letzten unbeschwerten Momente zwischen Vater und Tochter sein: »Inzwischen stand ich in Berlin sehr in Gnaden bei dem König, ich unterhielt ihn jeden Nachmittag, und er speiste bei mir zu Abend. Er zeigte sich sogar sehr mitteilsam und sprach oft von Geschäften mit mir.« So gingen die Tage ins Land, ohne daß aus Hannover Vollzug gemeldet wurde. Erst am 30. September 1725 verließ Sophie Dorothea den Hof ihres Vaters – ohne eine schriftliche Vereinbarung wenigstens über die Hochzeit Wilhelmines in der Tasche zu haben. Friedrich Wilhelm war darüber sehr erbost und warf seiner Frau vor, sie habe nur länger das Hofleben in Hannover genießen wollen. Sechs Wochen lang herrschte eisernes Schweigen zwischen den königlichen Eheleuten, ehe wie so oft die Versöhnung folgte.

Friedrich Wilhelm hatte den Vertrag von Herrenhausen zwar unterschrieben, doch er tat dies mit einem schlechten Gewissen. Zudem ließ der Ertrag des Bündnisses sichtlich auf sich warten. Es gab keine Fortschritte in der Heiratsfrage, und als sich im Herbst 1725 auch noch Rußland der österreichisch-spanischen Allianz anschloß, bekam Friedrich Wilhelm immer mehr den Eindruck, daß England und Frankreich sein Land nur als Glacis betrachteten: Würde es zu einem großen Krieg der Bündnissysteme kommen, mußte das zwischen den beiden Blöcken gelegene Preußen am meisten darunter leiden. Auch hatte er zunehmend den Eindruck, daß Frankreich und England die Marschrichtung vorgaben, ohne sich um seine Meinung zu kümmern. Bei einem so emotionalen Menschen wie Friedrich Wilhelm war eine solche Behandlung ein grober Fehler. Der preußische König hatte, wie er schon bald verkündete, keine Lust dazu, für England und Frankreich die Kastanien aus dem Feuer zu holen.

Hier kam nun wieder Graf Seckendorff ins Spiel. Er sollte im Auftrag des Prinzen Eugen und damit des Kaisers alles, was er in Berlin erfuhr, sofort nach Wien melden und den »Soldatenkönig« wieder in das rechte – sprich österreichische – Lager zurückführen. Seckendorff nahm dafür manche »Strapaze« in Kauf: Obwohl ihm die Alkohol- und Tabakexzesse in Friedrich Wilhelms Tabakskollegium schwer zu schaffen machten, hielt er durch und nahm nur bisweilen eine mehrwöchige Auszeit, um sich bei einer Kur etwas zu erholen. Harte Arbeit war es auch, wenn der König sich selbst bei Seckendorff einlud. Da alles umsonst war, trank Friedrich Wilhelm noch mehr als üblich, und der Gastgeber mußte mittrinken. Nach einem solchen Gelage entschuldigte sich Seckendorff tags darauf in seinem üblichen Bericht an den Prinzen Eugen, daß er heute nicht viel berichten könne, er sei wegen des exzessiven Trinkens am Abend zuvor »nicht allerdings im Stande, viel zu schreiben«.

Seckendorff wußte: Wenn er beim preußischen König etwas erreichen wollte, dann mußte er diesem durch sein Auftreten imponieren. Und dazu gehörte nun einmal auch das Tabakskollegium, wo der überzeugte Nichtraucher wenigstens die Erlaubnis erhielt, sich eine leere Pfeife in den Mund zu stecken. Man hat Seckendorff oft vorgeworfen, daß er nicht mehr als ein kaiserlicher Spion gewesen sei, der in Berlin alles und jeden bestochen habe. Doch war nicht ebendies seine Mission? Seckendorff tat nur seine Arbeit, und er fand am preußischen Hof genügend Höflinge, die gerne ihre Hand aufhielten, allen voran Grumbkow, der aus Wien sogar eine jährliche Pension erhielt. Doch man sollte nicht zu sehr über Grumbkow den Stab brechen, auch der angesichts der Sparsamkeit seines Vaters in Geldnöten steckende Kronprinz Friedrich und seine Schwester Wilhelmine hatten (später) nichts dagegen, wenn der österreichische Gesandte ihnen erhebliche Summen zukommen ließ. Über Wilhelmine schrieb Seckendorff in seiner Gesandtschaftsrechnung für 1733: »Die Erbprinzessin von Bayreuth hat auf das Jahr 1733 durch mich bar den 11. April empfangen eintausend Speciesducaten. Und da der Kronprinz, ihr Herr Bruder, selbiger mehr als jemand in der Welt Gehör gibt, und wo eine Möglichkeit, ihm andere Prinzipia beizubringen, solches durch sie geschehen muß, so kommt es auf allerhöchste Entschließung an, ob für dieses Jahr 1734 die Erbprinzessin von Bayreuth wiederum haben soll 1000 Ducaten.« Wenn also Wilhelmine sich in ihren Memoiren abfällig über Seckendorff äußert und über jene herzieht, die sich von ihm haben bestechen lassen, spielte dabei auch ein Stück weit Heuchelei mit, selbst wenn sie für das Geld keine Gegenleistung geboten hat und Bestechung in der damaligen Zeit zum politischen Handwerkszeug gehörte.

Als Seckendorff im Mai 1726 nach Berlin kam, trat er dort zwar zunächst nicht als offizieller Gesandter des Kaisers auf, sondern als alter Bekannter des Königs. Doch schon am 24. Juli 1726 erhielt er sein Beglaubigungsschreiben als Gesandter, am 13. August trat er offiziell seinen Dienst an. Friedrich Wilhelm, der ja selbst via Seckendorff mit Wien verhandelte, hätte eigentlich davon ausgehen müssen, daß der Graf dem Prinzen Eugen alle Vorgänge am preußischen Hof meldete. Doch Friedrich Wilhelm in seiner Freundschaftsduselei meinte, es sei genug, wenn er beim Tabakskollegium erklärte, daß die freimütigen Gespräche unter Männern nicht nach draußen dringen sollten und derjenige »unehrlich« sei, der etwas ausplaudere.

Seckendorffs Engagement hatte direkte Auswirkungen auf die Heiratspläne Sophie Dorotheas für ihre beiden ältesten Kinder. Gelang es ihm, den »Soldatenkönig« wieder aus dem englisch-französischen Lager loszueisen, war auch die Doppelhochzeit Schnee von gestern: »So ist gewiß, daß, wenn das Werk mit der Mariage [Heirat] nicht zustande kommt, der König von Preußen sich gänzlich von Hannover abziehe, und von diesem Hofe nicht mehr sich führen lassen wird.« Seckendorff sah es als seine Aufgabe an, aktiv auf das Platzen der Doppelhochzeit hinzuwirken. Anders als ihr Mann hat Königin Sophie Dorothea dies klar erkannt und den österreichischen Gesandten bis aufs Blut gehaßt. Auch für Seckendorff waren die Momente, in denen er mit der Königin zusammentraf, die unangenehmsten seiner bis 1734 andauernden Dienstzeit in Berlin: »Mein Gesicht ist der Königin so verhaßt, daß ich oft nur mit vieler Mühe während der Tafel Antwort erhalten kann.«

Dabei stand die Abkehr vom Herrenhauser Vertrag im Frühjahr 1726 noch keineswegs fest. Friedrich Wilhelm ließ klar erkennen, daß er sich auf die Seite schlagen werde, die ihm etwas »Reelles« zu bieten habe. Preußen war in der glücklichen Position, von beiden Lagern umworben zu werden. Dem Grafen von Seckendorff bekannte Friedrich Wilhelm, er sei »besser kaiserlich als hannöverisch gesinnt«. Er werde sich »auf des Kaisers Partei begeben«, wenn dieser »die mir von rechtswegen für Gott und der Welt zustehende Praetensiones accordiren will«. Im Klartext hieß das: Der Kaiser sollte ihn in der jülisch-bergschen Erbfrage unterstützen oder eine angemessene Entschädigung dafür zukommen lassen. Friedrich Wilhelm bat Seckendorff darum, dies den Prinzen Eugen und damit den Kaiser in Wien wissen zu lassen. Doch der »Soldatenkönig« mußte sich noch bis Ende September gedulden, ehe er über Seckendorff Antwort aus Wien erhielt, daß der Kaiser auf seine Forderungen einzugehen bereit sei.

Sophie Dorothea mußte die Angelegenheit wie ein böser Traum vorkommen, der urplötzlich Wirklichkeit wurde: »Die Königin«, berichtet Wilhelmine nachvollziehbar in ihren Memoiren, »war außer sich über den Lauf, den die Dinge jetzt nahmen, sie litt persönlich darunter. Der König quälte sie mit fortwährenden Vorwürfen über die Verzögerung meiner Vermählung; er sprach mit schimpflichen Worten von seinem Schwiegervater, dem König, und suchte sie in jeglicher Weise zu kränken.«

Um die Verhandlungen weiter in die gewünschte Richtung laufen zu lassen, forderte Seckendorff in Wien Geld an, um die maßgeblichen Kräfte in Berlin, wiederum allen voran Grumbkow, von den Vorteilen eines Bündnisses mit Wien zu überzeugen. Und er wußte auch, wie man den König um den Finger wickeln konnte: »unverzüglich 24 der schönsten, größten und jüngsten Leute aus Ungarn, Kroatien und Böhmen, oder wo man wollte, auszusuchen und ein Präsent damit zu machen«. Dieses Geschenk werde beim preußischen König eine größere Wirkung zeigen als die »allerkräftigsten Argumente«. Als der Kaiser darauf meinte, 20 »Riesen« müßten auch genügen, intervenierte Seckendorff sogleich. Er habe Friedrich Wilhelm 24 zugesagt – und bei seinen berühmten »Langen Kerls« verstand der »Soldatenkönig« keinen Spaß.

Am 12. Oktober 1726 hatte Seckendorff das erste Etappenziel erreicht: Friedrich Wilhelm I. unterzeichnete das Geheimabkommen von Wusterhausen. Darin erkannte Friedrich Wilhelm die Erbfolge Maria Theresias gemäß der Pragmatischen Sanktion an, und der Kaiser sagte seine Unterstützung in der jülich-bergschen Frage zu. Das Problem war, daß auf dieses pfalz-neuburgsche Erbe auch Pfalz-Sulzbach Anspruch erhob. Dafür wurde folgende Lösung gefunden: »Ihro kaiserliche und katholische Majestät wollen es … dahin bringen, daß längstens binnen Zeit von sechs Monaten das fürstliche Haus Sulzbach sich wegen dieser Cession [Erbfolge] des Herzogtums Berg [Jülich fand schon keine Erwähnung mehr] auf eine bündige und solche Weise erkläre, daß Seine königliche Majestät in Preußen … dadurch der Abtretung und Einräumung dieses Herzogtums vollkommen versichert seien.« Natürlich konnte de facto davon keine Rede sein, aber das mußte man dem Preußen ja nicht auf die Nase binden.

Mit dem Abschluß des Abkommens von Wusterhausen war keineswegs Ruhe am preußischen Königshof eingekehrt. Die proenglischen und prokaiserlichen Kräfte stritten weiterhin, daß die Fetzen nur so flogen: Seckendorff und Grumbkow auf der einen, Sophie Dorothea und der Kabinettsminister Ilgen auf der anderen Seite. Es ist fast schon eine Ironie der Geschichte, daß Friedrich Wilhelm Seckendorff mehr vertraute als Ilgen, obwohl dieser eine der wenigen unbestechlichen Naturen an seinem Hof war. So hielt der König Ilgen zwar für »sehr geschickt« und erkannte an, daß er es verstehe, diese Interessen Preußens zu vertreten, glaubte aber auch, daß der Minister ein »falscher Compère« (Gevatter) sei. Dagegen schrieb er über Seckendorff: »Meine Frau und die ganze Welt sind gegen ihn; der Fürst von Anhalt und mein Sohn hassen ihn wie die Pest, aber er ist doch ein braver Kerl und hat mich lieb.« Wie man sich irren kann! Die Zuneigung zu dem österreichischen Gesandten ging so weit, daß er einmal bekannte: »Ohne Seckendorff tue ich nichts.«

Noch zwei Tage vor dem Abschluß des Vertrags warf Ilgen dem Grafen Seckendorff an den Kopf, lieber wolle er sich bei der Rückfahrt von Wusterhausen nach Berlin den Hals brechen, »als durch Schließung der kaiserlichen Traktate die Königin und ihre Familie zu disconsoliren und diese so importante doppelte Heirat zu verhindern«. Diese Haltung war Ilgen nur bereit aufzugeben, »wenn sein König mit dem Herzogtum Berg contentirt würde«. Sophie Dorothea war so wütend auf Grumbkow, daß sie ihm selbst bei offiziellen Anlässen demonstrativ den Rücken zukehrte. Wutschnaubend sagte sie ihrem Mann ins Gesicht, daß er schon noch merken sollte, wie sehr er von Österreich betrogen würde.

Friedrich Wilhelm war derweil wieder ganz auf Kaisertreue eingestimmt. »Kein Engländer und Franzose soll über uns Deutsche gebieten, und meinen Kindern will ich Pistolen und Degen in der Wiege geben, daß sie die fremden Nationen aus Deutschland helfen abhalten«, polterte er im Tabakskollegium. Und selbst bei Tisch, in Gegenwart der Königin, zog er mit Vorliebe über das Haus Hannover her. Gegenüber Grumbkow bekannte der König: »Es ist wahr, ich bin einmal gut hannöverisch gewesen wegen der Mariage, aber nun nicht mehr. Will man gleich mein Mägdlein nicht haben, so frage ich nicht nach, ob sie einen solchen Tanzmeister bekommt oder nicht.«

Die Königin selbst ließ verlauten, sie werde sich ihrem Gemahl notfalls mitsamt ihren Kindern zu Füßen werfen und diesen bitten, an der Allianz mit England festzuhalten. Jenseits der Ankündigung solch dramatischer Gesten setzte Sophie Dorothea alles auf einen neuerlichen Besuch ihres Vaters in Deutschland – zu Recht. Denn in London war man ausgerechnet jetzt, um Preußen wieder auf Kurs zu bringen, übereingekommen, die englisch-preußische Doppelhochzeit tatsächlich zu vollziehen. Doch auf dem Weg von Den Haag nach Hannover starb König Georg I. am 22. Juni 1727 an einem Schlaganfall. Ihm folgte Sophie Dorotheas damals 40jähriger Bruder als Georg II. Der Herzog von Gloucester, Wilhelmines vermeintlicher Ehemann in spe, war nun Prinz von Wales und damit Thronfolger. Das machte aus ihm eine noch verlockendere Partie, doch die Chancen auf eine Verwirklichung des Projekts verschlechterten sich nach dem Thronwechsel. »Dieser Verlust traf die Königin auf das bitterste. Selbst der König schien ihn nicht gefühllos aufzunehmen. Trotz aller seiner Äußerungen wider den König von Großbritannien hatte er ihn doch stets als einen Vater betrachtet«, erinnerte sich Wilhelmine. Anders Georg II., den Friedrich Wilhelm schon seit Kindheitstagen nicht ausstehen konnte, was auf Gegenseitigkeit beruhte. So nannte Georg seinen Schwager »des Heiligen Römischen Reiches

Erzsandstreuer« oder seinen »Bruder Corporal«, und Friedrich Wilhelm nannte ihn am liebsten »Bruder Komödiant«, »Rotkohl« oder einfach »Kanaille«.

Der neue englische König gab sich gerne selbstherrlich, doch mußte er nicht nur die verfassungsmäßigen Beschränkungen seiner Macht hinnehmen, sondern stand darüber hinaus im Schatten seiner Frau Karoline, einer geborenen Markgräfin von Brandenburg-Ansbach, die es geschickt verstand, im Hintergrund die Fäden zu ziehen. Georg vertraute Karoline völlig, und wer etwas beim König erreichen wollte, tat gut daran, den Umweg über die Königin zu machen.

Trotz der gegenseitigen Animositäten versuchte Friedrich Wilhelm, das Projekt der Doppelhochzeit auch unter dem neuen König voranzutreiben. Seinem Gesandten Johann Christoph von Wallenrodt gab er den Auftrag, sofort mit Königin Karoline Kontakt aufzunehmen. Er sollte versuchen, ihr klarzumachen, daß die »gedoppelte Heirat ... das beste und sicherste Fundament zu einem beständigen und immerwährenden guten Vernehmen zwischen den beiden königlichen Häusern unfehlbar sein werde, hierin müßte man den Anfang machen«. Am 3. Oktober 1727 bekam Wallenrodt eine Audienz bei der Königin, die ihm mitteilte: »Ich bin so sehr als jemand für die doppelte Heirat portiert, aber um Gottes willen fangen wir nicht den Roman beim Ende an; bringt Ihr erst die Geschäfte in Ordnung, dann kann ich mit Erfolg für die Heirat arbeiten.« Für England, so die klare Aussage dieser Botschaft, war eine (Doppel-)Hochzeit nur noch nach dem Abschluß erfolgreicher Bündnisverhandlungen denkbar. In Berlin bekam Friedrich Wilhelm I. einen seiner berüchtigten Tobsuchtsanfälle, als er vom Verlauf der Audienz Mitteilung erhielt. Was glaubten diese Engländer eigentlich? »Ich prätendiere für meinen Sohn keine englische Prinzessin, wenn sie zu stolz dazu sind; und dann wird ihnen auch meine Tochter nicht gut genug sein; ich frage nichts danach.«

Das Lavieren zwischen den Bündnissystemen brachte Friedrich Wilhelm den Vorwurf einer sprunghaften, nur schwer nachvollziehbaren Außenpolitik ein. Unberechenbar und unkalkulierbar sei der preußische König, beschwerten sich französische Diplomaten über dessen Wankelmütigkeit. Friedrich Wilhelm konnte diese Einschätzung selbst nachvollziehen, denn die Außenpolitik mit ihren vielen Unwägbarkeiten war alles andere denn sein liebstes Metier. Hoffte er auch sonst, der Kronprinz werde in seine Fußstapfen treten, so nahm er diesen Part davon aus: »Hüte Dich, mich in allem nachzuahmen, was Diplomatie heißt, denn davon habe ich nie etwas verstanden.«

Ein Konflikt bahnt sich an

Friedrich Wilhelm I. wollte seinen Sohn nach seinem eigenen puritanischen, pflichtbewußten Vorbild formen. Als er spürte, daß ihm der Thronfolger immer mehr zu entgleiten drohte, versuchte er es mit brachialer Gewalt. Friedrich begegnete dem durch ein Leben in zwei Welten, in der seines Vaters, die er nach außen hin zu akzeptieren schien, und jener der Bücher und der Musik, der eleganten Kleider und der gepflegten Konversation. Friedrich Wilhelm wußte nicht mehr weiter mit diesem Sohn: »Ich möchte wohl wissen, was in diesem kleinen Kopf vorgeht; ich weiß, daß er nicht so denkt wie ich, und daß es Leute gibt, die ihm andere Gesinnungen beibringen und ihn veranlassen, alles zu tadeln; das sind aber Schufte«, sagte der König schon 1724 – da war Friedrich erst zwölf – vor Zeugen über seinen Sohn.

Tatsächlich stand der Kronprinz der Welt Friedrich Wilhelms verständnislos gegenüber. Weder mochte er die Jagd, noch hatte er Verständnis für die derben Vergnügungen des Tabakskollegiums, wo er zwischen Rauchschwaden und biergeschwängerter Luft ausharren mußte. Über sein Leben an der Seite des Königs in Wusterhausen schrieb er sarkastisch: »Morgen Parforcejagd, übermorgen, am Sonntag, Parforcejagd, und Montag wieder Parforcejagd ... Ich bin alles dessen, was ich sehe, so satt, daß ich es aus meinem Gedächtnis auslöschen möchte, als wäre es nie gewesen.« Doch wenn Friedrich es dem König recht machen wollte, mußte er eben mit auf die Jagd, nachdem sogar Sophie Dorothea und Wilhelmine »dem König zu Gefallen« bisweilen daran teilnahmen. Friedrich und Wilhelmine flüchteten sich in den Spott über diese ihnen so verhaßte Welt, doch indem sie selbst ihren Vater von diesem Spott nicht ausnahmen und als »König Knirps« verhöhnten, brachten sie diesen nur noch mehr gegen sich auf. Denn natürlich wurden ihm die Scherze seiner ältesten Kinder hinterbracht.

Besonders hart traf es Friedrich Wilhelm I., daß schon der 13jährige Kronprinz deutliche Zeichen der religiösen Indifferenz an den Tag legte. Als er erfuhr, daß er in Religion über Monate hinweg kaum Fortschritte gemacht habe, ließ er die Stundenzahl in diesem Fach verdoppeln; wie man sich denken kann, ohne jeden Erfolg. Doch das galt auch für andere Fächer: Je mehr der Sohn zu wünschen übrigließ, um so härter nahm er ihn an die Kandare. »Nicht die geringste Erholung war ihm vergönnt; die Musik, die Lektüre, die Künste und Wissenschaften galten ebenso als Verbrechen, die ihm untersagt waren. Niemand wagte es, mit ihm zu reden; kaum, daß er die Königin besuchen durfte; sein Leben war das traurigste der Welt«, bedauerte Wilhelmine ihren Bruder. Daß der Vater seinen Sohn vollständig überforderte, erkannte auch Graf Seckendorff: Der König strapaziere ihn derart, »daß er bei seinen jungen Jahren so ältlich und steif aussieht und dahergeht, als ob er schon viele Campagnen [Feldzüge] getan hätte. Die Absicht des Königs geht dahin, daß er ... den Soldatenstand allen übrigen Wissenschaften vorziehe, die Sparsamkeit und Genügsamkeit bei Zeiten kennenlerne und in keine Commodite oder Plaisir, als was er, der König, selbst nur achtet, sich verlieben solle. Man merkt aber gar augenscheinlich, daß diese Art zu leben wider des Kronprinzen Inclination und folglich just einen konträren Effekt mit der Zeit haben wird.«

Doch nicht nur die Königin galt als Komplizin des Kronprinzen. In dem Maß, wie sich das Verhältnis des Königs zu Friedrich verschlechterte, verdüsterte sich die ursprünglich von Zuneigung geprägte Beziehung zwischen dem »Soldatenkönig« und Wilhelmine, auch wenn sie ihrem Bruder wegen dessen ausschweifenden Lebenswandels die Leviten gelesen haben will.

So nimmt es nicht wunder, daß der »Soldatenkönig« keine große Lust verspürte, seinen Sohn mit nach Dresden zu August dem Starken zu nehmen, der Sachsen und Polen in Personalunion regierte. Äußerer Anlaß für den Reisezeitpunkt war der Karneval, der am Dresdner Hof mit großem Aufwand gefeiert wurde, und augenscheinlich hatte man selbst den dergleichen Festivitäten normalerweise ablehnenden »Soldatenkönig« so neugierig gemacht, daß er das Spektakel einmal in Augenschein nehmen wollte. »Ich gehe am Dienstag nach Dresden«, schrieb er dem Fürsten Leopold, »da werde ich so viel Neues wissen. Ich freue mich, in eine andere Welt zu kommen.«

Die Politik spielte bei dieser Reise vordergründig keine Rolle. Friedrich Wilhelm hob später sogar hervor, daß es ihm in Dresden gerade deshalb so gut gefallen habe, »da der König von Polen und ich uns einander das Wort gegeben haben, daß bei dieser Zusammenkunft von keinen Affären gesprochen werden sollte«. Allerdings konnte ein solches Treffen zweier Staatsoberhäupter, nicht anders als heute, dazu beitragen, atmosphärische Störungen zu beseitigen. In Sachsen sah man den Aufstieg Brandenburg-Preußens mit bangen Gefühlen, war doch aus dem lange als Streusandbüchse des Heiligen Römischen Reiches verspotteten Staat des Nachbarn mittlerweile eine respektable Macht geworden. Dem begegnete Sachsen durch eine enge Anlehnung an Österreich und Rußland. Das Mißtrauen ging jedoch nicht nur von Sachsen aus: August der Starke wäre gar nicht begeistert gewesen, hätte er gewußt, was der »Soldatenkönig« 1722 in der Instruktion für seinen Nachfolger geschrieben hatte: »Mit die Sachsen müsset Ihr Frieden halten, so lange sie wollen. Allianzen müsset Ihr nicht mit sie machen. Sie sind gut kaiserlich und falsch wie der Teufel, und wo Ihr Euch nicht vorseht, betrügen sie Euch.«

Friedrich Wilhelm I. brach am 13. Januar 1728 zu seinem Besuch nach Dresden auf – ohne den Kronprinzen, der vergeblich darum gebeten hatte, mitzunehmen. Es war Wilhelmine, die daraufhin beim außerordentlichen sächsischen Gesandten in Berlin, Ulrich Friedrich von Suhm, »den ich sehr gut kannte und der meinem Bruder sehr zugetan war«, intervenierte. »Ich sagte ihm, wie leid es dem Kronprinzen sei, nicht nach Dresden eingeladen zu sein. ›Wenn Sie ihm eine Freude machen wollen‹, fuhr ich fort, ›so veranlassen Sie den König von Polen, daß er den König von Preußen auffordere, ihn nachkommen zu lassen.‹« Und genau so sei es dann geschehen.

Obwohl Wilhelmine beim Besuch ihres Vaters in Dresden gar nicht dabei war, soll sie doch ein Thema der Gespräche gewesen sein. So berichtet sie selbst, daß Seckendorff und Grumbkow auf die Idee gekommen seien, sie mit August dem Starken zu verheiraten. Politisch wäre dies wenigstens aus der Sicht Seckendorffs (und damit auch aus jener des von ihm bestochenen Grumbkow) opportun gewesen, hätte man Berlin so doch weiter ins kaiserliche Lager gezogen. Glaubt man Wilhelmine, so hat Friedrich Wilhelm I. dem polnischen König die Ehe mit ihr bei seinem Besuch in Dresden förmlich versprochen und gar vier Millionen Taler geliehen, »meine Mitgift nicht eingerechnet, die sehr ansehnlich sein sollte ... Ich sollte meine Religion in Dresden frei ausüben dürfen und eine Kapelle dort errichtet finden, um dem Gottesdienst beizuwohnen; und alle diese Artikel sollten von dem Kurprinzen von Sachsen [also dem Thronfolger] unterschrieben und bestätigt werden. Da mein Vater den König von Polen nach Berlin eingeladen hatte, um der Truppenschau beizuwohnen, wurde die Unterzeichnung des Vertrags bis dahin verschoben. Der König [von Polen] wünschte diesen Aufschub, um seinen Sohn vorzubereiten und ihn zu der Einwilligung, die von ihm erwartet wurde, zu bereden.« Dementsprechend wären die Verhandlungen über die Ehe Wilhelmines schon in einem weit fortgeschrittenen Stadium gewesen.

Tatsächlich war August der Starke zu diesem Zeitpunkt Witwer, seine Frau Christiane Eberhardine von Brandenburg-Bayreuth war am 25. September 1727 gestorben. Doch hat Friedrich Wilhelm I. wirklich ernsthaft erwogen, Wilhelmine mit dem polnischen König und Kurfürsten von Sachsen zu verheiraten? Zwar muß der große Altersunterschied – August war zu diesem Zeitpunkt 58 Jahre alt (nicht 49, wie Wilhelmine in ihren Memoiren schreibt), die potentielle Braut erst 18 – nicht unbedingt dagegensprechen, doch finden sich wiederum außerhalb der Memoiren Wilhelmines dafür keine Belege. Auch taucht der Plan nicht in der Korrespondenz des »Soldatenkönigs« mit seiner Frau auf, die sicher sofort alle Hebel in Bewegung gesetzt hätte, diese aus ihrer Sicht unsägliche Heirat zu verhindern. Tatsächlich aber hatte sie lediglich davon gehört, daß ihr Mann die Witwe des Markgrafen Philipp von Brandenburg-Schwedt mit August dem Starken verheiraten wolle. Die 1682 geborene Markgräfin hätte wenigstens vom Alter her auch deutlich besser zu dem polnischen König gepaßt als Wilhelmine.

Vielleicht war die Geschichte um eine mögliche Heirat mit August für Wilhelmine auch nur eine Art »self fulfilling prophecy«: Hatte nicht der schwedische Astrologe Cron bei ihrer Geburt vorhergesagt, drei Könige würden um ihre Hand anhalten, aber sie keinen davon heiraten? War es vielleicht Wilhelmines Art, mit der später geschlossenen Ehe unter ihrem Stand fertig zu werden? Nach dem Motto: Seht her, Könige haben wirklich meine Hand begehrt (auch wenn sie schließlich froh darüber war, daß der Kelch Augusts des Starken letztlich an ihr vorübergegangen war).

Schon beim Besuch des preußischen Königs in Dresden war ein Gegenbesuch des polnisch-sächsischen Herrschers und dessen Thronfolgers in Berlin vereinbart worden. Wie in Dresden, sollte auch in Berlin »von keinen Affären« gesprochen werden. Der Besuch fand im Mai 1728 statt, und Friedrich Wilhelm I. wollte sich vor dem Sachsen nicht blamieren und veranstaltete ein für seine Verhältnisse aufwendiges Besuchsprogramm: Er habe seinen Gast »auf das prächtigste empfangen, bewirtet und divertieret [unterhalten]«. In Augsburg, dem Zentrum der deutschen Silberschmiedekunst, bestellte der sonst so sparsame Preuße eigens prunkvolle Kronleuchter, Tische und andere Silbermöbel.

In diesen Tagen des Besuchs Augusts des Starken in Berlin soll auch die Ehefrage abschließend behandelt worden sein. Zwar seien sich die beiden Könige, so Wilhelmine, einig gewesen, doch der polnisch-sächsische Thronfolger Friedrich August habe die Verbindung vereitelt: »Während wir in ruhigen Freuden unsere Tage verbrachten, suchte der König von Polen seinen Sohn zu bewegen, den Vertrag zu unterzeichnen, der meine Heirat betraf; aber sosehr er ihn auch bestürmte, der Kurprinz blieb bei seiner Weigerung. Der König von Preußen erkannte die Unsicherheit all der mir wie ihm darin gebotenen Vorteile, annullierte alle Entschlüsse, welche aufgrund jenes Vertrags gefaßt worden waren, und verhinderte meine Heirat. Die Königin und ich erfuhren erst viel später davon. Sie war hocherfreut, daß diese Unterhandlung ergebnislos geblieben war …« Es bleibt fraglich, ob August der Starke sich wirklich an der ablehnenden Haltung seines Sohnes gestört oder diesen nicht einfach vor vollendete Tatsachen gestellt und zur Unterschrift gezwungen hätte. Da August nur einen erbberechtigten Sohn hatte, hätte eine neuerliche Ehe durchaus im Staatsinteresse gelegen.

II

»Prinzessin von Wales« oder »englische Kanaille«?

Das Kandidatenkarussell dreht sich weiter

Auch nach der Thronbesteigung ihres Bruders hatte Königin Sophie Dorothea nie ihren Wunsch aus den Augen verloren, Wilhelmine mit dessen Sohn zu verheiraten. Daran hatten die politischen Differenzen zwischen Preußen und England so wenig geändert wie die persönlichen Animositäten zwischen Friedrich Wilhelm I. und Georg II. Noch viel weniger eine Rolle spielte dabei die zunehmende Zurückhaltung Wilhelmines, die von dem ausschweifenden Lebenswandel ihres Gemahls in spe gehört hatte und nicht mehr die Begeisterung an den Tag legte, die ihre Mutter für geboten hielt. Dabei waren die Warnungen, die über den Kanal gelangten, deutlich genug. Die Herzogin von Kendal etwa bedauerte Wilhelmine von Herzen. Sie werde an der Seite des Prinzen von Wales ein schlechtes Leben haben und die Weisheit Salomos benötigen, um Erfolg zu haben. Keinesfalls sei der Prinz eine gute Partie, sondern vielmehr ein liederlicher Kerl, der auch in England unbeliebt sei. Sophie Dorothea wollte von derlei nichts hören und machte ihrer Tochter klar, daß sie sich an den Lebensstil ihres Ehemanns zu gewöhnen habe: »Er ist ein gutmütiger Prinz, gütig, aber sehr töricht. Sofern Sie sich ihm nur gefällig zeigen und seine Geliebten dulden, werden Sie ihn gänzlich beherrschen und nach dem Tode seines Vaters mehr König sein als er.«

Wilhelmine hatte ihre Lektion bereits gelernt, sie verstand es, ihre wahren Gefühle so perfekt hinter der Maske höfischer Gleichgültigkeit zu verstecken, daß selbst ein so ausgebuffter Beobachter wie Seckendorff sich seiner Sache nicht mehr sicher war: »Die Prinzessin hört ... so allezeit mit an der Tafel, alle diese Reden und Raisonnements auch, und wiewohl sie in keine Diskurse sich einlassen darf, so muß man doch sicher ihren Verstand bewundern, daß sie mit einer großen Indifference alles anhört, weder für noch gegen die Vermählung und Alliance einige Begierde zeigt, so daß man nicht weiß, ob sie die Vermählung wünscht oder lieber wegen der bekannten Koketterie und Libertinage des Prinzen Friedrich von Hannover unterlassen sähe.«

Im Frühjahr 1728 sah sich die preußische Königin in ihrem unerschütterlichen Optimismus bestätigt. So schrieb sie am 1. März an ihren Mann, daß der englische Gesandte Earl of Dubourgay ihr habe ausrichten lassen, daß sein Nachfolger Sutton bald seinen Dienst antreten werde und dieser »sehr, sehr angenehme Nachrichten mitbringen werde« – natürlich in der Heiratsfrage, dem Thema, das Sophie Dorothea mehr als alle anderen interessierte. Der König selbst beauftragte sie, einen Brief an die englische Königin Karoline zu schreiben, um die nach dem Thronwechsel ins Stokken geratenen Verhandlungen wieder in Gang zu bringen. Er wolle endlich wissen »was die Engländer im Schilde führen«. Doch diesem Zugeständnis des Königs war, so Wilhelmine in ihren Memoiren, ein heftiger Streit ihrer Eltern vorausgegangen, bei dem Friedrich Wilhelm einen neuen Heiratskandidaten ins Spiel gebracht hatte: »Der König hatte eine Unterredung mit der Königin, während welcher meine Schwester und ich ins Nebenzimmer geschickt wurden. Obwohl die Tür geschlossen war, ließ der Ton ihrer Stimmen bald erkennen, daß sie einen heftigen Streit hatten; ich hörte sogar oft meinen Namen nennen, worüber ich sehr erschrak.

Dies Gespräch währte anderthalb Stunden, worauf der König mit zornigem Gesicht heraustrat. Ich kehrte alsodann in das Zimmer zurück und fand die Königin in Tränen. Sobald sie mich sah, umarmte sie mich und hielt mich lange umfangen, ohne ein Wort zu sprechen. ›Ich bin untröstlich‹, sagte sie endlich, ›man will Sie verheiraten, und der König ist auf die unvernünftigste Partie verfallen, die sich denken läßt. Er will Sie dem Herzog von Weißenfels geben, einem lumpigen Niemand, der nur von der Gnade des Königs von Polen lebt; nein, ich überlebe es nicht, wenn Sie sich dazu erniedrigen.‹« Doch darüber brauchte sich Sophie Dorothea keine Sorgen zu machen: Wilhelmine hatte nicht vor, den Herzog zu heiraten, wenn es sich denn irgendwie vermeiden ließ. Mutter und Tochter zeigten ihre Ablehnung gleichermaßen offen. Obwohl der König seiner Frau befohlen hatte, den Herzog nach einem gemeinsam besuchten Gottesdienst wie einen zukünftigen Schwiegersohn zu empfangen, drehte sie ihm sofort den Rücken zu und »würdigte ihn keines Wortes«. Und Wilhelmine machte sich schnell davon, »um der Begegnung zu entgehen«.

Wer war dieser »lumpige Niemand«? Wilhelmine hatte den Herzog von Weißenfels beim Besuch Augusts des Starken in Berlin kennengelernt. Schon damals wunderte sie sich über die »großen Aufmerksamkeiten«, die er ihr erwies, und schrieb sie »der Höflichkeit« zu. Nie aber hätte sie sich »träumen lassen, daß er es wagen würde, den Gedanken einer Heirat mit mir zu fassen. Er war der jüngere Sohn eines Hauses, das, obwohl sehr alt, nicht zu den vornehmen Häusern Deutschlands zählt; ich war nicht ehrgeizigen, aber auch nicht niedrigen Sinnes, so daß ich die wirklichen Gefühle des Herzogs gar nicht erriet.« Die Zeilen sind ein schönes Beispiel für Wilhelmines ausgeprägtes Standesbewußtsein. Herzog Johann Adolf von Sachsen-Weißenfels stammte aus einer Nebenlinie der Wettiner und war als solcher zwar keine glänzende Partie für eine preußische Königstochter, aber der Gedanke nicht so abwegig, wie Wilhelmine dies dargestellt hat. Wenigstens aus heutiger Sicht erstaunlich ist, daß Wilhelmine anders als im Falle Augusts des Starken gar nicht erwähnt, daß der Herzog gut ihr Vater hätte sein können, war er doch 24 Jahre älter als seine vermeintliche Braut in spe und bereits Witwer. Doch wie war es überhaupt zu dieser Idee gekommen, die auch durch andere Quellen bestätigt wird? Wilhelmine selbst sah dahinter natürlich wieder Seckendorff und Grumbkow am Werk, die schleunigst einen neuen Kandidaten hätten präsentieren müssen, nachdem der Versuch, sie mit dem polnischen König zu verheiraten, gescheitert gewesen sei.

Betrachtet man das Ganze weniger emotional, so eröffnen sich auch politische Motive, die ausschlaggebend gewesen sein könnten. Um die polnische Königskrone gewinnen zu können, war August der Starke katholisch geworden, was im protestantischen Sachsen nur auf wenig Gegenliebe gestoßen war. In der Folge kam es zu Auseinandersetzungen zwischen katholischen Höflingen des Königs und einheimischen Protestanten. Es kam sogar das Gerücht auf, daß August der Starke gestürzt und durch den protestantischen Herzog von Weißenfels ersetzt werden sollte. So wäre die Heirat Wilhelmines mit diesem eine Investition in die Zukunft gewesen, zugegeben eine mit nur äußerst vagen Erfolgsaussichten. Immerhin sah August der Starke die Gefahr selbst als so real an, daß er sich gegen die Heirat Wilhelmines mit dem Herzog aussprach.

August der Starke war nicht der einzige, der diese Heirat verhindern wollte. Natürlich setzte Sophie Dorothea alle Hebel in Bewegung, um der Angelegenheit eine Wende zu geben. Dazu Wilhelmine: »Der Herzog von Weißenfels galt für einen verdienstvollen, doch nicht sehr begabten Fürsten: Alle waren der Meinung, daß die Königin mit ihm verhandeln solle. Graf Finck übernahm den Auftrag. Er stellte dem Herzog vor, daß die Königin sich nie zu dieser Heirat verstehen werde und daß ich eine unüberwindliche Abneigung für ihn hege; er würde, indem er bei seiner Absicht beharre, unfehlbar Zwietracht in die Familie bringen; die Königin sei entschlossen, es ihm außerordentlich sauer zu machen, wenn er darauf bestünde; sie sei aber überzeugt, daß er sie nicht zum Äußersten treiben wolle; sie zweifle nicht, daß er als Mann von Ehre lieber seine Anträge aufgeben als mich unglücklich sehen würde …«

Diese klare Botschaft verfehlte ihre Wirkung nicht. Der Herzog von Weißenfels ließ daraufhin König Friedrich Wilhelm I. wissen, daß er Wilhelmine nicht gegen den Willen der Königin heiraten werde. Immerhin ließ er sich ein Hintertürchen offen: Sollte die Heirat Wilhelmines mit dem Prinzen von Wales nicht zustande kommen und auch sonst kein gekröntes Haupt um ihre Hand anhalten, dann möge man ihm den Vorzug vor anderen Bewerbern geben. Der »Soldatenkönig« war darüber äußerst ungehalten und stritt sich lautstark mit seiner Frau. Schließlich gab er nach: Die Königin möge einen weiteren Brief an ihren Bruder schreiben und eine definitive Antwort von diesem fordern. »Ist die Antwort günstig …, so löse ich auf immer jede andere Verbindlichkeit; wenn sie sich aber nicht endgültig erklärt, so mögen sie in England wissen, daß ich mich nicht länger narren lasse.« Allerdings verfolgte er gleichzeitig das Weißenfelser Projekt weiter. So brach er Ende September 1728 zu einem Besuch bei dem Herzog auf: »Man glaubt, daß diese Reise nicht eine bloße Lust-Reise und Visite sei, sondern etwas mehrers auf sich haben müsse«, notierte damals der braunschweigische Gesandte Wilhelm Stratemann.

Fast zeitgleich schrieb Sophie Dorothea den Brief an ihre Schwägerin. Als etwas später auch noch das Gerücht aufkam, der Prinz von Wales werde insgeheim von Hannover aus nach

Berlin kommen, um Wilhelmine – in die er sich ernstlich verliebt habe – insgeheim zu heiraten, wertete die Königin dies als glänzende Bestätigung ihrer Ambitionen. Doch aus dem Besuch wurde nichts. Am 9. Dezember 1728 mußte sie ihrem Gemahl etwas kleinlaut mitteilen: »Der Prinz Friedrich [Ludwig] ist tatsächlich nach England gegangen«, ohne nach Berlin zu kommen. Allerdings war der Prinz von Wales nicht aus freien Stücken nach England gegangen, sondern weil es ihm sein Vater aufgetragen hatte, und auch dieser selbst war damit nur einer Forderung des Parlaments nachgekommen, das den Thronfolger, der bisher als Symbol der Kontinuität der welfischen Herrschaft in Hannover residiert hatte, nach England holen wollte.

Wilhelmine war nun fast 20 Jahre alt, und aus England kam nach wie vor keine klare Antwort. Die Geduld des »Soldatenkönigs« war am Ende. Daß er dafür mit seinem bündnispolitischen Schlingerkurs selbst mit verantwortlich war, erkannte er nicht. Statt dessen versuchte er Tagespolitik und Heiratsfrage auseinanderzuhalten, was ein von vornherein zum Scheitern verurteiltes Unterfangen war. Noch immer galt für London, daß die Heirat allenfalls Folge eines zuvor geschlossenen Bündnisses zwischen den beiden Staaten sein könne. Doch Friedrich Wilhelm hatte nicht vor, die Seiten zu wechseln. Im Gegenteil: Am 23. Dezember 1728 wurde der Berliner Vertrag unterzeichnet, der Preußen noch enger an den Kaiser band. Obwohl dieser sein im Geheimabkommen von Wusterhausen gegebenes Wort nicht gehalten hatte, binnen sechs Monaten das Haus Pfalz-Sulzbach zum Nachgeben im jülich-bergschen Erbfolgestreit zu bewegen, begnügte sich Friedrich Wilhelm I. erneut mit einer an allerlei Fallstricke gebundenen Zusicherung in dieser Frage.

Darüber hinaus hatte es Seckendorff inzwischen geschafft, dem »Soldatenkönig« die Ehe des Kronprinzen mit der englischen Prinzessin Amalie ganz auszureden. Der österreichische Gesandte hatte dem sparsamen König klargemacht, daß eine englische Prinzessin die von London und Hannover gewohnte Pracht auch in Preußen einführen werde. Friedrich Wilhelm, Sohn einer Welfin und mit einer solchen verheiratet, war der Überzeugung, daß sich sein Erbe nicht werde gegen diese Tendenzen durchsetzen können. So sprach der »Soldatenkönig« nun nicht mehr von der Doppelhochzeit, sondern nur noch von der Heirat Wilhelmines mit dem Prinzen von Wales. Doch allein daran war man wiederum in London nicht interessiert, wie Königin Karoline in ihrer Antwort auf den Brief Sophie Dorotheas klarstellte: Entweder es gab eine doppelte Hochzeit, die noch dazu gleichzeitig stattfinden sollte, oder gar keine. So schien das Projekt einmal mehr im Sande zu verlaufen.

Während Wilhelmine noch immer auf einen Bräutigam wartete, hatte ihre jüngere Schwester Friederike Luise inzwischen einen solchen gefunden: Am 30. Mai 1729 heiratete sie den Markgrafen Karl von Brandenburg-Ansbach. Der Bräutigam war damals 17, die Braut 15 Jahre alt! Wilhelmine hat ihre jüngere Schwester so charakterisiert: »Meine Schwester war engelschön, aber schrecklich launisch und kleinlich. Sie stand jetzt statt meiner in des Königs Gunst.« Tatsächlich galt Friederike Luise als die Lieblingstochter des »Soldatenkönigs«, war sie doch die einzige, die ihm im Charakter ähnlich war: derb, geradeheraus und anscheinend unbeeinflußt von den Ränken der Mutter. Die Briefe, die Friedrich Wilhelm später an sie nach Ansbach schrieb, zeugen von einer fast zärtlichen Zuneigung. So schrieb er etwa am 23. August 1729, wenige Monate nach der Hochzeit: »Meine allerliebste Ickerle [so ihr Kosename], ich habe Euch so lange, lange nicht geschrieben und habe so viele Briefe von Dich bekommen … Meine allerliebste Tochter, vergesset nicht Euren Vater, der Dich von Grund der Seele lieb hat. Gottlob, daß es

Dich gutgeht ... Der ich bis im Tod meine allerliebste Tochter im Herzen haben werden, Euer getreuer Vater bis in den Tod. Friedrich Wilhelm.«

Der Bräutigam Friederike Luises kam aus einer der fränkischen Linien der Hohenzollern. Es war also, wenn man so will, eine Art Familienzusammenführung, die der »Soldatenkönig« mit dieser Heirat (und später auch mit jener Wilhelmines) betrieb mit dem Hintergedanken, diese Linien gegebenenfalls einmal beerben zu können und auf diesem Weg die Territorien der Familie unter einem Dach zu vereinen oder wenigstens die Politik der fränkischen Hohenzollern im preußischen Sinne zu beeinflussen.

Die bevorstehende Hochzeit Friederike Luises war indirekt auch der Auslöser einer der heftigsten Wutausbrüche des »Soldatenkönigs« gegenüber seinen beiden ältesten Kindern. Die Szene aus den Memoiren Wilhelmines wird oft zitiert und dient als Beleg für den beispiellosen Jähzorn und die Brutalität des Königs. Dabei begann alles völlig harmlos: »Er [der König] fragte meine Schwester, ob sie sich freue und wie sie ihren Hausstand einzurichten gedenke. Meine Schwester hatte sich ihm auf den Fuß gestellt, daß sie ihm alles freiheraus sagte, sogar Wahrheiten, ohne daß es ihn erzürnte. Sie gab ihm also mit ihrer üblichen Offenheit zur Antwort, daß sie einen guten und reichlich bestellten Tisch führen würde, der, wie sie hinzufügte, ›besser als der Ihre sein wird; und wenn ich Kinder bekomme, so werde ich sie nicht malträtieren wie Sie, noch Sie zwingen, Dinge zu essen, die ihnen widerstehen‹. ›Was meinen Sie damit‹, fragte der König, ›was ist es, das auf meinem Tische fehlt?‹ ›Es fehlt daran‹, sagte sie, ›daß man nicht satt wird und daß das Wenige nur aus schweren Gemüsen besteht, die wir nicht vertragen können.‹ Der König war schon über die erste Antwort aufgebracht, über diese letztere geriet er außer Rand und Band, aber sein ganzer Zorn fiel auf meinen Bruder und mich. Er warf erst einen Teller an den Kopf meines Bruders, der dem Wurfe auswich; dann ließ er einen in meine Richtung fliegen, und ich vermied ihn ebenso. Auf diese ersten Feindseligkeiten folgte nun ein Hagel von Schmähungen ... Wir erhoben uns von Tische; und da wir an ihm vorbeigehen mußten, schlug er mit seiner Krücke nach uns, aber ich wich zum Glück aus, sonst hätte er mich zu Boden geschlagen. Er verfolgte mich noch eine Zeitlang von seinem Rollstuhl aus, doch die, welche ihn schoben, ließen mir Zeit, in das Zimmer der Königin zu entfliehen.«

Hat sich diese Szene wirklich so abgespielt? Tatsache ist, daß das Verhältnis Friedrich Wilhelms zu seinen beiden ältesten Kinder immer schlechter geworden war und der König kaum eine Gelegenheit ausließ, vor allem dem Kronprinzen klarzumachen, daß er ihn für einen unfähigen, eitlen Gekken hielt. So nannte er ihn nur noch den »Schurken Fritz« und Wilhelmine »die englische Kanaille«. Den Anblick der beiden hatte er so satt, daß er sie außerhalb der Mahlzeiten nicht mehr sehen wollte und ihnen Stubenarrest verordnete. Schließlich nutzten sie die Zeit, in der der König auf der Jagd war, um sich wenigstens mit ihrer Mutter ein wenig unterhalten zu können. Eines Tages kam Friedrich Wilhelm unerwartet früh zurück, so daß sich der Kronprinz in einer Nische verstecken mußte, »die eine gewisse Bequemlichkeit bot, und ich kroch unter das Bett der Königin, welches so niedrig war, daß ich es kaum aushalten konnte«. Für die Geschwister war die Situation unerträglich. »Die Leiden des Fegefeuers konnten den unseren nicht gleichkommen.«

Als Entschuldigung für das Verhalten des Königs kann einzig angeführt werden, daß es ihm damals gesundheitlich sehr schlecht gegangen ist und er wegen seiner Gicht zeitweise auf den Rollstuhl angewiesen war. Dieses Gefühl der Hilf- und Bewegungslosigkeit mag dazu geführt haben, daß Friedrich Wilhelm sich noch gröber gebärdete, als er es ohnehin tat. Es spricht also einiges dafür, daß sich solche oder ähnliche Auseinandersetzungen abspielten, die sich tief in die Erinnerung Wilhelmines eingegraben haben. An der nicht nur in diesem Fall sichtbaren Demütigung Friedrichs und Wilhelmines, an der zum Zerreißen gespannten Atmosphäre kann kein Zweifel sein.

In einem Punkt allerdings widersprechen zeitgenössische Quellen der Erzählung Wilhelmines, und dies gerade in einem Punkt, der ebenso häufig als Beleg für die Herzlosigkeit des Königs herhalten mußte: Daß die Kinder hungrig vom Tisch hätten aufstehen müssen und es an der königlichen Tafel nichts Vernünftiges zu essen gegeben hätte, gehört in das Reich der Legende. Es mag sein, daß des Königs Vorliebe für herzhafte Kost (Schinken, Bratwurst, Kohl in allen Variationen, Spinat, Speck, Schweinefleisch mit Sauerkraut) und seine Bevorzugung einheimischer Produkte gegenüber teuren Importen aus anderen Ländern weder der Königin noch ihren Kindern besonders gefallen hat. Selbst ein Genußmensch wie Seckendorff verdammte die Tafel des Königs aber nicht allzu heftig: Es gebe eben meist »simplicia« zu essen, »und da die Speisen sehr uni, so kosten sie nicht viel«. Ausnahmen machten »Feste und Gelegenheitsschmäuse, alsdann war die Tafel herrlich besetzt«. Diese Ausnahmen hätten Sophie Dorothea und Wilhelmine gern zur Regel gemacht, doch da schob die Sparsamkeit Friedrich Wilhelms einen Riegel vor. Aus diesem Grund hatten »die sechs königlichen Prinzessinnen Töchter« auch »nur einen Bedienten, der Kammer- und Silberdiener, Haushofmeister, Bote zugleich und noch mehr war«. Natürlich fand Wilhelmine das unter ihrer Würde.

Während die Vorbereitungen für die Hochzeit Friederike Luises auf Hochtouren liefen, erkrankte Wilhelmine schwer. Sie bekam die Blattern, wie die Pocken damals genannt wurden. Hohes Fieber und der typische Ausschlag waren die Begleiterscheinungen der Krankheit, an der viele Zeitgenossen gestorben sind. Und viele, die die Krankheit überstanden haben, waren danach durch Narben entstellt. Um zu vermeiden, daß Wilhelmine andere Familienmitglieder ansteckte, wurde sie »wie eine Staatsgefangene behandelt; man versiegelte alle Zugänge nach meinem Zimmer«. Als Medizin empfahl ihr Vater, reichlich Rheinwein zu trinken. Für die junge Prinzessin muß diese Zeit schrecklich gewesen sein; noch im Abstand von Jahrzehnten erinnerte sie sich mit Schaudern daran. So konnte Wilhelmine auch nicht an den mit großem Prunk begangenen Feierlichkeiten zur Vermählung ihrer Schwester teilnehmen, die in Potsdam stattfanden: »Weil ... der ältesten königlichen Prinzessin die roten Flecken von den Pocken noch nicht gänzlich vergangen, so haben die Medici angeraten, daß sie sich von Potsdam entfernen und anhero [Berlin] gehen möchte, weil sie sich gar leicht durch Tanzen oder andere starke Bewegung echauffieren, der durchlauchtigste Bräutigam auch, wann er sie sehen würde, aus Furcht vor den Pocken gar leicht sich alterieren könnte, und ist sie also vorgestern vormittags [am 19. Mai] mit dero Hofmeisterin von Sonsfeld hier ganz inkognito arrivieret und hat man ihr weder am Tor noch auf dem Schlosse die gewöhnliche Ehre, daß die Wache ins Gewehr getreten, da man doch gewußt, daß es die Prinzessin gewesen, nicht erweisen dürfen«, kommentierte der braunschweigische Gesandte. Erst als Wilhelmines Schwester mit ihrem Mann nach Ansbach aufgebrochen war und sie selbst die Blattern überstanden hatte, »trat ich aus meiner Abgeschlossenheit hervor und folgte ... der Königin nach Wusterhausen«.

Die Zeit dort war einmal mehr die Hölle für die beiden ältesten Kinder. Dabei sollen sich auch jene Szenen abgespielt haben, die es nur allzu verständlich erscheinen lassen, daß der Kronprinz glaubte, sein Heil nur noch in der Flucht aus Preußen suchen zu können. Daß Wilhelmine neben Friedrich ins Schußfeld der Wutausbrüche des Königs geriet, hatte seine Ursache nicht zuletzt in dem unseligen Plan der englischen Heirat. Während Friederike Luises Hochzeit in kürzester Zeit verhandelt und über die Bühne gebracht worden war, diskutierte man über Wilhelmines Ehe nun bald schon Jahrzehnte ohne Ergebnis. Die Wut darüber lud Friedrich Wilhelm auf seiner Tochter ab.

Doch wie ging es in der Frage der Heirat Wilhelmines weiter? Am 25. Oktober 1729 kam es in Lübben zu einem weiteren Treffen Friedrich Wilhelms mit August dem Starken, der »so wohl und frisch« war, »als ich es mir nicht hätte vorstellen können«. Ziel dieses Treffens, so berichtet wieder Wilhelmine, sei es gewesen, ihre Heirat mit dem Herzog von Weißenfels festzumachen. Doch das ist definitiv falsch. August hat sich, wie erwähnt, ausdrücklich gegen diese Ehe gewandt, und das ist auch leicht nachvollziehbar, wäre ihm in dem Weißenfelser doch ein ernsthafter Konkurrent im eigenen Haus erwachsen.

Unabhängig davon, ob über die Heirat Wilhelmines gesprochen wurde oder nicht, zeigt dieses neuerliche Zusammentreffen der beiden Monarchen, daß sich die Beziehungen zwischen Sachsen und Preußen, ausgehend vom Besuch Friedrich Wilhelms in Dresden 1728, tatsächlich gebessert hatten. Kleinere Differenzen hatten durch gegenseitige Abmachungen ausgeräumt werden können. Über Seckendorff, der zeitweise auch am Dresdner Hof für den Kaiser tätig war, blieb Friedrich Wilhelm in stetem Kontakt mit dem polnischen König. Seckendorff hatte ganze Arbeit geleistet. Das war um so wichtiger, als sich im November 1729 im »Traktat von Sevilla« Spanien, Frankreich, England und die Generalstaaten (die heutigen Niederlande) in einem Bündnis zusammenschlossen, das vor allem gegen Österreich gerichtet war. Der Kaiser tat also gut daran, sich den preußischen König warmzuhalten.

Nachdem er vom Abschluß des »Traktats von Sevilla« gehört hatte, versank Friedrich Wilhelm in düstere Zukunftsahnungen: »Neues ist nichts, als daß Spanien und England Frieden gemacht ... Ich glaube, daß der Kaiser in Italien den Krieg anfangen wird, wohin Don Carlos transportieret wird. Die Engländer sprechen sehr hoch. Ich glaube, daß ein Generalkrieg unausweichlich ist.« Zum Hintergrund: Der Zankapfel, von dem der »Soldatenkönig« fürchtete, daß er zum Funken werden könnte, war der Erbanspruch ebenjenes spanischen Infanten Carlos auf Parma, Piacenza und die Toskana – Gebiete, die der Kaiser nicht herauszugeben gewillt war. England und die Niederlande fühlten sich ihrerseits durch den Kaiser herausgefordert, der in den Indienhandel einsteigen wollte und damit die wirtschaftlichen Interessen der beiden Seefahrernationen bedrohte. Der Kaiser sah sich nach dem Abschluß des »Traktats von Sevilla« einer machtvollen Allianz gegenüber, und zwischen all diesen Stühlen saß der preußische König, der seinem Freund Leopold in Dessau klagte: »Es ist eine große Konfusion in der Welt.« Die hochgradige Nervosität Friedrich Wilhelms, seine ungeheure Anspannung, die sich wie stets in cholerischen Anfällen Luft machte, hatte also nicht nur mit dem Ärger zu tun, den ihm seine Kinder bereiteten, sondern auch mit der politischen Lage in Europa.

In der Heiratsfrage drängte der König nach wie vor auf eine schnelle Entscheidung, indem er die Königin massiv unter Druck setzte und ihr eine allerletzte Chance gab, nach England zu schreiben, um eine förmliche Erklärung zu verlangen. Zwar stand Sophie Dorothea in stetigem Kontakt mit dem englischen Gesandten Dubourgay, doch auch dieser hatte außer Geschenken für die hohe Dame nichts zu bieten, schon gar nicht die erwünschte Zusage. Hinter der neuerlichen Eile steckte ausgerechnet Seckendorff. Sein Kalkül: Er ging davon aus, daß man in England die einfache

Heirat Wilhelmines ablehnen würde und die älteste Tochter des Königs damit endlich für eine kaisertreue Verbindung zur Verfügung stünde. Wie von Seckendorff erhofft, machte Friedrich Wilhelm seiner Frau klar, daß dies nun wirklich das Ende der langen Geschichte sein müsse. Sollte die Antwort aus England negativ ausfallen, könne Wilhelmine zwischen dem Herzog von Weißenfels und dem Markgrafen von Schwedt wählen – basta! In diesem Sinne schickte er am 13. Dezember 1729 Albrecht Konrad Graf Finck von Finckenstein, seinen ersten Hofmeister, zur Königin, die von diesem Besuch und dessen Ansinnen vollständig überrascht wurde: »Der General Finck ... ist gekommen und hat mir die Befehle gegeben, die Sie ihm aufgetragen haben. Ich war so verblüfft über seinen Vortrag, daß ich ihm nicht antworten konnte. Ich habe ihn daher gebeten, am Nachmittag wiederzukommen. Ich habe ihm [dann] gesagt, daß ich den Entschluß gefaßt hätte, meiner Schwester [Schwägerin] zu schreiben, um ihre Gefühle zu erfahren und ob sie noch die Absicht habe, Wilhelmine mit dem Prinzen von Wales zu verheiraten. Ich schicke Ihnen eine Kopie dieses Briefes ...«

Offiziell war von preußischer Seite aus nur noch von der Heirat Wilhelmines die Rede. Doch hinter den Kulissen arbeitete die englische Partei am Hof weiterhin an der Doppelhochzeit. Nicht zuletzt Kronprinz Friedrich selbst, der ebenfalls an Königin Karoline schrieb und ihr versicherte: »Was mir auch immer geschehen sollte, ich werde niemals eine andere zur Frau nehmen als die Prinzessin Amalie. Gezeichnet: Friedrich.« Der Brief sollte der welfischen Verwandtschaft zeigen, wie ernst es Sophie Dorothea und ihren Kindern mit der Doppelhochzeit war.

Als die Königin am 17. Dezember noch immer keine Antwort von ihrem Mann hatte, schickte sie das Schreiben an Königin Karoline ab, ohne auf dessen Einverständnis weiter zu warten (das schließlich am 18. folgte, als der Brief schon abgeschickt war). Der Brief hatte folgenden Wortlaut: »Sie haben mir, meine liebe Schwester, immer so lebhaft den Wunsch zu erkennen gegeben, daß der Prinz von Wales, Ihr Sohn, meine älteste Tochter heirate, daß ich richtig zu handeln glaube, wenn ich Sie jetzt daran erinnere, daß es meiner Ansicht nach an der Zeit ist, diese Angelegenheit zum Schluß zu bringen, namentlich, weil ich fürchte, daß, wenn sich diese Angelegenheit noch lange hinzieht, der König eine andere Entscheidung treffen dürfte. Dazu wäre nötig, sie ohne Bedingungen zu fordern und sogar das zu tun zwischen heute und dem 1. Februar. Ich hoffe, daß Eure Majestät mir die Freude machen wird, mir baldigst zu antworten, daß das möglich sein wird und daß Sie überzeugt sind von der zärtlichen Anhänglichkeit, die ich für Sie hege.« Das war ein glattes Ultimatum, man könnte es auch eine Unverschämtheit nennen.

In London beantwortete Königin Karoline den Brief ihrer Schwägerin in fast indigniertem Ton: »Ich kann Ihnen, meine liebe Schwester, die Überraschung nicht verbergen, welche mir der Brief bereitet hat, den Sie mir am 17. dieses Monats [die Antwort Karolines stammt also ebenfalls noch vom Dezember 1729!] geschrieben haben. Ich hatte mir geschmeichelt, daß mein Eifer für die Heirat zwischen meinem Sohn, dem Prinzen von Wales, und der Prinzessin, Ihrer Tochter, Ihnen so bekannt wäre, daß Sie nicht mehr nötig gefunden hätten, mich an eine Angelegenheit zu erinnern, deren Zustandekommen ich so glühend wünsche. Eure Majestät weiß wohl, daß der König [von England] längst erklärt hat: Sobald der König von Preußen für den Kronprinzen, Ihren Sohn, diejenige meiner Töchter fordere, welche dem Alter nach die geeignetste wäre, würde auch Seine Majestät im selben Augenblick Ihre älteste Tochter für den Prinzen von Wales verlangen. Der König ist nach wie vor desselben Sinnes: Folglich kommt es nur auf den König von Preußen an, diese Heiraten zustande zu bringen, sobald er will. Mit Bezug auf die Äußerung Ihrer Majestät, der König von Preußen erwarte, daß der König Ihre älteste Tochter ohne Bedingungen begehre, kann ich Ihnen die Versicherung geben, daß der König für seine Kinder zuviel Zärtlichkeit empfindet, um gestatten zu wollen, daß man in eine Sache, in der ihr Glück auf dem Spiel steht, irgendeine Bedingung menge, die nicht unmittelbar mit ihrer Versorgung zusammenhängt. Mich verlangt unendlich, daß diese so billigen Gesinnungen des Königs den Erfolg haben, den man hoffen muß, da mir nichts auf der Welt mehr am Herzen liegt, als die vollständigste Einheit zwischen den beiden Fürstenhäusern entstehen zu sehen, deren Interessen untrennbar sind.«

Der Brief war an Deutlichkeit nicht zu überbieten: Eine einfache Heirat Wilhelmines mit dem Prinzen von Wales kam weiterhin nicht in Frage. In London war man nur an der Doppelhochzeit interessiert. Darüber hinaus wies Karoline erneut unmißverständlich darauf hin, daß man die Heirat in England nicht als Familienangelegenheit betrachten wollte, sondern, wie schon fast gebetsmühlenartig vorgetragen, als Teil eines politischen Bündnisses. Dagegen stand die Auffassung des preußischen Königs: »Was ist Alliance durch Vermählung? Ist man dann besser Freund in der Welt? Ja, unter Particuliers [Privatleuten], aber große Herren, die gehen nach dem Interesse.«

Die Tage und Wochen vergingen, und der König wurde immer unruhiger, bis er wieder vollends die Geduld verlor. So berichtete der englische Geschäftsträger Dubourgay am 15. Januar 1730: »Der König von Preußen hat alle Mittel der Gewalt angewendet, um seine Tochter … zur Heirat mit dem Markgrafen von Schwedt zu zwingen. Bis jetzt hat er nichts ausgerichtet, und jeder, welchem das Glück und die Wohlfahrt des königlichen Hauses am Herzen liegt, lebt in großer

Furcht, daß irgendein trauriges Ereignis die Sache zu Ende bringen wird.«

Am 25. Januar setzte Friedrich Wilhelm seine Frau weiter unter Druck. In einem Brief kündigte er ihr das Kommen seiner Emissäre Finck von Finckenstein, Grumbkow und Adrian Bernhard Graf von Borcke an. Der Königin blieb nicht einmal Zeit, ihrem Mann zu antworten, da stand das Trio bereits vor ihrer Tür. Der englische Gesandte Dubourgay berichtete über das Gespräch nach London: »Vergangenen Mittwoch begaben sich Graf Finckenstein, General Borcke und Grumbkow zu der Königin und erklärten ihr: Es sei Wille und Befehl des Königs, daß sie sich unverzüglich über die Verheiratung ihrer Tochter mit dem Markgrafen von Schwedt oder dem Herzog von Weißenfels entscheide ... Gezwungen zu antworten, sagte die Königin: Was den Markgrafen von Schwedt anbetreffe, so wisse der König so gut wie sie, welch ein elender Wicht er sei, weshalb sie sich ... immerdar gegen ihn erklären müsse. Der Herzog von Weißenfels hingegen sei allerdings ein achtbarer Mann, aber in keiner Weise ein passender Heiratskandidat für eine Königstochter, da sein Einkommen nicht ausreiche, sich selbst zu erhalten.« Während General Borcke sich gegenüber der Königin äußerst korrekt verhielt, soll Grumbkow sich »sehr harter und ungeziemender Ausdrücke« bedient haben. Die Königin schleuderte ihm daraufhin ins Gesicht, er sei »der Urheber all meines Unglücks; möge mein Fluch auf Sie und Ihre Familie fallen. Sie haben mich heute getötet, aber ich zweifle nicht, der Himmel wird meine Bitte erhören und das mir angetane Unrecht rächen.«

Die Königin fühlte sich von dem unerwarteten Handstreich ihres Mannes – noch war das Ultimatum ja nicht abgelaufen – vollständig überrumpelt: »Zuerst habe ich durchaus noch nicht die Antwort der Königin auf den Brief, den ich auf Euren Befehl hin geschrieben habe; Dubourgay hat mir gesagt, daß er sie jeden Augenblick erwartet. Ich wünsche, daß dies Ihre Zustimmung fände.« Doch wie konnte das sein? Wenn Königin Karoline ihren Antwortbrief noch im Dezember geschrieben hat, dann müßte er am 25. Januar eigentlich längst in Berlin gewesen sein – und war es auch, wie ein Bericht Dubourgays vom 14. Januar 1730 belegt: »Die Königin ist sehr besorgt wegen der Wirkung, welche die jüngst aus England gekommene Antwort haben kann.« Sophie Dorothea hatte den Brief bewußt zurückgehalten.

Wie weit das Zerwürfnis der Eheleute wieder einmal war, zeigt der letzte Absatz von Sophie Dorotheas Antwortschreiben an ihren Mann: »Sie haben in Ihrem Brief gesagt, daß Sie sich von mir trennen wollen. Da ich nicht weiß warum, bin ich äußerst überrascht, daß Sie mir solche Dinge sagen. Die Art und Weise, wie ich mit Ihnen zu leben versuche, zeigt Ihnen doch meine Freundschaft und meine Zärtlichkeit. Dies müßte Sie doch zu gleichen Gefühlen anregen, da ich doch nichts anderes suche als das Glück der Kinder und sie gut ausgestattet sehen möchte. Ich gehe davon aus, daß Sie das Herz eines guten Vaters haben und nicht das Unglück eines ihrer Kinder wollen. Wenn ich nur eines unglücklich sehen würde, bedeutete dies meinen Tod. Vor allem angesichts des Zustands, in dem ich mich befinde [Sophie Dorothea war zu dieser Zeit einmal mehr schwanger, am 30. Mai 1730 sollte ihr jüngster Sohn Ferdinand geboren werden], wüßte ich nicht, was geschehen würde. Ich bitte Sie; denken Sie noch einmal darüber nach, und überstürzen Sie nicht die Verabredung einer Heirat, die Sie noch Ihr ganzes Leben lang bereuen könnten.«

Sophie Dorothea war klar, daß sie mit der Wahrheit nicht länger hinter dem Berg halten konnte; die Gefahr schien zu groß, daß Friedrich Wilhelm aus anderer Quelle erfahren würde, daß die Antwort aus London schon längst eingetroffen war. So ließ sie das Schreiben Karolines am 27. Januar

1730 an den König weiterleiten: »Ich schicke Ihnen die Antwort, die ich gerade von der Königin erhalten habe, sowie eine kurze Mitteilung von Dubourgay. Sie werden sehen, daß sie noch einmal von der doppelten Heirat sprechen, was Ihnen nicht gefallen wird. Aber da Sie dies zu nichts verpflichtet, bitte ich Sie, eine angemessene Partie abzuwarten und nicht überstürzt Wilhelmine mit einem der beiden Prinzen zu verheiraten, die Sie mir vorgeschlagen haben, mit denen sie unglücklich werden würde. Man müßte folglich über eine passende Partie nachdenken, die diesem Haus Ehre machen würde. Im Namen Gottes, machen Sie Ihre Familie nicht unglücklich ...«

Während Sophie Dorothea scheinbar von ihrem Traum der englischen Hochzeit Abschied nahm, war ihr tatsächlich eine weitere Idee gekommen, die Diskussion noch einmal in Gang zu setzen. Sie weihte den englischen Gesandten Dubourgay ein, der darüber seinen Dienstherrn in London informierte: »In dieser Lage der Dinge ist Doktor Villa, ein englischer Geistlicher, der während der vergangenen acht Jahre der Prinzessin [Wilhelmine] Englischunterricht erteilt hat ..., auf Befehl der Königin von Preußen nach England abgereist: Wie öffentlich vorgegeben wird, ist er entlassen worden. Da Ihre preußische Majestät nicht gewagt hat, ihm Briefe mitzugeben, wünscht Sie, Euer Lordschaft möchte ihn bei Ihren Majestäten einführen, und beide Majestäten wie Euer Lordschaft möchten dem, was er in Ihrer preußischen Majestät Namen sagen wird, vollen Glauben schenken.«

Daß man in England noch einmal von der Doppelhochzeit angefangen hatte, verärgerte Friedrich Wilhelm so sehr, daß er wutschnaubend ankündigte, mit England nicht einmal mehr Handel treiben zu wollen. Seine Frau schrie er an: »Wenn du und deine englische Familie todkrank wären, ich gäbe dir meinen Arzt nicht.« Seine Wut über die Antwort aus London ließ der König auch an dem einmal mehr geplagten Kronprinzen aus, den er »auf barbarische Weise mißhandelte«, indem er ihn »blutig geschlagen und bei den Haaren im Zimmer herumgeschleppt« habe. Friedrich wollte nur noch weg aus Preußen, die Flucht schien ihm der einzige Ausweg zu sein. Schon im Juli 1728 hatte der Kronprinz solche Gedanken geäußert, wie der französische Gesandte Konrad Alexander Graf von Rothenbourg in einem Bericht festhielt: »Ich habe einigen Anlaß zu glauben, daß er damit umgeht zu fliehen.« Dem sächsischen Gesandten Ulrich Friedrich von Suhm vertraute Friedrich an: »Ich hoffe, daß schließlich einer mich aus der grausamen Sklaverei befreit, in der ich gehalten werde.«

Auch Wilhelmine bekam den Zorn ihres Vaters zu spüren. Er schickte seinen Potsdamer Kastellan und Vertrauten Rudolf Wilhelm Eversmann zu ihr, der sie fragte: »Wie lange wollen Sie die Uneinigkeit Ihrer Familie verursachen ... Ich rate Ihnen als Freund, unterwerfen Sie sich dem Willen des Königs.« Nun war diplomatisches Geschick gefragt, und ebendieses bewies Wilhelmine in einem Brief, den sie am 30. Januar 1730 an ihren Vater sandte: »Liebster Papa! Mit größter Überraschung und Bestürzung erhielt ich ... die Befehle meines liebsten Papas. Offen gestanden hatte ich stets gehofft, er würde mir die Gnade erweisen, mich bei sich zu behalten. Dies Glück ziehe ich dem größten vor, das mir widerfahren könnte, denn ich liebe und verehre ihn unaussprechlich. Zu meiner Verzweiflung erfahre ich also, daß mein lieber Papa mich verheiraten will, denn ich habe stets aus mancherlei Gründen eine furchtbare Abneigung gegen alles gehegt, was Ehe heißt, und hege sie noch. Das wäre ... das größte Unglück, das mir geschehen könnte, wenn mein liebster Papa bei seiner jetzigen Absicht verharrt. Schon längst habe ich die Wahrnehmung gemacht, daß ich bei ihm in Ungnade stehe. Ich wage kaum zu schreiben, wie sehr mich das betrübt hat ... Gott weiß, daß ich stets nur danach getrachtet habe, meine Pflicht gegen Ihn und meinen liebsten Papa zu erfüllen. Habe ich also das Unglück gehabt, ihm zu mißfallen, so geschah das wider Willen und ohne meine Schuld. Ich bitte also untertänigst um Verzeihung für meine früheren Fehler und werde stets zum Gehorsam bereit sein, koste es mir auch Blut und Leben, aber ich hoffe auch, der Gnade teilhaftig zu werden, daß ich nicht zu heiraten brauche ... Ich hoffe ..., Gott wird das Herz meines liebsten Papas rühren ...«

Indem sich Wilhelmine in diesem Brief ganz dem König unterwarf und zugleich in fast rührend-kindlicher Form an seine Liebe appellierte, hatte sie diesen geschickt in die Enge getrieben. Wie konnte er einem solchen Brief als guter Christ keine Verzeihung folgen lassen? Mag sein, daß die Ehe ihrer Eltern für Wilhelmine ein abschreckendes Beispiel dargestellt hat, doch dachte Wilhelmine wirklich daran, für immer ledig zu bleiben? Sie hätte Äbtissin eines protestantischen Damenstifts werden können wie ihre jüngere Schwester Amalie und damit ihr Auskommen gehabt. Doch es bleiben Zweifel, ob sich Wilhelmine ernsthaft mit diesem Gedanken getragen hat. Klar erkannt hatte sie jedoch, daß ihr zu dieser Zeit allenfalls die Wahl zwischen Schwedt und Weißenfels geblieben wäre – und die wollte sie beide nicht. Also suggerierte sie dem König den Wunsch, unverheiratet zu bleiben, natürlich nur, um länger bei ihrem liebsten Papa weilen zu können.

Sicher war der Brief Wilhelmines abgestimmt mit ihrer Mutter, die am selben Tag gleich zweimal nahezu wortgleich an ihren Mann geschrieben hat. Man mußte den König, der völlig außer sich war, beruhigen, um dann gegebenenfalls später wieder einen Angriff wagen zu können: »Eversmann ist gekommen, um mir Ihren Brief zu übergeben, der mich sehr überrascht hat, denn ich kann Ihnen versichern, daß ich überhaupt nicht mehr an die englische Heirat denke.

Finck, Grumbkow und Borcke werden Ihnen mitteilen, daß ich sie hierherkommen ließ und Ihnen gesagt habe, daß ich sie bitte, mir zu helfen, über eine angemessene Heirat im Reich für Wilhelmine nachzudenken ... Sie sehen, daß ich mir über England überhaupt keine Gedanken mehr mache und daß ich mich ganz nach Ihrer Empfindung richte. Ich weiß also nicht, warum Sie mir von Scheidung sprechen. Ich verdiene eine solche Behandlung nicht.«

Enthielt der von Eversmann übergebene Brief Friedrich Wilhelms augenscheinlich noch Vorwürfe wegen der englischen Heirat, so übermittelte Wilhelmines Oberhofmeisterin von Kameke plötzlich die konkrete Anweisung, über eine andere Heirat nachzudenken, ein Angebot, das Sophie Dorothea in ihrem ersten Brief ja bereits gemacht hatte. In diesem zweiten Brief schreibt die Königin noch einmal, daß sie Finck, Grumbkow und Borcke darum gebeten habe, »hierherzukommen, um mir zu helfen, darüber nachzudenken, welchen Mann wir nehmen könnten«. Darauf aber folgt in diesem Brief ein etwas konkreterer Vorschlag: »Sobald wir die Liste mit einigen Namen fertiggestellt haben, werde ich sie Ihnen schicken, damit Sie befehlen können, welcher Ihnen am meisten zusagt. Doch man wird ein wenig darüber nachdenken müssen, und ich weiß nicht, wann wir Ihnen die Namen dieser Prinzen werden schicken können ...«

Natürlich läßt sich die Abfolge dieser Briefe heute nicht mehr exakt rekonstruieren, und es ist auch nicht ausgeschlossen, daß die Königin nur einen davon wirklich abgeschickt hat. Fest steht jedoch: Die Briefe Wilhelmines und Sophie Dorotheas haben ihre Wirkung nicht verfehlt. Dies zeigte sich, als der König am 31. Januar selbst nach Berlin kam. Seine Stimmung hatte sich wieder einmal vollständig gedreht. Und dies, obwohl er damals aufgrund eines anonymen Briefes von den Fluchtgedanken seines Sohnes Wind bekommen hatte.

Die ungewohnt zahme Reaktion auf die Heimlichtuerei des Kronprinzen verblüffte auch den englischen Gesandten: »Der König machte seinem Sohne [entgegen aller Erwartung] hierüber nur gemäßigte Vorwürfe.« Natürlich machte Dubourgay sich Gedanken darüber, weshalb der König plötzlich so zahm geworden war. Einige meinten, »diese Aussöhnung sei nur scheinbar ... Andere glauben: Der König habe seinen Groll in der Hoffnung nicht weitergetrieben, daß eine milde Behandlung den Prinzen abhalten werde, den Widerspruch gegen die Verheiratung seiner Schwester mit dem Markgrafen von Schwedt weiter zu begünstigen.« Tatsächlich hatte Friedrich dem Schwedter offen gedroht: Wenn er die Vermählung mit Wilhelmine nicht ablehne, werde er dies früher oder später bereuen. Das hieß: Sollte Friedrich König werden (und das würde früher oder später definitiv der Fall sein), dann müßte sich der Markgraf auf einiges gefaßt machen. Es kann also gut sein, daß der »Soldatenkönig« in diesem Fall glaubte, eher mit Nachsicht als mit der Brechstange zum Ziel zu kommen. Dubourgay schätzte die Erfolgsaussichten gering ein: »Des Prinzen Liebe zu seiner Schwester ist so groß, daß er sich jeder Gefahr aussetzen wird, um zu verhindern, daß sie nicht hingeopfert werde.«

Nicht nur seinem Sohn gegenüber gab sich Friedrich Wilhelm nun milder. Er sah ein, daß er in den Vorwürfen an seine Frau zu weit gegangen war, und immerhin schien sie in ihren Briefen vom 30. Januar akzeptiert zu haben, daß die englische Hochzeit nicht zustande kommen würde. Ob Sophie Dorothea vor Friedrich Wilhelm überzeugend die Sterbenskranke gemimt hatte oder ihr Gesundheitszustand wirklich ernst war, sei dahingestellt. Doch haben die Aufregungen der Königin mit Sicherheit heftig zugesetzt. Friedrich Wilhelm machte sich daher Sorgen um seine Frau und versprach ihr am 10. Februar, so der englische Gesandte Dubourgay, »er wolle nicht mit ihr über die Heirat der Prinzessin sprechen, bevor sie in die Wochen gekommen sei«, sprich das Kind geboren haben würde, mit dem sie gerade schwanger war. Allerdings habe der König klargemacht, daß er danach darauf bestehen werde, daß Mutter und Tochter sich »dem fügten, was er wolle und ihm gefalle«.

Der braunschweigische Gesandte Stratemann hat überliefert, wie rührend sich Friedrich Wilhelm in diesen Tagen um seine Frau gekümmert hat: »Als sich nun der König sofort zur Königin verfüget und selbige eben in größter Ungeduld und in ... starken Leibesschmerzen angetroffen, haben Seine Majestät, nach bezeigten zärtlichen Mitleiden, gesagt: Sie sollte Doctor Stahlen [ihren Leibarzt] abschaffen, er wollte ihr Medicus sein. Sie müsse den Kaffee abschaffen und nichts als Bouillon trinken, so würde sich der Affect bald verlieren ... Die Tendresse [Zärtlichkeit], die der König anjetzo bezeiget, sei besonders groß. Unter anderem hätten Seine Majestät sich auch ... folgender Gestalt vernehmen lassen: Fieke, ich habe Dich nun 24 Jahre, ich wünsche Dich auch zu behalten, solange ich lebe.«

In dieser Atmosphäre konnte es sogar Wilhelmine wagen, ihrem Vater wieder unter die Augen zu treten, nachdem ihr Brief dessen Zorn bereits hatte erweichen lassen. Auch diese Szene hat der braunschweigische Gesandte am 4. März geschildert: »Wie sie nun ... hereingerufen, habe sich die älteste Prinzessin zu des Königs Füßen geworfen und selbe umfasset; da sie der König bei die Hand genommen und aufstehen heißen. Als sie aber dem König die Hand küssen wollte, war ihr solches resusiret [verwehrt], die Königin ihr darauf einen Wink gebend, war sie [Wilhelmine] dem Könige um den Hals gefallen und ihn geküsset, dabei sagend: ›Papa hat eine Ungnade auf mich geworfen, so mir länger unerträglich fällt. Ich bitte kindlich, Papa lasse mir doch die vorige Gnade wieder verspüren‹; welche Worte die Prinzessin bei Vergießung vieler Tränen hervorgebracht ... Der König habe darauf wieder versetzet: ›Es ist nun alles gut, Wilhelmine, du bist allemal meine liebe Tochter.‹« Friedrich Wilhelms gute Laune ging an diesem Tag sogar so weit, daß er Wilhelmine auftrug, während Sophie Dorothea im Wochenbett lag, für ihren Bruder Heinrich zu sorgen, der damals sein Liebling war. »Hieraus nun will man schließen, daß die Versöhnung zwischen dem Könige und der Prinzessin ihre Richtigkeit habe.«

Sophie Dorothea war klar, daß die Zärtlichkeit des Königs nicht von Dauer war. Doch sie wußte ebenso, daß ihr »persönlicher Gesandter« Villa in London daran arbeitete, Bewegung in die festgefahrene Situation zu bringen. Und es tat sich etwas: Am 5. März 1730 unterzeichnete König Georg II. von England die Instruktionen »für unseren aufrichtig und von Herzen geliebten Sir Charles Hotham, den wir zu unserem Sondergesandten am Hof unseres guten Bruders, des Königs von Preußen, ernannt haben«. Als Friedrich Wilhelm davon erfuhr, war er so fröhlich und optimistisch wie lange nicht mehr: Die Engländer gaben also doch nach! Im Tabakskollegium, in dem Friedrich Wilhelm ansonsten gerne kaisertreue Trinksprüche ausbrachte, bezeichnete er Karl VI. nun plötzlich als »Karl den Schmutzigen«. Und Hotham war ein Mann ganz nach dem Geschmack des Königs: ein »scharfer Trinker, ein entschlossener Jäger und ein leidenschaftlicher Soldat«.

Charles Hotham – Sondergesandter des englischen Königs in Berlin

Angesichts der vorausgegangenen Ereignisse erstaunt die Mission Hothams zunächst. Doch es waren, wie bei einem Zahnrad, mehrere Komponenten, die ineinandergegriffen hatten: zunächst der Brief Sophie Dorotheas. Trotz der wenig freundlichen Antwort Königin Karolines scheint er in London ein Nachdenken in Gang gesetzt zu haben. In einem Schreiben an Dubourgay vom Februar 1730 nahm der Viscount Townshend darauf direkt Bezug und ließ den Gesandten wissen, »daß Seine Majestät beschlossen hat, eine Person nach Berlin zu schicken, um über das im Brief der Königin von Preußen vom 17. Dezember ... angesprochene Thema zu verhandeln«.

Der Brief Sophie Dorotheas war aber nicht der alleinige Auslöser. Noch immer agierte der Kaplan Villa im Auftrag der Königin in London. Villa hatte dort einige Fäden geknüpft, war aber auch in stetem Kontakt mit dem Sekretär der englischen Gesandtschaft in Berlin, Guy Dickens. Diesen Umstand machte sich der englandfreundliche preußische Staatsminister Friedrich Ernst von Inn- und Knyphausen zunutze, der über Dickens und Villa den Besuch eines Gesandten in Berlin anregte. Knyphausen ging es weniger um die persönlichen Belange der Königin als um einen Kurswechsel der preußischen Politik. Wenn ein Minister des »Soldatenkönigs« dafür noch eine Chance sah, mußte diese auch aus englischer Sicht genutzt werden. In der Instruktion Georgs II. für Hotham steht diese Intention daher an erster Stelle. Erst dann folgt die Frage der Heirat des Kronprinzen »mit einer unserer Töchter«, von der Hochzeit Wilhelmines mit dem Prinzen von Wales ist darin überhaupt nicht die Rede. Wohl nicht, weil Georg II. davon nichts wissen wollte, sondern weil sie schlicht nebensächlich war. In London war man an einem Bündnis mit Preußen interessiert, das bekräftigt werden sollte durch die Heirat des Kronprinzen Friedrich mit einer englischen Prinzessin. Würde all dies zustande kommen, dann stünde auch einer Doppelhochzeit nichts im Wege.

Am 2. April 1730 traf Hotham in Berlin ein, zwei Tage später hatte er seine erste Audienz beim König im Charlottenburger Schloß. Entsprechend seiner Anweisung sagte er Friedrich Wilhelm, daß sein Besuch dazu beitragen solle, »ein vollkommenes Einvernehmen« zwischen England und Preußen herzustellen. Zudem sei er beauftragt, über den Brief Sophie Dorotheas zu verhandeln, um herauszufinden, »welches Seiner Majestät wirkliche Absichten seien und welche Vorschläge er hierüber zu machen habe«. Der »Soldatenkönig« bat um Bedenkzeit, bedankte sich mit diplomatischen Floskeln für die Höflichkeiten Hothams – und bat zu Tisch. Und dort floß der Wein in Strömen: »Wir waren alle maßlos betrunken«, berichtete Hotham nach London (Wilhelmine: »Bacchus hielt ... wie gewöhnlich den Vorsitz«). Der Alkohol löste die Zunge Friedrich Wilhelms, und er ließ jede Zurückhaltung fallen: Zuerst trank er auf die Hochzeit Wilhelmines und des Prinzen von Wales, als ob diese bereits beschlossene Sache wäre, und dann fügte er zu allem Überfluß noch reichlich geschmacklos an, daß seine Tochter zwar häßlich und blatternarbig, ansonsten aber ein braves Mädchen sei. Vor drei Jahren hätten die Engländer sie noch schöner haben können. Der über diese Entwicklung alles andere denn erfreute Grumbkow beugte sich daraufhin über den neben ihm sitzenden Hotham zum König und fragte scheinheilig, ob man zu dieser Hochzeit denn schon gratulieren könne, und der König antwortete mit einem deutlich vernehmbaren »Ja«. Hotham dürfte mit einem Schlag wieder nüchtern geworden sein, denn die Dinge liefen nun völlig aus dem Ruder. Er konnte dem König in dieser Situation nicht offen widersprechen, doch natürlich wußte er, daß sich die Nachricht wie ein Lauffeuer verbreiten würde, auch wenn der König um Stillschweigen bat, bis er selbst Wilhelmine die frohe Botschaft verkündet habe und die Details der Heirat geregelt waren.

Wie konnte es zu diesem eklatanten Mißverständnis kommen? Sicher spielte der Alkohol eine Rolle, aber es ist offensichtlich, daß Friedrich Wilhelm davon ausgegangen war, es gehe bei dem Besuch Hothams einzig um die Heirat seiner Tochter. In diese Richtung äußerte sich der König gegenüber Graf Seckendorff, der nach Wien berichtete: »Der König stand in dem Gedanken, daß dieses Anbringen [die Mission Hothams] allein in der einfachen Heirat bestehen würde, und als ihm hierüber einige Einwände gemacht wurden, daß vermutlich man wenigstens die Versicherung haben wollte, daß bei Vermählung des Kronprinzen [von England mit Wilhelmine] man auch eine englische Prinzessin wiederum zu nehmen sich erklären möchte: so versicherte mir der König bei Ehre, Treu und Glauben, daß er keine einzige Bedingung hierbei annehmen noch weniger, solange er lebte, eine englische Prinzessin für seinen Kronprinzen nehmen wollte ...« Auch Hotham selbst war bald klar, daß der König dies für den »einzigen Gegenstand meines Auftrags« hielt.

Man sollte dieses Mißverständnis nicht allein Friedrich Wilhelms Naivität zuschreiben: Berief sich Hotham nicht selbst auf den Brief Sophie Dorotheas? Und ging es darin nicht ausschließlich um die Hochzeit Wilhelmines mit dem Prinzen von Wales? Wenn Friedrich Wilhelm am nächsten Tag verkatert feststellen mußte, daß er etwas zu voreilig gewesen war, so hielt er doch zu Recht dagegen: »Von der doublen Mariage höre nicht, steht auch nicht in dem Briefe von meiner Frau.« Zudem hatte ihm der englische Gesandte Dubourgay vor Hothams Mission versichert, daß es dabei nur um die einfache Heirat gehen werde. Gleichwohl kannte der »Soldatenkönig« die Antwort der englischen Königin Karoline auf den Brief Sophie Dorotheas – und darin war sehr wohl von der Doppelheirat die Rede. Es war also ein beiderseitiges Mißverständnis, das bei diesem alkoholgeschwängerten Festmahl für den englischen Gesandten seinen Anfang nahm.

Noch am Abend des 4. April drang die vermeintliche frohe Botschaft vom Schloß Charlottenburg, in dem das Fest stattfand, in das Berliner Stadtschloß, wo Wilhelmine und ihre Mutter der Dinge harrten. In ihren Memoiren berichtet Wilhelmine darüber: »Ich saß eben ruhig in meinem Zimmer mit einer Arbeit beschäftigt und ließ mir vorlesen. Die Damen der Königin, von einem Rudel Dienstboten gefolgt, unterbrachen mich, und das Knie vor mir beugend, schrien sie mir ins Ohr, sie seien gekommen, die Prinzessin von Wales zu begrüßen. Ich glaubte, sie seien alle närrisch geworden, da sie gar nicht aufhören wollten und ihre Freude so groß war, daß sie sich nicht mehr auskannten. Sie redeten alle zu gleicher Zeit, weinten, lachten, tanzten und umarmten mich. Endlich, nachdem die Komödie eine ganze Weile gedauert hatte, erzählten sie mir, was ich eben berichtet habe [daß ihre Ehe mit dem Prinzen von Wales beschlossen worden sei]. Es machte mir so wenig Eindruck, daß ich sagte, indem ich weiterarbeitete: ›Weiter ist es nichts?‹, worüber sie sehr erstaunten. Einige Zeit darauf kamen auch meine Schwestern und verschiedene Damen, um mir zu gratulieren, denn ich war sehr beliebt, und die Beweise, die ich jetzt davon erhielt, freuten mich mehr als deren Anlaß. Abends begab ich mich zur Königin, deren Freude man sich leicht vorstellen kann ...« Kaum vorstellen kann man sich dagegen, daß Wilhelmine so gelassen geblieben sein soll, wie sie es in ihren Memoiren geschildert hat. Es war vielleicht nicht die Erfüllung ihrer persönlichen Wünsche, aber doch das vermeintliche Eintreten jenes Ereignisses, auf das hin sie nun schon über zwei Jahrzehnte hinweg erzogen worden war.

Man kann sich diese nachträgliche Sichtweise eigentlich nur dadurch erklären, daß sie – im Wissen um das Nichtzustandekommen dieser Verbindung – der Nachwelt als jene erscheinen wollte, die von dieser ganzen unseligen Geschichte von Anfang an nichts gehalten hatte und den Prinzen von

Wales sowieso niemals heiraten wollte. Ganz anders schildert Wilhelmine die Gefühle ihres Ehemanns in spe. Dieser habe an Hotham geschrieben: »Ich bitte Sie ..., bringen Sie diese Heirat bald zustande. Ich bin verliebt wie ein Narr, und meine Ungeduld ist ohnegleichen.« Von solchem Überschwang will die Prinzessin damals nichts gehalten haben: »Diese Gefühle schienen mir recht romantisch, er hatte mich nie gesehen und kannte mich nur vom Hörensagen, weshalb ich nur darüber lachte.«

Am Tag nach der Charlottenburger Festtafel war Friedrich Wilhelm in »äußerst übler Laune«. Er spürte, daß der Gast aus England seine Begeisterung nicht teilte, und beschloß, in die Offensive zu gehen. So schickte er seine Minister Borcke und Knyphausen zu Hotham. In den Instruktionen, die der König seinen beiden Abgesandten mitgab, ging es gar nicht mehr um das »Ob« der Hochzeit, sondern nur noch um das »Wie«. Friedrich Wilhelm hatte seine Minister dazu ermächtigt, »mit Herrn Ritter Hotham den Heiratsvertrag sowie alles andere zu verabreden und abzuschließen, was für diese Angelegenheit gut und nötig sein wird«. Hotham möge bei seinem König anfragen, wie dieser die Angelegenheit beurteile. Friedrich Wilhelm trieb seinen Gast in die Enge – irgendwann mußte dieser beziehungsweise Georg II. sich doch bekennen? Aber Hotham gab sich weiter hinhaltend; zuerst müsse man den Kurier aus London abwarten, der weitere Anweisungen seines Herrn bringen werde. In einem weiteren Gespräch mit dem König fragte er diesen schließlich, ob er nicht zu einer gewissen Gegenleistung bereit sei. Friedrich Wilhelm war klar, daß damit nur die Doppelhochzeit oder wenigstens ein Bekenntnis dazu gemeint sein konnte. Gegenüber Knyphausen und Borcke sagte er damals offen: »Wenn sie [die Engländer] mich vom Kaiser abziehen wollen, warum machen sie mir nicht einige Vorschläge?« Etwa in bezug auf Jülich und Berg?

Bewegung in die festgefahrenen Verhandlungen brachte ein Vorschlag, von dem nicht ganz klar ist, wer ihn wirklich gemacht hat: »Heute morgen«, so Hotham am 12. April an den Minister Townshend, »hat der König im Gespräch zu Marschall, seinem Geheimschreiber, der in unserem Interesse und ein Geschöpf Knyphausens ist, gesagt, er hasse seinen Sohn und wisse, daß sein Sohn ihn hasse, folglich lebten sie am besten fern voneinander. Wenn daher der König unser Herr Seine Königliche Hoheit [den preußischen Kronprinzen] zum Statthalter [in Hannover] machen wollte, würde er zustimmen, daß die beiden Heiraten zu gleicher Zeit stattfänden.« Hotham war darüber so irritiert, daß er weiter schrieb: »Es ist sehr klar, er will seinen Sohn verkaufen. Ist keine Aussicht auf Vorteile vorhanden, so wird man jenen [den preußischen König] seiner Eifersucht und seines Geizes wegen in dieser Sache nicht zur Vernunft bringen.« Da er nicht wußte, wie er auf diesen Vorschlag reagieren sollte, forderte er von London »ganz klare Befehle ... über das, was ich weiterhin ... vorzuschlagen habe«. Mit seiner persönlichen Ansicht hielt er gleichwohl nicht hinter dem Berg: Der preußische Kronprinz in Hannover – eine bessere Möglichkeit, »uns den Prinzen für alle Zwecke und Absichten zu sichern«, konnte es doch kaum geben?

Nachdem die erste Euphorie über Hothams Besuch verflogen war, hatte sich die Stimmung des preußischen Königs wieder merklich verschlechtert. Friedrich Wilhelm war gereizt, und das bekam vor allem der Kronprinz zu spüren, der Hotham über alle diplomatischen Winkelzüge hinweg einfach leid tat: »Die Briefe, die er seiner Schwester schreibt, sind noch immer mit Klagen angefüllt über die harte Behandlung, die er täglich von seinem Vater erfährt.« Wilhelmine hatte diese Briefe demnach Hotham gezeigt, um ihn von der Dringlichkeit eines positiven Ausgangs der Verhandlungen zu überzeugen. Das war vielleicht nicht ganz uneigennützig, denn sie wußte, daß auch sie nur eine Chance hatte, aus Berlin und von den ungeliebten Freiern, die ihr Vater vorgeschlagen hatte, wegzukommen, wenn die Doppelhochzeit zustande käme. Zwar will sie einer Ehe mit dem Prinzen von Wales noch immer sehr skeptisch gegenübergestanden haben, doch »der Markgraf von Schwedt, der Herzog von Weißenfels, die Schläge und Schimpfreden waren noch zu lebhaft in meiner Erinnerung, um nicht zu wünschen, ihrer ledig zu sein, und ich war überzeugt, daß mein Los in England nicht so schlimm sein könnte wie in Berlin«.

Es ist bezweifelt worden, daß der Vorschlag der Statthalterschaft wirklich von Friedrich Wilhelm I. stammte, und es gibt in der Tat zahlreiche Gründe, die dagegen sprechen. Friedrich Wilhelm wollte den aus seiner Sicht mißratenen Thronfolger unter ständiger Kontrolle haben. Gab es nicht Gerüchte, daß er sich offen gegen ihn stellen wollte? Wurde er nicht von ausländischen Mächten – England und Frankreich – hofiert? Ihn nach Hannover ziehen zu lassen hätte bedeutet, ihm ein Maß an Freiheit zu geben, zu dem sich der König niemals bereit erklärt haben würde. Zumal Friedrich in Hannover gänzlich von der verschwenderischen Pracht des welfischen Hoflebens vergiftet worden wäre. So könnte Knyphausen der Initiator dieser Sache gewesen sein, um die Verhandlungen wieder in seinem und der Königin Sinne in Gang zu bringen. Vielleicht hat er Marschall, der als Schreiber fast ständig in der Nähe des Königs war, dazu angeregt, das Thema zur Sprache zu bringen. Knyphausen war es auch, der Hotham klarmachte, welche Schwierigkeiten zu erwarten seien, wenn Georg II. auf diesen Vorschlag nicht eingehe.

Die Antwort schickte Townshend, versehen mit dem Vermerk »most secret«, am 27. April nach Berlin, wo Hotham bereits sehnsüchtig darauf wartete. Zunächst zeigte sich der Minister sehr enttäuscht darüber, wie gering die »Zahl der

Freunde Englands« in Berlin war und wie zahlreich und entschlossen dessen Gegner. Deutlich machte Townshend auch noch einmal, daß es die Absicht Georgs II. war, »beide Heiraten zu gleicher Zeit zu schließen ... weil [dies] für beide Teile am meisten förderlich, am meisten passend und wünschenswert ist«. Kategorisch lehnte er auch die Idee ab, zunächst den Prinzen von Wales mit Wilhelmine und einige Jahre später den preußischen Kronprinzen mit der Prinzessin Amalie zu vermählen. Einverstanden war man in England zwar mit dem Vorschlag der Statthalterschaft, die allerdings nicht auf Friedrich, sondern nur auf dessen Frau übertragen werden sollte; zudem erwartete Georg II., daß das Ehepaar aufgrund seines noch jugendlichen Alters zunächst in England residieren sollte. Gleichsam als Bonbon für den geizigen Preußen ließ der englische König durchblicken, daß er für Wilhelmine keine Mitgift erwarte.

War das der Durchbruch? Hatte Townshend schon in seinem Brief an Hotham die Sprunghaftigkeit und Unzuverlässigkeit Friedrich Wilhelms beklagt, so bekam sein Sondergesandter davon nun eine neuerliche Kostprobe. Am 5. Mai bat er in einer Audienz formell um die Hand Wilhelmines und Friedrichs für die englischen Königskinder. Doch anstelle des vielleicht erhofften Freudentaumels erwartete Hotham ein zurückhaltender und nachdenklicher Preußenkönig, der um Bedenkzeit bat. Er müsse sich erst mit seinen Ministern darüber besprechen. Diese Zurückhaltung wäre äußerst ungewöhnlich, wenn der Vorschlag der Statthalterschaft tatsächlich von Friedrich Wilhelm gekommen wäre, selbst wenn Hotham den Eindruck hatte, daß sich die ansonsten trübe Miene aufgehellt habe, als es eben um dieses Thema gegangen sei.

Sollte Friedrich Wilhelm jemals daran gedacht haben, auf den Vorschlag der Statthalterschaft und damit die Idee der Doppelheirat doch noch einzugehen, dann gaben sich

Seckendorff, Grumbkow und Reichenbach (der von Seckendorff bestochene preußische Geschäftsträger in London) die größte Mühe, ihm diese Idee ein für allemal auszureden. In England wußte man natürlich ganz genau, welches die Gegner eines Ausgleichs mit Preußen waren, und so diente die Mission Hothams auch dazu, den preußischen König gegen diese Kräfte einzunehmen. Fast verzweifelt schrieb Hotham am 29. April an Townshend: »Ich wünschte, wir würden die Heirat arrangiert bekommen, wenn nur nicht dieser Grumbkow wäre ...«

So wurde die Ablösung des Ministers zum zweiten großen Ziel Hothams. Den ersten Versuch startete er in der Audienz vom 5. Mai. In England waren Briefe Grumbkows an Reichenbach abgefangen worden, aus denen klarwurde, wie Grumbkow und Reichenbach den König hintergingen beziehungsweise ihr eigenes politisches Süppchen kochten. Hotham hielt die Audienz für die richtige »Gelegenheit, um die aufgefangenen Briefe vorzulegen und zu sagen: Ich bedaure, Seiner Majestät mitteilen zu müssen, einer seiner Minister habe gegen uns so schmachvoll, gegen Seine Majestät so verräterisch gehandelt, daß ich hoffen müßte, dessen Meinung würde nur wenig Gewicht bei ihm haben, und nun legte ich die ganze Gemeinheit zwischen Grumbkow und Reichenbach bloß und machte ihm klar, wie Reichenbach ... nur geschrieben habe, was ihm von hier aus durch Seckendorff und Grumbkow diktiert worden sei ... Ich suchte aus allen Kräften seine Entrüstung gegen Grumbkow zu erregen ..., war ich mir doch bewußt, wie sehr mein Erfolg von seinem Sturz abhing, aber ich bedaure ... sagen zu müssen, daß mir der gewünschte Eindruck nicht zu gelingen schien ... Darauf sagte ich dem König von Preußen, ich hätte Befehl, in der schärfsten Weise Reichenbach anzuklagen, daß er beständig während seines Aufenthalts in England die Rolle eines Brandstifters gespielt habe ... Ich zweifle deshalb nicht daran, daß er ihn sofort zurückrufen würde, was er mir auch versprach.«

Grumbkow schaffte es einmal mehr, das Ruder herumzureißen. Dabei kam ihm zugute, daß die von Hotham übergebenen Briefe nur Abschriften waren, Grumbkow also schlicht behaupten konnte, die meisten dieser Briefe überhaupt nicht geschrieben zu haben. Es handle sich um üble Fälschungen des englischen Hofes. Und was er an Reichenbach geschrieben habe, sei im Sinne des Königs gewesen. Zugleich wurde Friedrich Wilhelm von Seckendorff bearbeitet: Wie konnte dieser es zulassen, daß eine ausländische Macht sich erdreistete, über die Besetzung von Ministerposten in Preußen zu entscheiden? Hatte Reichenbach nicht vollkommen recht, wenn er darauf hinwies, daß es das einzige Ziel der Doppelhochzeit sei, Preußen unter englische Kontrolle zu bringen? Der Zufall wollte es auch, daß Grumbkow und Seckendorff in diesen Tagen von dem Brief erfuhren, den der Kronprinz nach England geschickt und darin versichert hatte, keine andere als Prinzessin Amalie zu heiraten. Natürlich erzählten die beiden Friedrich Wilhelm davon, der daraufhin einen seiner berüchtigten Tobsuchtsanfälle bekam. Statt einer Frau werde er seinem Sohn, diesem Rotzjungen, die Peitsche geben, tobte der König. Dabei war Friedrich in diesem Fall nicht einmal der Hauptverantwortliche. Es waren Sophie Dorothea und Wilhelmine gewesen, die den Kronprinzen zu dem Brief animiert hatten, und Wilhelmine hatte sogar das Konzept für ihren Bruder geschrieben. Dem Zustandekommen der englischen Heirat war die Sache keinesfalls zuträglich. Und Grumbkow? Der Minister blieb in der Gunst des Königs und im Amt.

Das Verbleiben des Ministers verhieß nichts Gutes für die Antwort des Königs, auf die Hotham weiter wartete. Am 12. Mai bekam er sie: Den Gedanken der Statthalterschaft lehnte Friedrich Wilhelm wie erwartet ab, darüber hinaus ließ er den Gesandten wissen: »Was die erste Heirat angeht, nämlich diejenige des Prinzen von Wales und der Prinzessin von Preußen [Wilhelmine], so stimmt ihr der König mit großem Vergnügen zu. Was die zweite angeht, so betrachtet er auch sie als ein Glück und als eine große Wohltat für beide Häuser und wünscht sie aufrichtig. Doch seien die Gründe bekannt, aus denen Seine Majestät der König von Preußen ohne alle Schwierigkeit die erstere sogleich, die letztere aber nicht eher zugeben könne, als die Zerwürfnisse zwischen dem Kaiser und den Verbündeten von Sevilla gänzlich beigelegt wären. Sobald dieser Ausgleich geschehen, sei Seine Majestät der König von Preußen bereit, mit Seiner Majestät dem König von Großbritannien eine Vereinbarung zu treffen nicht bloß über den Zeitpunkt, in dem, sondern auch über die Bedingungen, unter denen die zweite Heirat geschlossen werden könnte.«

Der Ausgleich zwischen England und seinen Verbündeten mit dem Kaiser war nicht die einzige Bedingung Friedrich Wilhelms: Zudem sollte sich Georg II. dazu verpflichten, »dem königlichen Hause Preußen die Erbfolge in den Herzogtümern Jülich und Berg zu gewährleisten«. Hotham hielt diese Forderungen für maßlos und absurd. Fast schäme er sich, die Depesche des Königs nach England weiterzuleiten, bekannte er gegenüber dem General Borcke. Kronprinz Friedrich bat Hotham inständig, »seiner armen Schwester Wilhelmine zuliebe« auf die Vorschläge des Königs einzugehen. Ende Mai schrieb ihm Friedrich einen flehenden Brief: »Ich glaube, daß es besser ist, zunächst nur die Hochzeit meiner Schwester abzuschließen und den König nicht einmal nach irgendwelchen Zusicherungen in der Frage meiner Hochzeit zu fragen, denn sein Wort ist in dieser Sache gleichgültig. Es ist genug, daß ich hier die Versprechen wiederhole, die ich bereits dem König [von England], meinem Onkel, gegeben habe, nämlich keine andere zu heiraten als seine zweite Tochter, die Prinzessin Amalie. Ich bin ein Mensch, der zu seinem Wort steht ..., und ich werde es schaffen, mein Versprechen zu halten.« Das war zwar rührend, doch mit der Zusicherung Friedrichs konnte Hotham nichts anfangen; der Gesandte hielt seine Mission für gescheitert.

Wie Hohn mußte es Hotham erscheinen, daß Reichenbach zwar tatsächlich aus London abberufen, aber »zum Vizepräsidenten aller geistlichen Angelegenheiten in des Königs Landen« ernannt – also befördert – wurde. Am 4. Juni erhielt Hotham die Antwort Georgs II. auf die Forderungen des preußischen Königs. Hatte Friedrich Wilhelm ursprünglich einmal darauf gedrungen, die Hochzeiten als Privatangelegenheit zu betrachten, so hatten sich die Dinge jetzt völlig in ihr Gegenteil verkehrt. Von preußischer Seite waren politische Forderungen gestellt worden, aus London kam nun die Antwort, man werde niemals Bedingungen zulassen, die mit den Heiraten gar nichts zu tun hätten. Von einer Verschiebung der Heirat des preußischen Kronprinzen mit Prinzessin Amalie wollte man in London gleichfalls nichts wissen. Diese Antwort überbrachte Hotham dem Preußenkönig im sächsischen Mühlberg. Dort inszenierte August der Starke ein prachtvolles militärisches Schauspiel, das dem »Soldatenkönig« gewiß gefallen hat. Das Gezerre um die Hochzeiten tat seiner Laune allerdings erheblichen Abbruch. Leidtragender war einmal mehr der Kronprinz. Er wurde von seinem Vater verprügelt und an den Haaren gezogen. Und um die Demütigung komplett zu machen, zwang er ihn, »in diesem zersausten Zustand ... die Parade abzunehmen«.

Zunehmend bekommt man den Eindruck, daß die beiden Parteien aneinander vorbeiredeten. Zwar scheinen sich die Standpunkte in einer Audienz Hothams am 9. Juli noch einmal angenähert zu haben (Friedrich Wilhelm verzichtete auf politische Bedingungen, beharrte aber auf einer Verschiebung der Hochzeit des Kronprinzen, bis dieser 30 Jahre alt sei), doch schon tags darauf kam es zum Eklat, als Hotham den neuen englischen Gesandten in Berlin, Dickens, begleitete, der sein Beglaubigungsschreiben überreichen wollte. Dabei glaubte Hotham, eine letzte Trumpfkarte in Händen zu haben, die – wenn nicht die Doppelhochzeit – so doch den Sturz Grumbkows bedeuten würde: ein kompromittierender Originalbrief Grumbkows an Reichenbach, der ihm aus London überbracht worden war. Da Hotham den König »bei sehr guter Laune fand«, entschied er sich, den Brief zu übergeben. Die Reaktion Friedrich Wilhelms war keineswegs die, die er erwartet hatte: »Er nahm mir den Brief ab, warf einen Blick darauf, und indem er sah, daß es Grumbkows Handschrift war, sagte er mit allem erdenklichen Zorn: ›Meine Herren, ich habe genug von diesen Sachen da!‹, warf den Brief zur Erde, und sofort sich umdrehend, ging er zum Zimmer hinaus und machte die Tür hinter sich zu.«

Selbst wenn Friedrich Wilhelm auch in der Folge zu Grumbkow hielt, so war die Enthüllung nicht spurlos an ihm vorübergegangen. In ihren Memoiren schreibt Wilhelmine: »Die deutlichen Anspielungen des Chevaliers Hotham schienen aber doch einigen Eindruck auf den König gemacht zu haben; er sprach fast kein Wort mehr mit Grumbkow und sagte ihm absichtlich üble Dinge vor Leuten nach, von welchen er wußte, daß sie seine Freunde waren.« Bei einem Empfang der Königin in Monbijou gab Grumbkow, so Wilhelmine, »eine klägliche Figur … ab, er war totenblaß und schien wie ausgestoßen. In einen Winkel des Saales zurückgezogen, wagte er nicht, die Augen aufzuschlagen, und weder die Königin noch irgend jemand sprach mit ihm. Als ich ihn so gedemütigt sah, flößten mir die Betrachtungen, welche ich über die Wandelbarkeit des menschlichen Schicksals anstellte, Mitleid für den Unglücklichen ein. Ich wollte seine Lage nicht verschlimmern, richtete also das Wort an ihn und war sogar höflicher mit ihm als sonst.«

Die Übergabe des Grumbkowschen Briefes erwies sich dennoch als Eigentor. Daß Hotham die Abberufung Reichenbachs als preußischer Gesandter in England forderte, mochte noch angehen, doch nun offen gegen einen Minister Friedrich Wilhelms vorzugehen, ja bewußt dessen Demontage zu betreiben, das konnte sich der König nicht bieten lassen, egal wie recht Hotham dabei haben sollte. In einem Zeitalter, in dem äußere Formen eine ungleich wichtigere Rolle als heute spielen, war die Reaktion des Königs nicht minder unüberlegt und undiplomatisch. Daß er Hotham einfach stehenließ, war ein Affront, der nicht nur diesen, sondern auch den englischen König traf, als dessen Sondergesandter Hotham in Berlin war.

Obwohl Friedrich Wilhelm bald einsah, daß er zu heftig reagiert hatte, kam es zu keiner Versöhnung mehr. Nun war es Hotham, der den Beleidigten spielte und sich weigerte, einer Einladung des Königs Folge zu leisten. Förmlich Abbitte zu leisten, das ging dem stolzen König zu weit: »Diese Leute wollen Heiraten stiften und mich regieren, noch ehe sie das getan haben; was werden sie erst nachher machen wollen«, ereiferte er sich. Vergeblich versuchte Kronprinz Friedrich, den Engländer von der Heimreise abzuhalten; am 12. Juli packte Hotham seine Koffer und kehrte zurück auf die Insel. Friedrich gab sich äußerlich gelassen, doch innerlich bebte es ihn ihm. Alle seine Hoffnungen, von Berlin wegzukommen, hatte er auf Hotham gesetzt. Er wollte einfach nicht wahrhaben, daß nun alles aus war. Noch am 11. Juli versuchte er Hotham umzustimmen: »Denken Sie daran, Monsieur, daß mein und meiner Schwester Glück von Ihrer Entscheidung abhängt und daß von Ihrer Antwort Einheit oder ewige Zwietracht zwischen den beiden Häusern abhängt.« Das war zwar fast melodramatisch, änderte am Entschluß Hothams aber natürlich nichts.

Daß der Kronprinz Fluchtgedanken hegte, wußten die ausländischen Gesandten ebenso wie der König selbst. Doch die Gedanken daran waren das eine, die konkrete Ausführung des einmal gefaßten Planes das andere. Mit wem redete er über diesen Plan? Da waren zunächst seine beiden Mitverschwörer, jung und abenteuerlustig, ein wenig naiv wie Friedrich selbst: Peter Karl Christoph von Keith und Hans Hermann von Katte, beide im Rang eines Leutnants und dem Kronprinzen schwärmerisch zugetan. Aber da war vor allem seine Schwester: Wilhelmine. Ihr schüttete er seit Kindheitstagen sein Herz aus. Schon 1728 in Dresden hatte Friedrich fliehen wollen. Wilhelmine will ihm damals davon abgeraten haben, indem sie ihm »die Unausführbarkeit seines Planes vor Augen« hielt und ihm »die furchtbaren Folgen, die sein Schritt nach sich ziehen würde«, klarmachte. Der neuerliche Entschluß zur Flucht war im sächsischen Mühlberg gereift. Er wollte die Demütigungen seines Vaters einfach nicht länger ertragen. Das Maß war voll. Auch jetzt fürchtete sich Wilhelmine vor den »jammervollen Konsequenzen«, die eine Flucht Friedrichs mit sich brächte, aber: »Die Lage meines Bruders war so heillos, daß ich sein Vorhaben nicht tadeln konnte.«

Dabei war Friedrich klar, daß seine Schwester großes Ungemach zu erwarten hätte, würde er tatsächlich fliehen. Denn natürlich würde der König annehmen, daß ihr Bruder sie eingeweiht habe. Auch wenn Wilhelmine Verständnis für den Schritt Friedrichs hatte, so setzten sie die Naivität der Vorbereitung und die Sorglosigkeit, mit der vor allem Katte damit umging, in Unruhe. So soll Katte »in der ganzen Stadt von den Plänen meines Bruders« erzählt »und sogar vor Leuten, denen nicht zu trauen war, darüber gesprochen« haben. »Stolz auf seine Gunst, rühmte er sich ihrer überall und prahlte mit einer Dose, die das Bild des Kronprinzen und das meine enthielt.« Wilhelmine wußte: Würde diese Dose später bei Katte gefunden, wäre dies nur ein weiterer Beleg für ihre Verstrickung in die Angelegenheit, ja vielleicht würde sie gar Anlaß zu Spekulationen über eine engere Verbindung zwischen ihr und Katte geben. Zwar versprach dieser daraufhin, auf mehr Diskretion zu achten, das Bild der Prinzessin, das er selbst nach einer Miniatur kopiert hatte, wollte er aber keinesfalls herausrücken. Darüber hinaus versicherte er Wilhelmine und ihrer Mutter, daß er versuche, Friedrich von seinen Plänen abzuhalten. Dies wiederholte er in späteren Verhören, gab aber zu, daß er bereit gewesen sei, dem Kronprinzen zu helfen und zu folgen, wenn dieser dennoch fliehen wollte. Sowohl Friedrich als auch Katte haben in ihren Verhören bestritten, daß Wilhelmine in die konkreten Fluchtpläne eingeweiht war. Friedrich will sogar Katte darum gebeten haben, »der Königin und der Prinzessin nichts zu sagen«. Das mag stimmen, aber fest steht: Wilhelmine wußte, daß Friedrich fliehen wollte, wenn sich ihm eine Gelegenheit bot. Allzu überrascht von seiner Flucht kann sie nicht gewesen sein, denn auch ihr mußte klar sein, daß die Reise nach Süddeutschland, zu der der Kronprinz am 15. Juni 1730 zusammen mit seinem Vater aufbrach, eine solche Gelegenheit war.

Im Vorfeld dieser Reise hatte Friedrich bei Dickens sondiert, ob man ihn in England aufnehmen würde, doch scheute man dort die politischen Konsequenzen, die dies nach sich ziehen könnte, bot sich aber immerhin an, die Schulden Friedrichs zu übernehmen. Tatsächlich hat der »Soldatenkönig« später klargestellt, daß er in diesem Falle Hannover mit Krieg überzogen hätte. Wenn dies auch etwas übertrieben erscheinen mag, so wäre das Verhältnis der beiden Staaten auf lange Sicht hin zerrüttet gewesen. In England konnte man daran also gar kein Interesse haben. Auch Sophie Dorothea und Wilhelmine war klar, daß dies das Ende aller englischen Heirats- und Bündnispläne bedeutet hätte. Anders als aus England erhielt Friedrich schließlich aus Frankreich das Signal, daß er auf eine freundliche Aufnahme rechnen könne.

Auf dem Weg nach Mannheim übernachteten der König und sein Gefolge vom 4. auf den 5. August 1730 in einem Bauernhof in dem kleinen Ort Steinsfurt, bevor es am nächsten Tag weitergehen sollte an den Hof des Kurfürsten von der Pfalz. Hier hielt Friedrich die Gelegenheit für gekommen, die Flucht zu wagen. Doch das Ganze war von vornherein aussichtslos. Keiner seiner Mitverschwörer war vor Ort. Keith hatte Dienst in Wesel, Katte in Berlin. So versuchte Friedrich den jüngeren Bruder Keiths einzuspannen, der vor allem eines hatte: Angst. Als Friedrich mitten in der Nacht aufstand und sich anzog, schöpfte sein Kammerdiener Verdacht, der sogleich dem Oberst Friedrich Wilhelm von Rochow, einem der militärischen Begleiter des Kronprinzen, Meldung machte. Der Kronprinz kam nicht einmal einen Schritt aus dem Lager hinaus; da war schon alles aufgeflogen. Nicht zuletzt diese dilettantische, halbherzige Ausführung hat jüngst zu der Vermutung geführt, Friedrich habe gar nicht fliehen, sondern durch diesen Akt der Verzweiflung auf seine Lage aufmerksam machen wollen. Allein durch die Quellen wird die Theorie jedoch nicht bestätigt. Die Geschichte hätte sogar glimpflich abgehen können, da Rochow dem König keine Meldung über den Vorfall machte, dafür aber der junge Keith, der befürchtete, seinen eigenen Kopf zu verlieren, sollte der Fluchtversuch irgendwann herauskommen.

In den folgenden Tagen absolvierten König und Kronprinz dennoch das geplante Besuchsprogramm. Doch kaum war am 12. August in Wesel preußisches Gebiet erreicht, wurde der Prinz einem ersten Verhör unterzogen. Was er dabei zu hören bekam, versetzte den König derart in Rage, daß er den Degen gegen seinen eigenen Sohn zog und nur mühsam zurückgehalten werden konnte. Friedrich wurde von seinem Vater fortan als Gefangener behandelt. Von Wesel wurde er zunächst nach Mittenwalde und schließlich nach Küstrin gebracht, wo Gericht über ihn gehalten werden sollte.

Und was war mit den Mitverschwörern? Keith war rechtzeitig die Flucht nach England gelungen, doch Katte saß weiter in Berlin im falschen Glauben, der Kronprinz werde keinen Fluchtversuch unternehmen, da er das Geld für die Flucht verwahrte – eine verhängnisvolle Fehleinschätzung, die ihn das Leben kosten sollte und die um so unverständlicher ist, da ihn Friedrich während der Reise nach Süddeutschland dazu aufgefordert hatte, nach Den Haag zu gehen, um dort auf ihn zu warten. Ein weiteres Indiz dafür, daß Friedrich nicht in Frankreich bleiben wollte, sondern doch noch vorhatte, über die Niederlande nach England zu gehen, wie er es auch Dickens gegenüber angekündigt hatte: »Ich ziehe vor, zuerst nach Frankreich zu gehen und dort eine Weile zu bleiben, denn wenn ich sogleich nach England übersetzte, würde der König vermuten, meine Mutter wisse von dem Plan, und sie deshalb sehr grausam behandeln.«

Während Friedrich bereits in Wesel verhört wurde, wußte man in Berlin noch nichts von den tragischen Ereignissen. Im Gegenteil: Frei nach dem Motto: Ist die Katze aus dem Haus, tanzen die Mäuse, gab Sophie Dorothea am 16. August in Monbijou einen rauschenden Ball, immerhin zu Ehren des Königs, der am Tag zuvor Geburtstag hatte. Die Glückwünsche nahm Sophie Dorothea dabei stellvertretend für ihren Mann entgegen. Auch Wilhelmine gefiel das seltene Vergnügen, einmal wieder ausgelassen sein zu können, ohne den Vater im Nacken fürchten zu müssen: »Der Speisesaal war mit Schildern und Lampions geschmückt, und die Tafel stellte ein Blumenbeet dar. Jeder von uns fand ein Geschenk unter seinem Gedeck. Wir alle waren in trefflicher Laune … Nach dem Souper fing der Ball von neuem an. Ich hatte sechs Jahre lang nicht mehr getanzt; es war ein seltenes Vergnügen, das ich rückhaltlos genoß …«

Doch der Abend endete nicht so harmonisch, wie er begonnen hatte. Auf einmal fiel der Prinzessin auf, daß die beiden Hofmeisterinnen, Frau von Kameke und Fräulein von Sonsfeld, gedrückt wirkten, aber sie waren nicht die einzigen: Die Königin stand »am Ende des Saales, bleicher als der Tod« – die Nachricht von Friedrichs Fluchtversuch hatte Berlin erreicht. Friedrich Wilhelm hatte an Frau von Kameke geschrieben und ihr mitgeteilt: »Ich habe leider das Unglück, daß mein Sohn hat desertieren wollen mit dem Pagen Keith. Ich habe ihn arretieren lassen. Ich habe [an] meine Frau geschrieben. Sie muß [es] ihr von weiten vorbringen, wenn es auch ein paar Tage dauern sollte, daß sie nicht krank wird …« Frau von Kameke sollte es der Königin also schonend beibringen und erst dann den Brief ihres Mannes mit den weiteren Informationen über das Schicksal ihres Sohnes übergeben. Sosehr Wilhelmine in dieser Situation ihren Bruder bedauerte, so sehr war ihr klar, welches Ungemach über sie hereinzubrechen drohte, wenn der König zurück nach Berlin kam. Selbst dem englischen Gesandten war davor bange, wie er nach London schrieb: »Neben den Besorgnissen für den Prinzen sind wir auch nicht ohne Furcht für seine Schwester. Denn einige ihrer Briefe sind unter des Prinzen Papieren gefunden worden, und da sie wahrscheinlich etliche unvorsichtige Ausdrücke gebraucht hat, so zittern wir bei dem Gedanken an die Folgen nach des Königs Rückkehr.«

Tatsächlich hatten die Königin und Wilhelmine dem Kronprinzen stapelweise Briefe geschrieben, und zu Recht glaubte Sophie Dorothea nicht daran, daß Friedrich die

Briefe verbrannt hatte: »Ich wette, daß sie unter Kattes Sachen sind. Wenn dem so ist, sind wir verloren.« Die Karten standen wahrlich schlecht für Wilhelmine und ihre Mutter, denn Katte war an ebenjenem 16. August verhaftet worden, als in Monbijou zunächst so ausgelassen gefeiert worden war. Fast triumphierend berichtete Graf Seckendorff nach Wien, »daß der bei des Kronprinzen Flucht am meisten Teil gehabte Leutnant Katte mit allen seinen Briefschaften arretiert. Die Königin und die Kronprinzessin [Wilhelmine] sollten darüber sehr konsterniert sein, indem man bei dem Katt 2000 Taler und sehr viele Juwelen von Wert gefunden, welche mutmaßlich von ihnen herkommen.« Am 4. September jedoch mußte der Gesandte einräumen: »Bei dem arretierten Leutnant Katt sind die Briefschaften nicht alle, weil er avertiert gewesen, mehr gefunden, indem er Zeit gehabt, solche zu verbrennen.« Friedrich selbst behauptete in einem Verhör, er habe alle relevanten Briefe verbrannt und gehe davon aus, daß auch Katte dies getan habe.

Wilhelmine erzählt in ihren Memoiren ein anderes Schicksal der Briefe. Da sie wie stets zu Übertreibungen neigt, möchte man ihren Erzählungen an dieser Stelle keinen Glauben schenken, und manches mag tatsächlich dazuerfunden worden sein. Doch in einem dürfte Seckendorff irren: Katte war völlig arglos gewesen und hat überhaupt keinen Anlaß gesehen, die Briefe zu verbrennen. Anders Wilhelmine und Sophie Dorothea: Als sie von der Flucht Friedrichs und der Verhaftung Kattes erfuhren, war ihnen klar, welcher Zündstoff darin lag. Sie mußten alle Hebel in Bewegung setzen, die Briefe in ihre Hände zu bekommen. In ihren Memoiren erzählt Wilhelmine, daß maskierte Männer die Tasche mit den Briefen herbeigeschafft und an Fräulein von Sonsfeld übergeben hätten. Diese habe sie dann zur Königin und zu Wilhelmine gebracht: »Ich … warf sie alle sofort ins Feuer. Es waren derer mindestens 1500 von der Königin und mir.«

Danach »hielten wir Durchsicht über die übrigen Papiere. Es waren Briefe von tausenderlei Leuten darunter …, mehrere Edelsteine und Schmucksachen … Wir warfen alle … Papiere ins Feuer.«

Doch wie sollte man dem König erklären, daß unter den Sachen Kattes keinerlei Briefe waren? Was, wenn Friedrich oder Katte von der Tasche erzählte? Mußte nicht die Sonsfeld bekennen, daß sie die Tasche übergeben hatte, wenn sie nicht ihr eigenes Leben gefährden wollte? Wieder Wilhelmine: »Dann machte ich mich gleich an das Schreiben der Briefe, welche die anderen ersetzen sollten. Die Königin fing ebenso am folgenden Tage damit an. Wir waren vorsichtig genug, Papier von verschiedenen Jahrgängen zu nehmen, um nicht entdeckt zu werden. Drei Tage lang verbrachten wir mit dieser Beschäftigung und stellten an sechs- bis siebenhundert Briefe her.« Wie immer läßt sich der Wahrheitsgehalt dieser Zeilen nur schwer überprüfen. Fakt ist: Es wurden bei Katte keine verfänglichen Briefe gefunden. Und es spricht einiges dafür, daß es Sophie Dorothea und Wilhelmine waren, die für dieses Verschwinden gesorgt haben.

Trotz der glücklich verlaufenen Aktion mit den Briefen erwarteten die beiden Frauen mit Schrecken die Rückkehr des Königs. »Es ist aller Grund vorhanden anzunehmen«, meinte der englische Gesandte Dickens, »daß sehr böse Pläne gegen die Königin und die Prinzessin im Werke sind.« Und in einem anderen Brief: »Die Liebe und Freundschaft, die der Prinz und seine Schwester von Jugend auf füreinander gehegt hatten, machten sie beide dem König gleich verhaßt.«

Wilhelmine selbst entschuldigte sich bei ihrer Schwester Friederike Luise am 25. August, daß sie in den Tagen zuvor einfach nicht in der Lage gewesen sei, auf ihren Brief zu antworten: »Ich bin in einem wahrlich tödlichen Kummer gewesen, der es mir unmöglich gemacht hat, dies zu tun. Ich empfinde noch immer tiefsten Schmerz, und ich bin überzeugt, daß es Ihnen so geht wie mir. Gott möge das Herz des Königs zur Milde lenken.« Das war ein frommer Wunsch.

Am 27. August kam Friedrich Wilhelm in Berlin an. Um ihn zu besänftigen, bat Sophie Dorothea ihre Kinder, »vor dem König einen Kniefall [zu] tun, um ihn um Gnade anzuflehen«. Der Kronprinz erfuhr davon »nach Beendigung meines abscheulichen Küstriner Aufenthalts« und erzählte später wiederum seinem Vorleser Catt: »Die Markgräfin von Bayreuth, als die Älteste, warf sich meinem Vater zu Füßen, als er durch sein Vorzimmer ging. Sie wurde mit Ohrfeigen empfangen, die übrigen krochen vor Furcht unter einen Tisch ... Mein Vater, den Spazierstock in der Hand, wollte gerade die armen Kleinen verprügeln, als die Erzieherin, die Gräfin Kameke, hereintrat und um Gnade für ihre Kinder bat. ›Scheren Sie sich weg, Sie Vettel‹, schrie der König. Sie antwortete, sie gerieten in Streit, und die erbitterte Gräfin sagte zum König: ›Der Teufel wird Sie holen, wenn Sie meine armen Kinder nicht gehen lassen‹, und bei diesen entschlossenen Worten holte sie die Kinder unter dem Tisch hervor und ließ sie in ein Zimmer gehen, wobei sie den König mit einer Miene anblickte, die Eindruck auf ihn machte. Am Tage nach dem Abenteuer sah der König die Gräfin; er dankte ihr, daß sie ihn am Begehen einer Torheit gehindert hatte. ›Ich werde immer Ihr Freund sein‹, sagte er zu ihr, und er hat Wort gehalten.«

Die von Friedrich erzählte Szene deckt sich mit den Memoiren Wilhelmines, in denen das ganze Geschehen aber noch wesentlich dramatischer geschildert wird. So soll der König ihr Faustschläge ins Gesicht versetzt und ihr ein Verhältnis mit Katte vorgeworfen haben, »von dem ich, wie er sagte, mehrere Kinder hätte«. Zum Schluß soll er sogar noch gewettert haben: »Ich werde jetzt den Schurken von einem Fritz und die infame Wilhelmine überführen ... Die Beweise sollen mir nicht fehlen, um sie köpfen zu lassen.« Zwar beruhigte sich der König dank des beherzten Eingreifens der Gräfin Kameke, doch das hieß noch lange nicht, daß er bereit war, Wilhelmine zu verzeihen. Im Gegenteil: Während Friedrich von Mittenwalde nach Küstrin gebracht und dort in strenger Haft gehalten wurde, sperrte der König seine Tochter im Berliner Schloß ein und verhängte verschärften Hausarrest über sie. Wie in Friedrichs Küstriner Gefängnis zogen vor Wilhelmines Zimmer Wachen auf, die Befehl hatten, niemanden zu ihr zu lassen, außer dem Fräulein von Sonsfeld und der Frau Meermann, ihrer alten Amme.

Obwohl Wilhelmine mit Friedrich in einem so vertrauten Verhältnis stand wie kaum ein anderer Mensch, und trotz Kattes auffälligem Verhalten, ja obwohl sie ihm selbst ins Gesicht gesagt haben will, daß sie wisse, auf was diese Vorbereitungen hinausliefen, beharrte Wilhelmine darauf, von dem konkreten Fluchtplan während der Reise nach Süddeutschland nichts gewußt zu haben. An ihre Schwester in Ansbach schrieb sie am 19. September 1730: »Ich bin in völliger Verzweiflung, nicht nur wegen des Unglücks, das uns betroffen hat, sondern auch wegen der furchtbaren Ungnade, in die ich beim König gefallen bin, denn er bildet sich ein, ich sei an der Flucht meines Bruders beteiligt. Ich wage ihm nicht mehr vor Augen zu kommen und verlasse meine Zimmer nicht. Das einzige, was mich in diesem furchtbaren Unglück trösten kann, ist meine Unschuld, denn ich habe nicht nur nicht im Einverständnis mit meinem Bruder gestanden, sondern ich hätte mich seinem Vorhaben mit allen Mitteln widersetzt, hätte ich den geringsten Argwohn gehabt, daß er etwas Ähnliches unternehmen könnte ... Ich hoffe, Gott wird sich meiner erbarmen und meine Unschuld ans Licht bringen.« Dieser Brief diente vor allem der eigenen Verteidigung. Gerade gegenüber ihrer Schwester Friederike Luise, dem geliebten »Ickerle« des Königs, mußte sie ihre Unschuld beteuern. Vielleicht würde diese ihren Vater davon überzeugen können.

Der König ging weiterhin davon aus, daß der Kronprinz nach England fliehen wollte und der Hof seines Schwagers in die Fluchtpläne direkt involviert war. Nicht zuletzt dies war der Grund, weshalb Sophie Dorothea und Wilhelmine, die »englische Kanaille«, den Zorn des Königs abbekamen. Friedrich Wilhelm wollte mit niemandem mehr etwas zu tun haben, der ihn auch nur entfernt an England erinnerte. Seine Frau wollte er sogar dazu zwingen, ihr Glas auf den Untergang Englands zu erheben – was für eine Demütigung für die stolze Welfin. Dickens ließ der König wissen, weder von der einfachen noch von der doppelten Hochzeit wolle er jemals wieder etwas hören.

Natürlich verlor der englandfreundliche Minister Knyphausen durch die Affäre sein Amt; sein Nachfolger wurde Grumbkows Schwiegersohn Heinrich von Podewils! Friedrich Wilhelm steigerte sich in regelrechte Verschwörungstheorien. Er sah die Flucht nicht als die verzweifelte Aktion eines unglücklichen jungen Menschen, sondern als Teil eines Komplotts gegen seine Herrschaft. Auch darüber berichtete Dickens nach London: »Der König argwöhnt, daß Ihre Majestäten, ganz England, Frankreich, die Königin, seine Gemahlin, und alle seine Umgebungen (Grumbkow ausgenommen) sich gegen ihn verschworen und unmittelbar oder mittelbar an dem Plan seines Sohnes, zu entfliehen, teilgenommen haben.« Der König habe bei seinen Tobsuchtsanfällen gegen die eigene Familie Schaum im ganzen Mund und drohe damit, »sie alle seiner Rache zu opfern«. Erst nach den Verhören Kattes und Friedrichs mußte er seine Vorwürfe an den englischen Schwager etwas zurücknehmen, sein Zorn aber blieb: »Indessen ist gewiß, daß England von allem gewußt, von der Desertion aber abgeraten hat«, schrieb er am 11. September 1730 wahrheitsgemäß an den Dessauer. »Der böse

Mensch [Friedrich] hat an den König von England geschrieben, sich über mich beschwert, daß er so übel und nicht nach seinem Charakter gehalten würde … Gott bewahre alle ehrlichen Leute vor ungeratenen Kindern.«

Kronprinz Friedrich erhielt über Grumbkow Nachricht von seiner Schwester. Als dieser zu weiteren Verhören nach Küstrin aufbrach, gab der König ihm auf den Weg: »Wenn dieser Coquin fragt, wie es mir geht und meiner Frau und meinen Kindern, so muß ihm gesagt werden, daß niemand mehr an ihn denkt, daß meine Frau nicht von ihm reden hören will; seine Schwester Wilhelmine säße in Berlin eingesperrt und würde nächstens aufs Land geschickt.« Daß Sophie Dorothea nichts mehr von Friedrich hören wollte, stimmte natürlich nicht. Zwar hat sie in ihren Briefen die Tat Friedrichs stets verurteilt, aber immer auch um Gnade für ihren Sohn gebeten. Mit der Drohung, Wilhelmine aufs Land zu schicken, umschrieb der König die Idee, seine älteste Tochter hinter die Mauern eines Klosters beziehungsweise eines reformierten Damenstifts zu verbannen. Er soll sogar geschworen haben, »die Prinzessin in seinem Leben nicht wiederzusehen«.

Trotz der strengen Bewachung und des Verbots, dem Gefangenen Papier und Feder zu geben, gelang es Friedrich, kurz vor dem Zusammentreten des Kriegsgerichts, einen Brief an Wilhelmine zu schreiben und aus Küstrin herauszuschmuggeln. Der Brief ist die Antwort auf ein von Friedrich sofort nach dem Lesen vernichtetes Schreiben Wilhelmines, der es also ebenfalls gelungen war, die vom Vater verordnete Abschottung zu durchbrechen: »Nie habe ich mich mehr gefreut als beim Empfang Deines Briefchens. Tausendmal habe ich es geküßt, um die Hand zu verehren, die es berührte. Bei erster Gelegenheit werde ich ein Porträt aus meinem Exil schicken; auch malen will ich mich lassen, ob Du es willst oder nicht. Zwar ist das eine Frechheit ohnegleichen, eines

Gefangenen würdig. Glaube indes nicht, liebe Schwester, Verbannung, Kerker und Schicksalsschläge hätten mir den Kopf völlig verdreht. Doch mein bißchen Verstand, der mir geblieben, reicht nicht hin, Dir ein Bild meiner Freundschaft und Verehrung zu entwerfen … Hätte ich damals gewußt, daß die Trennung so lang sein würde, ich glaube, ich hätte Dich nicht verlassen können. Meine Augen wären zu Tränenbächen geworden, und gelähmt hätten meine Arme nicht die Kraft gehabt, Dich loszulassen … Jetzt stelle ich den ganzen Bettel der Vorsehung anheim und rufe: ›Komme, was da will!‹«

Auch im nächsten Brief an Wilhelmine, den er aus Küstrin herausschmuggeln konnte, gab sich Friedrich mutig: »Geliebteste Schwester! Nach dem Kriegsgericht, das jetzt stattfinden soll, wird man mich verketzern; denn um für einen Erzketzer zu gelten, braucht man nur nicht in allem eines Sinnes mit seinem Herrn und Gebieter zu sein. Du kannst Dir also leicht vorstellen, wie man mich verketzern wird. Aber was frage ich nach allen Verdammungsurteilen, wenn nur meine liebe Schwester sie für ungerecht erklärt! Zu meiner Freude können weder Riegel noch Gitter mich hindern, Dir meine innige Freundschaft zu bezeigen … Und weiß ich Dich nur glücklich, so wird mir auch der Kerker zur Stätte des Glückes und der Zufriedenheit. Chi ha tempo, ha vita [Wer die Zeit hat, hat das Leben] – das sei unser Trost! Sehnlich wünsche ich, keines Mittels zwischen mir und Dir zu bedürfen und die Wiederkehr der glücklichen Tage zu sehen, wo Dein Principe und meine Principessa sich wieder küssen oder, deutlich gesprochen, wo ich selbst wieder mit Dir reden und Dich meiner unvergänglichen Freundschaft versichern darf.« Doch bis zu diesem Wiedersehen der Geschwister sollte noch sehr viel mehr Zeit vergehen, als sich Friedrich und Wilhelmine vorstellen konnten.

Nach dem Abschluß der Verhöre trat am 25. Oktober 1730 das Kriegsgericht zusammen und fällte überraschende

Urteile. Im Falle Friedrichs erklärte es sich für nicht zuständig, im Falle Kattes votierte die Hälfte der Richter für die Todesstrafe, die andere Hälfte für lebenslängliche Haft, wobei das Votum des Vorsitzenden Achaz von der Schulenburg den Ausschlag zugunsten der Haft gab – wohl wissend, daß diese Haft spätestens am Tage des Thronantritts von Friedrich zu Ende wäre. Diese Urteile waren nicht im Sinne des Königs. Friedrich Wilhelm wollte Friedrich wie einen gewöhnlichen Deserteur behandelt wissen. Daß das Kriegsgericht sich für nicht zuständig erklärte, brachte ihn daher ebenso auf wie das aus seiner Sicht zu milde Urteil gegen Katte. Doch während er schließlich auf der Hinrichtung des unglücklichen Katte beharrte, hat er, abgesehen von den Momenten der Raserei, nie ernsthaft daran gedacht, auch den Kronprinzen hinrichten zu lassen. Eine solche Tat hätte ihn dauerhaft zum Paria in Europa gemacht. Wohl aber ging Friedrich Wilhelm mit dem Gedanken um, seinen ältesten Sohn von der Thronfolge auszuschließen und statt seiner dessen nächstälteren Bruder August Wilhelm zum Kronprinzen zu ernennen. Doch das wäre mit erheblichen reichsrechtlichen Schwierigkeiten verbunden gewesen, war er als Kurfürst von Brandenburg doch nicht frei in der Entscheidung, wer ihm in diesem Amt folgen sollte.

Um Friedrich endgültig gefügig zu machen, zwang er ihn, am 6. November der Hinrichtung Kattes zuzusehen. Zwar fiel der Kronprinz kurz vor der Vollstreckung des Urteils durch das Schwert in Ohnmacht, doch als er daraus erwachte, sah er den toten Leib seines Freundes, nur mit einem schwarzen Tuch bedeckt, im Sand liegen. In den folgenden Tagen wurde Friedrich bewußt im unklaren über sein eigenes Schicksal gelassen. Erst am 17. November 1730 überbrachte ihm eine Delegation mit Grumbkow an der Spitze die Nachricht von seiner Begnadigung. Zwei Tage später durfte er sein Gefängnis erstmals verlassen, nachdem er sich zuvor förmlich dem Willen seines Vaters unterworfen hatte. In seine Würden wurde der Kronprinz erst nach und nach wieder eingesetzt. So lehnte der König auch eine Wiederaufnahme Friedrichs in die Armee ab. In Küstrin sollte er erst einmal die Verwaltungsarbeit von der Pike auf lernen. In der abgelegenen Kleinstadt würde er keine Gelegenheit haben, über die Stränge zu schlagen.

Letztlich lag dem König selbst nichts an der Vernichtung seines Sohnes; ihm lag daran, aus Friedrich einen braven Christen, guten Offizier und sparsamen Verwalter zu machen, wenn es denn sein mußte, mit brachialer Gewalt. Zahlreiche europäische Herrscherhäuser hatten sich während der Haftzeit des Kronprinzen für diesen eingesetzt, auch Kaiser Karl VI. Gegenüber Friedrich beteuerte der »Soldatenkönig«, daß er seine Begnadigung ausschließlich dem Kaiser und mit ihm Seckendorff zu verdanken habe; dabei hatte Seckendorff den Brief des Kaisers erst übergeben, als der König schon die Begnadigung seines Sohnes ihm gegenüber angedeutet hatte. Doch es war nicht nur der alte Feind Seckendorff, der urplötzlich zum Verteidiger Friedrichs mutierte; auch das Verhältnis zu Grumbkow besserte sich zusehends. Als Grumbkow am 17. November nach Küstrin kam, hatten die beiden eine lange Aussprache, die den Beginn eines lang andauernden, intensiven Briefwechsels markierte. Bereits zuvor hatte sich das veränderte Verhältnis zu dem alten Feind in zwei Briefen an Wilhelmine angedeutet. Hatte Friedrich in seinem ersten Brief aus Küstrin noch gemutmaßt, Grumbkow werde mit ihm brechen und seine »Aktien« dadurch »beträchtlich sinken«, so schrieb er im Oktober: »Wenn Du kannst, lege der Königin nahe, Grumbkow schonend zu behandeln; denn er vermag alles wieder einzurenken, und er benimmt sich gegen mich sehr anständig. Die Königin sollte ihm vertrauen!« So wie die Unterwerfung unter den Vater Fassade blieb – wenngleich er langsam lernte, dessen tägliche Arbeit, sein Pflichtbewußtsein und seine vorbildliche Organisation des Staates zu respektieren –, so blieb Friedrichs »Freundschaft« mit Grumbkow mehr Schein als Sein. Der Minister konnte ihm nützlich sein, solange sein Vater lebte. Mehr nicht.

Friedrich Wilhelm wollte die Sache mit Wilhelmine ebenso gründlich regeln wie jene ihres Bruders. Eine Gerichtsverhandlung hatte sie zwar nicht zu erwarten, aber der König wollte im November 1730 von acht »Gottesgelehrten« die Frage beantwortet wissen, »ob es nicht in der Gewalt eines Vaters stehe, seine Tochter zu zwingen, denjenigen zu heiraten, welcher ihm gefalle«. Es versteht sich von selbst, welche Antwort der König erwartete. Doch wie im Falle Kattes die Militärrichter, so bewiesen auch die Geistlichen Rückgrat: Nur einer, der Prediger der Potsdamer Garnisonkirche, bejahte die Frage – alle anderen sprachen Friedrich Wilhelm dieses Recht kategorisch ab. Und wiederum, wie im Falle Kattes, setzte sich der König über dieses Votum hinweg. Seine älteste Tochter sollte endlich heiraten, und zwar den Mann, den er ihr bestimmte. Damit würde auch endlich »aller englische Wind aus seinem Hause extrahiert« werden.

Die Entschlossenheit Wilhelmines, sich nicht zu beugen, sank mit der Dauer ihres verschärften Hausarrests, ihrer Ausgeschlossenheit selbst von kleinsten Vergnügungen. Ihr Vater wollte sie mürbe machen, so wie er ihren Bruder mürbe gemacht hatte. Dabei schreckte er nicht vor der Drohung zurück, Fräulein von Sonsfeld, die Hofmeisterin der Prinzessin, ins Spinnhaus für öffentliche Huren bringen zu lassen, wenn sie die Prinzessin nicht zur Nachgiebigkeit bewege. Nur langsam öffneten sich die Türen von Wilhelmines gar nicht so goldenem Käfig: Musikabende bei der Mutter, bei denen sie die eingeladenen Künstler begleiten durfte, standen am Beginn; Anfang April 1731 durfte sie erstmals wieder nach über acht Monaten das Abendmahl nehmen – allerdings in ihrer Kammer und nicht etwa in einer Kirche. Diese kleinen Zeichen der Versöhnung hatten ihren Preis. So mußte Dickens, den die Königin noch immer wegen der englischen Heirat bearbeitete, am 19. Mai einräumen: »Die Prinzessin ... erklärt jetzt: Sie will den heiraten, welchen ihr Vater vorschlägt.«

Am 11. Mai 1731 hatte der König vier Abgesandte zu Wilhelmine geschickt: den unvermeidlichen Grumbkow, General Borcke, den Staatsminister Podewils und den Geheimen Rat Wilhelm Heinrich von Thulemeier. Sie sollten Wilhelmine wissen lassen, daß »eine Tochter keinen Willen haben müsse, sondern dem väterlichen Willen folgen solle, denjenigen zu heiraten, ohne zu räsonieren, welchen ihr Vater wolle. Seine Königliche Majestät hätten also gut gefunden und resolvieret, ihr den jungen Markgrafen von Brandenburg-Bayreuth zum Gemahl zu geben, und zweifle derselbe nicht, sie würde freiwillig als eine gehorsame Tochter das Jawort von sich geben« – und gebe sie das Jawort nicht freiwillig, dann werde seine königliche Autorität dafür sorgen, daß die Heirat zustande käme. Wenn Wilhelmine sich jedoch bereit finde, guten Willens in die Verbindung einzuwilligen, würde sie »Seine Königliche Majestät und Dero ganze Königliche Familie wieder in Frieden und Ruhe setzen ..., indem auch sogar durch diese Mariage die Ungnade, so ihr allerliebster Bruder empfunden hätte, leichtlicht wiederum in völlige Gnade verwandelt werden könnte«. Sollte die Prinzessin gegen den Markgrafen jedoch eine »gänzliche Abneigung« haben, könne sie sich nach wie vor für den Herzog von Weißenfels oder den Markgrafen von Schwedt entscheiden. Verweigere sie sich weiterhin den Heiratsplänen des Vaters, drohte ihr dieser mit Festungshaft in Spandau.

Wilhelmine wußte, daß ihr keine Wahl blieb. Ihren Memoiren zufolge will sie noch versucht haben, die Einwilligung der Königin einzuholen, doch die Minister hätten dies abgelehnt: »Der König besteht auf einer bestimmten und bedingungslosen Zusage und hat befohlen, daß wir Sie nicht verlassen, ohne sie erlangt zu haben«, sei die Antwort Grumbkows gewesen. Daß Wilhelmine versuchte, ihre Mutter noch einmal ins Spiel zu bringen, ist gut möglich, denn natürlich konnte sie sich leicht ausmalen, wie wütend, ja entsetzt Sophie Dorothea sein würde, wenn sie mitbekäme, daß Wilhelmine sich dem Diktat ihres Vaters nicht länger widersetzte. Ebenfalls in ihren Memoiren zitiert Wilhelmine sogar einen Brief ihrer Mutter, dessen Echtheit aber nicht feststeht und in dem Sophie Dorothea sie auffordert, hart zu bleiben: »Ich werde Sie schon zu halten wissen; ein Gefängnis ist besser als eine schlechte Versorgung.« In ihren Memoiren gibt Wilhelmine an, daß sie »in einer furchtbaren Aufregung« gewesen sei und sich den Kopf darüber zerbrochen habe, »wie ich dem König gehorchen könnte, ohne mich mit der Königin zu entzweien«. Den Ausschlag habe ein geflüsterter Hinweis Thulemeiers gegeben, der meinte, es gehe jetzt vor allem darum, den König zu besänftigen. Die Heirat werde schon nicht vollzogen werden, und man gewinne Zeit, um vom englischen König doch noch eine »günstige Erklärung zu erwirken«. Grumbkow versuchte Wilhelmine sogar noch mit einem recht pragmatischen Argument zu überzeugen: Da die Prinzessin ihren Bräutigam überhaupt nicht kenne, könne sie auch keine Abneigung gegen ihn haben …

Von all diesen Winkelzügen ist im Bericht von Friedrich Wilhelms Ministern über das Gespräch mit Wilhelmine natürlich keine Rede. Das Ganze sei zwar nicht ohne Tränen abgegangen, dennoch habe der kindliche Gehorsam die Oberhand gewonnen und die Prinzessin »das verlangte Jawort nicht nur mündlich von sich gegeben, sondern auch in dem beiliegenden Schreiben sich gegen Seine Königliche Majestät allergehorsamst und demütigst dazu erkläret«. Und so liest sich das im Original: »Liebster Papa! … Bei meiner zärtlichen Liebe und Unterwürfigkeit muß ich mich seinen

Befehlen fügen, so schwer es mir sein wird. Trotzdem unterwerfe ich mich seinem Willen, um seine Gnade wiederzuerlangen, und bitte ihn, sie mir wiederzuschenken.« Friedrich Wilhelm war von diesem Brief so gerührt, daß er seine Tochter »mit reichen Stoffen, einer Geldbörse und anderen kostbaren Galanterien« beschenkte.

Gleichzeitig schrieb Wilhelmine einen Brief an ihre Mutter: »Liebste Mama! Die Herren Grumbkow, Borcke, Podewils und Thulemeier haben mir soeben im Auftrag meines lieben Papas die Heirat mit dem Erbprinzen von Bayreuth vorgeschlagen ... Wie ich gestehe, war für mich nichts grausamer. Um jedoch meinen lieben Papa zufriedenzustellen und dadurch den Frieden in der Familie wiederherzustellen, mußte ich einwilligen, obgleich es mir über alle Maßen schwerfiel, es ohne die Einwilligung meiner lieben Mama zu tun. Ich hoffe, sie wird mir verzeihen ... und meinen grausamen Kummer nicht durch ihre Ungnade vermehren, die mir härter wäre als der Tod.«

Doch ebendiese Ungnade traf die Prinzessin unweigerlich. Zwar findet sich der von Wilhelmine in ihren Memoiren zitierte Antwortbrief Sophie Dorotheas in keinem Archiv (Wilhelmine selbst schreibt, sie hätte ihn vernichtet), doch an der Wut der Königin kann kein Zweifel bestehen, auch wenn sie sich vielleicht nicht zu den Verwünschungen verstiegen hat, die sie von ihrer Tochter in die Feder gelegt bekam: »Sie durchbohren mir das Herz, indem Sie mir den größten Kummer zufügen, den ich jemals erfahren habe ... Ich erkenne Sie nicht länger als meine Tochter an und sehe in Ihnen von nun an meine ärgste Feindin ... Rechnen Sie nicht mehr auf mich; ich schwöre Ihnen einen ewigen Haß und werde Ihnen niemals verzeihen.« Nur dem Einfluß Thulemeiers sei es zu verdanken gewesen, daß sich die Königin wieder etwas beruhigt habe: »Er schrieb ihr heimlich am folgenden Tage, die Sache sei noch nicht verloren. Meine Heirat sei nur eine List des Königs, um den englischen Hof endlich zu einem anderen Entschluß zu bewegen. Er habe sich allerorts nach dem Prinzen von Bayreuth erkundigt und ermittelt, daß derselbe sich noch in Paris aufhalte – und solange der Bräutigam, der gerade auf seiner Kavalierstour weilte, von dort nicht zurückgekehrt war, konnte ergo auch keine Hochzeit stattfinden.

Da war er wieder, der alte Zwiespalt, in dem die Prinzessin seit Kindheitstagen steckte: Machte sie es ihrer Mutter recht, war ihr Vater wütend – und umgekehrt. Aus dieser Zerrissenheit gab es für Wilhelmine kein Entrinnen, solange sie in Berlin war. Insofern wurde die Hochzeit, fast schon egal mit wem, zur einzigen Möglichkeit, aus dem Bannkreis dieses Karussells der Gefühle auszubrechen.

III

Bayreuth – die neue Heimat

Verlobt, verheiratet, verliebt?

In ihren Memoiren behauptet Wilhelmine, ihre Mutter sei es selbst gewesen, die erstmals den Namen des Markgrafen von Bayreuth – besser gesagt des damaligen Erbprinzen Friedrich – als Heiratskandidaten für Wilhelmine ins Spiel gebracht habe, und zwar bereits im Winter 1727/28. Allerdings nicht als ernsthaft gemeinten Vorschlag, sondern als weitere Möglichkeit, Zeit zu gewinnen. Als der König ihr daher im Sommer 1730 erklärt habe, er wolle seine vierte Tochter Sophie – und nicht Wilhelmine – mit dem Markgrafen verheiraten, »war die Königin sehr froh darüber, denn seit sie den Prinzen dem König zu meinem Gemahl vorgeschlagen hatte, fürchtete sie immer, diese Heirat möchte wieder zur Sprache kommen, sobald man ihn aber meiner Schwester zuteilte, war ihre Furcht ganz zerstreut«.

Diese Darstellung muß mit einigen Fragezeichen versehen werden. So erscheint es eher unwahrscheinlich, daß ausgerechnet Sophie Dorothea den König auf diesen Gedanken gebracht haben will, und es wäre zudem mehr als seltsam gewesen, daß von dieser Partie in den darauffolgenden Jahren dann nie die Rede gewesen wäre. Die ersten nachweislichen Belege für eine Verbindung mit dem Erbprinzen von Bayreuth tauchten erst im Sommer 1730 auf. Der braunschweigische Gesandte Wilhelm Stratemann spricht davon in seinem

Bericht vom 22. Juli 1730, allerdings in Verbindung mit Wilhelmines Schwester Sophie. Im Dezember spricht er bereits von der bevorstehenden Verlobung der beiden, auch wenn die Braut noch ein kleines Mädchen war und erwartungsgemäß keine Begeisterung dafür an den Tag gelegt habe. Sie fing »bitterlich an zu weinen« und sagte ihrem Vater, daß sie keine Lust zum Heiraten habe. Ob die Tränen den König erweicht haben und er statt dessen auf Wilhelmine als Ehekandidatin für den Bayreuther ausgewichen ist? Da der »Soldatenkönig« sich gegenüber seinen jüngeren Kindern oft auffallend milde gab, könnte es so gewesen sein. Letztlich aber kam Sophie vom Regen in die Traufe: Sie mußte doch noch heiraten – und zwar den Markgrafen von Schwedt, den sich Wilhelmine erfolgreich hatte vom Halse halten können. Daß von Anfang an Wilhelmine die Kandidatin für den Bayreuther Markgrafen war, legt dagegen ein Gespräch nahe, daß der König mit dem regierenden Markgrafen bei seiner Reise nach Süddeutschland im Sommer 1730 geführt haben soll: »Herr Vetter. Was macht Ihr älterer Sohn so lange auf Universitäten?« soll der »Soldatenkönig« damals gefragt haben, um sogleich zur Sache zu kommen: »Lassen Sie ihn doch heimkommen, ich will ihm meine älteste Tochter zur Frau geben.«

Zwar war der Erbprinz von Bayreuth verglichen mit dem Prinzen von Wales tatsächlich ein Duodezfürst; dennoch hatte eine solche Verbindung aus der Sicht Friedrich Wilhelms ihren Sinn: Durch die Hochzeit von Wilhelmines jüngerer Schwester mit dem Markgrafen von Brandenburg-Ansbach hatte der König bereits eine der beiden fränkischen Linien des Hauses wieder an Preußen gebunden, das gleiche konnte er durch die Heirat Wilhelmines mit dem Bayreuther Erbprinzen tun. Das war zwar keine Weltpolitik mehr, bot aber die Aussicht, auch in Süddeutschland Einfluß nehmen zu können, und es entsprach der hohenzollernschen

Hauspolitik, die Familie trotz aller Teilungen als Einheit zu betrachten. Das galt um so mehr für die Markgrafschaft Brandenburg-Bayreuth, die bereits 1726 hätte an Preußen fallen sollen. Damals war der dort regierende Markgraf Georg Wilhelm gestorben, ohne einen direkten Erben zu hinterlassen. Der nächste in der Erbfolge war der aus einer Nebenlinie stammende Markgraf Georg Friedrich Karl gewesen – der Schwiegervater in spe der Markgräfin Wilhelmine. Der Vater Georg Friedrich Karls, Christian Heinrich, hatte jedoch bereits 1703 zugunsten des brandenburgischen Kurhauses auf seine Erbrechte verzichtet und sich auf die Herrschaft Weferlingen bei Halberstadt zurückgezogen. Dort wurde er mit einer schönen Pension ausgestattet, die ihn der leidigen Geldsorgen enthob, die ihm seine große Familie bescherte.

Die Aussicht, daß sich die Preußen in Franken breitmachen würden, schmeckte vor allem den benachbarten, dank ihrer hohen Ämter in Kirche und Reich einflußreichen Grafen von Schönborn überhaupt nicht. Sie setzten mit Erfolg alle juristischen Hebel in Bewegung und überzeugten letztlich auch den zunächst eher gleichgültigen Kaiserhof in Wien, um die preußischen Pläne zunichte zu machen. 1722 verzichtete Friedrich Wilhelm I. auf die sofortige Erbfolge, so daß Georg Friedrich Karl seinen Weferlinger Landsitz 1726 doch noch mit der Bayreuther Residenz vertauschen konnte. Im Gegenzug behielt Friedrich Wilhelm durch die Heirat Wilhelmines mit dem Erbprinzen den Fuß in der Bayreuther Tür.

Ob Thulemeier Sophie Dorothea und Wilhelmine im Auftrag des Königs bewußt in die Irre geführt hat oder ehrlich der Überzeugung war, daß der Erbprinz von Bayreuth so schnell nicht würde nach Berlin kommen können, sei dahingestellt. Fakt aber ist, daß der Bräutigam in spe Mitte Mai 1731 schon längst nicht mehr in Paris, sondern auf dem Weg nach Bayreuth war, wo er am 18. des Monats eintraf, um nur fünf Tage später sogleich nach Berlin weiterzureisen. Das Unheil für die preußische Königin hatte längst seinen Lauf genommen, als diese noch glaubte, genügend Zeit für weitere Verhandlungen mit London zu haben.

Am 28. Mai sollte in Berlin eine große Militärrevue mit 20000 Soldaten stattfinden. Zahlreiche Besucher hatten sich dazu angesagt. Diese Revuen waren bunte Spektakel, Soldatenspielereien, wie sie der preußische König liebte. Aufmärsche und Kanonendonner, Fahnen und klingendes Spiel, das war so recht nach seinem Geschmack. Auch ein gesellschaftliches Rahmenprogramm gab es: »Während die Special-Revue derer Regimenter vor sich gieng, wurden die gesamten anwesenden hohen Herrschaften mit Bällen und kostbaren Festins ... unterhalten.«

Am Abend vor der eigentlichen Revue ging der König früh zu Bett und bat seine Gemahlin, sich um die Gäste zu kümmern. Ausdrücklich bat er darum, daß Sophie Dorothea und Wilhelmine zu der Revue am nächsten Morgen erscheinen sollten. Sollten sich die Königin und ihre Tochter auf einen schönen Abend mit gutem Essen und ohne die Grobheiten des Königs gefreut haben, so verging ihnen nur allzubald der Appetit: »Als wir das Zimmer passierten, um zur Tafel zu gehen, sahen wir eine Postchaise durch den Schloßhof einfahren und vor der großen Treppe anhalten. Die Königin schien erstaunt, da nur Prinzen dies Vorrecht haben. Sie erkundigte sich sofort, wer es sei, und erfuhr einen Augenblick später, es sei der Erbprinz von Bayreuth. Das Medusenhaupt hat nie einen schreckensvolleren Eindruck erweckt, als diese Nachricht bei der Königin hervorrief. Sie stand ganz verwirrt und wechselte so oft die Farbe, daß wir alle eine Ohnmacht befürchteten.« In aller Heimlichkeit war der Erbprinz, begleitet von Seckendorff und dem Hofmeister des Erbprinzen, Karl Freiherr Voit von Salzburg, nach Berlin gereist. Dabei hatte der Gesandte zunächst einen gelinden Schreck zu überstehen gehabt: Als er den Erbprinzen traf, trug dieser Kleider nach der neuesten Pariser Mode, in denen er dem König keinesfalls unter die Augen kommen durfte, wollte er sich dessen Sympathie nicht schon im ersten Augenblick vollends verscherzen. So wurden bei einem Aufenthalt in Leipzig bescheidenere Kleider in Preußischblau angeschafft. Damit war alles in bester Ordnung, und der König und der Gesandte dürften sich über ihren Coup diebisch gefreut haben. Vergeblich bat Wilhelmine darum, am nächsten Tag nicht zur Revue mitkommen zu müssen, wußte sie doch, was ihr dort blühen würde.

Die Revue war zwar selbst nach dem Urteil Wilhelmines ein beeindruckendes Schauspiel, doch so recht daran erfreuen konnte sie sich nicht. Als der Erbprinz von Bayreuth der Königin vorgestellt wurde, empfing ihn diese »mit stolzer Miene, richtete ein paar gleichgültige Fragen an ihn, um ihn dann zu verabschieden«. Wilhelmine machte nach eigener Aussage die Hitze schwer zu schaffen, »ich hatte nicht geschlafen, war von Besorgnissen erfüllt und außerdem nüchtern; dies alles zusammen machte, daß mir übel wurde. Die Königin erlaubte, daß ich mich in den Wagen der Hofmeisterinnen zurückzog, wo mir bald besser wurde.« Wilhelmine will den weiteren Tag in Einsamkeit verbracht haben, während der König und die Prinzen zusammen gespeist hätten. Erst am darauffolgenden Tag sei ihr der Erbprinz dann vorgestellt worden, doch habe sie ihn keines Blickes gewürdigt.

Demgegenüber erzählt der englische Gesandte Guy Dickens, daß der König trotz der Ohnmacht der Prinzessin bei der Revue darauf bestanden habe, »daß sie mittags an der Tafel speise«. Bei dieser Gelegenheit habe Friedrich Wilhelm den Erbprinzen von Bayreuth bei der Hand genommen und ihn an die Seite seiner Tochter gesetzt. »Während des Mahles forderte der König ein Deckelglas voll Weines, trank seiner Tochter auf des Prinzen Gesundheit zu und hielt sie an, das gleiche zu tun. Personen, welche gegenwärtig waren, erzählten mir, daß sie niemals eine rührendere Szene sahen. Die Verwirrung, Angst und Verzweiflung, worin sich die Königin und die Prinzessin befanden, bewegten jeden zu Tränen. Und dies hat sich seitdem täglich wiederholt«, so Dikkens am 2. Juni. Die zeitliche Nähe, die Berufung auf Zeugen und auch die größere Schlüssigkeit legen nahe, daß der Gesandte hier näher am Lauf der Ereignisse ist als Wilhelmine in ihren Memoiren, in denen sie sich und der Königin mehr Contenance zuschrieb, als sie verständlicherweise in dieser Situation tatsächlich an den Tag gelegt hatten.

Dabei kursierten Gerüchte über das Erscheinen des Erbprinzen von Bayreuth in Berlin schon seit längerer Zeit. So gibt es einen leider nicht datierten, aber wohl aus dem Frühjahr 1731 stammenden Brief Friedrichs aus Küstrin, in dem er an seine Schwester schreibt: »Carissimia sorella! Die widerwärtigsten Heiratsgerüchte schwirren wieder. Bei der Revue [ebenjener am 28. Mai] wird man Dir mit einem jungen Prinzen kommen. Vielleicht wird man Dir nahelegen, darauf einzugehen, damit ich von hier loskomme. Tu es aber niemals aus diesem Grunde, wenn Du keinen besseren hast. Laß Dich also durch keine Rücksicht auf mich einschüchtern und folge immer nur dem Gebot des Herzens; das ist in solchen Fällen der beste Führer. Da ich außerdem Deine jetzige Lage nicht kenne, bin ich nicht imstande, Dir zu raten.«

Wenn selbst im fernen Küstrin solche Gerüchte die Runde machten, dürfte auch Wilhelmine von diesem Zeitpunkt an eigentlich nicht überrascht gewesen sein. Vielleicht haben sich Sophie Dorothea und ihre Tochter nach den Versicherungen Thulemeiers zu sehr in Sicherheit gewiegt. Interessant an Friedrichs Brief ist, daß er Wilhelmine darum bat, nicht um seinetwillen in die Ehe einzuwilligen. Daran hat sich die Prinzessin aber nicht gehalten. Ein Grund für ihr

Nachgeben gegenüber den Forderungen des Königs war die Hoffnung, damit ihrem Bruder helfen zu können. Nicht umsonst hat Wilhelmine in ihrem Brief vom 11. Mai und in einem weiteren zwei Tage später die Hoffnung geäußert, durch ihren Schritt den Frieden in der Familie wiederherstellen zu können.

Bis zuletzt hatte vor allem Sophie Dorothea darauf gehofft, daß dies alles nur ein böser Traum sei. Hoffnung schöpften die Königin und Wilhelmine, als die Verlobung nicht unmittelbar im Anschluß an die Revue bekanntgegeben wurde. Wann endlich würde aus England eine Nachricht kommen? Doch am 31. Mai machte Friedrich Wilhelm I. Nägel mit Köpfen und stellte Wilhelmine und Sophie Dorothea vor vollendete Tatsachen: Am 3. Juni werde die Verlobung stattfinden! Der Königin drohte er damals offen: Wenn sie sich gegenüber dem Bräutigam nicht freundlich zeige, werde er »Ihren Umtrieben ein Ende zu machen wissen und [sich] auf blutige Weise rächen«.

Kaum hatte der König geendet, holte er den Erbprinzen von Bayreuth dazu und stellte ihn der Königin offiziell als Schwiegersohn vor. »Sie empfing ihn ziemlich freundlich in Gegenwart des Königs, aber kaum hatte dieser den Rücken gewendet, als sie dem Prinzen nichts wie bissige Dinge sagte.« In einem Wilhelmines Memoiren zufolge daran anschließenden, tatsächlich aber wohl erst am nächsten Tag stattfindenden Gespräch unter vier Augen bot der Bayreuther an, auf Wilhelmine zu verzichten, falls dies der Wunsch der Königin sei. Sophie Dorothea wußte nur zu genau, daß sie dies niemals offen sagen durfte, ohne vielleicht wirklich noch die »blutige Rache« ihres Gemahls zu spüren zu bekommen, und antwortete, »daß sie gegen die Wahl des Königs nichts einzuwenden habe, sie gehorche seinem Befehl«, wie dies auch ihre Tochter tue. Voit von Salzburg zufolge war es dem Schwiegersohn in spe dagegen gelungen, durch eine bewegende emotionale Ansprache die Königin zu erweichen, so daß diese ihm sogar Ratschläge gegeben habe, wie er das Herz der heiratsunwilligen Prinzessin erweichen könne.

Fast hätte es noch einmal eine dramatische Wende gegeben, denn in der Nacht zum 3. Juni kam aus London die bedingungslose Einwilligung in die einfache Heirat. Die angeschlagene Gesundheit des Königs ließ eine Thronfolge des Kronprinzen in absehbarer Zeit wahrscheinlich erscheinen, und so konnte man darauf bauen, daß dieser dann sein Wort halten und die Prinzessin Amalie heiraten werde. Doch es war zu spät. Friedrich Wilhelm dachte nicht daran, die Verlobung abzublasen. Selbst wenn er in seinem Innersten die Verbindung mit England vorgezogen hätte, er konnte und wollte jetzt keinen Rückzieher mehr machen. Zu lange auch hatte ihm seine englische Verwandtschaft auf der Nase herumgetanzt. Er ließ Dickens wissen, daß er über die Ehre sehr gerührt sei, »die der König von Großbritannien ihm machen wolle, aber daß er, nachdem er mehr als sechs Jahre von der Seite Englands in der Heiratsangelegenheit hingehalten worden sei, endlich einen Gemahl für seine Tochter gesucht und gefunden habe, der ihm passe, und daß er mit diesem Vorbereitungen getroffen habe. Er könne keine Zeit mehr verlieren, dies solle aber die gute Harmonie nicht verschlechtern, die zwischen den beiden Höfen bestehe, damit man gut Freund sein könne, ohne sich die Töchter zur Ehe zu geben.« Gegenüber dem Erbprinzen Friedrich Ludwig von Hohenzollern-Hechingen aus der schwäbischen Linie seiner Familie wurde er deutlicher: Ein Prinz von Hohenzollern – wie eben der Bayreuther Erbprinz – sei mehr wert als drei Prinzen von Hannover. Sophie Dorothea, die aufgrund der Neuigkeiten aus England schon wieder im siebten Himmel zu schweben sich wähnte, mußte einmal mehr erkennen, daß ihre Hoffnung vergeblich gewesen war – was sie nicht daran hinderte, selbst nach der Verlobung ihrer Tochter via Dickens mit dem englischen Hof über die Hochzeit Wilhelmines mit dem Prinzen von Wales zu verhandeln.

Die Verlobung selbst fand, wie vom König angekündigt, am 3. Juni 1731 statt. Verständlicherweise nicht ganz unparteiisch hat Dickens darüber nach London berichtet: »Vergangenen Sonntag um fünf Uhr nachmittags fand im Schloß die Verlobung der Prinzessin und des Prinzen von Bayreuth statt. Die ganze Feierlichkeit bestand darin, daß sie in Gegenwart des Königs, der Königin und des ganzen Hofes Ringe wechselten. Hierbei stand die arme Prinzessin da [wie sie es in der Tat auch war] als ein Opfer der Wut und Furie ihres Vaters. Ihr Antlitz bleich, Hände und Knie immerwährend so zitternd, daß sie, wenn die Königin und die Prinzessin von Bevern sie nicht aufrecht gehalten hätten, unfehlbar niedergesunken wäre. Nachdem die Feierlichkeit vorüber war, eröffnete der König den Ball, der abends bis zehn Uhr dauerte und auf den ein sehr unbedeutendes Abendessen folgte. Aber eine trübseligere Unterhaltung hat man wahrscheinlich nie gesehen. Alle hatten ihre Augen auf die Königin und die Prinzessin gerichtet und zeigten, durch tiefes Stillschweigen und Tränen, die über die Backen liefen, wie sehr diese Szene der Gewalt ihr Mitleid und ihren Unwillen erweckte.«

Ein objektiverer Bericht der Verlobung – da persönlich nicht involviert – stammt aus der Feder des braunschweigischen Gesandten. Die Tafel in Form eines Hufeisens, an dessen oberster Stelle das Brautpaar gesessen habe, sei »sehr splendide« gewesen. Vor allem der König war laut Stratemann bester Laune und tanzte mit seiner Tochter. Den Erbprinzen forderte Friedrich Wilhelm auf, mit seiner künftigen Schwiegermutter zu tanzen – doch die ließ ihn zunächst abblitzen. Erst als der König darauf bestand, fügte sie sich widerwillig.

Auch Wilhelmine selbst hat die Verlobung nicht ganz so negativ in Erinnerung behalten wie Dickens, der darin natürlich auch eine politische Niederlage sah. Der Vater habe ihr in sehr bewegten Worten versprochen, »er wolle fürs ganze Leben Sorge für mich tragen. Er schenkte mir sogar ein goldenes Service und sagte, dies sei nur eine Bagatelle, da er mir noch größere Gaben zugedacht hätte«. Bei der Verlobung habe der König sie unter Tränen in die Arme genommen, nur die Königin habe sich ihr gegenüber »sehr kühl« verhalten. Allerdings bestätigt auch Wilhelmine die eher traurige Grundstimmung dieses Abends: »Man liebte mich sehr in Berlin, und ein jeder hatte mich in England vermählt gewünscht, die Bestürzung war also allgemein; alle Damen weinten und begnügten sich, mir stillschweigend den Rock zu küssen.« Bei den Verlobungsringen strengten sich beide Seiten mächtig an, wobei sich vor allem der Bayreuther Erbprinz in freudiger Erwartung der gut gefüllten preußischen Schatztruhen nicht lumpen ließ. Das Geld, das er beziehungsweise sein Vater für den Ring ausgab, den er Wilhelmine anstecken sollte, hätte ausgereicht, um die Kosten des Bayreuther Hofstaats ein ganzes Jahr zu decken. Doch auch Friedrich Wilhelm I. vergaß an diesem Tag seinen Geiz. So erwähnt Wilhelmine stolz, daß der Verlobungsring, den ihr der König für ihren Bräutigam gegeben habe, mit einem großen Brillanten geschmückt gewesen sei.

Nun war Wilhelmine also verlobt – doch wer war dieser Friedrich von Bayreuth? Als der spätere Erbprinz am 10. Mai 1711 geboren wurde, war er de facto nicht mehr als der Sohn eines Landjunkers mit allerdings wohlklingendem Namen. Dies änderte sich erst 1722, als das Kurhaus Brandenburg den Erbanspruch auf Bayreuth wieder an die jüngere Linie der Markgrafen zurückgab. Weferlingen mußte Friedrichs Vater damals wieder an Preußen zurückgeben. Doch er hatte sich dort ohnehin kaum mehr aufgehalten und unter anderem in der Freien Reichsstadt Rothenburg ob der Tauber gelebt, wohin er auch seinen Sohn hatte nachkommen lassen. Von seiner Frau, einer geborenen Herzogin von Holstein-Beck, hatte sich Georg Friedrich Karl scheiden lassen, nachdem es in der Ehe aufgrund des etwas lockeren Lebenswandels der Markgräfin schon länger gekriselt hatte. Der junge Friedrich war damals erst fünf Jahre alt gewesen.

Trotz der Apanage aus Preußen waren die Lebensverhältnisse der Weferlinger von bescheidenem Zuschnitt. Nicht zuletzt die großzügige Unterstützung seiner Schwester Sophie Magdalene, der Kronprinzessin und späteren Königin von Dänemark, machte es Georg Friedrich Karl möglich, seinen ältesten Sohn 1722 oder 1724 – das ist nicht ganz eindeutig zu belegen – zum Studium nach Genf zu schicken, wo er bis 1730 blieb. In der Schweiz konnte sich der junge Markgraf keine großen Auftritte leisten: »Sein ganzes Gefolge bestand aus einem soeben von der Universität gekommenen jungen Menschen, der die Rechte studieret und seinen Hofmeister vorstellte, und einem Bedienten.« Ein Umstand, der Wilhelmine die königliche Nase rümpfen ließ: Ihr Schwiegervater, so schreibt sie in der älteren, sogenannten Tübinger Fassung ihrer Memoiren, habe der Erziehung seines ältesten Sohnes wegen der finanziellen Klammheit, in der die Markgrafschaft gesteckt habe, »nicht die gehörige Aufmerksamkeit schenken« können: »Er gab ihm bloß einen Bürgerlichen zum Hofmeister, und nur erst, wie er reisen konnte, kam er unter die Aufsicht eines Mannes von Stande, eines Herrn von Voit. Das war eine elende Politik! Eine gute Erziehung ist das Kostbarste, was man seinen Kindern geben kann.« Immerhin darin mag man Wilhelmine gerne zustimmen; die auch für die damalige Zeit sehr abschätzige Haltung gegenüber Bürgerlichen teilte Wilhelmine mit ihrem Bruder, der es in Küstrin seltsam fand, daß ein adliger Landrat einem bürgerlichen Kammerdirektor Bericht erstatten mußte.

Die Reisen, von denen Wilhelmine in ihren Memoiren spricht, führten Friedrich von November 1730 bis Mai 1731 zunächst nach Lyon und Paris, schließlich weiter in die österreichischen Niederlande (das heutige Belgien) und die Generalstaaten (die heutigen Niederlande). Nicht ganz gesichert ist dagegen ein früherer Aufenthalt Friedrichs im Königreich Sardinien. In Frankreich und den Niederlanden besichtigte Friedrich die Sehenswürdigkeiten, die Kulturtouristen dort noch heute ansteuern, darüber hinaus erhielt er auch Einblicke in die Ökonomie der Länder und nahm rege am gesellschaftlichen Leben teil. Überschattet wurde die Reise von einer Erkrankung, die dem jungen Markgrafen schwer zu schaffen machte und die wohl Ausgangspunkt für das Gerücht war, daß er verstorben sei.

Die Reise Friedrichs war die für junge Adlige unerläßliche Kavalierstour, von der Friedrich 1731 zurückgerufen wurde, um nach Berlin zu eilen. Auf dem Weg dorthin kam er, wie erwähnt, am 18. Mai 1731 zum ersten Mal in seine spätere Residenzstadt Bayreuth, wo sein als fromm und sparsam geltender Vater seit 1726 regierte. Friedrich selbst hatte diese Eigenschaften nicht geerbt. Zwar war er in Genf viel mit jungen Kaufleuten aus bürgerlichen Familien zusammengewesen, doch wie so oft führte die unfreiwillig eingeschränkte Lebensweise in der Jugend zu einer bewußten Abwendung von diesem Lebensstil als Erwachsener: Die Pracht, mit der er sich später in Bayreuth umgab, sollte ein Stück weit auch die Beschränkungen kompensieren, denen er in Genf ausgesetzt gewesen war. Allerdings hatten die bescheidenen Jahre in Weferlingen, Rothenburg und Genf dazu geführt, daß er keinen Standesdünkel kannte und sich selbst gegenüber rangniedrigeren Zeitgenossen offenherzig gab. Nicht umsonst wurde er von seinen Untertanen später mit den Beinamen »der Leutselige« und »der Vielgeliebte« versehen. In Genf hat der Markgraf eine solide und umfassende Ausbildung erhalten, anders als Wilhelmine dies in ihren Memoiren kolportiert. Auf seinem Stundenplan standen Kameralistik und Staatsrecht, also Fächer, die ihn direkt auf sein späteres Amt vorbereiteten. Belegt ist ebenso seine Teilnahme an einem Geometrieseminar. Doch galt diesen Studienfächern nicht seine Leidenschaft. Die hob sich Friedrich für Musik und Malerei auf. Wie sein Schwager und Namensvetter spielte er »trefflich Flöte« und sprach dank seines Genfer Aufenthalts ein gepflegtes Französisch.

Abgesehen davon, daß Wilhelmine die Vorstellung, einen Duodezfürsten heiraten zu müssen, grundsätzlich schauderhaft blieb, waren ihre persönlichen Eindrücke von dem Bayreuther, der auf einem damals von Antoine Pesne angefertigten Gemälde noch sehr knabenhaft wirkt, so schlecht nicht: »Dieser Fürst ist groß und von schönem Wuchs; er sieht vornehm aus; seine Züge sind weder regelmäßig noch schön, jedoch seine offene, einnehmende und sympathische Physiognomie entschädigt ihn für mangelnde Schönheit. Er schien sehr lebhaft, schlagfertig und keineswegs schüchtern ... Er ist sehr heiter; seine Unterhaltung ist angenehm ... Er faßt leicht auf, und sein Verstand ist durchdringend. Seine Herzensgüte zieht ihm die Anhänglichkeit aller zu, die ihn kennen. Er ist freigebig, mildtätig, gütig, höflich, zuvorkommend, nie übler Laune ... Der einzige Fehler, den ich an ihm entdecken konnte, ist ein etwas zu großer Leichtsinn.« Um ja nicht den Eindruck aufkommen zu lassen, sie habe sich womöglich in ihn verliebt, fügte sie dieser Schilderung hinzu: »Für den Prinzen fühlte ich keinerlei Abneigung, doch war er mir gleichgültig.« In der Tübinger Fassung der Memoiren ist darüber hinaus zu lesen: »Aber ich wünschte ihn bald zu heiraten, um vor der Königin [!] und allen, die mich ohne Unterlaß plagen, Frieden zu haben.«

Daß zeitgenössische Beobachter den Eindruck hatten, die Prinzessin verhalte sich ihrem Bräutigam gegenüber sehr reserviert, ja kühl, hatte ihren eigentlichen Grund in der Angst vor der Mutter. Niemals sollte diese den Eindruck haben, als strebe sie selbst diese Ehe an oder finde den Markgrafen gar sympathisch: »Solange ich ... noch bei meiner Mutter sein würde, beschloß ich, in allen Stücken ihren Befehlen zu folgen, sowohl aus Furcht vor ihr als auch um ihren Mißhandlungen nicht ausgesetzt zu sein.« Als es Wilhelmine trotz aller Vorsicht eines Nachmittags zuließ, daß der Markgraf ein Zuckerherz mit ihr teilte, war die Königin darüber so aufgebracht, daß sie am nächsten Morgen ihre Tochter herbeizitierte: »Ich erkenne Sie nicht wieder, seit Ihrer leidigen Verlobung haben Sie alles Schamgefühl verloren.« Wie sie es habe zulassen können, daß dieser »Pinsel von einem Prinzen« das Herz mit ihr geteilt habe.

Um Wilhelmine den Gedanken an den Umzug nach Bayreuth schmackhaft zu machen, erzählte man ihr von der vermeintlichen Pracht des dortigen Hofes, die jene des Berliner Hofes bei weitem überträfe, und den großen Vergnügungen, die in der fränkischen Residenzstadt täglich stattfänden – wußte man doch, wie sehr Wilhelmine diese Pracht am spartanischen Hof ihres Vaters in Potsdam oder gar in Wusterhausen vermißte. »Diese schönen Schilderungen machten mich äußerst begierig, ihm bald anzugehören«, gibt Wilhelmine in ihren Memoiren zu. Dazu kam, daß es die Prinzessin müde war, »der Spielball des Glückes« zu sein. Irgendwann mußte damit Schluß sein und ein neues Kapitel beginnen.

Das galt um so mehr, als das Leben in Berlin für die zukünftige Erbprinzessin immer unerträglicher wurde. Die Königin ließ es sie täglich spüren, wie sehr sie ihre Tochter verachtete, seit sie dem dahergelaufenen Bayreuther ihr Jawort gegeben hatte. Die einzige Hoffnung, die Sophie Dorothea hatte, war, daß der Erbprinz von Bayreuth von selbst die Segel streichen würde. Und das war kein völlig unrealistisches Szenario. Die

Ablehnung, die ihm von seiten der Königin entgegenschlug, die Reserviertheit Wilhelmines – all dies machte dem jungen Mann verständlicherweise zu schaffen. Zumal auch Friedrich Wilhelm I. erkennen ließ, daß der Schwiegersohn in spe nicht ganz seinen Vorstellungen entsprach. Zwar entdeckte Friedrich am Hof des »Soldatenkönigs« seine Leidenschaft für die Jagd und das Reiten, doch hatte er wenig übrig für die derben Späße des Königs, und auch den Alkoholexzessen des Tabakskollegiums konnte er nichts abgewinnen. Das macht ihn aus heutiger Sicht sympathisch. Doch Friedrich Wilhelm begann daran zu zweifeln, ob dieser Bayreuther denn wirklich ein rechter Kerl oder eher ein »Jungfernknecht« sei. »Er hätte gern«, so Wilhelmine, »einen rohen Schwiegersohn gehabt, der nur Wein und Soldaten geliebt hätte.« Grumbkow und Seckendorff witterten die Gefahr und schlugen dem Erbprinzen vor, er solle den König darum bitten, ihm ein Regiment zu verleihen, also als Soldat in preußische Dienste zu treten. Friedrich hatte bislang wenig Sinn für das Militärische gezeigt, doch um dem lieben Schwiegervater zu gefallen, willigte er ein, obwohl sein eigener Vater strikt dagegen war. Der preußische König war über die Entscheidung Friedrichs hellauf begeistert. Er verlieh ihm tatsächlich ein Regiment und schenkte ihm obendrein einen goldenen Degen, »so schwer, daß man ihn kaum aufheben konnte«. Die Gefahr, die in dieser neuen Rolle steckte, hat der Erbprinz selbst nicht erkannt. Im Gegenteil: Daß der König ihn gleich zum Generalmajor ernannte, schmeichelte ihm nicht wenig.

Immerhin gelang es dem Bräutigam, sich mit seiner zukünftigen Frau auszusprechen. Im Garten von Monbijou stellte er sie zur Rede: »Ich bitte Sie, mir … eine bestimmte Antwort geben zu wollen und mir zu sagen, ob Sie in der Tat eine unüberwindliche Abneigung gegen mich haben. Denn ich will in diesem Falle ewigen Abschied von Ihnen nehmen und auf immer mein Verlöbnis aufheben, indem ich mich für mein Leben unglücklich mache und mich dem Groll meines Vaters und des Königs aussetze. Wenn ich mich aber täusche und Sie mir wohlgesinnt sind, so hoffe ich, daß Sie die Gnade haben werden, mir zu versprechen, daß Sie das Wort, das Sie mir auf Befehl des Königs gegeben haben, halten und nie einem anderen angehören werden.« Wilhelmine versicherte ihm dies: »Ich werde mein Versprechen halten, ich habe es auf Befehl des Königs gegeben ... Sie können sich auf mich verlassen.« Das klingt nicht gerade romantisch, ganz anders die Darstellung in der Tübinger Fassung der Memoiren. Dort will sie dem Markgrafen folgendes erwidert haben: »Ich dächte zu gut und schätzte ihn zu sehr, um mein gegen ihn gegebenes Wort zu fehlen, er solle also in dieser Rücksicht ganz ruhig sein.« Kein Wort vom Befehl des Vaters!

In beiden Fassungen der Memoiren kritisiert Wilhelmine den Eintritt ihres Verlobten in preußische Militärdienste: »Ich hätte gewünscht, Sie wären nicht in den königlichen Dienst getreten, hätten Sie mich zu Rate gezogen, wäre das nie geschehen.« Wilhelmine zweifelte nicht daran, daß der König den Erbprinzen nicht anders behandeln würde als jene, die bereits in seinem Dienst standen, wie Sklaven nämlich – und sie hatte recht damit. Der König verlangte absolute Unterordnung, und das galt nun auch für den Schwiegersohn, dem er sogleich befahl, sich zu seinem im pommerschen Pasewalk gelegenen Regiment zu begeben, den später so genannten Ansbach-Bayreuther Dragonern.

Nach dem Aufbruch des Erbprinzen mußte die königliche Familie ihrem Oberhaupt einmal mehr nach Wusterhausen folgen. Die Zeit war für Wilhelmine »die reinste Hölle«: »Meine Schwester [Philippine Charlotte] und ich waren mit unserem ganzen Gefolge auf zwei Zimmer angewiesen, oder besser gesagt, zwei Dachstuben. Wir speisten, gleichviel bei welchem Wetter, unter einer großen Linde in einem gedeckten Zelt, und wenn es stark regnete, hatten wir die Füße im

Wasser … « Nach dem Essen, so Wilhelmine, habe sich der König dann regelmäßig in einen Lehnstuhl auf der Terrasse gesetzt und sei eingeschlafen, »der stärksten Sonnenhitze ausgesetzt, und wir mit ihm, da wir uns alle zu seinen Füßen am Boden lagerten. Dies war die artige Lebensweise, welche wir an diesem reizenden Orte führten.«

Nicht nur in Berlin, sondern auch in Bayreuth verfolgte man mit der Hochzeit Wilhelmines und Friedrichs eigene Ziele. Diese waren weniger politischer denn wirtschaftlicher Natur. Markgraf Georg Friedrich Karl erhoffte sich dadurch einen warmen Geldregen für sein darbendes Fürstentum. Saß der dicke »Soldatenkönig« etwa nicht auf prall gefüllten Truhen? Um so enttäuschter war er, als die Mitgift deutlich geringer ausfiel, als er erwartet hatte. Wie konnte man eine Königstochter nur »wie ein Hirtenmädchen apanagieren«! Höhnisch bekam Wilhelmine von ihrer Mutter das neueste Bonmot brühwarm erzählt: Der englische Gesandte Dickens lästere bereits, daß »die Kammerfrau der Prinzessin von Wales ein größeres Gehalt [bezöge], als Sie jährlich erhalten werden«. Erst jetzt will Wilhelmine zu ihrem Vater gegangen sein und nach den Modalitäten des Ehevertrags gefragt haben: »Wie groß war mein Erstaunen, als ich folgendes erfuhr: Der König hatte dem Markgrafen 260 000 Taler ohne Zinsen geliehen, und dies war alles; jedes Jahr, von 1733 angefangen, sollten 25 000 Taler zurückgezahlt werden. Meine Aussteuer betrug die üblichen 40 000 Taler. Als Entgelt für meine Verzichtleistung auf das Erbe der Königin gab er mir 60 000 Taler … Von seiten des Markgrafen beliefen sich unsere jährlichen Einkünfte, unseren Hofstaat inbegriffen, auf 14 000 Taler, wovon mir 2000 Taler zukamen. Von dieser Summe mußten noch die Weihnachtsgeschenke und die unvorhergesehenen Auslagen bestritten werden, so daß alles in allem 800 Taler für meinen Unterhalt blieben. Man denke sich meine Überraschung.«

Die Verhandlungen über diesen Ehevertrag hatten bereits im August 1731 begonnen. Von beiden Seiten wurde hart verhandelt, doch letztlich saßen die Bayreuther Unterhändler am kürzeren Hebel und mußten auf das Entgegenkommen des »Soldatenkönigs« bauen. Selbst der dezente Hinweis auf den gewaltigen Schuldenberg der Markgrafschaft – aufgehäuft von den Vorgängern Georg Friedrich Karls und noch erheblich vergrößert durch die Ablösesumme, die dieser selbst an Preußen hatte bezahlen müssen, um die Erbfolge antreten zu können – brachte letztlich nicht mehr ein als die von Wilhelmine mitgeteilten 260 000 Taler. Nur ein Teilerfolg gelang den Bayreuthern in der Frage einer möglichen Erbfolge im benachbarten Brandenburg-Ansbach. Mehr als eine mündliche Zusage war Friedrich Wilhelm in dieser Sache nicht zu entlocken.

Die Hochzeit Wilhelmines und Friedrichs hätte eigentlich bereits im Sommer 1731 stattfinden sollen, doch wurde der Termin immer wieder hinausgeschoben, was bei der Königin von neuem die Hoffnung nährte, eine Annullierung der Verlobung erreichen zu können. In der Öffentlichkeit wurde diese Möglichkeit eifrig diskutiert: »Inzwischen gehen noch allerhand Reden in Ansehung des englischen Hofes wegen solcher Mariage, worauf aber wenig Reflexion zu machen ...« Der braunschweigische Gesandte gab demnach nichts auf diese Gerüchte, zumal Mitte September bereits die Möbel Wilhelmines eingepackt wurden, um nach Bayreuth gebracht zu werden. Schließlich fand die Hochzeit am 20. November 1731 statt. Natürlich hatte Friedrich Wilhelm diesen Termin festgelegt, und natürlich fanden die Feierlichkeiten in Berlin statt.

Bereits Mitte November waren die Vorbereitungen für das große Ereignis nicht mehr zu übersehen. Die ersten Gäste, darunter der regierende Markgraf von Bayreuth, trafen in Berlin ein, die Soldaten exerzierten noch mehr als sonst für die geplanten Paraden, und die Musiker machten in diesen Tagen »viel Getön«. Der König ließ es sich nicht nehmen, die Kleider der Braut in Augenschein zu nehmen, die auf seinen Befehl hin »pretieuser« ausgefallen waren, als es von den damit beauftragten Höflingen in Anbetracht der Sparsamkeit Friedrich Wilhelms ursprünglich vorgesehen gewesen war. Wie es in Monarchien noch heute der Fall ist, war die königliche Hochzeit für die Bevölkerung das Ereignis des Jahres. Sogar Komödiantentruppen waren in Berlin jetzt zu sehen, die das Volk unterhielten. Auch die jüngeren Geschwister Wilhelmines wollten sich deren Späße anschauen. Zusammen mit der Königin machten sie sich auf den Weg, doch als die Zoten sich bedenklich der Gürtellinie zu nähern begannen, entschied Sophie Dorothea, daß dies zuviel des Guten für die jungen Gemüter sei, und verbot den Mädchen weitere Besuche.

Trotz der ungewohnten Pracht, die Berlin damals entfaltete, hielt sich die Vorfreude auf das Ereignis in überschaubaren Grenzen. So richtig glücklich war über diese Verbindung nach den vorangegangenen Querelen eigentlich niemand mehr. Wilhelmine selbst hat darüber in ihren Memoiren geschrieben: »Meine Heirat war wirklich die sonderbarste Sache der Welt. Mein Vater, der König, gab sie wider Willen zu und bereute sie jeden Tag; er hätte sie rückgängig machen können, und sie vollzog sich gegen seinen Wunsch. Die Gefühle der Königin brauche ich nicht zu erwähnen. Man weiß zur Genüge, wie sie beschaffen waren. Der Markgraf von Bayreuth [Wilhelmines Schwiegervater] war nicht minder ungehalten. Er hatte nur eingewilligt in der Hoffnung, große Vorteile daraus zu ziehen, deren er sich durch den Geiz des Königs beraubt sah … So ward ich gegen den Willen der drei ausschlaggebenden Personen verheiratet und dennoch mit ihrem Einverständnis.« Die Ablehnung des Königs hat Wilhelmine sicher überzogen dargestellt, die Stimmungslage der Beteiligten insgesamt aber ganz gut getroffen. Gleichwohl wurde die Hochzeit ein rauschendes großes Fest.

Wilhelmines Stimmung hatte noch zwei unangenehme Dämpfer erhalten. Am Tag vor der Hochzeit wurde sie zwar von der Königin »mit Liebkosungen« empfangen, doch nicht etwa, weil diese sich mit der Bayreuther Verbindung endlich abgefunden hatte. Noch immer wollte sie diese verhindern: Auf keinen Fall, so beschwor sie ihre Tochter, dürfe sie sich nach der Eheschließung in Vertraulichkeiten mit ihrem Bräutigam einlassen – sprich mit ihm schlafen –, denn ihre Ehe könne nur dann für nichtig erklärt werden, »falls sie nicht vollzogen würde«.

Die nächste Enttäuschung folgte auf dem Fuß. Noch im Nachtkleid hatte sich Wilhelmine am Morgen des 20. November beim König einzufinden, »wo ich nach allgemeiner Sitte meinen Erbverzicht leisten sollte ... Da ich von dieser Förmlichkeit benachrichtigt war, befremdete sie mich nicht. Man las mir die Eidesformel vor, daß ich allen Erbschaftsansprüchen entsagte, solange meine Brüder und ihre männlichen Nachkommen lebten, daß ich aber im Falle ihres Todes in alle meine Rechte als Thronerbin gesetzt würde.« Darüber hinaus mußte Wilhelmine der »Entsagung aller Allodialgüter« zustimmen. Darunter verstand man alle der Familie gehörenden privaten Besitztümer. Auch das war gängige Praxis, um deren Zerstückelung zu verhindern. »Allein nach diesem ... Artikel folgte ein anderer, der mich entsetzte: vollständige Verzichtleistung auf alle Güter der Königin, im Fall sie, ohne ein Testament zu machen, mit dem Tode abging.« Das bedeutete im Klartext: Wilhelmine konnte mit überhaupt keinem Erbe mehr rechnen. Alle Tränen, die sie daraufhin vergoß, erweichten den König nicht. Der Königin stehe es ja frei, ein Testament zu machen. Doch selbst wenn sie dieses tun sollte, konnte Wilhelmine sich ausmalen, wie sie darin bedacht sein würde angesichts des eisigen Verhältnisses, das sie mit ihrer Mutter verband, seit sie in die Hochzeit eingewilligt hatte. Hatte ihr Vater nicht versprochen, allezeit für sie zu sorgen? Hatte er das schon vergessen? Doch Wilhelmine blieb nichts anderes übrig, als – zusammen mit dem Erbprinzen – ihre Unterschrift unter die vorbereitete Erklärung zu setzen. Beide mußten geloben, der Verzichtserklärung »in allen Punkten ... nachzukommen und darwider nicht zu handeln, noch anderen, daß sie solches tun mögen, zu verstatten. So wahr uns Gott helfe.« Damit hatte der König gewonnen – und dafür gesorgt, daß das Erbe in einer Hand bleiben würde.

Die Hochzeit Wilhelmines fand im Weißen Saal des Stadtschlosses statt. Dieser Raum war von Friedrich I. ursprünglich als Schloßkapelle vorgesehen gewesen, aber niemals fertiggestellt worden. Friedrich Wilhelm I. ließ darin anläßlich des Besuchs von August dem Starken einen prachtvollen Festsaal einrichten. Nachmittags um fünf Uhr begann die Zeremonie. Die Eheschließung wurde von dem Oberhofprediger Johann Christoph Noltenius vollzogen, der sich in seiner Predigt, wie anerkennend vermerkt wurde, erfreulich kurz faßte. Nach gegebenem Jawort und gewechselten Ringen war der religiöse Teil der Feier schon wieder beendet.

Die anschließenden Feierlichkeiten hat Wilhelmine selbst ausführlich beschrieben: »Nach der Gratulationscour wies man mir einen Platz unter dem Thronhimmel neben der Königin an. Der Erbprinz eröffnete mit meiner Ansbacher Schwester den Ball. Er dauerte nur eine Stunde, worauf man sich zur Tafel begab. Der König hatte die Plätze auslosen lassen, um Rangstreitigkeiten der fremden Fürsten zu vermeiden. Ich saß am obersten Ende mit dem Prinzen ... Mein Schwiegervater, der Markgraf, saß neben mir. Der König, der keine Dame führte, nahm neben dem Prinzen Platz. Es saßen 34 fürstliche Personen an diesem Tisch ... Nach dem Souper kehrten wir in den ersten Saal zurück, in dem alles für den Fackeltanz bereitet worden war. Dieser Tanz wird nach einer alten deutschen Etikette mit großem Zeremoniell aufgeführt. Die Hofmarschälle mit ihren Kommandostäben eröffnen ihn, und alle Generalleutnants der Armee folgen, von denen jeder eine brennende Fackel trägt. Das Brautpaar macht zwei Rundgänge im langsamen Schritt. Dann fordert die Braut einen Prinzen nach dem anderen auf; wenn sie mit ihnen den Umgang beendigt hat, nimmt der Bräutigam ihre Stelle ein und führt in der gleichen Weise jede Prinzessin. Dies geschieht alles beim Klang der Pauken und Trompeten. Nach beendetem Tanz führte man mich in das erste Gemach, indem man ein Bett unter einem mit Perlen besetzten rotsamtnen Baldachin aufgeschlagen hatte. Der Etikette nach hätte die Königin mich auskleiden sollen, aber sie hielt mich dieser Ehre nicht für würdig und reichte mir nur das Hemd. Meine Schwester und die Prinzessinnen leisteten mir statt ihrer Hilfe. Als ich im Nachtkleid war, nahmen alle Abschied von mir und zogen sich zurück ... Man führte mich dann in mein eigenes Gemach zurück, wo mich der König niederknien und laut das Glaubensbekenntnis und das Vaterunser hersagen ließ ...«

Wohl weil es ihr ein wenig peinlich war, hat Wilhelmine die Begleiterscheinungen ihrer Hochzeitsnacht unerwähnt gelassen. Zwar wurde das Paar tatsächlich vom König in das Paradeschlafzimmer aus der Zeit Friedrichs I. geführt, doch mit ihm drängten der ganze Hofstaat und zahlreiche Gäste in den Raum. Und da allesamt bereits »Bacchus ein sehr starkes Opfer gebracht« hatten, war die Stimmung ausgelassen. Nachdem sich das »hohe Brautpaar in Gegenwart aller illustren Anwesenden in köstlichen Schlafkleidern zu Bette« gelegt hatte, hielt der König, so erinnerte sich der braunschweigische Gesandte Stratemann, »eine kleine Scherz-Sermon« und sang »ein lustiges Liedgen«. Den Wunsch, sich nun endlich zu küssen, erfüllte das frischvermählte Paar den Gästen nicht. Sie hätten dies, berichtete Stratemann, »aus Ehrfurcht oder auch wohl aus Blödigkeit ... auf eine andere Zeit verschieben wollen«. Nun erst verließen alle Gäste bis auf den König und die Königin den Saal – und Wilhelmine und Friedrich durften wieder aufstehen, um endlich ihr eigenes, etwas intimeres Ruhegemach aufsuchen zu können. Das Zubettlegen im Paradeschlafzimmer Friedrichs I. war nicht mehr als eine barocke Schau für die Gäste, eine Demonstration königlicher Macht und Pracht, die von den Zuschauern gebührend bewundert wurde.

Allzulange konnten die Brautleute aber nicht schlafen, denn die Feierlichkeiten waren noch bei weitem nicht beendet, sondern zogen sich mit Unterbrechungen bis in den Dezember hinein. Am Morgen nach der Hochzeit wurde Wilhelmine von ihrem Bräutigam und ihrer Mutter reich mit Juwelen beschenkt, ein Indiz dafür, daß sie den Haß Sophie Dorotheas in ihren Memoiren doch überzogen gezeichnet hat. Auch der König zeigte sich in guter Laune und scherzte mit seinem Schwiegersohn.

Am Abend des 23. November stand bereits wieder ein rauschender Ball mit über 700 Gästen auf dem Programm. Da Wilhelmine gerne tanzte, freute sie sich auf diesen Anlaß, ohne dabei ihren Bruder zu vergessen. Hatte nicht Grumbkow versprochen, daß dieser anläßlich ihrer Hochzeit erstmals Küstrin wieder verlassen dürfe? Wo blieb er? Hatte Grumbkow gelogen, um sie gefügig zu machen? Eineinhalb Stunden nach der Eröffnung des Balles war es soweit, »war der Kronprinz, vorerst ganz unerkannt und auch von seinen Cavaliers nicht gefolget, bei Hofe erschienen. Sobald er von seinen Prinzessinnen Schwestern erkennet worden, ist die Freude unaussprechlich gewesen und haben viele sowohl herrschaftliche als auch andere Personen vor Freude Tränen vergossen und auch der Kronprinz selbst«. Doch alle Freudentränen konnten nicht darüber hinwegtäuschen, daß die

Dinge noch immer nicht im Lot waren. Friedrich blieb bei aller Wiedersehensfreude ernst, tanzte nur wenig und hob sich schon äußerlich von der Gesellschaft ab. Sein Vater hatte ihm noch nicht wieder erlaubt, Uniform zu tragen, und so erschien er in einem »grauen Kleid, so man hier einen geheimen Rats-Rock nennet«. War ihm dieser Auftritt peinlich? Waren ihm all die Hofschranzen zuwider, die ihm gegenüber nun wieder freundlich taten und doch erst kurz zuvor noch den Stab über ihm gebrochen hatten?

Wilhelmine, die bekannte, in ihrem Leben zuvor niemals solche Freude empfunden zu haben, mußte bald erkennen, daß sich die alte Vertrautheit nicht wieder einstellte. Als Friedrich sie am darauffolgenden Tag besuchte, »dankte er mir für alles, was ich für ihn getan hatte, und umarmte mich, allein sein Herz war nicht dabei. Er fing ein gleichgültiges Gespräch an ..., und unter dem Vorwand, meine Wohnung sehen zu wollen, ging er ins andere Zimmer, wo er den [Erb-]Prinzen [von Bayreuth] antraf. Er maß ihn eine Zeitlang von Kopf bis Fuß, und nachdem er ihm einige kalte Höflichkeiten gesagt hatte, ging er fort ... Ich muß gestehen, daß mich sein Verhalten ganz aus der Fassung brachte ... Ich erkannte diesen teuren Bruder ... nicht wieder.«

Nach Küstrin zurückgekehrt, sah Friedrich ein, daß sein Verhalten auf Wilhelmine verletzend gewirkt hatte. Also griff er einmal mehr zur Feder und versuchte in einem Brief, deren Bedenken zu zerstreuen. »Ich war tief betrübt, Dich nach so kurzem Wiedersehen so bald wieder verlassen zu müssen ... Wohl merkte ich, Du zweifelst an meiner Liebe, aber ich schwöre Dir, sie ist nicht geringer geworden ... Wie sollte ich nicht dankbar erkennen, wie gütig Du zu mir warst, nachdem ich durch die Torheit, die ich begangen, meine ganze Familie ins Unglück gestürzt und Dich selbst unglücklich gemacht hatte! Mein Herz gehört Dir – Dir und der Königin allein ...« Sogar für den Schwager, den er so herablassend und kühl behandelt hatte, fand Friedrich nun ein paar freundliche Worte. Wilhelmine möge ihm den »Unglauben an meine Freundschaft« nehmen. »Sag ihm, es genüge, daß er mein Herz besitzt und mir so lieb ist wie mein Augapfel …«

Am 13. Dezember 1731 gab Wilhelmine selbst einen Ball, um die Aufmerksamkeit des Vaters wieder auf sich zu lenken. Dessen Interesse an seiner ältesten Tochter hatte nach der glücklichen Verheiratung wieder nachgelassen, und da Wilhelmine keine langen Kerls hatte, die sie ihm schenken konnte, veranstaltete sie eben ein Fest, bei dem es genügend zu essen und zu trinken gab, und da der »Soldatenkönig« ein begnadeter Schnorrer war, ließ er sich nicht zweimal bitten. Ihr Gemahl, so Wilhelmine, sei der einzige Gast gewesen, der an diesem Abend nicht betrunken war. Bis nach ein Uhr in der Nacht vergnügte sich der König, tanzte, aß und trank: »Ich habe ihn nie so heiter gesehen«, erinnerte sich Wilhelmine.

Natürlich durfte eine Jagd im Rahmen der Hochzeitsfeierlichkeiten nicht fehlen, und so brach der männliche Teil der Festgesellschaft am 22. Dezember zu einer großen Saujagd auf, bei der 300 Wildschweine ihr Leben ließen. Diese weihnachtliche Saujagd war am Hof des »Soldatenkönigs« ohnehin Tradition, und Friedrich Wilhelm wußte auch diese Leidenschaft in bare Münze umzuwandeln. Berliner Honoratioren wurden zwangsverpflichtet, Schweine abzukaufen, ob sie wollten oder nicht. Selbst die Berliner Juden, die mit Schweinen ganz sicher nichts anzufangen wußten, mußten welche abnehmen. Während die Männer auf der Jagd waren, veranstaltete die Königin mit den weiblichen Gästen wieder ihre »Cercles« in Monbijou.

Anfang 1732 – nachdem auch die letzten Gäste endlich abgereist waren – zog die königliche Familie nach Potsdam, von wo aus Wilhelmine gemeinsam mit ihrem Mann nach Bayreuth reisen sollte. Der Erbprinzessin ging es in diesen

Tagen nicht gut. Sie mußte sich oft erbrechen, fühlte sich matt und elend. Doch diesmal war es keine der zahlreichen Krankheiten, die Wilhelmine so oft plagten: Sie war schwanger! Der König war über diese Nachricht erwartungsgemäß begeistert: »Die Hoffnung, in Bälde Großvater zu werden, versetzte ihn in namenlosen Jubel.« Diese Gunst der Stunde nutzte Wilhelmine, »um mir eine Gnade auszubitten«. Sie bat den König darum, Wilhelmine Dorothea von der Marwitz, die 14jährige Nichte ihrer Hofdame Sonsfeld, mit nach Bayreuth nehmen zu dürfen. Friedrich Wilhelm hatte dagegen nichts einzuwenden, und so schloß sich die Halbwaise der Reisegesellschaft an – nicht einmal in ihren kühnsten Phantasien dürfte Wilhelmine damals daran gedacht haben, daß dieses kleine Mädchen einmal ihre Ehe zerstören würde.

Königstochter in der Provinz

Die Schilderung der Fahrt nach Bayreuth beziehungsweise des Empfangs, den man der neuen Erbprinzessin dort bereitete, gehört zum Köstlichsten, was die Memoiren zu bieten haben, zumindest wenn man einen Sinn für Wilhelmines Sarkasmus hat. Es ist die Enttäuschung der Königstochter und Beinahekönigin von England über die Provinzialität ihres zukünftigen Fürstentums, das nur wenig gemein zu haben schien mit den vollmundigen Versprechungen, die man ihr vor der Hochzeit darüber gemacht hatte – und das gegen den erträumten Glanz von Hannover und London reichlich matt wirken mußte.

Über das ehemalige Zisterzienserkloster Zinna ging die Fahrt nach Leipzig – nicht ohne Zwischenfälle. So kippte die Kutsche »nach meiner Seite um; zwei geladene Pistolen und zwei Koffer ... fielen auf mich herab, ohne mich zu verletzen. Fräulein von Sonsfeld hielt mich für tot ...« Doch Wilhelmine kam mit dem Schrecken davon und freute sich auf den Aufenthalt in Leipzig, wo alljährlich zur Messe ein reges gesellschaftliches Leben herrschte. Auch August der Starke und sein Hof residierten in dieser Zeit in der Messestadt. Um so größer war die Enttäuschung: Die Messe war soeben zu Ende gegangen, und statt großer Feste erwartete Wilhelmine gepflegte Langeweile. Aus dieser riß sie auch die Begegnung mit Johann Christoph Gottsched nicht. Dessen Bemühungen um die deutsche Sprache in Literatur und Poesie stießen bei Wilhelmine auf wenig Verständnis. Abwechslung in den Leipziger Alltag brachte einzig ein Besuch in Auerbachs Keller.

Daß das Naturempfinden des 18. Jahrhunderts ein anderes war als das heutige, zeigen Wilhelmines Eindrücke von der Fahrt, die sie über Zeitz, Schleiz und Gera Richtung Franken führte. So sei die Reise zwar aufs beste verlaufen, jedoch »den Schrecken ausgenommen, den die Felsen und Schluchten in mir hervorriefen; die Wege waren grauenhaft«. In einer Kutsche, mitten im eiskalten Winter, dürfte die Fahrt durch das Fichtelgebirge tatsächlich kein Vergnügen gewesen sein. Und die ungewohnten Berge ihrer neuen Heimat mochte die Flachländerin Wilhelmine ihr Leben lang nicht, sie blieben ihr »tausendmal verwünscht«.

Die erste Stadt auf Bayreuther Gebiet war Hof, wo Wilhelmine »unter Kanonendonner feierlich empfangen« wurde. Auch Adlige aus dem Vogtland erwarteten dort ihre neue Landesherrin: »Ich sah deren ungefähr 30, wovon die meisten Reitzenstein hießen. Sie sahen alle aus wie der Knecht Rupprecht; statt der Perücken ließen sie ihre Haare tief ins Gesicht hineinfallen, und Läuse von ebenso alter Herkunft wie sie selbst hatten in diesen Strähnen seit undenklichen Zeiten ihren Wohnsitz aufgeschlagen; ihre sonderbaren Figuren waren mit Gewändern behangen, deren Alter hinter dem der Läuse nicht zurückstand ... Ihre groben Manieren standen mit ihrem Äußeren vollkommen im Einklang; man hätte sie für Bauernlümmel halten können. Zum Überfluß waren die meisten auch noch dazu krätzig … Einen Augenblick später wurden mir andere Geschöpfe vorgestellt; es war die Geistlichkeit … Diese trugen Halskrausen, die sich wie Waschkörbe ausnahmen, so groß waren sie. Ihr Wortführer näselte und sprach so langsam, daß ich das Ende nicht mehr zu erleben glaubte. Endlich machte ich mich von dieser Arche Noah los und ging zu Tische, wo die Spitzen des Adels als Geladene erschienen. Ich wählte verschiedene Themen, um diese Stockfische zum Reden zu bringen, doch ein Ja oder Nein war alles, was ich erzielte; endlich verfiel ich auf die Landwirtschaft. Das Wort allein entwölkte ihren Geist; ich erfuhr im Nu alles, was ihr Hauswesen betraf mit allem, was damit zusammenhing. Es entstand sogar ein für sie sehr geistreicher Streit. Die einen behaupteten, das Rindvieh der Flachländer sei schöner und einträglicher als das der Gebirgsgegenden, einige andere Schöngeister bestritten dies. Ich sagte kein Wort dazu und wollte schier einschlafen vor Langeweile …« Schließlich floß auch noch reichlich Alkohol, so daß sich Wilhelmine »plötzlich in der Gesellschaft von 34 Betrunkenen« sah, »die sich kaum aufrecht halten konnten. Hundemüde und namenlos angewidert von all diesen greulichen Gesichtern erhob ich mich und zog mich, von diesem ersten Auftreten sehr wenig erbaut, zurück.«

Nach nur einer Nacht in Hof ging es sogleich weiter nach Bayreuth, das die Reisegesellschaft am 22. Januar 1732 um sechs Uhr abends erreichte. Die schwangere Wilhelmine war müde und fühlte sich unwohl. Sie hatte keine Lust auf einen großen Empfang, doch natürlich bereitete man ihr einen solchen, denn eine Königstochter als künftige Landesherrin begrüßen zu können war für die kleine Residenzstadt wahrlich kein alltäglicher Anlaß. Wie schon in Hof, so hatte Wilhelmine auch für die rührenden Anstrengungen ihres Schwiegervaters und der Bayreuther Bevölkerung keinen Sinn. Natürlich hatte sie wiederum so viel königliche Selbstbeherrschung, dies die Menschen wenigstens nicht spüren zu lassen, sondern sich nur in ihren Memoiren darüber zu mokieren.

Von Anfang an zeigte sich, daß das Verhältnis zu ihrem Schwiegervater problematisch werden würde. Er hatte das junge Paar bereits bei Gefrees abgeholt, eine Tagesetappe vor Bayreuth, doch der intellektuell überlegenen Wilhelmine konnte der Markgraf kein adäquater Unterhalter sein: »Der gute Fürst besaß nicht die Gabe der Beredsamkeit; seine Argumente erinnerten an die alten Predigten, die man einem zum Einschlafen zum Lesen gibt.« So verwundert nicht, daß sie ihren Schwiegervater schlicht für »nichtssagend« hielt. Es fehle ihm »jegliche Grazie und Würde, sosehr er sie auch anstrebte; mit seinem kränklichen Körper verband er einen sehr beschränkten Geist ... Er wollte für sehr energisch gelten, aber statt dessen war er sehr schüchtern und schwach, er war falsch, eifersüchtig und argwöhnisch ... Sein Hauptfehler war seine Trunksucht, denn er trank von morgens bis abends, was seinen Geist sehr schwächen half.« Immerhin konzedierte sie ihm: »Ich glaube, daß er im Grunde nicht böse war. Durch seine populäre Art hatte er die Liebe seiner Untertanen gewonnen.«

Ihrer Spottlust freien Lauf gelassen hat Wilhelmine dann bei der Schilderung der ihr zugewiesenen Räumlichkeiten in der Bayreuther Residenz, dem später so genannten Alten Schloß: »Sie waren so schön, daß ich einen Augenblick bei ihnen verweilen muß. Es führte ein mit Spinnweben überzogener langer Korridor hin, der so schmutzig war, daß es einem ganz übel wurde. Ich trat in ein großes Zimmer, dessen Decke ... die Hauptzierde bildete: Die oberen Wandfriese mußten einmal, glaube ich, sehr schön gewesen sein, aber sie waren jetzt so alt und verblichen, daß man nur mit Hilfe des Mikroskops klug daraus werden konnte ... Das Nebenzimmer war mit schmutzigem Brokat ausgeschlagen; dann kam ein zweites, dessen durchstochene grüne Damastmöbel von prächtiger Wirkung waren; ich sage durchstochen, denn sie waren zerfetzt, die Leinwand kam überall zum Vorschein. Ich betrat mein Schlafzimmer … Mein Bett war so schön und so neu, daß es nach 14 Tagen keine Vorhänge mehr hatte, denn sie waren ganz zerschlissen …« Das Bayreuther Residenzschloß war damals tatsächlich in einem wenig vorzeigbaren Zustand. Georg Friedrich Karl stand dem »Soldatenkönig« in puncto Sparsamkeit eben in keiner Weise nach. Und Bedarf an aufwendigen Festräumen hatte der fromme Pietist auch nicht.

Ob die Enttäuschung über den Schwiegervater damals wirklich schon so groß war oder erst aufgrund der Erfahrungen in den folgenden Jahren in die Memoiren eingeflossen ist, bleibt fraglich, denn in einem Brief an ihren Vater hat Wilhelmine ihren Empfang durch den Markgrafen in einem anderen Licht geschildert: »Liebster Papa! Gottlob sind wir gestern wohlbehalten hier [in Bayreuth] angelangt … Alle Güte des Herrn Markgrafen tröstet mich nicht über die Trennung von meinem liebsten Papa hinweg. Der Markgraf war äußerst zuvorkommend zu mir; ich kann über sein Benehmen nur das Beste sagen. Er … erwies mir tausend Liebkosungen.« Allerdings unterstrich sie auch gegenüber dem Vater, in welch schlechtem Zustand sich ihr neues Zuhause befand – mit dem Hintergedanken, dieser würde dann eher Geld in Richtung Bayreuth schicken. Der Druck auf die Tränendrüse half, und der »Soldatenkönig« ließ seiner Tochter 500 Taler schicken, damit sie sich ihr Appartement etwas wohnlicher gestalten konnte. Dabei scheinen die Räume so schlimm nicht gewesen zu sein. In einem Brief an ihre Mutter vom 26. Januar 1732 meinte Wilhelmine: »Ich wohne hier sehr gut bis auf die Möbel, die sehr altmodisch sind, und bis auf die große Kälte.« Die völlig abschätzige Beschreibung in den Memoiren ist also wenigstens teilweise eine nachträgliche Übertreibung. Daß sie den nüchternen Bau des Alten Schlosses als nicht mehr zeitgemäß empfand, darf man ihr aber gerne abnehmen.

Insgesamt aber fühlte sie sich in Bayreuth nicht unwohl, wie sie ihrer Schwester Friederike Luise am 13. Februar mitteilte: »Obwohl ich mich noch schwach fühle, so gefällt mir der Aufenthalt hier sehr. Man erweist mir alle Arten von Aufmerksamkeiten. Die beiden Markgrafen suchen mir Freude zu machen. Ich will Ihnen ein anderes Mal im einzelnen über meine Lebensweise berichten, die recht angenehm ist ...« Mit dem Essen war sie allerdings so wenig zufrieden wie mit dem, was ihr in Berlin, Potsdam und Wusterhausen serviert worden war. Insofern erstaunt es ein wenig, daß sie sich ausgerechnet in einem Brief an ihren Vater darüber ausläßt: »Die Küche ist hier so wie in Berlin, und bei größter Sparsamkeit gibt es acht Gänge; davon sind aber zwei nur Schauessen. Die Köche sind nicht von der besten Art, und fast täglich ißt man das gleiche. Ich habe ihnen ein paar Gerichte beibringen lassen, die ich zu machen verstand.«

Über die erste Zeit Wilhelmines in Bayreuth liegen ausführliche Berichte vor, verfaßt von dem Finanz-, Kriegs- und Domänenrat Friedrich Karl von Börstel, der das junge Paar im Auftrag des preußischen Königs begleitet hatte und preußischer Gesandter in Bayreuth werden sollte. Dabei lobte er die Mühe, mit der Markgraf und Bevölkerung die Königstochter empfingen. Sie hätten »ungemeine Sorgfalt für Ihre Hoheit getragen« und sie »mit aller Devotion« empfangen. Auch wenn Markgraf Georg Friedrich Karl kein Freund ausgelassener Feste war, so wollte er seine Schwiegertochter und seinen Sohn doch im großen Rahmen begrüßen. Das Willkommensfest mit Illumination der ganzen Stadt war auf den 28. Januar 1732 festgelegt, doch da sich Wilhelmine unpäßlich fühlte, wurde es in den Februar verlegt. Ausführlich beschreibt Börstel in seinem Bericht die aufwendige Tischdekoration. In der Mitte des Tisches befanden sich drei Fontänen, »die beständig sprangen« und auf deren Spitze Blumen angebracht waren, die »sich stets bewegten, als wenn der Wind darübersauste ... en perspective repräsentierten sich Grotten, die inwendig mit Spiegeln geziert ... und ist alles von Zucker«.

Man könnte meinen, solche Feste seien nach Wilhelmines Geschmack gewesen, doch das war nicht der Fall. Zwar war auch sie der Meinung, daß das von Börstel geschilderte Fest eines der schönsten gewesen sei, doch die noch unbekannte neue Umgebung, das Fehlen der vertrauten Gesichter, vor allem aber die Begleiterscheinungen der Schwangerschaft machten ihr schwer zu schaffen. Auch von dem Fest, das ihr eigentlich so gut gefallen hatte, mußte sich Wilhelmine bald »retirieren«, als es ihr »während der Tafel übel« wurde. In den Tagen darauf zog sie sich, so Börstel, »wegen eines starken Kathars in dero Zimmer« zurück und hielt sich »zu Bette« auf. Kopf- und Ohrenschmerzen sowie eine »ungemeine Mattigkeit« kamen hinzu. Börstel dachte schon daran, Eilboten nach Berlin zu schicken, doch »gottlob«, am 8. Februar begann sich der Gesundheitszustand Wilhelmines zu verbessern, und sie konnte auch wieder eine Nacht durchschlafen.

All die Tage war Erbprinz Friedrich an ihrer Seite. Aus »Liebe und Zärtlichkeit« zu Wilhelmine sei dieser die ganze Zeit über »ungemein betrübt und besorgt gewesen«. Auch die Bevölkerung sei, so Börstel, in tiefer Sorge, werde Wilhelmine doch schon jetzt »generalement geliebt, respektiert und bewundert. Um so mehr wird Gott nun hoffentlich geben, daß Ihro Hoheit bald wieder zu Kräften kommen.« Die Schuld am Zustand Wilhelmines gab Börstel der »ungesunden Bayreuther Luft«. Doch es war wohl eher zuviel, was auf Wilhelmine in diesen Wochen zukam: Empfang um

Empfang, immer gute Miene machen, selbst die hundertste Vorstellung eines Gastes noch würdevoll absolvieren, die Blicke aller auf sich ziehend … Von Wilhelmine wurde erwartet, daß sie funktionierte; auf ihre Gefühle oder ihren Gesundheitszustand wurde keine Rücksicht genommen. Und zu groß war die Diskrepanz zwischen den Luftschlössern, die man ihr vom Bayreuther Hof gezeichnet hatte, und der Wirklichkeit, die sie vorfand. In der typischen Übertreibung ihrer Memoiren liest sich das so: »Die Liebe des Prinzen war mein einziger Trost inmitten meiner Leiden … Ich war so arm, daß ich nicht imstande war, mir ein Kleid machen zu lassen. Weder der König noch die Königin hatten mir einen Heller gegeben; niemand wollte mir etwas vorstrecken, so daß ich mich in großer Bedrängnis sah. Ich war ohne jegliche Zerstreuung und, wie das Schaf unter die Wölfe, mitten unter böse und gefährliche Unmenschen an einen Hof geraten, der eher ein Bauernhof zu nennen war.«

Die Klagen über ihren Gesundheitszustand ziehen sich wie ein roter Faden durch nahezu alle Briefe Wilhelmines. Nur selten entdeckt man zwischen den Zeilen eine heitere, gelöste junge Frau. Und wenn, dann waren es nicht die großen höfischen Feste, die sie glücklich stimmten, sondern die eher stillen Stunden im kleinen Kreis. Dafür war kaum ein Ort geeigneter als die nur wenige Kilometer außerhalb Bayreuths gelegene Eremitage, in der Wilhelmine und ihr Mann in den ersten Jahren ihrer Ehe die Sommermonate verbrachten. Ursprünglich ein Tier- und Lustgarten, hatte Markgraf Georg Wilhelm dort eine »Einsiedelei« erbauen lassen, in die er sich mit seinem Hofstaat und seinen Gästen zurückziehen konnte. Solche Einsiedeleien waren in Mode, seit Ludwig XIV. in Marly bei Versailles Eremit gespielt hatte und dieser selbst darin das Vorbild für die europäischen Höfe gab, auch wenn dieses Vorbild je nach Land und Herrscher anders akzentuiert werden konnte.

In Bayreuth nahm man den eremitischen Gedanken besonders ernst, baute – heute nicht mehr bestehende – hölzerne Hütten im Wald und ließ die hohen Besucher, denen nichts anderes übrigblieb, als das Theater mitzumachen, den ganzen Tag lang schweigen. Im Schloß selbst wurden Zellen für die Eremiten eingerichtet, der Festsaal diente zugleich als Refektorium. Doch selbst wenn sich die hohen Herrschaften in der Bayreuther Eremitage in Kutten kleideten und mit hölzernen Löffeln ihren Brei aßen, wurde nicht vergessen, wer der Hausherr – oder in diesem Fall: der Prior – war. Es war ein Rückzug aus der höfischen Welt, ohne daß dabei die höfische Rangordnung wirklich aufgegeben worden wäre. Wer im Alten Schloß in den Festsaal wollte, mußte zuvor durch enge Gänge und die sogenannte Grotte. Aus zahlreichen Düsen lassen die Schloßführer dort auch heute noch gern das Wasser spritzen – so wie einst der Markgraf, der sich damit einen Spaß auf Kosten seiner Besucher erlaubte, indem er sie naßspritzte. Auch durften die hohen Herren nur aus ihren Zellen kommen, wenn der Prior mit seiner Glocke läutete. Er konnte sich dies erlauben, weil er der Herr war, Einsiedelei hin, Einsiedelei her. Daß Wilhelmine sich in der Eremitage einrichten konnte, lag vor allem daran, daß ihr Schwiegervater – anders als sein Vorgänger Georg Wilhelm – nur wenig Interesse an der Anlage hatte.

Fast fühlt man sich an ein bürgerliches Idyll erinnert, wenn sie ihrem Vater im Mai 1732 aus dem bei der Eremitage gelegenen Schlößchen Monplaisir schreibt: »Liebster Papa! ... Wir führen hier ein stilles Landleben, das für mich sehr reizvoll ist. Der Erbprinz geht täglich auf die Jagd, und derweil gehe ich etwas spazieren und unterhalte mich mit der Einrichtung meines Häuschens und Gärtchens. Jede Dame aus unserem Kreise muß allabendlich ein Gericht in meiner Küche kochen, die ich reizend eingerichtet habe. Im übrigen arbeiten wir, und nachmittags muß ich ein paar Stunden ruhen; denn ich bin sonst nicht imstande, des Abends auszugehen …« Freude bereitete es Wilhelmine, mit ihrem Mann die neue Heimat zu erkunden. Bis an die Ansbachsche Grenze sei das Paar gekommen, berichtete Börstel am 10. Mai nach Berlin, nur leider sei der Erbprinz »nicht ohne Incomoditäten und Übligkeiten«. Der Geburtstag des Erbprinzen drei Tage darauf »ist mit einem kleinen Feste und Ball zelebriert worden, es haben aber Ihro Hoheiten gar nicht getanzt«.

Eher komisch fand es Wilhelmine, wenn ihr Schwiegervater den großen Herrn spielte, wie beim alljährlichen Georgifest: »Markgraf Georg Christian [Ernst] hatte an diesem Tage den Orden des Ritters Georg gestiftet; seitdem wurde dieses Fest stets sehr feierlich begangen«, erinnerte sich Wilhelmine in ihren Memoiren, verwechselte dabei allerdings (Georg) Christian Ernst mit seinem Sohn Georg Wilhelm, der den Orden 1705 noch als Erbprinz gegründet hatte. Bei diesem Orden, offiziell »Ordre de la sincérité« oder »Orden des Roten Adlers« genannt, handelte es sich um den Hausorden der Bayreuther Markgrafen, die dadurch ihren Anspruch als souveräne Landesherren unterstrichen. Im Frühjahr 1732 nahm Wilhelmine zum ersten Mal an diesem Fest teil. Schauplatz war das 1725/26 erbaute Ordensschloß Sankt Georgen. In ihren Memoiren rühmt Wilhelmine die wunderschöne Lage des Schlosses am Brandenburger Weiher vor den Toren der Stadt, doch das Fest, das darin stattfand, schien ihr »so lächerlich«, daß sie »alle Mühe hatte, ernst zu bleiben«.

Sehr viel interessanter als das Ordensfest fand Wilhelmine den Besuch in der nahen »Porzellanfabrik«, über den sie ihrem Vater begeistert schrieb: »An jenem Tage wurde gearbeitet, so daß ich gerade zur rechten Zeit kam, um zu sehen, wie das Porzellan gemacht wird. Es ist unterhaltsam. Man hatte eine neue Porzellanart erfunden, die dem Marmor sehr ähnlich sieht ... Ich erlaube mir, meinem liebsten Papa ein paar Stücke für das Tabakskollegium zu schicken. Das Bier hält sich darin frischer als in Gläsern ...« Tatsächlich handelte es sich bei dieser »Fabrik« allerdings um keine Porzellan-, sondern um eine Fayencemanufaktur, die Markgraf Georg Wilhelm gegründet hatte. Wenn dort Porzellan verarbeitet wurde, dann war es Rohware aus Dresden und Wien. Immerhin bezeichnete ein zeitgenössischer Beobachter die Bayreuther Fayencemanufaktur als »die beste in ganz Deutschland«.

Wenige Monate in Bayreuth hatten Wilhelmine genügt, die (Vor-)Freude über die neue Heimat, abgesehen von der Eremitage, ebenso vergessen zu machen wie ihre Begeisterung darüber, dem Berliner Hof und seinen Intrigen endlich den Rücken kehren zu können. Nur so ist zu erklären, daß sie den Wunsch des Königs, ihr Kind in Berlin zur Welt zu bringen, bereitwillig aufgriff. Noch ein anderes Moment spielte dabei eine wichtige Rolle: Berlin bedeutete, endlich den geliebten Bruder wiedersehen zu können, der es seinerseits kaum erwarten konnte: »Welche Freude, liebste Schwester, wenn wir uns nach so viel gemeinsam ausgestandenem Leid wiedersehen ... Ich glaube, ich beherrsche mich dann nicht mehr ...« Und dieses Treffen sollte, versprach Friedrich, ganz anders verlaufen als bei Wilhelmines Hochzeit: »Wenn ich jetzt die Freude habe, Dich wiederzusehen, wirst Du einen Bruder finden, der Dir seine zärtliche Freundschaft offen zu zeigen wagt, und Du wirst sehen, daß ich noch der alte bin.«

Daß Friedrich Wilhelm I. seine Tochter bei sich haben wollte, hing mit dem schlechten Gesundheitszustand Wilhelmines zusammen, von dem ihn Börstel in Kenntnis gesetzt hatte. Wilhelmine selbst schrieb ihrem Bruder im Juli 1732: »Ich gewöhne mich allmählich ans Kranksein wie an mein tägliches Brot.« Vor allem die Atemnot machte der Erbprinzessin gehörig zu schaffen. Obwohl im achten Monat schwanger, war Wilhelmine wild entschlossen, die Reise anzutreten. Ende Juni brach sie zusammen mit ihrem Gemahl auf. Die erste Station war Himmelkron, ein ehemaliges Zisterzienserkloster, das durch die Reformation an die Markgrafen von Bayreuth gefallen war. Zunächst waren dort statt der Klosterfrauen unverheiratete Prinzessinnen und alternde Hofdamen einquartiert worden, doch seitdem 1699 ein Schloß hinzugekommen war, nutzten auch die Markgrafen selbst die Anlage häufiger.

In ebendiesem Schloß wurde Wilhelmine bereits von ihrem Schwiegervater erwartet, der über die Reisepläne keineswegs erfreut war. In die echte Sorge um das Wohlergehen Wilhelmines (und des Kindes, das sie in sich trug) mischte sich Prestigedenken: Was für einen Eindruck würde es machen, wenn Wilhelmine ihr Kind in Berlin zur Welt brachte? Sah das nicht wie eine Flucht aus? Würde man das nicht alles ihm zur Last legen? Erbprinz und Erbprinzessin in Berlin – würde sein Land da nicht gänzlich unter den Einfluß Preußens geraten? So ließ er Wilhelmine sowohl von seinem als auch vom Leibarzt seines Ansbacher Vetters untersuchen, die zu dem nicht ganz überraschenden Ergebnis kamen, daß die Reise nach Berlin ein absoluter Wahnsinn wäre. Da könne man den Sarg gleich mitführen, kommentierte der Ansbacher Medikus das Ansinnen drastisch. Auch in der Bayreuther Bevölkerung begann sich Unmut darüber breitzumachen, daß die Erbprinzessin ihr Kind nicht in ihrer neuen Heimat zur Welt bringen wollte. Allerdings scheint man dies weniger Wilhelmine als dem kränkenden Verhalten des alten Markgrafen zugeschrieben zu haben. Wilhelmine hoffte derweil noch immer auf ihren Vater. Würde dieser die Reise befehlen, könnte kein Arzt und kein Markgraf sie daran hindern aufzubrechen.

Eilig gingen Stafetten nach Berlin – mit Briefen Wilhelmines, die hoffte, ihr Vater würde sie weiterhin zu sich befehlen, und mit solchen des Markgrafen, der seinen Schwager inständig darum bat, Wilhelmine die Reise zu verbieten. Die besseren Karten hatte Georg Friedrich Karl. Dem »Soldatenkönig« mußte einleuchten, daß das Leben seiner Tochter tatsächlich in Gefahr war. Und so kam Anfang Juli die Antwort, die Wilhelmine traf wie ein Donnerschlag: Sie sollte zurück nach Bayreuth und ihr Kind dort zur Welt bringen! »Tödlichen Kummer« habe der Brief mit der »fatalen Order« in ihr ausgelöst, schrieb sie dem Vater am 5. Juli 1732. »Das war wie ein Blitzschlag für mich.« Bitter beklagte sie sich über die »grausame Trennung«, die nun noch länger anhalten sollte. Offenbar glaubte sie, dieselbe nur mit einigen Flaschen guten Ungarweins ertragen zu können, denn im Postskriptum dieses Briefes bat sie den Vater noch, ihr einige davon zu schicken … Das sollte sie auch später immer wieder tun, einmal gar mit dem zarten Hinweis, daß »mein liebster Papa« gleich doppelten Vorteil davon habe, wenn er Wilhelmine den Wein schicke, »denn wenn er ihn selbst trinkt, bekommt er sofort die Gicht, und mir tut der Wein sehr gut«.

Zwar bemühten sich Schwiegervater und Ehemann in seltener Eintracht, Wilhelmine über diese Enttäuschung hinwegzuhelfen, doch sie war nicht in der Stimmung für ein großes Geburtstagsfest, das ihr der Markgraf deshalb geben wollte. Ihrem Bruder schrieb sie am 5. Juli noch aus Himmelkron: »Nichts kann mir die Freude ersetzen, Dich wiederzusehen.« Wenigstens Himmelkron, wo Markgraf Georg Friedrich Karl und seine Entourage kräftig dem Alkohol frönten, durfte die Schwangere verlassen und nach Bayreuth in die Eremitage zurückkehren.

Konnte Wilhelmine schon nicht nach Berlin kommen, so nahm sich der »Soldatenkönig« vor, seine Tochter baldmöglichst in Bayreuth zu besuchen. Die Gelegenheit ergab sich im Anschluß an ein Treffen Friedrich Wilhelms mit Kaiser Karl VI. in Prag. Für den preußischen Herrscher war dieses

Zusammentreffen ein denkwürdiger Tag, von dem er noch lange mit stolzgeschwellter Brust erzählte und der ihn in seiner Kaisertreue bestärkte. Dabei hatte sich der Habsburger nur mit Mühe und dank des guten Zuredens durch Prinz Eugen dazu bereit gefunden, den aufdringlichen »Soldatenkönig« zu empfangen ... Friedrich Wilhelm übersah denn auch brav die herablassende Haltung des Kaisers und trat regelrecht beschwingt die Rückreise an, die ihn über Bayreuth führen sollte.

Dennoch ging die gute Laune Friedrich Wilhelms nicht so weit, daß er seinen Thronfolger mitgenommen hätte. Darauf hatte Friedrich in einem Schreiben an Wilhelmine spekuliert: »Wie ich eben höre, hat der König eine Reise nach Prag und von da nach Bayreuth vor. Ich glaube, ich soll nicht mitkommen. Aber wenn Du den König darum bittest, wird er Dir wohl ohne weiteres erlauben, daß ich Dir meine Aufwartung mache ... Mit Windeseile werde ich ... den Raum zurücklegen, der uns trennt, und mein Leib wird sich alle Mühe geben, meinem raschen Geist nachzueilen, der Dich nie verläßt.« Friedrichs Rechnung ging nicht auf. Die Erinnerung an die letzte gemeinsame Reise mit seinem Sohn nach Süddeutschland war noch zu frisch. Zwar versuchte Wilhelmine, ihren Vater umzustimmen, als dieser Anfang August 1732 bereits in Bayreuth eingetroffen war – jedoch vergeblich. Immerhin sprach der König über seinen Thronfolger »freundlich und mit Tränen in den Augen« und nahm es auch seiner Tochter nicht übel, wenn sie immer wieder den Wunsch äußerte, möglichst bald ihren Bruder wiedersehen zu können.

Friedrich Wilhelm I. und Wilhelmine verstanden sich während des Besuchs ausgesprochen gut. Beide waren fernab ihrer höfischen Zwänge und fanden während dieser zehn Tage in stundenlangen Gesprächen endlich einmal wieder als Vater und Tochter zueinander. Sogar ein »Rauchzimmer«

hatte Wilhelmine für den König eingerichtet, worüber dieser sich ganz besonders freute. Als er am 11. August wieder abreiste, schrieb sie ihrem Bruder: »Heute, liebster Bruder, bekommst Du nur einen sehr traurigen Brief von mir, denn ich stehe im Begriff, meinen lieben Papa wieder zu verlieren, dessen Besuch mir die größte Freude in meinem Leben gemacht hat.« Wilhelmine war um so glücklicher, als ihr der König das Angebot gemacht hatte, nach ihrer Niederkunft nach Berlin zu kommen: »Wie froh werde ich sein, Dich nach so langer Trennung wiederzusehen!«

Daß Friedrich Wilhelm auch in Bayreuth einen seiner berühmten Wutausbrüche bekam, hatte nicht mit Wilhelmine zu tun, sondern mit den finanziell zerrütteten Verhältnissen der Markgrafschaft. Da er die Territorien der Hohenzollern als Einheit betrachtete und sich selbst als Oberhaupt aller Linien, konnte ihm dies nicht gefallen, und er machte Georg Friedrich Karl heftige Vorwürfe, auch wenn dieser selbst am wenigsten zu dem Schuldenberg beigetragen hatte.

Wie einst bei ihrer eigenen Geburt, so war die Schwangerschaft Wilhelmines von der Hoffnung begleitet, die junge Erbprinzessin würde einem Jungen das Leben schenken. Doch wie bei Sophie Dorothea wurde es auch bei Wilhelmine eine Tochter. Sie kam am 30. August 1732 zur Welt, um sieben Uhr abends. So schwer die Schwangerschaft für Wilhelmine gewesen war, so schwer war die Geburt, bei der stundenlang um das Leben von Mutter und Kind gezittert werden mußte. »Man sagte mir später, der Erbprinz sei in einer bemitleidenswerten Verfassung gewesen; seine Freude, mich gerettet zu sehen, war grenzenlos; er fragte nicht einmal nach dem Kind, alle seine Gedanken waren auf mich gerichtet. Ich konnte ihm meine Erkenntlichkeit nicht bezeigen, denn ich fiel von einer Schwäche in die andere.«

Voit von Salzburg wurde dazu auserwählt, die Nachricht von der glücklichen Geburt nach Berlin zu bringen. Den

Brief hatte der Erbprinz selbst unmittelbar nach der Geburt oder spätestens am nächsten Morgen geschrieben. Seinen Glücksgefühlen ließ er dabei freien Lauf, vergaß aber auch gegenüber dem Schwiegervater nicht zu erwähnen, wie viele Schmerzen Wilhelmine bei ihrer Niederkunft hatte erdulden müssen. Zugleich fügte er die Bitte an, der König möge die Patenschaft für sein Enkelkind übernehmen.

Nach Himmelkron zum alten Markgrafen wurde kein Bote geschickt. Dieser hatte selbst angeordnet, in bestimmten Abständen Kanonen aufstellen zu lassen, die dann in der Art einer Stafette abgefeuert werden sollten. Doch »infolge des Gegenwindes und der unrichtigen Aufstellung der Kanonen« hörte er den Donner nicht. So wurde er erst Stunden später von seinem Bruder über die Geburt informiert, als der ganze Hof bereits Bescheid wußte – und reagierte entsprechend sauer. In ihren Memoiren beklagt sich Wilhelmine darüber, daß sich der Schwiegervater nicht nach ihr erkundigt habe, obwohl er über ihren schlechten Gesundheitszustand informiert gewesen sei. Dagegen sprechen die Wut des Markgrafen, so spät von der Geburt unterrichtet worden zu sein, und auch die Tatsache, daß er sich sofort auf den Weg machte, um seine Enkeltochter zu sehen. Allerdings stellte Wilhelmine auch diesen Besuch am Wochenbett in ein düsteres Licht: Allen Anwesenden sei aufgefallen, wie der Markgraf sich habe zwingen müssen, »zuvorkommend gegen mich zu sein«. Bei diesem Besuch drängte Georg Friedrich Karl auch darauf, das Kind so schnell wie möglich taufen zu lassen: Es sei »Sitte hierzulande, daß ein Kind am dritten Tage nach seiner Geburt getauft werde; diese Zeremonie müsse mit großem Pomp am folgenden Morgen vorgenommen werden«, schließlich habe die Prinzessin einen König zum Großvater.

Das bedeutete: Die Zeremonie würde vorgenommen, ohne auf die Antwort des preußischen Königs zu warten und auf dessen eventuelle Einwürfe reagieren zu können. Doch genau das könnte zugleich auch der Grund für die angeordnete Eile gewesen sein: Georg Friedrich Karl wollte nicht, daß sich der »Soldatenkönig« in seine Angelegenheiten mischte, als ob er dessen Befehlsempfänger sei. Schlimm genug, daß dies bei seinem Sohn als preußischer Regimentskommandeur der Fall war. Die Taufe fand schließlich im Audienzzimmer der Erbprinzessin vor dem versammelten Hofstaat statt.

Erbprinz Friedrich war klar, daß Friedrich Wilhelm I. über die Bayreuther Eigenmächtigkeiten nicht erfreut sein würde, und so setzte er sich noch einmal an den Schreibtisch. Wenigstens sollte er von ihm selbst und auf schonende Weise darüber Kenntnis erhalten. In dem wohl am 6. September abgefaßten Schreiben bedankte er sich zunächst noch einmal für die Glückwünsche des Königs, ehe er ihm von der Taufe berichtete – und fügte hinzu, Friedrich Wilhelm möge entschuldigen, daß nicht alles nach seinen Weisungen erfolgt sei. Positiv stimmen wollte er den König mit der Nennung der Namen der kleinen Prinzessin: Friederike nach dem König selbst, Sophie nach der Königin und Elisabeth nach der Kaiserin.

Ebenfalls unter den Paten war Wilhelmines geliebter Bruder, der ihr überschwenglich gratulierte: »Liebste Schwester! Ich kann Dir kaum beschreiben, wie froh ich war, als ich die Nachricht von Deiner glücklichen Entbindung erhielt ... Ich bin hochbeglückt und kann Dir nicht genug dafür danken, daß Du mich zum Paten meiner kleinen Nichte erkoren hast. Du konntest Dir niemand aussuchen, der mehr Ehrerbietung und Anhänglichkeit für die Mutter, noch mehr Freundschaft für die Tochter hegt. Alles, was von Euch kommt und Euch gehört, ist mir lieb und wert ...« Einige Tage später schrieb er: »Das Glück, von Dir geliebt zu werden, geht mir über Reiche und Kronen, und wenn ich längst vermodert bin, will ich keine andere Grabinschrift als diese: ›Meine Schwester hat mich geliebt.‹«

In diesen Momenten der ersten glücklich vollendeten Schwangerschaft dachte kaum jemand – am wenigsten Wilhelmine selbst – daran, daß ihr erstes zugleich ihr einziges Kind bleiben würde. Daß es so blieb, wurde wie so oft der Frau angelastet. Da machte der »Soldatenkönig« keine Ausnahme. Bei einem Besuch Voits von Salzburg in Berlin gab er Jahre später nur den gewohnt derben Ratschlag: »Meine Tochter soll sich besser ficken lassen« – dann werde sich schon Nachwuchs einstellen …

Die Spannungen zwischen dem alten Markgrafen und dem Erbprinzenpaar nahmen nach der Geburt Elisabeth Friederikes nicht ab. Folgt man Wilhelmine, dann war der Schwiegervater eifersüchtig auf die Beliebtheit der beiden in der Bevölkerung und verdächtigte seinen Sohn gar, ihn stürzen zu wollen. Das war nicht mehr als Hofklatsch, aber bezeichnend für die dicke Luft im Hause Bayreuth. Die Unzufriedenheit Wilhelmines war nicht zuletzt darin begründet, daß sie finanziell noch immer nicht auf eigenen Füßen stehen konnte, sondern auf die Gnade des Schwiegervaters angewiesen war, der diese aber nicht gerade üppig gewährte. So mußte die stolze Welfentochter darum bitten und betteln, und dies bei einem Duodezfürsten, der im Rang doch weit unter ihr stand – welche Schande. Daß das fehlende Geld die Hauptsorge des jungen Ehepaars war, zeigt ein Brief von Wilhelmines Bruder Friedrich an Grumbkow vom 19. Oktober 1732: »Wenn ich Gold machen könnte, würde ich meine Wissenschaft zuerst an meine arme Schwester in Bayreuth weitergeben; sie hat es gewiß nötig.« Doch nicht nur Gold wünschte Friedrich seiner Schwester, sondern daß Gott ihren Schwiegervater baldmöglichst zu sich rufen werde. Daß es Georg Friedrich Karl im Himmel gefallen werde, daran zweifelte der Kronprinz nicht, wenn er nur die Gewißheit habe, »daß es dort eine Schnapsbrennerei gibt«.

Angesichts dieser Stimmungslage wundert es kaum, wenn bald wieder Gerüchte über Reisepläne des Erbprinzenpaars die Runde machten. Wilhelmine und Friedrich wollten nun die in der Schwangerschaft abgesagte Fahrt nach Berlin antreten. Und doch stimmt es nicht ganz, wenn der preußische Kronprinz später meinte, »das Unglückspaar ohne Dach und Fach« sei vor den markgräflichen Launen in Bayreuth geflohen, »um sich an der königlichen Krippe« in Berlin zu trösten. Zwar hatten Wilhelmine und ihr Vater bei dessen Besuch in Bayreuth darüber gesprochen, doch konkret wurde die ganze Angelegenheit erst wieder, als Friedrich Wilhelm I. seinem Schwiegersohn barsch befahl, sich schleunigst zu seinem Regiment nach Pasewalk zu begeben. »Dies war für mich ein schwerer Schlag«, erzählt Wilhelmine in ihren Memoiren darüber. »Ich liebte den Prinzen mit Leidenschaft, unsere Ehe war die glücklichste; eine lange Trennung ließ mich alles befürchten. Ich fürchtete, daß er bei seiner Jugend in Ausschweifungen verfallen könne, denn die preußischen Offiziere waren, von ihrem Beruf abgesehen, ausgelassen und ungeschlacht ... Ich hatte mehrere sehr liebenswürdige Prinzen gekannt, die im Dienst des Königs ihre Manieren einbüßten und ganz brutal geworden waren.«

Erbprinz Friedrich machte bei seiner Reise nach Pasewalk, zu der er am 3. Oktober 1732 von Bayreuth aus aufbrach, einen Zwischenstopp in dem gut 60 Kilometer nördlich von Berlin gelegenen Ruppin, wo sein preußischer Namensvetter seit dem Sommer stationiert war. Der Kronprinz nahm seinen Schwager freundlich auf und berichtete Wilhelmine in liebenswürdigem Ton über den Besuch ihres Gatten am 17. und 18. Oktober. »Er kam gegen Abend aus Berlin an. Wir unterhielten uns mehr als drei Stunden über das unvergleichlichste Wesen unseres Jahrhunderts.«

Natürlich war damit keine andere als Wilhelmine gemeint. Am nächsten Morgen kamen die beiden wieder »auf unser Thema vom letzten Abend zurück«, ja gerieten fast über der Frage in Streit, »wer Dich am meisten liebte ... Schließlich reiste mein lieber Schwager nach zärtlichem Abschied fort, und ich hatte die Freude, ihn noch bis zu unserer Grenze zu begleiten ... Seitdem gab er mir Nachricht, daß es ihm sehr gut geht, daß er sich aber nach Dir sehnt. Das wundert mich gar nicht, denn die gleiche Sehnsucht habe ich seit Jahr und Tag.« Das mußte für Wilhelmine ein gewaltiger Trost sein: Die beiden Menschen, die sie so zärtlich liebte, hatten sich gut verstanden, waren freundschaftlich voneinander geschieden – und hatten sich in Liebeserklärungen an sie gegenseitig übertroffen.

Solchen Trost hatte Wilhelmine auch nötig, denn es war noch einsamer geworden um sie in Bayreuth. Wie ihr Bruder fand sie Trost in der Musik. Dabei half ihr ein Geiger namens Hofmann, der »sehr gut spielt und auch hübsch komponiert«. Doch Hofmann, von dem Wilhelmine wußte, daß er in Bayreuth unzufrieden war und am liebsten nach Berlin wollte, war kein Ersatz für den Ehemann und schon gar nicht für Friedrich, den »wahren Gott der Musik«. Daß sie sich in Bayreuth noch weniger wohl fühlte denn je, zeigt der Schlußsatz eines Briefes aus diesen Tagen an ihren Bruder: »Das Land Bayreuth ist wohl für die häßlichsten Menschen auf Erden geschaffen; denn es gibt hier nicht ein hübsches Gesicht, wohl aber durchweg schöne Gestalten« – wenigstens das, möchte man hinzufügen.

Eine Reise in die Vergangenheit

Dem Wunsch ihres Vaters, nach Berlin zu reisen, wollte Wilhelmine daher gerne Folge leisten. Doch gab es dabei zwei

Probleme zu lösen: Woher sollte sie das Geld dafür nehmen und wo und in welcher Obhut die Tochter lassen? Fast noch härter kam es Wilhelmine an, daß der König ihr befahl, zunächst ihre Schwester in Ansbach zu besuchen und erst danach nach Berlin zu kommen. Zwischen den beiden war es im Vorfeld des königlichen Besuchs in Bayreuth zu heftigen Streitereien gekommen. Zudem war die Ehe ihrer Schwester in einem desolaten Zustand, was nichts Gutes für einen Besuch erwarten ließ. Friedrich Wilhelm I. hatte diesem Schwiegersohn erst kurz zuvor kräftig die Leviten gelesen. Er wolle Ludwig XIV. spielen, ohne die Mittel dafür zu haben, und kümmere sich um seine Markgrafschaft einen feuchten Kehricht. Er war einfach unfähig in den Augen des Königs, doch die Staatsräson erforderte es, daß die beiden fränkischen Linien des Hauses wenigstens halbwegs in Eintracht miteinander verkehrten – im Interesse des großen Ganzen, des Hauses Hohenzollern.

Trotz dieses »königlichen Auftrags« stellte sich Friedrich Wilhelm taub gegenüber den Bitten, die Reise Wilhelmines zu bezahlen – ebenso Markgraf Georg Friedrich Karl, der seine Schwiegertochter wissen ließ, daß im Heiratskontrakt kein Geld für Vergnügungsreisen vorgesehen gewesen sei und auch nicht für die Betreuung etwaiger Töchter. Letztere Bemerkung führt uns wieder zu der Frage, was Wilhelmine mit ihrer Tochter zu tun gedachte: Schon früh scheint sie sich dazu entschlossen zu haben, sie nicht mit nach Berlin zu nehmen. Vielleicht wollte sie ihr die Strapazen der langen Reise nicht zumuten. Obwohl verständlich, war diese Entscheidung ein taktischer Fehler. Kronprinz Friedrich hatte dies geahnt und Wilhelmine beschworen: »Bitte folge meinem Winken, liebste Schwester, und bring das Kind mit, wenn es möglich ist. Damit vor allem kannst Du den König weich stimmen. Wenn er die Kleine sieht, gibt er Dir alles Erdenkliche.«

Ansonsten gab sich Friedrich, der sich Anfang November 1732 bei seinem Vater in Wusterhausen aufhielt und dessen Laune daher gut beurteilen konnte, in bezug auf die Reise Wilhelmines betont optimistisch: »Dem König geht Deine Lage nahe. Wenn Du herkommst, wird er Dich fragen, was Du mit den 3000 Talern gemacht hast, die Du zu Deiner Verfügung hast. Antworte ihm, Deine Niederkunft hätte viel gekostet, und Du hättest oft auf Deine Kosten leben müssen. Dann wird er Dir die Reise bezahlen. Nimm nicht viel Dienerschaft mit, denn er will daran streichen. Laß den kleinen Geigenspieler in Bayreuth und laß ihn erst im Winter nachkommen, ohne daß jemand weiß, daß er Dir gehört. Der König wird Euer beider Einkommen erhöhen. Zu diesem Zweck will er Euch alle erledigten Lehen geben und alles, was hier frei geworden ist.« Das hörte sich gut an, doch Wilhelmine hätte der darauffolgende Satz Friedrichs bereits zu denken geben müssen: »Er will Dich hier im Lande behalten.« Mag sein, daß sie dieser Satz damals gar nicht abgeschreckt hat, doch sie hätte wissen können, was er bedeutet: wieder ganz in den Händen des Königs zu sein, genauso wie vor ihrer Heirat.

Salz in die Suppe von Wilhelmines Vorfreude streute lediglich Königin Sophie Dorothea, die das Kommende sehr viel realistischer sah und ihre Tochter warnte. Wilhelmines Vorfreude wurde dadurch zwar gedämpft, aber ihren Entschluß zu reisen wollte sie gleichwohl nicht mehr umstoßen. Daß sie in Berlin »schlimme Verdrießlichkeiten« erwartet habe, wie sie in ihren Memoiren schreibt, war eine nachträgliche Erkenntnis. In den Briefen an Vater und Bruder überwog bis zuletzt die Vorfreude. Die gute Laune des Königs bei seinem Besuch in Bayreuth hatte in Wilhelmine die Hoffnung geweckt, diese Stimmung könnte weiter anhalten und ihr Herr Vater gegebenenfalls sogar die Spendierhosen anziehen, wenn sie denn einmal in Berlin wäre. In dieser Hoffnung behalf sich Wilhelmine »bei meinen Damen und in den Säckchen meiner Domestiken«, doch diese warteten vergeblich darauf, daß der König ihnen das Geld irgendwann zurückerstatten würde.

Keine zufriedenstellende Lösung fand sich für die kleine Elisabeth Friederike. Nachdem der Versuch gescheitert war, bei ihrem Schwiegervater Geld für eine Pflegerin zu bekommen, die sich während ihrer Abwesenheit um das Kind kümmern sollte, schrieb sie an ihren Vater. Natürlich mußte sie ihm mit Vernunftgründen kommen und zugleich an seine väterliche Liebe appellieren. Also schlug sie scheinbar eine Möglichkeit vor – Flora von Sonsfeld, die jüngere Schwester ihrer Oberhofmeisterin, sollte die Tochter betreuen –, um diese sogleich zu verwerfen: »Die Ärmste ist in Verzweiflung, da sie von Kinderpflege nichts versteht, und wie ich meinem liebsten Papa bekenne, bin ich zwar überzeugt, daß sie ihr Bestes tun wird, aber ich wäre doch in Todesangst, mein armes Kind in so unerfahrenen Händen zurückzulassen.« Auch dies zog nicht, und so blieb Elisabeth Friederike tatsächlich in der Obhut Flora von Sonsfelds in Bayreuth zurück.

Wie es ihr Vater befohlen hatte, besuchte Wilhelmine zunächst ihre Schwester in Ansbach. Anders als befürchtet, wurde Wilhelmine dort herzlich aufgenommen, doch konnte sie in ihren Memoiren nicht umhin, der Schwester noch nachträglich eins auszuwischen und Verständnis für den Markgrafen zu äußern, der »ihrer Launen endlich müde geworden« war und sich »eine Geliebte niedriger Herkunft« genommen habe, die sich bis dahin ihre Einkünfte »aufgrund ihrer Reize« verschafft habe … Zurück in Bayreuth, wurde Wilhelmine einmal mehr beim alten Markgrafen vorstellig, der sich endlich breitschlagen ließ, die Reise seiner Schwiegertochter nach Berlin doch noch zu unterstützen, wenn auch nur mit 1000 Talern, eine Summe, die laut Wilhelmine »nicht einmal für die Postpferde genügte«.

Am 16. November 1732 kam Wilhelmine in Berlin an, nach vier Tagen Fahrt bei scheußlichem Wetter und auf schlechten Wegen. Der Empfang in der Heimat war zwiespältig. Der König selbst war kurz zuvor nach Potsdam aufgebrochen, die Königin eher mißmutig gestimmt. Sie hatte Wilhelmine die Heirat mit dem Bayreuther Hungerleider noch immer nicht verziehen und ließ sie dies deutlich spüren, doch hatte sie – auf den ersten Blick nicht nachvollziehbar – ebenjenen Hungerleider zu sich ins Schloß gerufen und Wilhelmine damit eine große Freude bereitet. Als der König am darauffolgenden Tag zurückkehrte, soll er sich laut Wilhelmine ebenso garstig verhalten haben wie seine Frau: »Sie haben nichts zu nagen und zu beißen, und ohne mich dürften Sie betteln gehen. Ich bin auch ein armer Mann und kann Ihnen nicht viel geben; ich will tun, was ich kann; ich werde Ihnen zehn oder zwölf Gulden geben, sooft es mir möglich ist.« Selbst »bei Tische vor aller Welt« soll der König seine Tochter so gedemütigt haben. Stimmt das alles?

Mehr Vertrauen als Wilhelmines Memoiren verdienen in diesem Fall die Briefe an ihren Bruder. Friedrich hatte kurz vor Wilhelmines Ankunft wieder nach Ruppin aufbrechen müssen. Man kann sich Wilhelmines Enttäuschung darüber gut vorstellen, endlich wieder in Berlin zu sein, aber »das Herz voller Kummer, Dich nicht anzutreffen, worauf ich doch so gerechnet hatte. Ich suche Dich überall, und mir ist, als fehlte mir alles ohne Deine teure Gegenwart.« Doch was schrieb sie Friedrich in diesem Brief vom 22. November über den Empfang durch die Eltern: »Der König ist sehr gnädig zu mir und hat mir ein Landgut von 20000 Talern geschenkt.« Auch die Mutter habe ihr »tausendfache Huld« erwiesen. Aber Wilhelmine fiel ebenso auf: »Ich sehe hier viele feindselige Gesichter.« Sie beschloß, dies vorerst auf die leichte Schulter zu nehmen: »Ich belustige mich über ihre Fratzen und stellte tausend Betrachtungen über den Lauf der Welt an.«

Wenn aber der Empfang durch König und Königin keineswegs so unfreundlich war, wie Wilhelmine dies in ihren Memoiren dargestellt hat: Was ließ das Pendel umschlagen? In Bayreuth hatte Wilhelmine ihren Vater ganz für sich allein gehabt. In Berlin waren die alten Machtspiele noch immer in vollem Gange. Nur langsam wurde ihr klar, wie sehr sie ohne eigenes Zutun bereits wieder in die Hofintrigen verstrickt war. Und das hatte nicht zuletzt mit der vermaledeiten Heiratspolitik zu tun, ja sogar das Gespenst der englischen Doppelhochzeit sollte wieder fröhliche Auferstehung feiern.

Dabei war nicht nur Wilhelmine inzwischen verheiratet, sondern auch Kronprinz Friedrich hatte seine Wahl getroffen – oder besser gesagt, der König hatte die Braut für ihn ausgesucht, und er mußte die Kröte schlucken als letzten Meilenstein auf dem langen Weg seiner Rehabilitierung nach der mißglückten Flucht. Die Auserwählte war die Prinzessin Elisabeth Christine von Braunschweig-Bevern, eine Nichte der Kaiserin. Friedrichs Schwester Philippine Charlotte war bereits seit 1730 mit dem Erbprinzen Karl von Braunschweig-Bevern verlobt, so daß es letzten Endes doch noch zu einer Doppelhochzeit kam, wenn auch ganz und gar nicht im Sinne der Königin. Keineswegs begeistert war auch der Bräutigam, der seiner Schwester am 6. März 1732 schrieb: »Am nächsten Montag findet meine Verlobung statt ... Die Person ist weder schön noch häßlich, zwar nicht ohne Geist, aber sehr schlecht erzogen, schüchtern, auch fehlt es ihr an der rechten Lebensart. Das ist das wahrheitsgetreue Bild dieser Prinzessin ... Ihr größtes Verdienst besteht darin, daß sie mir die Freiheit verschafft hat, an Dich zu schreiben.« Von der Ehe mit ihr erwartete er nichts: »Ich liebe die Prinzessin gar nicht, im Gegenteil, ich empfinde eher Abneigung gegen sie; mit unserer Ehe wird es nicht weit her sein, von Freundschaft, von eins sein zwischen uns kann keine Rede sein.«

Hätte Friedrich die Wahl gehabt, wäre sie also sicher nicht auf Elisabeth Christine von Braunschweig-Bevern gefallen. Einzig der durch die Ehe erhofften Freiheit wegen war Friedrich bereit, klein beizugeben. Deshalb war er auch nicht erbaut, als seine Mutter trotz der schließlich am 10. März gefeierten Verlobung wieder damit begann, Drähte nach England zu spannen. Für Friedrich hatte Sophie Dorothea weiter Prinzessin Amalie vorgesehen, Prinzessin Philippine Charlotte sollte – auch hier pfiff Sophie Dorothea auf die Verlobung – den Prinzen von Wales heiraten. Doch Friedrich wollte nicht noch einmal das Risiko eingehen, es sich mit seinem Vater zu verscherzen. Lieber, so bekannte er Wilhelmine, lasse er sich in Stücke hauen, als eine englische Prinzessin zu heiraten, weil England mit ihm so falsch und betrügerisch umgegangen sei, daß ihm nun »alles, was Englisch heiße, verhaßt wäre«. Wenn der Vater denn partout wollte, daß er Elisabeth Christine heiratete, dann würde er sie eben heiraten – und es eine unglückliche Prinzessin mehr auf der Welt geben.

Das Wiederaufflammen der Heiratsdiskussionen war der Hauptgrund für die gereizte Stimmung am Berliner Hof – nichts Neues also für Wilhelmine. So machte Sophie Dorothea die Prinzessin Elisabeth Christine und den Erbprinzen von Bayreuth madig, und der König blickte mit Argusaugen auf das Treiben der englischen Partei, zu der er – wie einst – natürlich auch seine älteste Tochter zählte. Es kam noch ein weiteres hinzu: In Berlin wurde Wilhelmine für den »Soldatenkönig« wieder zur widerspenstigen Tochter, die er erziehen mußte, samt ihrem nicht fürs Tabakskollegium taugenden Mann. Wenn er sie eine »Bettlerin« nannte, dann vor allem, um ihr ihre Abhängigkeit vor Augen zu führen. Sie hatte nichts und war nichts ohne den übermächtigen Vater, dem sie und der gesamte Hof zum absoluten Gehorsam verpflichtet waren: »Der König hat der Königin gestern befohlen«, berichtete sie am 17. Januar 1733 an ihren Bruder, »mir zu sagen, daß der Erbprinz im nächsten Monat zu seinem Regiment gehen und ich ihn begleiten soll. Mittags würde er für unseren Unterhalt sorgen, aber am Abend müßten wir uns entschließen zu fasten.« So hatte sich Wilhelmine ihren lange herbeigesehnten Aufenthalt in der Heimat nicht vorgestellt.

Immer deutlicher wurde, daß sich das Verhältnis zwischen Wilhelmines Gatten und ihrem Vater langsam dem Gefrierpunkt näherte. Friedrich Wilhelm I. konnte mit dem Bayreuther Erbprinzen nichts anfangen, der nicht einmal in der Lage war, ein Glas Bier auf einmal auszutrinken. Und wer das nicht konnte, war in den Augen des Königs kein echter Mann. Einmal reizte er ihn so lange, bis er doch ein großes Glas, das er gerade in der Hand hielt, auf einmal leerte – es bekam ihm nicht, was den König in seiner Meinung nur bestärkt haben dürfte, zumal der angetrunkene Erbprinz dem König arg offen seine Meinung über ein derartiges Benehmen sagte.

Friedrich Wilhelm schalt seinen Schwiegersohn einen »Esel und Einfaltspinsel«. Er werde »ihn noch in seiner Weise erziehen, oder es müßte mit seinem Latein zu Ende sein«. Offen forderte er die Offiziere von Friedrichs Regiment dazu auf, ihren Vorgesetzten zu schmähen. Das ging sogar der Königin zu weit, die ansonsten ja nicht viel von ihrem Schwiegersohn hielt, sich nun aber beherzt ins Zeug legte und ihrem Mann klarmachte, daß alles seine Grenzen hat. »Ich zittere«, schrieb Wilhelmine am 13. Januar 1733 an ihren Bruder, »daß er ihn auf gleichem Fuß behandelt wie früher Dich. Ich weiß nicht, was er gegen ihn hat.« Gar nichts, könnte man hinzufügen, obwohl Wilhelmine mit ihrer Befürchtung schon recht hatte: Der König wollte seinen Schwiegersohn brechen, so wie er einst seinen Sohn zur Räson gebracht hatte. Jeden Gedanken an Hochmut, jede eigene Willensregung wollte er ihm austreiben. Doch Wilhelmines Mann hatte nicht die Kindheit Friedrichs gehabt. Er stand dem ganzen Benehmen seines Schwiegervaters fassungslos gegenüber. Er wollte sich nicht brechen und auch nicht seinen Mund verbieten lassen. Dem mußte eigentlich die sofortige Abreise aus Berlin folgen – und genau das hatte der Bayreuther vor. Nur mühsam ließ er sich davon abbringen. Wäre er in dieser Situation gegangen, das Tischtuch zwischen König und Schwiegersohn wäre endgültig zerschnitten gewesen.

Kronprinz Friedrich konnte sich gut in die Lage seines Schwagers hineinversetzen. Doch er kritisierte die Reaktion des Erbprinzen: Dieser müsse vorsichtiger in seinen Äußerungen werden und sich genau überlegen, was er zu wem sage. Darüber hinaus aber gab er seinem Namensvetter in einem Brief an Wilhelmine auf den Weg: »Ich bitte Dich aber, liebste Schwester, dem Erbprinzen Geduld anzuraten. Alles, was der König sagt, tut ihm keine Einbuße, und er straft ihn am besten Lügen, wenn er die unangenehme Lage, in der er ist, mit Seelengröße erträgt. Ich gebe zu, daß viel dazu gehört, und daß ich leicht raten kann, nachdem ich selber zu leichtsinnig gewesen bin, um danach zu handeln.« Daß der König den Erbprinzen ablehnte, hatte aber für Friedrich noch einen anderen, ganz handfesten Grund: Der König habe Angst, »der Prinz könnte ihn um Dukaten bitten, von denen er sich nicht gerne trennte«. Je schlechter er ihn behandelte, kann man daraus folgern, um so weniger kam er auf die Idee, ihn um Geld zu bitten.

Friedrich beließ es nicht bei guten Ratschlägen, sondern benutzte sein inzwischen vertrautes Verhältnis mit Grumbkow dazu, sich für seine Schwester und deren Mann zu verwenden: Der König, schrieb er an Grumbkow, behandle sie, daß es eine Schande sei, den Erbprinzen gar wie einen »jämmerlichen Dummkopf, darüber gerät der Ärmste in

Verzweiflung. Ich versichere Sie meiner Dankbarkeit bis ins vierte Glied, können Sie und Seckendorff es dahin bringen, daß diese armen, unglücklichen Menschenkinder nicht mehr vom König beleidigt werden.« Doch es seien ja nicht nur die Demütigungen: Seine Schwester habe »nichts zu leben«, dramatisierte er deren finanzielle Schwierigkeiten. »Ich kenne ihr gutes Herz, lieber Freund, und weiß, daß sie Mitleid fühlen werden.« Prompt erhielt auch Wilhelmine Geld aus Wien, nicht weil dem Kaiser ihr Schicksal besonders nahegegangen wäre, sondern weil er auf Gegenleistungen hoffte, wie sie schon Seckendorff bei seiner Audienz angedeutet hatte: Man wußte um Wilhelmines Einfluß bei Friedrich, und ebendiesen sollte sie im kaiserlichen Sinne geltend machen. Wenig begeistert über diesen Erfolg seiner Eingabe wäre der Kronprinz allerdings gewesen, wenn er gewußt hätte, daß Seckendorff dem Prinzen Eugen vorgeschlagen hatte, im Zweifelsfall die Unterstützung für Friedrich zusammenzustreichen und einen Teil dieses Geldes statt dessen Wilhelmine zu geben.

Bei einer Audienz, die Wilhelmine auf Friedrichs Bitte hin Seckendorff gewährte, ließ dieser keinen Zweifel daran, daß Wilhelmine dieses Geld nicht ohne Gegenleistung bekommen sollte: Sie möge sich bei ihrem Bruder für die arme Braunschweiger Prinzessin verwenden, die Kaiserin habe mit großem Bedauern von dessen Abneigung gegen sie gehört. »Sie wünschte sehnlichst, daß zwischen beiden Gatten ein gutes Einvernehmen erzielt werden möge, da sie durch diesen Bund die Freundschaftsbande zwischen dem Hause Österreich und dem preußischen Königshaus noch enger zu knüpfen hofft. Ew. Königliche Hoheit dürften mehr als irgend jemand infolge Ihres Einflusses auf Ihren königlichen Bruder hierzu beitragen können.« Die Kaiserin werde sich dafür »bei jeder Gelegenheit gefällig erzeigen«. Wilhelmine antwortete darauf nur kurz: Friedrich und Elisabeth

Christine seien verlobt, also werde sie auch bestrebt sein, ein gutes Einvernehmen zwischen ihnen herbeizuführen. Die Zahlungen aus Wien hat die stolze Preußin gerne entgegengenommen, gaben sie ihr doch ein Stück Freiheit, das ihr geiziger Vater und ihr nicht minder geiziger Schwiegervater ihr zu geben nicht bereit gewesen waren.

Während ihres Aufenthalts in Berlin gab es für Wilhelmine nur wenige Lichtblicke, und dazu gehörte zuallererst das Wiedersehen mit dem geliebten Bruder an den Weihnachtstagen des Jahres 1732: »Er war so erfreut, mich bei der Königin anzutreffen, daß er sich kaum die Mühe gab, ihr ein paar Worte zu sagen, und auf mich zueilte. Daß unser Wiedersehen ein gar zärtliches war, läßt sich wohl denken. Wir hatten uns so viel zu sagen, daß wir nicht wußten, wo wir anfangen sollten.« Um so härter traf es Wilhelmine, daß Friedrich zum Jahresende wieder in seine Garnison aufbrechen mußte. Die Tage zogen sich dahin. Der König schwankte zwischen Wutausbrüchen und Depressionen, wenn ein neuer Gichtschub ihn nahezu bewegungslos werden ließ. War es um seine Gesundheit wieder besser bestellt, betranken er und seine Tabakskollegen sich, »bis sie nicht mehr stehen konnten«.

Dem am preußischen Königshof in diesen Tagen gebotenen »Kulturprogramm« konnte Wilhelmine nur wenig abgewinnen. Wie ihr Bruder war sie eine Verehrerin der französischen Kunst, deutschsprachige Komödien, wie sie allenfalls am Berliner Hof aufgeführt wurden, fand sie lächerlich und ließ sich in den Briefen an ihren Bruder herrlich arrogant darüber aus, wohl wissend, daß dieser Sarkasmus bei Friedrich auf fruchtbaren Boden fiel: »Wir gehen jeden Abend in die Komödie. Ich glaube, wir sollen das für unsere Sünden büßen, denn es gibt nichts Langweiligeres.« Auch in ihren Memoiren nahm sie kein Blatt vor den Mund: »Der König teilte uns mit, er habe eine deutsche Komödiantentruppe kommen lassen. Wir wohnten am selben Abend diesem schönen Schauspiel bei: Es war zum Einschlafen. Es gefiel dem König aber so gut, daß er die Truppe engagierte. Wehe dem, der sich den Vorstellungen fernhielt. Sie dauerten vier Stunden lang, und man konnte sich nicht rühren noch etwas sagen, ohne sich Verweise zuzuziehen ...« Wie für Friedrich, waren die Ironie, ja der Sarkasmus für Wilhelmine die einzige Möglichkeit, mit der unerträglichen Situation, in der sie sich befand, fertig zu werden. Wäre nicht ihr »kleiner Geiger« Hofmann gekommen, mit dem sie in die Welt der Musik entfliehen konnte – Wilhelmine hätte ihr trauriges Los in Berlin noch weniger ertragen können. Überhaupt war die Musik wieder einmal ihre liebste Seelentrösterin. Sie stecke »bis über die Ohren im Komponieren«, schrieb sie ihrem Bruder, und man spürt förmlich, welche Freude sie daran hatte. Selbst die alten Kosewörter aus der Kindheit benutzte sie wieder: »Ich fange wieder an, meine Finger in Übung zu bringen, um der Prinzessin Flöte den Kleidsaum zu küssen. Der Prinz Dickbauch [die Laute] dreht sich um sie wie die Erde um die Sonne; er stößt so schmachtende Seufzer aus, daß er erbarmungswürdig anzuhören ist.«

Daß Wilhelmine in dieser Situation nicht doch den Entschluß gefaßt hat, wieder nach Bayreuth zurückzukehren, ist vor allem dem Einfluß ihres Bruders geschuldet, der hoffte, daß »der Wind umschlägt« und der launenhafte König sich wieder in einen fürsorglichen Vater verwandeln könnte. Diese Hoffnung war vergeblich. Auch Wilhelmines Mutter mußte eingestehen, daß sie ihrer Tochter nicht helfen konnte: »Geduld ist die beste Partei, die Wilhelmine ergreifen kann«, schrieb sie am 22. Januar 1733 an den Kronprinzen. »Ihr Mann ist krank vor Gram, dennoch reisen wir morgen nach Potsdam ab, wo ich befürchte, daß ihnen nichts anderes übrigbleibt, als sie [die schlechte Behandlung durch den König] hinzunehmen, ohne daß ich es verhindern oder mildern könnte. Es betrübt mich selbst, zu sehen, daß ich ihnen nicht helfen kann.«

In Potsdam, das Wilhelmine schon als Kind nicht gemocht hatte, verhielt sich der König ihr gegenüber zwar etwas freundlicher, doch der arme Erbprinz bekam weiter seine ganze Verachtung zu spüren. Der Mann konnte einem leid tun. Für Abwechslung war in der Garnisonstadt noch weniger gesorgt als in Berlin: »Das traurige Leben, das wir dort führten, war dem Geist wie dem Körper gleich unzuträglich. Das Essen war schlecht und so karg, daß man nicht satt davon wurde. Ein Hofnarr, der dem König gegenübersaß, erzählte ihm die Neuigkeiten aus den Zeitungen und erging sich dabei in Bemerkungen, die ebenso lächerlich wie stumpfsinnig waren. Nach Tisch schlief der König in einem Lehnstuhl nahe am Kamin; wir saßen alle ringsumher und hörten zu, wie er schnarchte; sein Schlaf währte bis um drei Uhr, worauf er ausritt. Ich mußte den ganzen Nachmittag bei der Königin bleiben und ihr vorlesen, was ich nicht vertragen konnte.« Die einzige Hoffnung Wilhelmines war ein Besuch ihres Bruders, und als dieser absagen mußte, schrieb sie am 31. Januar 1733 resigniert: »Ich habe Dein Herkommen erwartet wie die Juden die Ankunft des Messias. Nun bin ich dieser Hoffnung auf einmal beraubt.«

Der Erbprinz erhielt derweil von allen Seiten den Rat, um die Rückkehr zu seinem Regiment zu bitten. Das war die einzige Chance, seinem mißgünstigen Schwiegervater zu entkommen, ohne ihn vor den Kopf zu stoßen. Denn die Rückkehr zum Regiment bedeutete ja die Rückkehr zur Pflicht – im Dienst des Königs von Preußen. Allerdings mußte er dies ohne Wilhelmine tun, die am 21. Februar an ihren Bruder schrieb: »Ich werde ihn wohl nicht begleiten.« Mitte März reiste der Erbprinz ab zu seinem Regiment – und erhielt vom König sogar ein Geschenk, »einen Stockknopf von Prinzenmetall«. Diese ungewohnte Großzügigkeit war keinem Sinneswandel zu verdanken, sondern guten Nachrichten über Friedrich und seine Braut: »Die Prinzessin [Elisabeth Christine von Braunschweig-Bevern] soll sehr zu ihrem Vorteil verändert sein, und der König hält Dich für sehr verliebt.«

Wilhelmine wußte, wie schnell sich dieser Wind wieder drehen und die gute Laune des Vaters sich verflüchtigen konnte. Ein Umschwung zeichnete sich schon ab, als Wilhelmine den Wunsch äußerte, ihren wieder nach Pasewalk abgerückten Mann besuchen zu dürfen – der König lehnte ab.

Zwischen Krieg und Frieden

Zwar sah Wilhelmine den Kronprinzen Ende Juli noch einmal, doch wie stets in den vergangenen Monaten waren seine Besuche in Berlin von kurzer Dauer. Ohne ihren Bruder aber, den Launen ihrer Eltern ausgesetzt, die sie weiter wie ihre kleine Tochter und nicht wie eine verheiratete Frau behandelten, wurde Wilhelmine die Zeit immer unerträglicher: »Allein, ich hatte mich mit Geduld gewappnet, und die Hoffnung, bald nach Bayreuth zurückzukehren, half mir, diese Kränkungen zu ertragen.« Als aber die Stunde des Abschieds am 27. August 1733 tatsächlich kam, schwang auch Wehmut mit, wie Wilhelmine in ihren Memoiren festgehalten hat: »Der König besuchte mich am Tage meiner Abreise, um mir Lebewohl zu sagen, aber es geschah auf recht kalte Weise. Es war das letzte Mal, daß ich diesen teuren Vater sah, dessen Andenken ich stets hochhalten werde. Ich nahm rührend Abschied von meinem Bruder. Die Königin brach in Tränen aus, als ich mich von ihr trennte, und ich riß mich weinend los.«

Dennoch stand für Wilhelmine fest, wenigstens zu Lebzeiten des Königs nicht mehr nach Berlin zurückzukehren:

Denn das »hieße für mich Selbstmord, denn ich weiß, was ich dort gelitten habe … Ich galt als Auswurf der Menschheit; meine besten Freunde haben zuerst Steine auf mich geworfen …« Und an anderer Stelle: »Man hat mich [dort] fast verrückt gemacht und derart auf meine Gesundheit losgewütet, daß ich es noch heute spüre … Ich weiß zu gut, wie es dort hergeht und wie die Herrschaften gelaunt sind, um noch einmal in jenes Labyrinth zurückzukehren, an das ich nur mit Schaudern zurückdenke.«

Die Fahrt nach Bayreuth verlief auch dieses Mal nicht ohne Zwischenfälle, wie Wilhelmine mit der ihr typischen Ironie festhielt: »Der Kutscher war wieder so freundlich, uns auf der Landstraße umzuwerfen. Der Wagen fiel zweimal um, die Decke zuunterst. Da ich mich nicht vorsah, zerkratzte ich mir das ganze Gesicht und schlug mir den Kopf wund. Doch setzte ich trotzdem die Reise fort.« Über Halle ging es weiter nach Hof, wo Erbprinz und Erbprinzessin bereits erwartet wurden: »Ich erfuhr«, schreibt Wilhelmine am 5. September 1733 an ihren Bruder, »zu meiner Überraschung, daß der Markgraf eigens nach Hof gereist sei, um mich in aller Form einzuholen, und daß ich am folgenden Tag einen feierlichen Einzug halten sollte als Entschädigung für den schlechten Empfang im letzten Jahr. Eine halbe Stunde vor der Stadt kam er mir mit über 300 Personen, Wagen und allem Zubehör entgegen. Die Landmiliz bildete in allen Straßen Spalier und feuerte Geschütz- und Gewehrsalven ab. Er empfing mich sehr freundlich …« Wilhelmine inspirierte dieser Sinneswandel ihres Schwiegervaters, um »über die menschliche Torheit zu lachen«, doch die Freude Georg Friedrich Karls war nicht gespielt. Er hatte wirklich Angst gehabt, seinen Sohn und seine Schwiegertochter an Preußen zu verlieren – mit all den Konsequenzen, die dies für sein kleines Land und dessen Unabhängigkeit vom großen Berliner Bruder gehabt hätte.

In Bayreuth traf Wilhelmine Flora von Sonsfeld wieder, »die sich sehr freute, mich wiederzusehen, und mir mein Töchterchen zeigte, das ich wahrlich nicht wiedererkannt hätte. Man hatte ihr allerlei kleine Fertigkeiten beigebracht, und ich darf sagen, es war das schönste Kind, das man sich denken kann.« Fast zehn Monate hatten die Eltern die kleine Elisabeth Friederike nicht mehr gesehen! Doch mehr als Wilhelmine, die wieder einmal krank das Zimmer hüten mußte, kümmerte sich der Vater um das Töchterlein: »Er ist«, berichtete Wilhelmine dem Bruder, »den ganzen Tag bei dem Kind und steht zwei Stunden früher als gewöhnlich auf, um zu ihm zu gehen. Er hält es für ein Meisterwerk der Natur, wie die Eule in der Fabel, die ihre Jungen weit schöner fand als alle anderen. Er hat mich fast kniefällig gebeten, Dir nichts davon zu sagen, denn er schämt sich, aber ich bitte Dich, ihn damit zu necken. Wie er mir gestand, ist ihm das Geschrei des Kindes lieber als die schönste Musik.«

Man spürt diesem Brief die Gelöstheit Wilhelmines an. Und tatsächlich gehören die Monate nach der Rückkehr aus Berlin zu den glücklichsten in ihrem Leben: »Wir leben hier in tiefstem Frieden, und der Markgraf tut, was er kann, um mich zu Dank zu verpflichten. Er hat den Erbprinzen gestern in den Staatsrat eingeführt und zum leitenden Minister ernannt«, schrieb sie am 8. September 1733 an ihren Bruder. Vorbei also die Zeit, in der der Markgraf eifersüchtig auf seinen Nachfolger schielte und diesen möglichst aus allen Geschäften heraushielt. Natürlich glänzte Bayreuth vor allem deshalb so schön, weil es im Kontrast stand zu den katastrophalen Erlebnissen in Berlin. Und ohne den Berliner Aufenthalt wäre es auch dem Markgrafen nicht eingefallen, sich so intensiv um Sohn und Schwiegertochter zu kümmern.

Bedrohlicher und für Wilhelmine schwerer zu handhaben waren die politischen Turbulenzen der Zeit, die der Tod Augusts des Starken am 1. Februar 1733 ausgelöst hatte.

Die Frage, wer ihm auf den Thron folgen sollte, war geeignet, einen europäischen Krieg auszulösen. Polen war in der Theorie eine Wahlmonarchie, in der nicht etwa ein begrenztes Gremium – wie im Reich die Kurfürsten – wahlberechtigt war, sondern alle Adligen. Damit war der Korruption Tür und Tor geöffnet. So war das polnische Königtum in dieser Zeit ein Spielball der europäischen Großmächte, die ihren jeweiligen Kandidaten mit Hilfe der Magnaten durchsetzen wollten. Das war auch dieses Mal so. Österreich und Rußland machten sich für den Sohn Augusts stark, Frankreich unterstützte den Schwiegervater Ludwigs XV., Stanisław Leszcziński, der von 1704 bis 1709 schon einmal versucht hatte, polnischer König zu werden, dann aber an August dem Starken gescheitert war.

Friedrich Wilhelm I. hatte den Tod seines »Patrons« zwar aufrichtig betrauert, doch darüber nicht die Realpolitik aus den Augen verloren. Daß der Kaiser und Rußland sich für Augusts Sohn einsetzten, behagte ihm gar nicht, denn eine solche dynastische Erbfolge hätte den Rang Sachsen-Polens deutlich erhöht und wäre ein Schritt auf dem Weg hin zu einem Erbkönigtum der beiden Länder gewesen. Am meisten ärgerte es den Preußen aber, daß weder Russen noch Österreicher ihn um seine Meinung gefragt hatten. Schließlich wurde Stanisław Leszcziński am 12. September 1733 von rund 6000 Adligen als Stanislaus I. zum König ausgerufen. Das war zwar die Mehrheit, doch die rund 3000 Mann starke sächsische Partei sah noch keinen Anlaß aufzugeben. Die Diplomaten aus Dresden verteilten weiter ordentlich Geld, und russische Truppen marschierten in Polen ein; Bajonette waren schon immer ein gutes Argument ... So kam es am 5. Oktober 1733 zur Wahl Friedrich Augusts von Sachsen zum polnischen König, Stanisław Leszcziński mußte unter dem Druck der russischen Waffen das Land verlassen – ohne daß er seinen Anspruch auf die Krone aufgegeben hätte.

Die polnische Königswahl mündete daher fast zwangsläufig in einem Kräftemessen der europäischen Großmächte. Am 19. Oktober 1733 erklärte Frankreich Österreich den Krieg – und schon steckte auch Preußen mitten in dem Schlamassel. Aufgrund der Verpflichtungen des Berliner Vertrags von 1728 mußte sich Friedrich Wilhelm auf die österreichische Seite schlagen und dem Kaiser 10 000 Mann zur Verfügung stellen.

Dieser drohende europäische Krieg zog auch die kleine Markgrafschaft Bayreuth in den Sog der großen Politik – und dies ausgerechnet in einer Zeit, in der Wilhelmine allen gesundheitlichen Problemen zum Trotz ihren inneren Frieden gefunden zu haben schien. Noch Mitte Oktober 1733 glaubte die Erbprinzessin nicht an einen Krieg. Daß ihr Mann in Bayreuth ein preußisches Regiment ausheben sollte, beurteilte sie gar positiv, wohl in der Annahme, daß der Erbprinz dann nicht mehr ins ferne Pasewalk mußte, sondern seinen Dienst als Regimentskommandeur in der Heimat leisten konnte. Dabei ging sie davon aus, daß »der König am Krieg nicht teilnehmen werde«, ja noch am 17. Oktober frohlockte sie: »Alle Kriegsrüstungen sind also in Dunst aufgegangen.«

Von Anfang an skeptisch gegenüber den Plänen seines Schwagers war dagegen Markgraf Georg Friedrich Karl. Zwar hatte er im Zuge der Eheschließung Wilhelmines und Friedrichs dem Preußenkönig das Recht einräumen müssen, Soldaten in der Markgrafschaft zu werben, doch ging dieser Plan des »Soldatenkönigs« weit darüber hinaus. Georg Friedrich Karl dachte nicht daran, ein Regiment für den Preußenkönig ausheben zu lassen. Daran änderte auch ein »ziemlich scharfer Brief« Friedrich Wilhelms nichts. Als ein preußischer Werber einen katholischen Priester aus dem Fürstbistum Bamberg entführte, nach Bayreuth brachte und von dort als »langen Kerl« nach Preußen schicken wollte, kannte seine Wut keine Grenzen. Er ließ den verantwortlichen Offizier verhaften, und nur die mäßigende Einwirkung Wilhelmines sorgte dafür, daß die Geschichte kein schlimmes Ende nahm: Dem Offizier wurde nicht der Prozeß gemacht, und der entführte Priester durfte zurück zu seinen Bamberger Schäfchen.

Die Hoffnung Wilhelmines, daß sich der Streit um die polnische Thronfolge werde friedlich beilegen lassen, erfüllte sich nicht. Am 23. Oktober erhielt sie von ihrem Bruder die Nachricht, daß die Franzosen nach der Besetzung Lothringens nun auch den Rhein überschritten hätten. Wilhelmine verlor die Fassung: »Ich bin in solcher Wut auf die Franzosen, daß ich ihnen ihr Gesicht zerkratzen möchte … Ich wünschte, dieser Auswurf der Menschheit …, diese Friedensstörer wären im Fegefeuer oder, besser, sie wären im Mond, der mit Geistern ihres Schlages bevölkert sein muß.« Der Zorn war in diesem Fall nur eine kurze Raserei: Der Kronprinz hatte ihr nämlich auch geschrieben, daß er seinen Vater bitten werde, ihn ins kaiserliche Feldlager zu schikken – und auf dem Weg dorthin wollte er natürlich einen Abstecher über Bayreuth machen. »Die Aussicht, Dich bald hier wiederzusehen, brachte mich ganz aus dem Häuschen.« Als sie dann auch noch von Gerüchten hörte, daß es dem französischen Gesandten in Berlin gelungen sei, den König dazu zu bewegen, neutral zu bleiben, hatte sie ihren Groll schon wieder vergessen: »Wir leben hier zufrieden wie die Könige und haben täglich Ball und Musik«, teilte sie ihrem Bruder am 27. Oktober 1733 mit. Der Kronprinz ging damals noch davon aus, daß Preußen nicht direkt in den Krieg involviert werden würde. Er persönlich schwankte zwischen dem Wunsch, in den Krieg zu ziehen und es den Franzosen zu zeigen (Brief vom 1. November), und der Rolle des kühlen Beobachters, der sich darüber lustig machen wollte, wenn die kaiserlichen Truppen von den Franzosen zerzaust würden (Brief vom 6. November).

Wilhelmines Gemahl war inzwischen so sehr vom militärischen Ehrgeiz gepackt, daß er seinen Vater darauf drängte, ihn am Krieg teilnehmen zu lassen. Dies forderte auch der »Soldatenkönig« eindringlich. Doch Georg Friedrich Karl blieb bei seiner ablehnenden Haltung. Lediglich den Herzog von Braunschweig-Bevern, den Oberkommandierenden der kaiserlichen Truppen, durfte der Erbprinz in dessen Heilbronner Hauptquartier besuchen. Keinesfalls sollte er näher an den Lärm der Kanonen herangehen. Anfang November kehrte er nach Bayreuth zurück, ohne militärischen Lorbeer geerntet zu haben. Kaum zu Hause angekommen, erhielt Friedrich eine traurige Nachricht: Sein jüngerer Bruder Wilhelm Ernst war in Mantua an den Pocken gestorben, am 3. Dezember fand seine Beisetzung in Bayreuth statt. Wilhelmine machte sich in ihren Memoiren nicht die Mühe, mit ihren Gefühlen hinter dem Berg zu halten: »Für die ganze Familie war es ein Glück. Denn dieser ungemein törichte Prinz hätte seinem ganzen Hause viel Schaden zugefügt, wäre er am Leben geblieben.« Gleichwohl hatte dessen Tod schwerwiegende Folgen: Nun ruhte der Fortbestand der Bayreuther Markgrafenlinie einzig auf den Schultern Friedrichs. Den alten Markgrafen machte dies noch entschlossener, seinen nunmehr einzigen Sohn nicht an dem Krieg gegen Frankreich teilnehmen zu lassen.

Der verstorbene Markgraf Wilhelm Ernst war Inhaber eines kaiserlichen Regiments gewesen, an dessen Spitze traditionell ein fränkischer Hohenzoller stand. Zudem war er Oberst des fränkischen Reichskreises gewesen. Bei beiden Ämtern hoffte Erbprinz Friedrich, in die Fußstapfen seines jüngeren Bruders treten zu können. Wohl weil er es als Verpflichtung seinem Haus gegenüber sah und nicht aus Überzeugung, bat Markgraf Georg Friedrich Karl den König um Fürsprache beim Kaiser. Wilhelmine stand dem Wunsch ihres Mannes positiv gegenüber: »Dann hat er über 4000 Mann unter seinem Kommando und nebenher einen hübschen Zuwachs an Einnahmen.« Welche Konsequenzen dies nach sich ziehen konnte, mußten die Bayreuther zerknirscht feststellen, als der Antwortbrief des Königs ins Schloß flatterte: Friedrich Wilhelm wollte nicht nur keine Fürsprache beim Kaiser einlegen, sondern setzte zu einer Philippika an, die es in sich hatte: »Die ... Antwort«, so Wilhelmine erschrocken, »ist so schroff wie möglich. Sie lautet: Da er ihm nicht den Gefallen habe tun wollen, ein Regiment in seinem Land und in seinem Sold auszuheben, habe er beschlossen, seine Hand von ihm wie vom Erbprinzen und mir abzuziehen. Die Ausdrücke sind so schroff, als hätte der König an einen seiner Untertanen und nicht an einen Reichsfürsten geschrieben. Das kaiserliche Regiment anzunehmen stände dem Prinzen frei, dann aber müsse er das preußische Dragonerregiment aufgeben, denn niemand könne zwei Herren dienen. Mir hat er durch einen seiner Sekretäre schreiben lassen, der regierende Markgraf sei ein Esel ..., mit dem er nichts zu tun haben wolle.«

Auch Kronprinz Friedrich hielt es für ausgeschlossen, daß sein Schwager das Kommando über beide Regimenter behalten konnte. Es bleibe ihm nichts übrig, »als den hiesigen Dienst zu quittieren«, und selbst Wilhelmine war dieser Meinung. Doch nach einigem Lavieren versuchte der Erbprinz doch das Unmögliche. »Er liebt sein preußisches Regiment wie seine Liebste«, schrieb Wilhelmine am 13. März 1734 an ihren Bruder. »Dein Brief hat ihn zwar sehr schwankend gemacht, aber ich glaube, das ist jetzt einerlei, denn ich bin überzeugt, der König gibt ihm auch unverlangt den Abschied.« Das aber wäre für Wilhelmine der endgültige Bruch mit ihrer Familie gewesen, und der König hätte in diesem Fall auch seinem Thronfolger jeden Besuch in Bayreuth untersagt. Doch es geschah – nichts: Friedrich Wilhelm I. zeigte sich einmal mehr als Papiertiger; wahrscheinlich wollte er die Verbindung nach Bayreuth nicht kappen, aus im tiefsten Inneren ernsthaft empfundener Liebe zu seiner Tochter, aber auch aus politischen Gründen, hätte dies doch bedeutet, daß er keinen direkten Einfluß mehr auf die Markgrafschaft gehabt hätte. So blieben die Dinge in der Schwebe.

Der Krieg zwischen Frankreich und Österreich entwikkelte sich für den Kaiser in der ersten Jahreshälfte nicht eben günstig. Zwar hatte er erreicht, daß nicht nur seine Erblande hinter ihm standen, sondern auch der Reichskrieg gegen Frankreich erklärt wurde. Doch schon dies war nur ein halber Erfolg, denn die traditionell frankreichfreundlichen Wittelsbacher Kurfürsten in der Pfalz, in Bayern und in Kurköln machten klar, daß sie keineswegs daran dachten, gegen Frankreich in den Krieg zu ziehen. Derweil belagerten die Franzosen die Festung Philippsburg und rückten weit nach Deutschland hinein vor – bis an die Grenzen der Markgrafschaft Bayreuth. In dieser gefährlichen Lage setzte der Kaiser auf seinen altbewährten Feldherrn, den Prinzen Eugen. Wie er einst die Osmanen vom Balkan vertrieben hatte, so sollte er nun die Franzosen aus dem Reich hinausjagen. Doch Eugen war nicht mehr der Haudegen von einst, er war alt und grau geworden, wenngleich sich niemand offene Kritik an ihm erlaubte.

In Berlin schien sich die Waagschale im Frühjahr 1734 immer mehr zugunsten Frankreichs zu senken, und der König schimpfte fürchterlich auf den Kaiser. In Bayreuth ging gar das Gerücht um, daß Friedrich Wilhelm einen Geheimvertrag mit Frankreich geschlossen habe und seine Soldaten erst in Marsch setzen würde, wenn schon alles entschieden sei. Wilhelmine beurteilte dies schon ganz aus Bayreuther Sicht negativ: Nur in der Anlehnung an den Kaiser und den König in Preußen konnte sich die kleine Markgrafschaft gegenüber dem frankreichfreundlichen Bayern behaupten. Die Sorge Wilhelmines war unbegründet: Nachdem der Reichskrieg am 9. April 1734 erklärt worden war, glaubte Friedrich Wilhelm I. nicht mehr umhinzukönnen, seine vertraglich zugesicherte Bündnispflicht zu erfüllen. Anfang Juni waren die preußischen Soldaten bereits am Rhein, dem Zentrum der Auseinandersetzung. Kronprinz Friedrich brach in der Nacht vom 29. auf den 30. Juni von Monbijou aus auf, um zu den preußischen Truppen zu stoßen. Der König selbst wollte eine Woche später aufbrechen, schärfte aber seinem Sohn bei dessen Abreise ein, keinesfalls zu trödeln und nicht über Ansbach oder Bayreuth zu reisen. Erst auf der Rückkehr, nach getaner Arbeit, dürfe er Wilhelmine einen Besuch abstatten. Immerhin dieses Zugeständnis hatte Friedrich seinem Vater mühsam abringen können.

In Bayreuth ging der Konflikt zwischen dem Markgrafen und seinem Sohn in die nächste Runde. »Der Erbprinz will durchaus am Feldzug teilnehmen, aber der Markgraf und das Land erheben Einspruch. Wie Du Dir denken kannst, ist mir das sehr lieb, zumal ich schon in großer Sorge bin, daß Du ins Feld rückst«, schrieb Wilhelmine am 16. März 1734 an ihren Bruder. Mit dem »Land« meinte Wilhelmine die Landstände, die ständische Vertretung der Untertanen, die in der Markgrafschaft bei der Bewilligung von Steuern und außergewöhnlichen Ausgaben ihr Plazet geben mußte. Den Erbprinzen forderten die Stände am 7. Juli offiziell auf, im Land zu bleiben. Doch wußten auch die Vertreter der Stände und der Markgraf, daß sich die Teilnahme des Erbprinzen am Feldzug nicht mehr würde vollständig verhindern lassen, zumal die Markgrafschaft Bayreuth im Rahmen des Reichskontingents an den Kriegshandlungen beteiligt war. Weit schwerer wog aber, daß der »Soldatenkönig« in einem Brief an Georg Friedrich Karl schrieb, daß er es »für sehr anständig« erachten würde, wenn der Erbprinz »die Kriegsoperationes am Rhein gegenwärtig mit ansehen und sich dadurch so viel gründlicher in denen Kriegssachen habilitieren möchte«. Natürlich war das keine Empfehlung, sondern ein Befehl, dem sich die Bayreuther fügen sollten. Noch deutlicher sei der König ihr gegenüber geworden, erzählt Wilhelmine in ihren Memoiren: »Soll er seinen Kohl in Bayreuth bauen, während alle Fürsten des Reiches Krieg führen? Er wird in der Welt für einen Feigling gelten, der keine Ehre im Leib hat.« Der Markgraf bringe seinem Sohn Schande, wenn er ihn davon abhalte, in den Krieg zu ziehen.

Einen gangbaren Ausweg fand Graf Seckendorff: Der Erbprinz sollte zwar zur Armee gehen, sich aber keiner konkreten Gefahr aussetzen, sondern möglichst in sicherer Entfernung von jeder Schußlinie bleiben und bald wieder nach Bayreuth zurückkehren. So wäre allen Seiten gedient. Wilhelmine kannte ihren Gemahl aber inzwischen nur zu gut: »Er war in militärischen Dingen von maßlosem Ehrgeiz und hing ihnen mit Leidenschaft an, und er war rasch und feurig. Ich mußte daher befürchten, daß er sich zu sehr aussetzen und ihm etwas zustoßen würde.« Hatte der Markgraf vor allem politische und dynastische Gründe, sich den Forderungen des preußischen Königs zu widersetzen, war es bei Wilhelmine die menschlich nur allzu verständliche Angst um ihren Gemahl. Endlich war alles gut geworden, endlich war Wilhelmine mit ihrem Leben zufrieden – und nun sollte ein dummer Krieg dies alles aufs Spiel setzen? Dieser Krieg rückte ohnehin immer näher an die Bayreuther Grenzen. Am 18. Mai 1734 schrieb Wilhelmine ihrem Bruder sorgenerfüllt: »Wir schweben hier in Todesängsten und halten uns zum Aufbruch bereit, denn die Franzosen stehen nur acht Meilen von Erlangen, somit haben wir für unser armes Land alles zu fürchten; sie werden es völlig zugrunde richten.« Alles war bereits zur Flucht nach Dänemark vorbereitet, an den Hof von Friedrichs Tante.

Die Sorge Wilhelmines war unbegründet, denn in der Zwischenzeit formierten sich auch die Truppen des Kaisers und seiner Verbündeten, während die Franzosen mit über 50000 Mann bei der Belagerung Philippsburgs festgehalten wurden. Die Markgrafschaft verwüsteten derweil andere Soldaten – preußische. Das Kontingent des »Soldatenkönigs« marschierte Ende Mai durch das Land, und die preußischen Truppen benahmen sich wie der Elefant im Porzellanladen: »Ich kann Dir nicht verschweigen«, klagte Wilhelmine ihrem Bruder, »sie haben in unserem Lande so furchtbare Unordnung angerichtet, daß allgemeine Verzweiflung herrscht. Wenn das so weitergeht, kommen wir alle ins Armenhaus ... Die Leute sind mit Gewalt weggeschleppt und die armen Bauern mißhandelt worden ...« Auf Beschwerden hätten die Soldaten dreist geantwortet, »so hätte es der König befohlen«. Der Markgraf geriet darüber in furchtbaren Zorn, doch es war ein ohnmächtiger Zorn. Und genau das hatte der König bezweckt: Er wollte dem aufsässigen Esel in Bayreuth klarmachen, daß man sich ihm nicht ungestraft widersetzte und daß er nach seiner Pfeife zu tanzen hatte.

Daß Friedrich Wilhelm ausgerechnet in dieser Situation seinen Besuch in Bayreuth ankündigte, war für Wilhelmine der Gipfel. Sie wollte nur einen aus ihrer Familie sehen: ihren geliebten Bruder. Der hatte, wie erwähnt, strikten Befehl, Bayreuth zu meiden. Friedrich hätte es nicht gewagt, die Anordnung seines Vaters einfach zu ignorieren. Aber gab es nicht doch eine Möglichkeit? Der König hatte seinem Kronprinzen nicht verboten, seine Schwester zu treffen, nur nach Bayreuth sollte er nicht gehen. Das war die Lösung: Er schlug ihr das bei Bayreuth gelegene Berneck als Treffpunkt vor. In ihren Memoiren hat Wilhelmine ausführlich geschildert, wie es am 2. Juli 1734 endlich zu dem ersehnten Wiedersehen gekommen ist. Gemeinsam mit ihrem Mann machte sich Wilhelmine am frühen Morgen des 2. Juli auf den Weg nach Berneck, doch nach stundenlangem Warten in sengender Hitze, der ein mörderisches Gewitter folgte, sei Friedrich

Markgräfin Wilhelmine in Pilgertracht, um 1750. Gemälde von Antoine Pesne.
Im Barock galt die Pilgerschaft als Symbol für das Exil, die Grotte verkörperte den Ort der Zurückgezogenheit. Weil sich Wilhelmine durch ihre Heirat nach Bayreuth ins »Exil« getrieben fühlte, ließ sie sich von Pesne als Pilgerin darstellen. Zugleich deuten Bücher, Pastellstifte und Partitur auf vielfältige künstlerische und philosophische Interessen und spiegeln den geistigen Horizont der Markgräfin wider.

Prinzessin Wilhelmine in Preußen im Alter von zwei Jahren, um 1711. Gemälde von Antoine Pesne.

Das erste Gemälde von Wilhelmine: Im Hintergrund ist ein Thronsessel zu sehen, die Finger ihrer rechten Hand hat Wilhelmine in herrscherlicher Geste gespreizt, den Kopfschmuck kann man als Andeutung eines Diadems oder einer Krone sehen – Pesne hat das kleine Mädchen schon als Königin gemalt.

Friedrich Wilhelm I., König in Preußen. Gemälde von Georg Wenzeslaus von Knobelsdorff, 1737.
Wilhelmine hat ihren Vater aufrichtig geliebt, auch wenn sie unter seinem strengen Regiment oft gelitten hat.

Königin Sophie Dorothea in Preußen. Gemälde von Antoine Pesne.
Vielseitig gebildet, sehr belesen und musikalisch: Wilhelmines Mutter war eine große Verehrerin der schönen Künste.

Friedrich der Große als Kronprinz und seine Schwester Wilhelmine, um 1714. Gemälde von Antoine Pesne.
Das Bild illustriert die enge Beziehung, die zwischen den beiden ältesten Kindern des Kronprinzenpaares von frühester Kindheit an geherrscht hat.

Erbprinzessin Wilhelmine von Bayreuth, um 1734. Gemälde von Antoine Pesne.

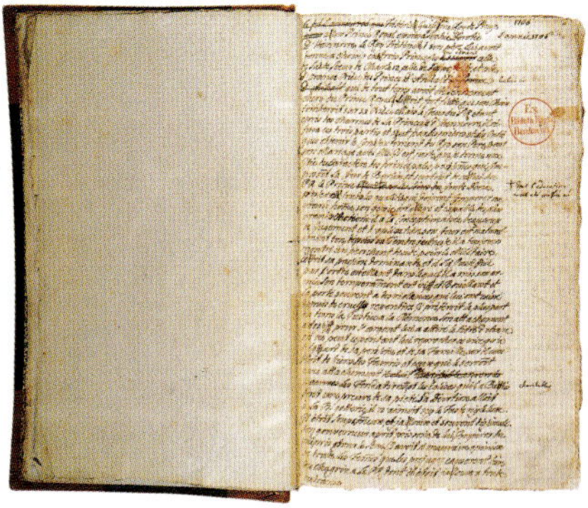

Die erste Seite der Memoiren, die Wilhelmine zwischen 1739 und 1746 verfaßte.

Erbprinz Friedrich von Brandenburg-Bayreuth, um 1731. Gemälde von Antoine Pesne.

Wilhelmine beschreibt ihren ersten Eindruck von dem Bayreuther Erbprinzen so: »Dieser Fürst ist groß und von schönem Wuchs; er sieht vornehm aus ... Er schien sehr lebhaft, schlagfertig und keineswegs schüchtern.« Um aber nicht den Eindruck aufkommen zu lassen, sie habe sich womöglich in ihn verliebt, fügt sie ihrer Schilderung hinzu: »Für den Prinzen fühlte ich keinerlei Abneigung, doch war er mir gleichgültig.«

Altes Schloß Eremitage, Innenhof.

Wilhelmine Dorothea von der Marwitz, um 1738. Gemälde von Antoine Pesne. Im Musikzimmer des Alten Schlosses Eremitage befindet sich bis heute das Porträt von Wilhelmines engster Vertrauten und zugleich gefährlichsten Rivalin, Wilhelmine Dorothea von der Marwitz.

Das stilvolle Musikzimmer im Alten Schloß Eremitage.

Das Neue Schloß mit Sonnentempel, Eremitage.

Blick in die Kuppel des Sonnentempels, Neues Schloß Eremitage.
Ab 1753 erweiterte Wilhelmine das Alte Schloß und den Hofgarten Eremitage um ein heiteres Sommerschlößchen mit prunkvoller Innenausstattung. Der so entstandene mittige Sonnentempel wird von einer Darstellung des Apoll mit Sonnenwagen bekrönt.

Wilhelmine von Bayreuth, 1745. Gemälde von Jean-Étienne Liotard.

Friedrich II., König von Preußen, um 1745. Gemälde von Antoine Pesne.

Bildnis Voltaires von einem unbekannten Maler.
Wilhelmine unterhielt mit Voltaire einen ausgedehnten Briefwechsel, doch vermochte sie zu ihrem Bedauern den berühmten Philosophen nicht auf Dauer an ihren Hof zu binden. Im Gefolge Friedrichs II. weilte Voltaire 1743 in Bayreuth, wo er »die Freuden der Gesellschaft«, vor allem die der jungen Hofdamen, außerordentlich genoß.

Stuckornamente aus dem Festsaal des Neuen Schlosses Bayreuth.
Nach dem Brand des Alten Schlosses 1753 ließ die Markgräfin das Neue Schloß errichten. Ihrem Bruder schrieb sie dazu: »Ich habe mir das Vergnügen gemacht, den Plan meines Palastes selbst zu entwerfen; er ist zwar puppenhaft, wird aber ganz bequem werden.«

Die schlicht gehaltene *Außenfassade des Neuen Schlosses*. Seinen Glanz offenbart Wilhelmines »kleines Versailles« erst im Inneren.

Die Giovanni Battista Pedrozzi zugeschriebene *Porträtbüste des Markgrafen Friedrich von Bayreuth* im Neuen Schloß Bayreuth.

Blick aus der prunkvollen Fürstenloge auf die Bühne des Markgräflichen Opernhauses.

Als künftige Intendantin war Wilhelmine schon bei der Planung des Opernhauses beteiligt: So bestand sie darauf, aus akustischen Gründen im Innenausbau ausschließlich Holz zu verwenden. Ebenso geht der theatralische Effekt, nach einem schlicht gehaltenen Entree in einen prächtigen, dabei zugleich Wärme und Intimität ausstrahlenden Theaterraum zu treten, auf ihre Einwirkung zurück.

Elisabeth Friederike, Gemälde von Jean-Étienne Liotard, 1745. Wilhelmines Tochter galt als eine der schönsten Prinzessinnen ihrer Zeit. Anläßlich ihrer glanzvollen Hochzeit mit dem Herzog Karl Eugen von Württemberg wurde das Markgräfliche Opernhaus eingeweiht.

Die prächtige Fassade des Markgräflichen Opernhauses.

Wilhelmine als römische Philosophin.
Johann Lorenz Wilhelm Räntz, 1772/73.
Zum Andenken an seine Schwester ließ Friedrich der Große im Park von Sanssouci einen Freundschaftstempel errichten, an dessen Rückwand sich diese Skulptur Wilhelmines befindet.

noch immer nicht erschienen. Er habe seine Route unerwartet geändert, so daß es erst am nächsten Morgen »in einem Ort nahe bei Bayreuth« zu dem mit Spannung erwarteten Treffen gekommen sei.

Dieser »Ort nahe bei Bayreuth« war das Lustschloß Sankt Georgen am See, und Friedrich hatte seine Route sicher nicht geändert, um der Schwester einen Streich zu spielen, sondern weil er Schwierigkeiten gehabt hatte, sich unbemerkt von seiner Entourage zu lösen: »Wie sollte ich es in meiner traurigen Lage anders anstellen?« Das Treffen selbst verlief zwar wegen des Krieges und der Differenzen zwischen Bayreuth und Berlin nicht ohne ernsthafte und bedrükkende Gespräche, doch es überwog die Wiedersehensfreude: »Mein Bruder überhäufte mich mit Zärtlichkeit«, erinnerte sich Wilhelmine, und Friedrich selbst schrieb seiner Schwester noch am selben Tag: »Unmöglich kann ich von hier abreisen, ohne Dir von Herzen für alle Zeichen Deiner Huld zu danken, die Du mir im Weiherhaus erwiesen hast.« Und einige Tage später: »Mir war nichts so schmerzlich wie unsere Trennung. Ich war verzweifelt, Dich, angebetete Schwester, so bald verlassen zu müssen.«

Immerhin übermittelte Friedrich seiner Schwester beruhigende Nachrichten vom Kriegsschauplatz bei Philippsburg: »Blut ist bisher fast gar nicht geflossen ... Hier geschieht nichts, außer daß man das französische Lager unter Wasser setzen will, um den Gegner zur Aufhebung der Belagerung zu zwingen ... Dieser Feldzug ist die friedlichste Sache von der Welt. Man hört keinen Schuß fallen. Die Franzosen hüten sich wohl, uns anzugreifen, und die Unseren haben ebensowenig Angriffslust. Man führt hier Krieg wie auf der Berliner Generalrevue ... Hier denkt man so wenig an eine Schlacht, wie ich Papst werden will.« Der Brief sollte Wilhelmines Sorge um ihren Gemahl etwas lindern, der bald ebenfalls an den Rhein aufbrechen wollte. Noch direkter ging

Friedrich darauf am 17. Juli 1734 ein: »Ich rate Euch ..., laßt ihn herkommen, und wäre es nur für acht Tage. Ich bürge dafür, daß ihm nichts zustößt. Der König [der inzwischen ebenfalls bei Philippsburg eingetroffen war] wird sich sehr freuen, ihn hier zu sehen ...«

Friedrich gab in den Briefen an Wilhelmine eine zutreffende Beschreibung des hinhaltenden Geplänkels, das mehr der Unterstützung der jeweiligen Diplomatie diente, als daß die Auseinandersetzung hier tatsächlich ernsthaft ausgefochten werden sollte. Zwar ergab sich Philippsburg am 18. Juli den Franzosen, doch nun saßen diese in der Festung, umringt von den kaiserlichen und preußischen Einheiten unter dem Befehl des Prinzen Eugen, der keine Lust hatte, sich womöglich in seiner letzten Schlacht noch eine blutige Nase zu holen. Fast wie bei einem Schachspiel rochierten die feindlichen Armeen in der Folge, sie beäugten sich mißtrauisch, aber ließen es nicht auf eine offene Schlacht ankommen – ein Krieg, wie er für die Zeit durchaus typisch war.

Trotz der Zusicherungen Friedrichs und Seckendorffs wehrte sich der Markgraf noch einmal heftig gegen die Abreise seines Sohnes, nachdem sein Bruder Markgraf Albrecht am 29. Juni bei Parma ums Leben gekommen und dem preußischen König eine Kanonenkugel vor die Füße gefallen war. Und da redeten seine Berater davon, daß dieser Krieg eine Lappalie sei! Der Erbprinz ließ sich nicht abschrecken. Er drohte seinem Vater sogar zu fliehen, sollte er ihn nicht ziehen lassen. Endlich, am 6. August, war der alte Markgraf weichgeklopft, und der Erbprinz konnte an den Rhein aufbrechen. Voller Sorge verabschiedete sich Wilhelmine von ihrem Mann: »Nur wer so stark zu lieben weiß wie ich, wird mir nachfühlen können. Ein tausendfacher Tod ist nicht mit dem Schmerz zu vergleichen, den ich erlitt. Ich war sicher, daß ich den Prinzen nicht wiedersehen würde. Er riß sich von mir los und war selbst von meinem Zustand so ergriffen, daß er nicht wußte, was er tat.« Als der Erbprinz am 13. August im Lager der Verbündeten bei Mainz ankam, gab es für ihn nicht nur ein Wiedersehen mit dem Kronprinzen; auch der König war noch vor Ort. Friedrich Wilhelm, dem es gesundheitlich sehr schlecht ging und der sich ansonsten unausstehlich verhielt, freute sich, daß der Bayreuther endlich gekommen war, und empfing ihn »sehr huldvoll«.

Daß auch ein sich träge dahinziehender Krieg gefährlich sein konnte, mußte der Erbprinz von Bayreuth bald nach seiner Ankunft im Lager erfahren. Wilhelmine hat das Ereignis nicht ohne Stolz in ihren Memoiren festgehalten: »Als er eines Tages mit dem Herzog Alexander von Württemberg, meinem Bruder und mehreren Fürsten und Generalen zur Rekognoszierung des Feindes ausgezogen war, stießen sie auf Franzosen, die sich jenseits des Rheines postiert hatten. Der Erbprinz fing an, eine Zeichnung des Lagers zu entwerfen, ohne zu merken, daß mein Bruder sich etwas entfernt hatte. Ein junger Husar, den er bei sich hatte, ließ sich's sehr zur Unzeit einfallen, mit einer Hakenbüchse Schüsse auf den Feind abzugeben. Die Herren Franzosen erwiderten sofort, und bald flogen die Kugeln rings um den Erbprinzen. Er wollte nicht zurückweichen und vollendete ruhig seine Zeichnung …« Der alte Markgraf drängte nun darauf, daß sein Sohn nach Bayreuth zurückkam. Und so geschah es. Am 12. September 1734 schrieb der Kronprinz seiner Schwester aus Heidelberg: »Der Erbprinz reist heute ab, wohlbehalten, wie ich es Dir versprach.« In ihren Memoiren hielt Wilhelmine fest: »Ich hatte das Glück, diesen teuren Prinzen am 14. dieses Monats wiederzusehen. Er hatte sich allgemein beliebt gemacht. Ich erhielt von mehreren Seiten Briefe über ihn, die seine Haltung während des Feldzugs und seinen militärischen Eifer lobten. Er war stärker geworden und sah sehr gut aus.«

Kurz nach seinem Treffen mit dem Erbprinzen im August 1734 hatte König Friedrich Wilhelm I. die Heimreise nach Berlin angetreten, war jedoch zunächst nur bis Wesel gekommen, wo sich sein Gesundheitszustand derart verschlechterte, daß man mit seinem baldigen Ableben rechnete. »Er ist ganz schwarz im Gesicht und schläft im Stehen ein. Er speist täglich für sich und sagt, er würde vor der Heimkehr sterben. Im übrigen ist er lammfromm«, berichtete Wilhelmine ihrem Bruder über »zuverlässige Nachrichten aus Wesel«.

Doch Friedrich Wilhelm I. war zäh, und das erste Anzeichen, daß er die Zügel nicht aus der Hand zu geben gedachte, war der Befehl an seinen Sohn, zu seinem Regiment zu gehen und dort seinen Dienst zu tun. In der Folge schob Friedrich den erwarteten Tod seines Vaters in den Briefen an Wilhelmine immer weiter hinaus, ehe er am 10. Januar 1735 nach einem Zusammentreffen mit dem König in Potsdam zu seinem »größten Erstaunen« mitteilen mußte, daß der König »sich völlig erholt hat. Er beginnt wieder zu gehen und ist wohler als ich. Gestern habe ich bei ihm gespeist. Ich kann Dir versichern, er ißt und trinkt für drei. In acht Tagen geht er nach Berlin, und ich bin sicher, in zwei Wochen kann er wieder reiten. Das ist ein Wunder sondergleichen.« Tatsächlich kehrte der König am 21. Januar 1735 nach Berlin zurück – in einem offenen Wagen unter dem Jubel der Bevölkerung. Und er ließ sich auch auf ein Pferd setzen, wenngleich man das kaum als reiten bezeichnen konnte.

Eine Weile »trösteten« sich die Geschwister mit dem Gedanken, daß ein Rückfall unvermeidlich und damit die Thronbesteigung des Kronprinzen unmittelbar bevorstehe. Bald mußten sie jedoch erkennen, daß der »Soldatenkönig« einfach noch nicht vorhatte zu sterben. Friedrich mußte sich noch fünf lange Jahre gedulden und manchen Wutausbruch seines Vaters über sich ergehen lassen. Dabei hatte er den Thronwechsel bis ins kleinste Detail vorbereitet gehabt, ja sogar schon Verhandlungen mit Frankreich eingeleitet. Daß er nicht daran dachte, dann den ganzen Staatsschatz zu verschwenden, wie viele mutmaßten, gab er seiner Schwester gegenüber klar zu erkennen: »Ich werde mich wohl hüten. Ich werde meine Armee vermehren und alles auf dem alten Fuße lassen.« Wilhelmine war darüber zutiefst erschrocken, auch sie kannte ihren Bruder nicht wirklich, seinen Ehrgeiz, der ihn nach seiner tatsächlichen Thronbesteigung 1740 zuerst im österreichischen Schlesien einfallen ließ. Bis dahin flüchtete sich Friedrich in Musik und Theater, Philosophie und Wissenschaften – Welten, die seiner Schwester sehr viel näher standen und die in der Folge auch im Zentrum des Briefwechsels stehen sollten.

Im Herbst 1734 stand nicht nur das Leben des »Soldatenkönigs« auf des Messers Schneide. Auch mit dem Ableben des alten Markgrafen wurde in naher Zukunft gerechnet. In den letzten Wochen seines Lebens fühlte sich Georg Friedrich Karl von Verrat und Intrigen umgeben. Als Wilhelmine ihn am 11. Oktober 1734 wiedersah, »traute ich meinen Augen nicht. Nie im Leben habe ich eine solche Veränderung an einem Menschen wahrgenommen; sein Gesicht war so verzerrt, daß er nicht zu erkennen war … Er wetterte die ganze Zeit gegen seinen Arzt und beschrieb mir seine Krankheit bis ins kleinste. Sie wurde bald so schlimm, daß er das Zimmer nicht mehr verlassen konnte … Seine Laune war furchtbar; er quälte uns bis aufs Blut … In seinem Argwohn glaubte er, daß wir mit aller Welt gegen ihn intrigierten. Man durfte nicht lachen; sobald wir ein wenig heiter waren, sagte er, es sei aus Freude über seine Krankheit.« Daß es dem Schwiegervater Wilhelmines immer schlechter ging, nahm Friedrich angesichts der schwierigen Lage seiner Schwester freudig auf: »Ich bin entzückt, wie beharrlich der Tod dem alten Markgrafen zusetzt.« Daß die gegenseitigen Mitleidsbekundungen von Kron- und Erbprinz mehr Konvention denn echte

Emotion waren, hat Wilhelmine ohne Scheu ausgesprochen: »Der Erbprinz läßt Dir bestellen, daß die Krankheit seines Vaters ihn ebenso betrübt, wie Dich die des Königs betrübt hat. Unter uns gesagt, würdet Ihr beide nicht vor Kummer sterben, wenn sie alle beide das Zeitliche segnen ...«

Erst am Totenbett Georg Friedrichs Karls zeigte sich Wilhelmine von dessen Leiden berührt: »Er hielt seinem Sohn eine lange Rede, über die Art, wie er regieren solle, und sagte mir, er habe mich stets zärtlich geliebt ... Er wünschte mir viel Glück und bat mich, eine Dose, die er mir gab, als Andenken von ihm anzunehmen. Wir knieten beide vor ihm nieder; er gab uns seinen Segen und umarmte uns. Wir brachen in Tränen aus. Ich war von seinen Worten so gerührt, daß ich, falls es in meiner Macht gewesen wäre, sein Leben verlängert haben würde.«

Doch Wilhelmine wäre nicht Wilhelmine, hätte sie nicht bald wieder ein Haar in der Suppe gefunden: »Er fand die Energie, von seinem gesamten Hof Abschied zu nehmen, vom ersten Minister bis zum letzten Diener herab. Es rührte mich sehr, doch muß ich gestehen, daß ich sein ganzes Verfahren recht prahlerisch fand ... Man wird in der Folge sehen, daß er noch nicht zu sterben glaubte; alles, was er tat, geschah nur, um Komödie zu spielen.« Das mag sein, doch Georg Friedrich Karl lag tatsächlich im Sterben. Am 17. Mai 1735 schloß er die Augen. Wilhelmine, die zuvor noch nie hatte jemanden sterben sehen, war davon »ergriffen wie nie zuvor in meinem Leben«, während ihr Mann doch noch aufrichtige Tränen um seinen Vater vergoß. Welche Sorgen der sterbende Markgraf angesichts seiner Nachfolger hatte und was ihn selbst bewegte, hat er in seinem Testament vom 28. März 1735 festgehalten: Er hielt seinem Sohn darin vor Augen, »daß er von des Höchsten Güte nicht darum in den Fürstenstand gesetzt seye, damit er des Landes Einkünfte verzehre, großen Staat führe und vor anderen wollüstig lebe, sondern daß er wohl regieren und das Volk, soviel an ihm ist, ein geruhiges, stilles, ehrbares und christliches Leben führen mache.« Zudem sollte sein Nachfolger »sich derer Militarien nach Möglichkeit entschlagen« und sich statt dessen mehr um eine »tüchtige Bestellung« der Schulen im Land kümmern. Das waren alles vernünftige Vorschläge, doch würden Friedrich und Wilhelmine sich daran halten?

IV

Die traurige Musenfürstin

Markgraf und Markgräfin von Bayreuth

Noch am Todestag ihres Schwiegervaters teilte Wilhelmine die Nachricht ihrem Bruder mit, der sich gar nicht erst die Mühe machte, Trauer zu heucheln: »Ich bin außerstande, Dir zum Tode des Markgrafen, Deines Schwiegervaters, mein Beileid auszusprechen, denn ich bin so froh, daß er beim lieben Gott ist, daß ich ihn nicht aus dem Paradies zurückwünsche.«

In Berlin hielt Friedrich Wilhelm die Zügel wieder fest in der Hand. Zwar erlaubte er seinem Sohn aufgrund seines noch immer labilen Gesundheitszustands nicht, wieder an den Rhein zurückzukehren, doch der Kronprinz selbst glaubte nicht mehr an einen baldigen Tod des Vaters: »Die Krankheit des Königs ist rein politisch. Wenn er will, geht es ihm gut; er wird kränker, wenn es ihm so paßt … Du kannst es mir glauben, liebste Schwester, er hat Gott sei Dank eine Bärennatur und wird das künftige Geschlecht überleben, wenn er nur will und sich ein bißchen schont.« Während Friedrich also noch warten mußte, konnten der andere Friedrich und Wilhelmine darangehen, zu regieren und zu gestalten. Friedrichs erster Auftritt als Landesherr war die Beisetzung seines Vaters in Himmelkron am 27. Mai 1735, »ohne Gepränge, aber auf würdige Weise«, wie es sich der alte Markgraf gewünscht hatte.

Die ersten Wochen als neues Markgrafenpaar verliefen für Friedrich und Wilhelmine schwierig. Am 31. Mai schrieb die Markgräfin an ihren Bruder, daß sie derzeit keinen Anlaß zur Freude hätten. Ihr Mann habe »die Staatsgeschäfte in so zerrüttetem Zustand übernommen, daß er große Mühe haben wird, sie in Ordnung zu bringen. Dazu kommen manche peinliche Dinge. Er arbeitet von früh bis in die Nacht und ich in meinem kleinen Bereich, Schloß und Haushaltung.« Die meisten Schwierigkeiten bereitete den beiden die Zusammenarbeit mit dem Geheimen Rat, der obersten Behörde des Landes. Dessen Mitglieder, insgesamt sechs, sahen die Gelegenheit gekommen, den unerfahrenen jungen Markgrafen unter ihre Kuratel zu stellen. Mag auch manche Schilderung der Memoiren Wilhelmines übertrieben sein, so kann man sich doch vorstellen, daß die Minister der Versuchung nicht widerstehen konnten, das Heft in die Hand zu nehmen. Zwar ist nicht ganz klar, was Wilhelmine in ihrem Brief mit den »peinlichen Dingen« gemeint hat, aber in ihren Memoiren hat sie wenigstens zwei Szenen geschildert, auf die dieser Hinweis passen würde. Einmal hätten die Minister »den Beschluß gefaßt, beim Markgrafen ein Gesuch um Erhöhung meiner Einkünfte einzureichen«. Wilhelmine nahm dies ganz anders auf, als die Minister erwartet hatten. Brüsk wies sie das Ansinnen zurück, das sich keinesfalls mit ihrem Standesbewußtsein in Einklang bringen ließ, denn niemals würde sie untergebene Diener, und für nichts anderes hielt sie die Minister, um Fürsprache bei ihrem Mann bitten: »Diese großartige Eröffnung nahm ich sehr übel und erwiderte äußerst kalt, daß ich den Markgrafen selbst um eine Erhöhung meiner Einkünfte bitten würde, wenn ich sie benötigte.« Andere darum zu bitten sei doch zu peinlich.

Wilhelmine beschloß, dem Markgrafen »die Augen zu öffnen«. Doch der nahm die Einmischung seiner Frau übel auf, und es kam zu einer heftigen Szene zwischen den beiden. Wilhelmine rettete den Ehefrieden, indem sie einmal mehr in Ohnmacht fiel: »Mein Zustand rührte ihn lebhaft; er war in größter Angst. Wir leisteten uns gegenseitig Abbitte …« Als Wilhelmine ihn daraufhin noch einmal vor den herrschsüchtigen Ministern warnte, antwortete Friedrich fast weinerlich: »Was soll ich tun? Ich bin ja gezwungen, sie walten zu lassen. Ich bin in nichts eingeweiht.« Die resolute Wilhelmine war nicht bereit, in diesen Fatalismus einzustimmen, und vielleicht war sie es auch, die dem Markgrafen den entscheidenden Tip gab: Es mußte ein Gegengewicht gegen die Minister geschaffen werden, ein vertrauter und fähiger Geist, der seine Position einzig dem Markgrafenpaar zu verdanken hatte und in keine der alten Seilschaften verstrickt war. Diesen Mann fanden Wilhelmine und Friedrich in dem Juristen Philipp Andreas von Ellrodt, der bereits dem alten Markgrafen als Privatsekretär gedient hatte und entsprechend Fachkenntnis in allen Belangen der Markgrafschaft besaß.

Sollte Markgraf Friedrich nach dem Tod seines Vaters tatsächlich bis spät in die Nacht hinein gearbeitet haben, dann hat dieser Zustand nicht lange angehalten, wie ein Brief Wilhelmines an Friedrich zeigt: »Wir führen hier ein ziemlich gemächliches Leben, und da die jetzige Zeit im Zeichen des Mars steht, bin ich auch martialisch geworden. Da nun hierzulande kein anderer Krieg herrscht, habe ich ihn dem Wild erklärt. Was sagst Du dazu, lieber Bruder? Ich bin so hartherzig gewesen, drei Hirschkühe, zwei Füchse und einen Kater zu erlegen, der angeblich ein Zauberer war …« Es war Ellrodt, der dem Markgrafen nur zu gern die Kleinarbeit abnahm – und dadurch seine eigene Position weiter stärkte.

Der Krieg um die polnische Erbfolge, der die Gemüter so lange beschäftigt hatte, ging inzwischen fast geräuschlos zu

Ende. Im Vorfrieden von Wien mußte Frankreich 1735 zwar anerkennen, daß August III. der rechtmäßige König Polens war, dafür erhielt Stanisław Leszczinski das Herzogtum Lothringen (das nach seinem Tod an Frankreich fallen sollte), und die Habsburger verloren Neapel und Sizilien, das wieder eine spanische Sekundogenitur wurde. Immerhin erkannte Frankreich die Pragmatische Sanktion an, die Erbfolge der Tochter Karls VI., Maria Theresia.

Locker, fast gelöst wirkte Wilhelmine in diesen ersten Monaten als Markgräfin, immer zu kleinen Späßen, aber auch zu philosophischen Diskussionen aufgelegt. Die gute Laune Wilhelmines mochte auch damit zusammenhängen, daß sie jetzt ein eigenes Zuhause hatte: Der Markgraf hatte ihr neben einer Menge Juwelen und einer Verdreifachung ihrer persönlichen Einkünfte zum Geburtstag die Eremitage geschenkt, die ihr von Anfang an gefallen hatte. Nun, da sie ihr gehörte, konnte sie darangehen, sie nach ihren Vorstellungen um- und auszubauen. Noch im Sommer 1735 ließ sie »die Straßen nach der Eremitage« instand setzen und »eine Menge von Spazierwegen« anlegen. »Täglich fuhr ich hinaus, und es machte mir Spaß, die Pläne selbst zu entwerfen und diesen Ort anziehend zu machen.«

Das junge Markgrafenpaar genoß seine neue Freiheit in vollen Zügen. Hatte der alte Markgraf aus Glaubensgründen, aber auch wegen der ihm eigenen Sparsamkeit sich nur selten dazu überreden lassen, große Feste zu veranstalten, Musik und Theater zu pflegen, so gehörten diese angenehmen Dinge des Lebens für Wilhelmine und Friedrich unverzichtbar dazu. Man kann die Freude Wilhelmines noch heute spüren, wenn sie ihrem Bruder am 3. Januar 1736 schreibt: »Wir hatten hier ein prächtiges Fest, das der Markgraf mir gegeben hat. Der große Saal war zum Berg voller Bergwerke verwandelt. In jedem gab es tausend reizende Dinge. Ich für meinen Teil bekam zwei sehr schöne Brillanten, ein Kabinettstück, nämlich Herkules, den Zerberus bezwingend, und mehrere andere Artigkeiten.«

Gern veranstaltete Wilhelmine auch selbst prachtvolle Feste, wie am 10. Mai 1736 zum Geburtstag ihres Mannes im großen Saal des alten Bayreuther Schlosses. Dabei waren diese Feste wohlinszeniert mit einem phantasievollen und die Blicke bannenden »Bühnenbild«, mit »echten« Darstellern, die diese Bühne mit Leben füllten: »Im Hintergrund erhob sich der Parnaß [der in der Antike als Sitz des Apoll und der Musen galt]. Ich hatte einen recht guten Sänger engagiert, der als Apoll auftrat; neun Damen in wundervollen Kostümen stellten die Musen dar; unter dem Parnaß hatte ich eine Bühne errichten lassen; Apollo sang eine Arie und befahl den Musen, diesen glücklichen Tag zu feiern. Sie stiegen alsbald von ihrem Standort herunter und tanzten ein Ballett; unter der Bühne befand sich ein großartig dekorierter Tisch mit 150 Gedecken, der übrige Teil des Saales war mit Wappen und Laub ausgeschmückt. Wir stellten alle heidnische Götter vor. Ich habe nie so etwas Schönes gesehen wie dieses Fest, das allgemeinen Beifall fand« – ein Fest, das intim beziehungsweise persönlich und großartig zugleich war, so wie Wilhelmine sich dies stets erträumt hatte. Vergeblich murrten die pietistischen Prediger von den Kanzeln gegen die neue Lockerheit der Sitten.

Wenig erfreut wäre der alte Markgraf auch über die Aufstockung des Hofstaats gewesen: 140 Personen gehörten diesem unter Georg Friedrich Karl an, unter seinem Nachfolger waren es schließlich 600! Bedenkt man, daß Bayreuth damals nur 5000 Einwohner hatte, ist klar, daß dieser Hof auch für die Verhältnisse der Zeit überdimensioniert war. Allerdings sollte man diesen großen Hof nicht nur negativ sehen, denn als Auftraggeber für Handel und Gewerbe sowie als Arbeitgeber war er natürlich ein bedeutender Wirtschaftsfaktor, vor allem für die Residenzstadt. Auch bemühte sich Markgraf Friedrich in den ersten Jahren seiner Herrschaft durchaus noch darum, die Finanzen weiter zu konsolidieren und der Wirtschaft etwa durch die Gründung von Manufakturen oder die Förderung des Bergbaus neue Impulse zu geben, doch das alles konterkarierten er und Wilhelmine selbst mit den immer größeren Ausgaben für Bauten, Oper und Repräsentation, die das Land einfach nicht aufzubringen imstande war. Insofern war Markgraf Friedrichs Wunsch, daß in seinem Lande »alle glücklich sein« sollten, wohl ernst gemeint, aber nur ein kleiner Kreis der Untertanen würde diesem Satz aus freien Stücken zugestimmt haben.

Als im Frühjahr 1736 die großen Regimentsrevuen anstanden, wurde von Markgraf Friedrich erwartet, daß er sich zu diesem Zweck nach Pasewalk beziehungsweise Berlin begeben würde. Doch der Markgraf hatte seinen letzten Besuch am Hof seines Schwiegervaters noch in denkbar schlechter Erinnerung, als daß er ausgerechnet dazu Lust verspürt hätte. Kronprinz Friedrich zeigte dafür zwar Verständnis, machte aber zugleich seiner Schwester klar: Wenn sein Schwager nicht zum Regiment gehe, müsse dieser »eine annehmbare Entschuldigung vorbringen, will er einen offenen Bruch vermeiden und den Dienst nicht in einer schroffen Weise verlassen, zu der ihm kein Anlaß gegeben worden ist«. Für das beste hielt der Kronprinz daher, wenn der Markgraf acht Tage vor der Revue anreise und sich acht Tage danach wieder auf den Heimweg mache. Wilhelmine selbst sollte zu Hause bleiben, ansonsten bestünde die Gefahr, daß der König sie nicht wieder ziehen lasse.

Letztlich waren all diese Überlegungen unnötig: »Das Regiment des Markgrafen hat in diesem Jahr keine Revue«, informierte der Kronprinz am 16. Mai seine Schwester. »Somit tut er gut, sich still zu verhalten. Aber nächstes Jahr muß er sich entscheiden, ob er den Dienst quittieren will.« Doch es dauerte nicht einmal ein Jahr, ehe die Frage eines

Besuchs beim Schwiegervater erneut aktuell wurde. Anfang Juni brach der Markgraf nach Altona auf, wo sich gerade der dänische König Christian VI. und Königin Sophie Magdalene – Friedrichs Tante – aufhielten. Auf seinem Weg dorthin passierte der Markgraf das preußische Halberstadt, wo wenige Tage später der »Soldatenkönig« zu einer Revue erwartet wurde. Der Markgraf wartete aber nicht auf seinen Schwiegervater, sondern reiste unverzüglich weiter. Der König faßte dies als grobe Unhöflichkeit auf. Es gab nur noch eine Möglichkeit, diesen Fauxpas wiedergutzumachen, wie der Kronprinz seiner Schwester schrieb: Der Markgraf »möchte bei seiner Rückkehr durch Berlin kommen, denn es würde den König kränken, wenn er so nahe an den Grenzen seines Staates vorbeireiste, ohne ihm seine Aufwartung zu machen. Jedermann würde dies höchst merkwürdig finden …«

Wilhelmine war weit davon entfernt, vor Bruder und König zu katzbuckeln. Zum einen werde sich ein Halt in Berlin nicht so einfach bewerkstelligen lassen, zum anderen habe ihr Mann, der jetzt immerhin ein regierender Reichsfürst war, nicht vor, sich ein weiteres Mal schlecht behandeln zu lassen. Ganz anders verhalte sich im übrigen die dänische Verwandtschaft: »Man behandelt uns dort auf das schmeichelhafteste.« Ihr Bruder ging darauf in seinem Antwortschreiben überhaupt nicht ein, sondern beschied Wilhelmine barsch und bereits ganz im Stil seines Vaters: Er könne das Verhalten des Markgrafen unmöglich richtig finden. Daß er in Halberstadt nicht auf den König gewartet habe, sei schon eine Unhöflichkeit gewesen, die er nur wiedergutmachen könne, wenn er jetzt nach Berlin käme. »Wie ich gestehe, wundere ich mich gar nicht, daß der König über sein Benehmen verstimmt ist.« Das Verhalten ihres Mannes zeuge von »zuwenig Achtung für einen König …, der noch dazu sein Schwiegervater ist«. Damit wollte Friedrich das Thema beenden. Zwar schrieben sich die Geschwister weiter regelmäßig in freundlichstem Ton und diskutierten über Gott und die Welt, doch einen Knacks hatte das Verhältnis in diesen Wochen bekommen. Daß Friedrich so wenig Verständnis zeigte, hat Wilhelmine verstört. Das war nicht mehr der Bruder, mit dem sie sich einst gegen den Vater verbündet hatte, der Witze über den König riß und offen gegen ihn aufbegehrte. Das war der künftige König. »Ich ertrug dieses alles mit Geduld«, erinnerte sich Wilhelmine in ihren Memoiren, »in der Hoffnung, seine Zuneigung mit der Zeit wiederzugewinnen.« Aber zunächst einmal gewann sie ihren Mann wieder, der am 16. Juli 1736 »endlich« zurückkam. »Meine Freude, ihn wiederzusehen, war unbeschreiblich, und er war seinerseits sehr froh, wieder zu Hause zu sein.«

Unmittelbar nach der Rückkehr des Markgrafen wurde Wilhelmines 27. Geburtstag mit einem romantischen Gartenfest am Brandenburger Weiher nachgefeiert: »Der Garten war überall mit Lampions erleuchtet; man hatte eine Bühne hergestellt, deren Kulissen dicke Linden waren. Diana und ihre Nymphen traten hervor«, der Wagen der Göttin wurde von zwei lebenden Hirschen gezogen. Diese Idealisierung der Natur, das Sich-eins-Wähnen mit ihr in gelungenen Inszenierungen, sollte zu einer Leitlinie in Wilhelmines Lebenswelt werden, der sie auch baulichen Ausdruck gab, zunächst in der Eremitage, aber nicht minder in dem 1749 vollendeten Felsengarten von Sanspareil, in dem »die Natur selbst die Baumeisterin« gewesen sei. Nicht mehr das städtische Residenzschloß war der bevorzugte Aufenthaltsort, sondern die inszenierte Natur und die darin harmonisch eingefügten Bauten. »Nun sind wir Eremiten geworden und führen ein stilles, friedliches Landleben«, schrieb Wilhelmine ihrem Bruder, fernab vom Hof mit seinen Intrigen. Ein stilles Leben wollte sie führen und ihre Freiheit bewahren. »Alles ist ländlich und bäurisch. Wir hatten eine recht gute Gesellschaft, und aller Zwang war verbannt«, berichtete sie über einen

Aufenthalt in Sanspareil. Doch wußte sie zugleich, daß die höfischen Pflichten, die sie als Markgräfin zu erfüllen hatte, dies letztlich unmöglich machten. Und schaut man genauer hin, so war die höfische Ordnung – ganz wie zu Zeiten des Markgrafen Georg Wilhelm – auch in der Eremitage Wilhelmines nicht aufgehoben. Es war eine inszenierte Einsamkeit, die gebührend bewundert werden sollte.

Alle Fröhlichkeit Wilhelmines konnte nicht darüber hinwegtäuschen, daß sie ihre eigentliche Pflicht noch nicht erfüllt hatte: der Markgrafschaft einen Erben zu gebären! Ob aus purer Verzweiflung oder weil sie sich wirklich etwas davon versprachen – die Ärzte rieten Wilhelmine im März 1737 zu einer Bäderkur. Die Markgräfin hielt davon wenig bis gar nichts, aber hätte sie sich geweigert, wären ihr unweigerlich Pflichtverletzung und Gleichgültigkeit vorgeworfen worden. So sah sie sich »genötigt, den Wunsch des Landes zu erfüllen«. Als Ziel schlug Wilhelmine selbst Bad Ems vor. Immerhin blieb der Markgräfin eine Galgenfrist: »Die Jahreszeit war … noch zu rauh; wir begaben uns darum zuvor nach Erlangen, um von dort weiterzufahren.«

Doch in Erlangen, der Zweitresidenz der Bayreuther Markgrafen, wurden Wilhelmine und ihr Mann von einem alten Problem eingeholt: der Revue des markgräflichen Regiments. Da kaum damit zu rechnen war, daß diese schon wieder ausfallen würde, sah der Markgraf sich vor die Wahl gestellt, entweder in den sauren Apfel zu beißen und nach Berlin zu gehen oder auf das Regiment zu verzichten – mit allen Folgen, die ein solcher Schritt haben würde. Ende Februar 1737 kündigte Wilhelmine dem Kronprinzen ihren Besuch in Berlin an, sollte die Revue stattfinden. »Ein paar lange Kerls«, war sie überzeugt, »werden uns huldvollen Empfang verschaffen.« Doch warum auch immer: Das markgräfliche Paar überlegte es sich noch einmal anders. »Der Markgraf hat an den König geschrieben und sich entschuldigt, daß er nicht zum Regiment gekommen ist. Sein Brief ist sehr ehrerbietig; er stellt alles dem Ermessen des Königs anheim. Das läßt sich nach Belieben deuten, und der König kann es für ein Kompliment oder für ein Abschiedsgesuch nehmen.« Wider alles Erwarten blieb das väterliche Donnerwetter aus, Friedrich Wilhelm I. schrieb seiner Tochter einen freundlichen Brief, ohne auf den Affront überhaupt einzugehen! Hatte er ihre Selbständigkeit endlich akzeptiert?

Sieht man von diesem Problem ab, verbrachten Wilhelmine und ihr Mann in Erlangen einige unbeschwerte Wochen, bei denen die Musik und galante Feste die Hauptbeschäftigung bildeten. Hatte sich Wilhelmine zu Lebzeiten des alten Markgrafen allzuoft mit ihrem »kleinen Geiger Hofmann« zufriedengeben müssen, so standen ihr als regierende Markgräfin erheblich mehr Möglichkeiten zur Verfügung. Zwar hatte es auch unter Markgraf Georg Wilhelm noch eine Hofkapelle gegeben, doch erst Wilhelmine und Friedrich setzten die Musik wieder ins Rampenlicht des höfischen Lebens. Kapellmeister in Bayreuth war seit 1734 der Nürnberger Johann Pfeiffer, der zuvor Konzertmeister bei Ernst August von Sachsen-Weimar gewesen war. Pfeiffer unterrichtete Wilhelmine in der Kompositionslehre und kann daher als einer ihrer wichtigsten musikalischen Wegbegleiter gelten. Andere Musiker, die in Wilhelmines Leben beziehungsweise am markgräflichen Hof, sei es auch nur bei kurzen Gastspielen, eine Rolle spielten, kamen aus dem musikalischen Umfeld ihres Bruders Friedrich: der Sänger und Komponist Carl Heinrich Graun, der Violinist Franz Benda oder Friedrichs Flötenlehrer Johann Joachim Quantz. Im Gegenzug gastierten Bayreuther Musiker, wie etwa Pfeiffer, in Rheinsberg, und auch darüber tauschten sich die Geschwister in ihren Briefen aus.

Überhaupt widmeten Friedrich und Wilhelmine diesen Musikern zahlreiche Zeilen, beurteilten ihre Leistungen, ihre menschlichen Qualitäten und Schwächen, berichteten von ihren Eifersüchteleien und Streitereien: »Die Herren Musiker sind zumeist launisch und zänkisch«, beklagte sich Friedrich. »Können zwei gleich viel, so werden sie sofort zu Nebenbuhlern. Keiner will ein gleichwertiges Talent neben sich dulden.« Und Wilhelmine antwortete darauf: »Ich sehe, daß ... Du auch Deinen Ärger mit diesen Querköpfen hast. Wir haben hier inzwischen einen offenen Krieg erlebt, aber ich habe es erreicht, daß der Frieden wiederhergestellt ist.« Meist hielt dieser Burgfrieden nicht lange an, und Wilhelmine beschwerte sich wieder über ihre liebe Mühe mit den Musikern, ihren Kapellmeister Pfeiffer bezeichnete sie dabei gar als »Hauptkrakeeler«, den aber hoffentlich einige kräftige Ermahnungen zur Vernunft bringen würden. Dabei waren die Geschwister selbst nicht frei von Eifersüchteleien, wenn etwa Friedrich sich vor einem Besuch von Quantz in Bayreuth beklagte: »Du wirst ihn hochmütiger denn je finden. Dagegen gibt es nur ein Mittel, ihn nicht zu sehr als großen Herrn zu behandeln.« Wilhelmine fand ihn dagegen »sanft wie ein Lamm – seit er eine böse Frau hat«.

Allein auf deutsche Musiker wollte Wilhelmine aber nicht bauen. Italiener waren Mode, also mußte die Markgräfin welche haben. Sie kamen im Gefolge von Giuseppe Antonio Paganelli, einem aus Padua stammenden Sänger und Komponisten, der wußte, was er wert war: Mit 160 Gulden wurde er zum bestbezahlten Hofangestellten in Bayreuth. Auch während Wilhelmines Aufenthalt in Erlangen unterhielt er die fürstlichen Zuhörer: »Unsere Kapelle ist gegenwärtig prächtig. Wir haben seit ein paar Tagen den Signor Paganelli nebst Frau bei uns .... Seine Stimme ist nicht schön, aber seine Methode reizend und seine Komposition höchst geschmackvoll. Seine Frau singt Sopran und Alt und hat eine sehr schöne Stimme, aber ihre Methode ist nicht so gut wie die ihres Mannes ... Ich nehme Gesangsstunden bei ihm; er versprach mir, meine Stimme würde binnen vier Monaten in

Ordnung sein … Ich werde mir erlauben, Dir einige seiner Kantaten zu senden, sobald er Zeit zum Komponieren findet. Gegenwärtig ist er mit der Komposition einer Pastorale beschäftigt, die am Geburtstag des Markgrafen [am 10. Mai] gespielt werden soll.« Bleibt hinzuzufügen, daß Friedrich die Kompositionskünste Paganellis nicht gerade umwerfend fand (was Wilhelmine sehr kränkte) und Paganellis Ehefrau und die Primadonna Margarita Furiosa (Nomen est omen?) sich trefflich in den Bayreuther Musikantenzank einfügten, indem sie intrigierten, was das Zeug hielt. Für Wilhelmine waren die heißblütigen Italienerinnen »zwei Teufel, die sicher von den drei Göttinnen der Hölle abstammen«.

Der im Brief an den Kronprinzen erwähnte Geburtstag des Markgrafen war das letzte schöne Fest in Erlangen, ehe Wilhelmine zur Bäderkur nach Ems aufbrechen mußte; in Wertheim bestieg die Markgräfin zusammen mit ihrem Mann ein Schiff, und so ging es zunächst auf dem Main gemächlich voran: »Unsere Reise war höchst angenehm. Wir hatten angenehme Reisegefährten, das Essen an Bord war vorzüglich, und wir hatten stets eine schöne Gegend vor Augen.« Doch mit dieser bequemen Art des Reisens war es bald vorbei: Da die Lahn nur für kleinere Fähren schiffbar war, mußten die hohen Herrschaften umsteigen und die letzte Nacht an Bord unter ungleich widrigeren Bedingungen ausharren.

Ems selbst und die Gesellschaft dort entsprachen keinesfalls den Ansprüchen einer königlichen Prinzessin und regierenden Markgräfin: »Ich langweile mich ausgiebig. Ems ist ein elendes Nest mitten in den Bergen. Eine armselige kleine Allee dient als Wandelgang für die Brunnentrinker, den sie noch mit Gänsen und Schweinen teilen müssen, die ungestraft darin umherlaufen. In der Gesellschaft sind nur zwei vernünftige Wesen. Sie besteht aus vier Damen und sechs Herren. Die eine Dame ist ewig krank, und die beiden anderen sind, soweit ich sehe, stumm und suchen hier Heilung von der Krankheit, nichts als ja und nein zu sagen ...«

Wilhelmine sah in all dem »Brunnentrinken, Baden, Purgieren und was weiß ich noch« keinerlei Sinn. Wenn wenigstens die Gespräche danach noch geistreich gewesen wären! Statt dessen: »Die Unterhaltung dreht sich stets darum, ob der Brunnen gut bekommen ist, wieviel es war, wie lange man im Bade war, ob es heiß oder kalt war. Nach diesen schönen Gesprächen herrscht Schweigen. Zum Teufel mit allen Stummen! Willst Du stumme Frauen finden, so brauchst Du nur herzukommen. Du kannst Dir denken, wie ich mich dabei langweile.« Zwar gab es bisweilen Musik zur Unterhaltung, doch »mitten in einem schönen Adagio oder Allegro faßt mich ein mitleidiger Arzt am Arm und sagt: ›Vorwärts, Hoheit, Sie müssen spazierengehen.‹ Ich antworte ihm: ›Nieder mit den Ärzten und der Medizin.‹ Aber da Hippokrates es so will, gehorche ich.« Wilhelmines Bruder konnte deren Stimmung nur zu gut nachvollziehen: »Die Herren Ärzte sind Quälgeister, lästig, wenn es einem gutgeht, und unerträglich, wenn man krank ist. Suche Dich möglichst bald aus ihren Händen zu befreien.« Genau das tat Wilhelmine wenige Tage später – sie reiste nach Hause. Auf dem Weg dorthin besuchte sie den Landgrafen von Hessen-Darmstadt, machte halt in Frankfurt, wo sie den Römer und den Dom besichtigte, und vor allem besuchte sie den Bischof von Bamberg und Würzburg, Friedrich Karl von Schönborn. In Würzburg sah Wilhelmine die gerade fertiggestellte grandiose Residenz mit Balthasar Neumanns Treppenhaus: »Obgleich ich krank war, raffte ich mich auf, das Innere des Schlosses anzusehen, das als das schönste in ganz Deutschland gelten darf ... Das Schloß ist von erlesener Schönheit und vom feinsten Geschmack. Es ist ein prächtiger Bau; die Gemächer sind von vollendeter Schönheit.« Das Berliner Stadtschloß sei nicht einmal im entferntesten damit zu vergleichen.

Am 17. Juli 1737 war Wilhelmine wieder in Erlangen, wo sie aber nicht lange blieb: »Ich bin seit ein paar Tagen wieder zu Hause«, berichtete sie dem Kronprinzen am 31. Juli, »und ergötze mich an dem Fortschreiten meiner Bauten. Es geht zwar etwas langsam, denn ich muß auf meinen Geldbeutel Rücksicht nehmen, aber nächstes Jahr hoffe ich, hier zu wohnen ...« Mit »hier« war natürlich die Eremitage gemeint, die Wilhelmine mit einer barocken Gartenlandschaft umgab. Auch am Schloß selbst, ursprünglich eine schlichte eingeschossige Vierflügelanlage, ließ sie Hand anlegen. Dabei wurde die Vorderfront durch pavillonartige Anbauten erweitert, in denen je fünf zusätzliche Zimmer eingerichtet waren. So entstanden wohnliche Appartements für Wilhelmine und ihren Mann. Bezeichnenderweise war das Musikzimmer Wilhelmines der erste fertiggestellte Raum. Zierlicher Rokokostuck mit in Gold gehaltenen musizierenden Engeln und Musikinstrumenten schmückt das intime Kabinett. Wenn Wilhelmine im Vorzimmer und im Audienzzimmer Beispiele von sich aufopfernden Frauen an die Decke malen ließ (etwa die römischen Matronen), dann spielte sie damit bewußt auf ihr eigenes Schicksal an: als Opfer der väterlichen Erziehung, der höfischen Intrigen, einer Heiratspolitik, die sie in die Bayreuther Provinz geführt hatte. So wie Wilhelmine sich gebeugt hatte um des Staates willen, so hatten all diese heroischen Frauen der Antike sich geopfert für ihren Staat und ihr eigenes Glück dabei hintangestellt.

Nicht erhalten hat sich das Eremitenhaus Wilhelmines, dessen Wände sie mit den Bildern berühmter neuzeitlicher Philosophen schmücken ließ. Im Park kamen Statuen von Sokrates, Seneca und Homer als deren antike Pendants hinzu. Kronprinz Friedrich zweifelte nicht, »daß die Eremitage sehr hübsch wird, zumal wenn Du die Architektur und die Ausschmückung anordnest«. Das war sicher auch eine Höflichkeitsfloskel, doch ebenso ein weiterer Hinweis darauf, daß

Wilhelmine tatsächlich eigene Gedanken in den Umbau einfließen ließ.

Im Dezember 1737, fast könnte man sagen, rechtzeitig zu Weihnachten, hatte der Markgraf eine ganz besondere Überraschung für seine Frau: Er übertrug ihr »endlich die Leitung unserer Oper«, ein Amt, das die Markgräfin ausgesprochen ernst nahm. Alljährlich organisierte sie fortan vier bis sechs Opernaufführungen, meist italienische Werke. Kaum in Amt und Würden, hatte die Markgräfin bereits begonnen, mit eisernem Besen zu kehren. Voller Stolz schrieb sie ihrem Bruder: »Ich habe sofort damit begonnen, alles zu entlassen, was nichts taugte ... Dafür habe ich einen Sänger und eine Sängerin aus Italien geholt und gebe mir alle Mühe, einen guten Geiger zu bekommen, den wir sehr nötig brauchen, und einen anderen zur Begleitung. Wie Du siehst, bin ich sehr geschäftig. Ich halte täglich Ratsversammlung ab und schlichte die Streitigkeiten meines kleinen Reiches, dessen Mitglieder leider sehr uneinig sind. Mißgunst und Neid herrschen wie in den großen Staaten.« Und trotzdem: Wilhelmine fühlte sich pudelwohl in ihrem kleinen Reich; endlich konnte sie tun, was ihr gefiel, ohne Moralpredigten befürchten zu müssen – wenn nicht gerade unvorhergesehene Ereignisse alle schönen Pläne zunichte machten, wie Anfang Januar 1738: »Ich quäle mich den ganzen Tag mit der Einrichtung einer Bücherei ab, lasse ein Kabinett einrichten und unsere Pläne für die Eremitage entwerfen ... Dazu etwas Musik und einige Übungen für meine Beine, das heißt: tanzen – das ist meine Lebensweise. Die gute Königin von England [Karoline von Brandenburg-Ansbach!] verdirbt uns durch ihren Tod den ganzen Karneval. Sie hätte so viel Rücksicht nehmen und ein paar Monate früher sterben sollen ...« So aber war Hoftrauer angesagt.

Vielleicht hatte Wilhelmine daher Zeit, ihre Bibliothek zu ordnen: »Sie ist recht hübsch und dicht neben meinem

Schlafzimmer, in meinem alten Arbeitszimmer ... Mit größter Raumersparnis und durch Ausnutzung jedes Eckchens habe ich 4000 Bände darin untergebracht. Das ist bei der Kleinheit des Raumes ein Meisterwerk meiner Kunst.« Alle Bücher ihrer Bibliothek ließ Wilhelmine einheitlich in meist braunes, dunkel gesprenkeltes Leder binden. Sie zeigen auf den Vorderdeckeln das Monogramm der Markgräfin (FSW für Friederike Sophie Wilhelmine) unter einer Königskrone. Im Katalog ihres Bibliothekars Saint-Maurice sind die Bücher in 17 Gruppen unterteilt, wobei die historische Abteilung mit Abstand die größte ist und hier wiederum die Antike an erster Stelle steht. Dabei interessierte sich die Markgräfin nicht nur für die Klassiker Griechenland und Rom, sondern auch für die ägyptischen Pharaonen; selbst ein Band über die – damals noch nicht entzifferten – Hieroglyphen findet sich.

Auch beim zweitgrößten Bestand, der Philosophie, ist die Antike reichlich vertreten, Ovid bis Platon, allerdings sämtlich in französischer Übersetzung, wie überhaupt der weit überwiegende Teil der Bücher Wilhelmines in dieser Sprache verfaßt ist. Gerade einmal 18 deutschsprachige Bücher hatte Wilhelmine in ihrer Bibliothek, darunter einige Bibeln, genealogische Tabellen, den »Sachsenspiegel« (ein mittelalterliches Rechtsbuch) und die Krönungsreden der Kaiserin Elisabeth – keine besonders anspruchsvolle Literatur und ganz sicher nicht die Folge bewußter Ankäufe. Weitere recht umfangreiche Bestände enthält die Bibliothek Wilhelmines in den Abteilungen Theater, Theologie, Memoiren, Reisebeschreibungen (vor allem aus exotischen Ländern) und Belletristik. Kaum ein großer Geist der französischen Literatur fehlt – von Molière über Jean de La Fontaine bis hin zu Jean Racine und natürlich Voltaire.

Gehörten Opern und Bücher vornehmlich in Wilhelmines Lebensraum, so war Markgraf Friedrich ein großer

Freund des Theaters. Anders als im musikalischen Bereich wurden dafür zunächst keine Profis engagiert. Das Markgrafenpaar selbst, die Hofdamen und -kavaliere schauspielerten mit Leidenschaft. Gespielt wurden vor allem französische Komödien, die der Markgraf über alles liebte, während Wilhelmine ernsteren Themen zuneigte und sich daher mehr für die italienische Opera seria begeistern konnte.

Obwohl sich Wilhelmine im Frühjahr 1738 weiter darum bemühte, ihrem Bruder das Bild einer glücklichen jungen Regentin zu zeichnen, die ihre Tage mit dem Einstudieren einer neuen Oper verbringt, machte bald auch in Berlin die Runde, daß es in Bayreuth nicht zum besten stand. Im Frühjahr bereits hatte der Markgraf einen leichten Schlaganfall erlitten, »der zu den größten Besorgnissen Anlaß gab. Es zeigte sich auch eine partielle Erschlaffung seiner Muskeln; so ist sein Mund etwas verzogen geblieben, und sein linkes Auge tränt fast fortwährend ... Was habe ich nicht während seiner Krankheit gelitten ...« Genau das war der Punkt: Ihre eigene Gesundheit hatte sich durch die Sorge um den Ehemann weiter verschlechtert. In ihren Memoiren schreibt Wilhelmine gar, man habe damals mit ihrem Tod gerechnet. Die Rettung kam aus Berlin, natürlich vermittelt durch ihren Bruder: »Ich sprach mit einem berühmten Arzt von Deiner Krankheit. Er heißt Superville ... Er versicherte mir, er werde Dich gesund machen, wenn Du ihn kommen läßt. Bitte schreibe an den König, daß er ihm die Reise erlaubt ...« Daniel de Superville war jener Arzt, der 1734 den todkranken »Soldatenkönig« behandelt hatte und seit dessen wundersamer Genesung als Star seiner Zunft galt. Als Friedrich Wilhelm I. von der schweren Krankheit seiner Tochter hörte, zögerte er keine Sekunde, Superville die erbetene Erlaubnis zu geben.

Wilhelmine war überrascht, als ihr Superville Anfang Juli 1738 erstmals gegenüberstand: »Ich machte mich auf einen jener Pedanten gefaßt, die einen … bei jedem Wort, das sie vorbringen, ihr Latein anhängen und deren langweiliges und verworrenes Gerede die Patienten vor der Zeit ins Grab bringt. Aber das war hier nicht der Fall. Ich sah einen Mann eintreten, der ein ziemlich angenehmes Äußeres und die Manieren eines Weltmanns hatte … Superville ist von französischer Herkunft und angeblich aus gutem Hause. Seine Genealogie will ich dahingestellt sein lassen; jeder Franzose, der im Ausland lebt, ist ja adelig wie der König, obwohl sein Großvater in Paris Haushofmeister oder Lakai war … Er ist unendlich klug und belesen und darf als ein Genie angesehen werden. Im Verkehr ist er weltgewandt; man kann ebenso gut mit ihm scherzen wie über ernste Dinge reden … Man wird aus dem Gesagten leicht schließen können, daß er bei uns viel Beifall fand.« Superville entsprach den Vorstellungen eines klugen und charmanten Gesprächspartners, wie sie ihn in Bayreuth immer vermißt hatte. Und das gilt nicht nur für Wilhelmine: Auch der Markgraf fand Gefallen an Superville, der in den folgenden Jahren zu einer Schlüsselfigur am Bayreuther Hof werden sollte.

Was die Herkunft des Arztes anbetraf, so kam er zwar nicht aus einem großen Adelshaus, aber doch aus einer vornehmen hugenottischen Familie, die nach der Aufhebung des Edikts von Nantes Frankreich aus Glaubensgründen verlassen hatte. Geboren wurde er am 2. Dezember 1696 in Rotterdam, wo sein Vater als Kaufmann ein reichliches Auskommen fand, was es ihm ermöglichte, seinem Sohn eine hervorragende Erziehung angedeihen zu lassen. In Utrecht studierte der junge Superville Medizin, von 1722 an war er Arzt der französischen Hugenotten in Stettin. Von dort drang sein Ruf nach Berlin.

Die wenigstens zwischenzeitlich wiederhergestellte Wilhelmine war von Superville so fasziniert, daß sie ihn nur ungern wieder ziehen lassen wollte. Doch in Berlin war man nicht minder daran interessiert, daß das Genie zurückkäme. Auch der Kronprinz zeigte lebhaftes Interesse daran, ihn in seine Dienste zu nehmen: »Er steht Dir nichtsdestoweniger zur Verfügung, und wenn er Dir einen tüchtigen Mann besorgt, mit dem er dauernd in Briefwechsel bleiben kann, hoffe ich, daß Du ihn künftig entbehren kannst.« Wilhelmine war von der Aussicht auf solche Ferndiagnosen nicht begeistert und versuchte Superville in Bayreuth zu halten. In ihren Memoiren erzählt sie, daß der Arzt selbst gerne geblieben wäre. Doch: »Der König erwiderte mir sehr verbindlich, Superville stünde mir zur Verfügung, sooft ich ihn nur wünsche, er könne ihn mir jedoch nicht ganz abtreten, da er ihm zu nötig sei.« Im August 1738 kehrte Superville daher nach Berlin zurück. Das Tauziehen um ihn war damit noch nicht zu Ende. Kronprinz Friedrich war inzwischen bereit, sich für den Wunsch seiner Schwester beim König zu verwenden, hielt die Erfolgsaussichten aber für gering – allerdings nicht wegen Supervilles ärztlichem Können: »Er ist ein Mann, der nach dem Tod seiner Schwiegermutter ein Vermögen von 200 000 Talern erben wird, und Du begreifst, daß man Kapitalisten nicht gern ziehen läßt. Das ist der wahre Grund, weshalb der König nicht in seine Übersiedlung eingewilligt hat.«

Im Frühjahr 1739 verschlechterte sich Wilhelmines Gesundheitszustand erheblich. Sie litt unter Magen- und Brustkrämpfen und sogar unter Erstickungs- und Ohnmachtsanfällen. Superville mußte wieder her! Obwohl es um seine eigene Gesundheit nicht gut bestellt war, gab der König seinen Segen dazu, wenn auch erneut nur für einen vorübergehenden Aufenthalt. Als Superville in Bayreuth ankam, fand er Wilhelmine in noch schlechterer Verfassung vor, als er erwartet hatte. Dazu hatte die Ellrodt-Affäre ihren Teil beigetragen. Wohl allzu blind hatte der Markgraf darauf vertraut, daß dieses Finanzgenie schon alles richten werde. Den kritischen Stimmen aus seinem Ministerium wollte er lange keinen Glauben schenken und sah darin puren Neid auf den Emporkömmling. Es ist bezeichnend, daß der Markgraf in dieser Angelegenheit Superville um Rat fragte. Schließlich wurde – auf dessen Empfehlung – ein preußischer Beamter namens Hartmann nach Bayreuth gerufen, der die Finanzen der Markgrafschaft untersuchen sollte. Hartmann kam zu dem Schluß, daß diese in einer »fürchterlichen Unordnung« seien. Ellrodt verschachere die Ämter an den Meistbietenden und sauge das Blut des Volkes aus. Zwar kam es daraufhin zur Ablösung Ellrodts, und es wurde sogar Anklage gegen ihn erhoben, aber das Verfahren verlief im Sande. Ellrodt konnten keine strafbaren Handlungen zweifelsfrei nachgewiesen werden, und auch dem Markgrafen lag nichts daran, diesen eventuell als Betrüger brandmarken zu müssen, hätte dies doch nur seine eigene Naivität in finanziellen Angelegenheiten unter Beweis gestellt. So wurde Ellrodt von seinen Ämtern entbunden, aber es wurde kein Abschied auf Dauer. 1749 wurde er wieder in Amt und Würden gesetzt, 1750 gar geadelt.

Trotz der Behandlung durch Superville besserte sich Wilhelmines Gesundheitszustand nur wenig: »Superville erklärte, daß ich eine Luftveränderung nötig hätte, denn das Bayreuther Klima sei im Winter sehr drückend und ungesund. Er riet daher dem Markgrafen, ein Jahr in Montpellier zuzubringen ... Der Staat habe für unsere Reisekosten aufzukommen.« Wilhelmine fand zwar Montpellier wenig verlockend, hielt die Stadt jedoch für eine gute Ausgangsposition, um sich nach einigen Monaten »in Antibes einzuschiffen und Italien zu durchreisen«. Wilhelmine wußte um die Schwierigkeiten einer solchen Reise: Angesichts des zerrütteten Haushalts der Markgrafschaft würde sich die Finanzierung kompliziert gestalten. Die Landstände führten gleich eine ganze Litanei von Gründen auf, die dagegen sprachen – von der Gefahr im fremden Land über die Weite des Weges bis hin zu der schwierigen politischen Lage. Mehr als 40000 Gulden wollten sie jedenfalls nicht bewilligen.

Nicht nur die Stände fanden wenig Vorteilhaftes an dem Vorhaben. Wilhelmines Vater würde einen Tobsuchtsanfall bekommen, wenn er von der vermeintlichen Vergnügungsreise erführe. So war dem markgräflichen Paar klar, daß ein Canossagang notwendig war. Ohne Zustimmung des Königs (und vielleicht sogar versehen mit einer kleinen Reisekasse aus dem preußischen Staatsschatz) war an eine solche Reise nicht zu denken. Der Markgraf war ein souveräner Landesherr – und war es wiederum auch nicht. Zudem mußte er noch aus einem anderen Grund in Berlin Abbitte leisten. Im März hatte er Ansprüche auf das jülich-bergsche Erbe geltend gemacht. Daß ihr Mann sich damit in Berlin nicht würde beliebter machen, war Wilhelmine zwar bewußt, und offiziell hielt sie sich aus allem heraus, aber ihr Platz war mittlerweile in Bayreuth, und so versuchte sie nicht, den Markgrafen davon abzuhalten. Damit riskierte sie allerdings eine Verstimmung auch ihres Bruders, denn als künftigem König konnte ihm eine derartige Konkurrenz in der eigenen Familie keinesfalls recht sein: »Was die angeblichen Ansprüche des Markgrafen auf die Herzogtümer Jülich und Berg betrifft, so finde ich, daß er damit recht spät herauskommt. Offen gesagt, handelt er verkehrt, denn um solche Ansprüche zu verfechten, muß man entweder Verbündete wie Frankreich oder Geld und Truppen wie der König [von Preußen] haben. Ist das nicht der Fall, so muß ich Dir als Bruder und Freund sagen, daß der Markgraf nur Schimpf und Schande davon ernten wird. Er wird sich den König zum Feind machen und sein Ziel in keiner Weise erreichen.« Trotz dieser Warnung schrieb der Markgraf an den König und erläuterte ihm seinen Standpunkt.

Natürlich hatten die Bayreuther nicht den Hauch einer Chance, ihre Ansprüche durchzusetzen. Alles, was der Markgraf erreichte, war, daß seine Aktien in Berlin noch weiter in den Keller fielen. Schweren Herzens machte er sich daher Ende Juni 1739 auf den Weg zu seiner Goodwilltour. Es sollte ein Überraschungsbesuch werden. Im »Gepäck« hatte er acht »lange Kerls«, wie ihm seine Frau geraten hatte. Daß es sich dabei um junge Menschen gehandelt hat, die von einem Ort in den anderen verpflanzt und aus allen ihren Bindungen herausgerissen wurden – solche Gedanken kamen Wilhelmine (und auch ihrem Bruder Friedrich) nicht in den Sinn. Es war Menschenmaterial, um das man sich keine Gedanken zu machen brauchte. Wie von Wilhelmine erwartet, rührten die acht »Riesen« und vielleicht auch ein wenig das unvermutete Wiedersehen mit seinem Schwiegersohn den König zu Tränen: »Mein Gott, welche Freude haben Sie mir da gemacht. Ich sehe, daß Sie doch Zuneigung für mich haben.« In diesem Klima konnte Markgraf Friedrich seine Bitten vortragen: Der König möge die Reise nach Montpellier genehmigen und Superville freigeben.

Über den Erfolg unterrichtete Kronprinz Friedrich seine Schwester am 4. Juli 1739: »Der Markgraf hat uns mit seinem Besuch aufs angenehmste überrascht, und ich hoffe, er wird mit seinem Empfang zufrieden sein. Alles, was er wünschte, ist ihm gewährt worden.« Um Geld zu bitten, hatte der Markgraf auf Anraten des Kronprinzen allerdings verzichtet, der meinte, die gute Laune des Königs würde damit ein allzu schnelles Ende haben. Wilhelmine schätzte ihren Vater anders ein und glaubte, daß er auch dazu bereit gewesen wäre. Um so ärgerlicher fand sie die Einmischung ihres Bruders. Daß Superville Berlin gerne mit dem viel kleineren Bayreuth vertauschte, hing laut Wilhelmine vor allem mit dessen überraschender Beurteilung des künftigen Königs zusammen: Dieser habe »viel Geist, aber ein böses Herz und einen schlechten Charakter. Er ist mißtrauisch, verstockt, maßlos, selbstsüchtig, undankbar, lasterhaft, und ich müßte mich sehr irren, wenn er eines Tages nicht noch geiziger würde, als sein Vater es heute ist.« Womit Superville recht behalten sollte.

1739 war auch das Todesjahr Grumbkows. Allzu große Trauer löste diese Nachricht bei Wilhelmine und Friedrich nicht gerade aus. »Der Feldmarschall Grumbkow ist also auch unter den Toten. Er wird wohl ins Fegefeuer gekommen sein«, bemerkte Wilhelmine trocken. Und eher ironisch ist ihre Bitte an den Bruder zu verstehen, auf den Verstorbenen eine Grabinschrift zu verfassen. Und ironisch klingt auch, was Friedrich daraufhin zusammenreimte:

»In dem Grabe fand allhie
Ein Feldmarschall seine Ruh',
Staatsmann und Finanzgenie
Und Kanonikus dazu.
Wandrer, hörst Du, wie verhaßt er
War als Ränkeschmied der Zeit,
Beides, Tugenden und Laster,
Weihe der Vergessenheit.«

Ganz offen schrieb Friedrich seiner Schwester: »Ich gewinne durch seinen Tod außerordentlich und hoffe, daß wir jetzt nach langem Unwetter aufatmen werden.« Deutlicher konnte er kaum zum Ausdruck bringen, daß sein jahrelanger Briefwechsel mit Grumbkow keiner wahren Freundschaft entsprungen, sondern lediglich der Realpolitik geschuldet war. Wilhelmine gratulierte ihrem Bruder gar dazu, »daß Du einen so bösen Menschen los bist«.

Endlich, am 20. August 1739, sollte es losgehen: Wilhelmines Reise nach Frankreich und vor allem nach Italien, wo sie ganz in ihrer Liebe zur Antike schwelgen wollte. Nicht mit dabei waren zwei langjährige Begleiterinnen der Markgräfin: ihre Oberhofmeisterin Dorothea Henriette Louise von Sonsfeld und ihre alte Amme Anna Margareta Meermann. Beide schienen Wilhelmine zu alt für eine solche Reise. Ihrer Amme und deren Mann Johann Wilhelm, der als »Geheimer Cämmerirer« intime Einblicke in die ökonomischen Verhältnisse der Markgrafschaft hatte, gab Wilhelmine statt dessen Heimaturlaub nach Berlin – ein Fehler, wie sich bald herausstellen sollte.

Die Reise stand unter keinem guten Stern: »Kaum waren wir eine Meile gefahren, als dem Markgrafen übel wurde. Er spürte heftige Kopfschmerzen und mußte sich erbrechen. Wir dachten, es hätte nicht viel auf sich und es sei nur eine Migräne, aber wir machten unsere Rechnung ohne den Wirt. Er bekam hohes Fieber, so daß wir einige Stunden in Trubach blieben, einem ganz erbärmlichen Nest.« Schließlich schleppte sich die Reisegesellschaft noch bis Erlangen, doch an eine Weiterfahrt war nicht zu denken. Der Markgraf war nicht der einzige, den das seltsame Fieber erwischt hatte, auch Superville und andere Höflinge verbrachten die meiste Zeit im Bett: »Alle Welt ist krank und hinfällig. Ich komme mir vor wie in einer Quarantänestation; ich sehe nur bleiche Gesichter …«

Die Kunde, die ihr Kronprinz Friedrich am 13. September aus Berlin übermittelte, war nicht dazu angetan, ihre Miene aufzuhellen: »Du hast etwas getan, was Dir fast Verdruß bereitet hätte, wenn ich den Schlag nicht nach Möglichkeit pariert hätte. Du hast nämlich Deinem Meermann die Reise nach Berlin erlaubt. Der Undankbare hat sich gegen Dich nicht so benommen, wie es seine Pflicht war; er hat Reden gehalten, die mich sehr verdrossen. Der König begann schon Feuer zu fangen, aber ich habe alles wiedergutgemacht …« Meermann, der als gläubiger Pietist auch ein strenger Haushalter war, hatte dem König über die finanzielle Schieflage der Markgrafschaft und die im Gegensatz dazu horrenden Ausgaben für die Hofhaltung berichtet. Wilhelmine konnte von Glück sagen, daß Meermann von ihrem Bruder ausgeschaltet worden war. Doch noch größeres Unheil bahnte sich an: Als der Markgraf langsam wieder zu Kräften kam – natürlich genesen durch einen von Superville vorgenommenen Aderlaß –, fiel Wilhelmine auf, daß er sie kaum noch ansah. Statt dessen ruhten seine Blicke in frischer Verliebtheit auf der kleinen Marwitz. Aus dem Mädchen war eine junge Frau geworden! Im Musikzimmer des Alten Schlosses der Eremitage befindet sich bis heute ihr Porträt aus der Hand Antoine Pesnes: eine schöne Frau, die sich ihrer sinnlichen Ausstrahlung bewußt ist und keck den Betrachter anblickt.

Nun waren Mätressen in der Zeit nichts Ungewöhnliches, aber Wilhelmine hatte daran geglaubt, in einer glücklichen Ehe zu leben. Um so bitterer war jetzt das Erwachen: »Eine furchtbare Eifersucht erfüllte mein Herz.« Doch Wilhelmine behielt den Kummer für sich, ließ weder Wilhelmine Dorothea von der Marwitz noch ihren Mann spüren, daß sie hinter ihr Geheimnis gekommen war. Sie tat, als sei nichts gewesen. Aus Rheinsberg kamen aufmunternde Briefe. Kronprinz Friedrich wollte nicht einsehen, »aus welchem Grunde Du Deine Reise aufgeben willst … Laß die Toren reden und reise in Gottes Hut nach Montpellier.« Das war gut gemeint, aber Friedrich bezog sich in diesen Sätzen auf das Gerede des alten Meermann, auf das Wilhelmine nichts geben sollte. Vom Verhältnis ihres Mannes wußte auch er nichts.

In ihrem Memoiren schreibt Wilhelmine: »Der Markgraf war noch immer entschlossen, die Reise nach Italien anzutreten. Mir war die Lust total vergangen. Ich sah voraus, daß die Leichtigkeit, mit der er da die Marwitz öfters sehen könnte, seine Liebe nur anfeuern würde.« Von »unerträglichen Kopfschmerzen« geplagt, trat Wilhelmine, gemeinsam mit ihrem Mann und der Marwitz, daher die Heimreise nach Bayreuth an, von wo aus sie Ende Oktober nach Himmelkron fuhr, »der gesünderen Luft« wegen. Zwar wurde der Ehefrieden rein äußerlich wiederhergestellt, und der Markgraf gab sich seiner Frau gegenüber wieder freundlicher. Doch Wilhelmine zog sich nun noch mehr in ihre andere Welt zurück: »Eine schöne Bücherei, schöne Gemälde und schöne Musik sind meine drei Liebhabereien.« Ganz in diesem Sinne schenkte Wilhelmine ihrem Bruder »ein kleines Tischchen für Deinen Musiksaal ... Der Entwurf stammt von mir, und es sieht recht hübsch aus. Ich habe den kleinen hiesigen Parnaß darauf anbringen lassen, obwohl er dieses Namens noch nicht würdig ist.« Der »kleine Parnaß«, den die Markgräfin auf das Tischchen hatte malen lassen, das waren ihre streitsüchtigen, aber trotzdem geliebten Musiker. Wilhelmine selbst sitzt mitten unter ihnen am Cembalo, ist also Teil des Parnaß.

Der König ist tot, es lebe der König

Nach den Enttäuschungen der vorangegangenen Monate freute sich Wilhelmine über die Abwechslung, die der Karneval bot. Um so schlimmer, daß sie auch da noch unangenehme Rücksichten nehmen mußte: »Es wurden Kostümbälle im Schloß abgehalten, zu denen nur der Adel Zutritt hatte. Ich sage kostümiert, weil man ohne Maske ging. Die Geistlichkeit hatte unter der Regierung des verstorbenen Markgrafen einen großen Einfluß ausgeübt; es gab sogar eine Sekte – unter dem Namen Pietisten [!] bekannt –, deren Oberhaupt der Kaplan des Markgrafen war. Dieser Mann ... machte bei der Gemeinde Stimmung gegen uns. Er war beim dänischen Hof sehr gut angeschrieben, und wir mußten aus politischen Gründen freundlich mit ihm umgehen. So durften wir nur allmählich eine vergnügte Ära einführen ...«

Die schlechte wirtschaftliche Situation, unter der ihre Untertanen im Winter 1739/40 litten, hat Wilhelmine nicht wahrgenommen; sie lag außerhalb ihrer Welt. Zeitgenössische Beobachter berichteten von einer »wahren Hungersnot im Land«, viele Menschen erfroren, verkauften ihr letztes Hemd, um zu überleben. »Freilich, der Hof vergaß sie über die Karnevalsbelustigungen, über die Darstellungen französischer Schauspieler und Tänzer, welche besonders dem Markgrafen gefielen, über die Opern und Kammermusiken, deren Freundin und Gönnerin die Markgräfin war.«

Die Karnevalsfreuden des Jahres 1740 waren aber nicht nur wegen der strengen pietistischen Prediger getrübt: König Friedrich Wilhelm I. war erneut schwer krank, und wieder rechneten die Ärzte mit seinem baldigen Tod. Es spricht für Wilhelmine, daß sie trotz aller bösen Erfahrungen und aller Kränkungen den Wunsch äußerte, ihren Vater noch einmal zu sehen. Der Markgraf, der selbst keine Lust dazu verspürte, wollte seiner Frau unter einer Bedingung die Erlaubnis geben: Sie sollte vorab ihrem Bruder schreiben und dessen Meinung einholen. Zum ersten Mal klopfte sie am 20. Februar 1740 diesbezüglich an: »Es ist jetzt sieben Jahre, daß ich nicht in Berlin war, und so ist es ganz natürlich, daß ich meinen sterbenden Vater noch einmal sehen will ...« So natürlich fand das Friedrich nicht. Er werde sie schon beizeiten über den Zustand des Königs unterrichten, Wilhelmine möge sich nicht so beunruhigen. Als die Krankheit des Königs immer bedrohlicher wurde, wagte Wilhelmine am 2. April 1740 einen weiteren Anlauf: »Man redet schon in der Gesellschaft darüber [daß Wilhelmine ihren Vater nicht besuchte] und wirft mir Lieblosigkeit vor.« Die Antwort ihres Bruders war brüsk: »Ich begreife nicht, wie Du unter den jetzigen Umständen ein so lebhaftes Verlangen hegst, hierherzukommen. Dem König geht es tatsächlich sehr schlecht, aber das Leben in Berlin ist wirklich nichts für

Dich … Du warst seit acht Jahren nicht hier, und so hast Du vielleicht hunderttausend Kleinigkeiten vergessen, die zwei Tage in Berlin Dir zu Deinem Schaden in Erinnerung bringen werden. Ich sage mit der Schrift: Selig sind die Abwesenden …« Wilhelmine war über diese Antwort, die sie in ihren Memoiren sehr überzeichnet wiedergegeben hat, zutiefst enttäuscht. Sie blieb in Bayreuth – und wußte nun, daß sie ihren Vater niemals wiedersehen würde.

Bereits schwer leidend, zog Friedrich Wilhelm I. am 28. April 1740 noch einmal nach Potsdam um – dort, in der Stadt, die er geprägt und erst zu dem gemacht hatte, was sie war, wollte er sterben. Da er sich nur noch teilweise handlungsfähig fühlte, dachte er sogar an Abdankung, doch hat er diesen Schritt letztlich nicht mehr vollzogen, obwohl er seinem Sohn den Thron mittlerweile zutraute: »Ich bin von ihm befriedigt, er hat mir versprochen, daß er die Armee beibehalten würde … Ich weiß, daß er die Truppen liebt, er hat Verstand, und alles wird sehr gut gehen.« Am 31. Mai 1740 starb der »Soldatenkönig«. Friedrich benachrichtigte Wilhelmine über den Tod des Vaters am 1. Juni in einem kurzen Brief: »Liebste Schwester. Durch Gottes Ratschluß ist unser teurer Vater gestern um drei Uhr heimgegangen. Er starb mit engelhafter Gefaßtheit, ohne viel zu leiden. Ich kann den Verlust, den Du durch ihn erfahren hast, nur gutmachen durch die aufrichtige Freundschaft und innige Liebe, mit der ich zeitlebens verbleibe. Dein getreuer Bruder Friedrich.«

Obwohl Wilhelmine auf die Nachricht gefaßt war, »blieb ich aufs tiefste davon betroffen«. Für Wilhelmine stand, abgesehen von allen persönlichen Differenzen, die sie mit ihm gehabt hatte, außer Frage, daß ihr Vater ein »großer Fürst« gewesen war. Auch Friedrich, nunmehr König Friedrich II., hatte die politische Leistung seines Vaters schätzengelernt. Zu seinem Vorleser Catt sagte er über ihn: »Sie dürfen … nicht denken, er habe uns böse Beispiele gegeben; nein, er ist uns immer ein Vorbild gewesen. Die Fehler, die seine Kinder etwa begangen haben, sind ihre eigenen Fehler; mein Vater hat sie nicht veranlaßt. Er war wahrscheinlich in jeder Hinsicht ein Ehrenmann … Vielleicht hatte er eine zu hohe Meinung von der menschlichen Natur, wenn er verlangte, daß alle seine Untertanen und seine gesamte Umgebung so sittenstreng sein sollten wie er selbst.«

Wilhelmine reagierte auf die Nachricht von der Thronbesteigung ihres Bruders mit einem sehr förmlichen Brief, in dem sie ihn mit »Majestät« ansprach. Friedrich schien diese Förmlichkeit fast peinlich zu sein: »Der Titel Bruder ist mir ruhmreicher als der sämtlicher allerchristlichsten oder katholischen Könige oder Verteidiger des Glaubens, und Deine Freundschaft gilt mir mehr als alle knechtische Ehrerbietung von Sklaven und die kriecherische Unterwürfigkeit der Untertanen. Ich bitte Dich, mich stets nur als Deinen Bruder und als weiter nichts zu betrachten.« In ihren Memoiren erwähnt Wilhelmine diesen sehr herzlichen Brief überhaupt nicht, sondern läßt hier bereits eine neuerliche Verstimmung einsetzen: Obwohl sie dem König selbst »mit jeder Post« geschrieben habe, seien sechs Wochen vergangen, ehe er wieder zur Feder gegriffen habe, »und der erste Brief, der mir nach Verlauf dieser Zeit zukam, war … sehr frostig«. Als »frostig« kann man diesen Brief Friedrichs vom 14. Juli, auf den Wilhelmine angespielt hat, eigentlich nicht bezeichnen. Wenn er aber zuerst von seiner Überlastung spricht, um unmittelbar danach hinzuzufügen, er führe philosophische Gespräche mit seinem Kammerherrn Francesco Graf Algarotti und scherze mit seinem Freund Dietrich von Keyserlingk, dann durfte Wilhelmine schon zu Recht klagen: Dafür hatte er also Zeit, nicht aber, um seiner vermeintlich so geliebten Schwester ein paar Zeilen zu schreiben?

Mit dem August 1740 setzte aber bereits wieder ein regelmäßiger Briefwechsel der Geschwister ein, und Wilhelmine fand wieder zu der vertrauten Ansprache »Liebster Bruder« zurück. Wilhelmine hatte einfach zuviel erwartet, hatte gedacht, daß sich Friedrich fortan noch mehr um sie kümmern, ja sie vielleicht sofort nach Berlin beordern würde – und war dann doppelt enttäuscht, als sie feststellen mußte, daß dem nicht so war. Friedrich hatte nicht vor, ihr eine größere Rolle in seinem Leben und schon gar nicht an seinem Hof zukommen zu lassen. Er hielt nach der Thronbesteigung Distanz zu ihr, so wie er alle Freunde aus seiner Kronprinzenzeit auf Abstand hielt.

Trotz der schweren Krankheit des »Soldatenkönigs« war das kulturelle Leben im Jahr 1740 in Bayreuth nicht zum Erliegen gekommen. Im Gegenteil: Nach heftigen Reibereien unter den Musikern waren die Paganellis zwar in die Wüste geschickt worden, aber Wilhelmine hatte sogleich Nachschub aus Italien verpflichtet, dessen Eintreffen sie Ende März schon sehnsüchtig erwartete. Die »Truppe aus Italien« sollte nämlich das neue Opernhaus einweihen. Dabei handelte es sich aber noch nicht um das berühmte markgräfliche Opernhaus, sondern entweder um den neu eingerichteten Theatersaal im Bayreuther Residenzschloß oder das Redoutenhaus neben dem heutigen Opernhaus. Das Programm für die Einweihung des neuen Saales stand bereits fest: Es sollte Wilhelmines erste eigene Oper uraufgeführt werden, das Trauerspiel *Argenore*. In einem Brief an ihren Bruder vom 25. März 1740 kokettierte Wilhelmine ein wenig mit ihrer Bescheidenheit und befürchtete, daß die italienischen Profis sich bei der Aufführung wohl nicht besonders anstrengen würden, »denn der Komponist [also sie selbst] verdient den Zutritt zum Parnaß nicht. Ich hoffe nur, man wird ihm wegen der Besonderheit des Falles aus Achtung vor dem schönen Geschlecht Gnade erweisen, denn mit derartigen Dingen haben die Frauen sich bisher noch nicht befaßt. Sobald die Aufführung stattgefunden hat, werde ich Dir ein paar Arien senden unter der Bedingung, daß Du mir offen sagst, was Du davon hältst, denn ich bin durchaus nicht eingebildet auf meine Kunstleistungen.« Auch wenn der geschaßte Paganelli oder/und Pfeiffer ihr bei der Komposition ein wenig unter die Arme gegriffen haben mögen, so zeugt es von ihrer Lernfähigkeit und von ihrem musikalischen Talent, daß sie sich an eine solche Aufgabe gewagt hatte.

Die Uraufführung fand am 10. Mai 1740 statt, also zum Geburtstag des Markgrafen. Das zwar nicht von Wilhelmine stammende, aber von ihr inspirierte Libretto erzählt die verwickelte Geschichte eines Thronfolgers, der als Kind entführt wird und später unerkannt zurückkehrt. Argenore, nach dem das Stück benannt ist, ist der tyrannische, zu Tobsuchtsanfällen neigende König dieses Reiches, vielleicht eine Anspielung auf ihren Vater. Dem Stil der Zeit entsprechend spielt die Handlung in der Antike.

Es gibt ein sehr schönes Zitat Wilhelmines aus dieser Zeit, in der sie ihren Tagesablauf beschreibt und die Dinge hervorhebt, die in ihrem Leben wichtig waren: »Wohl dem Lande, dessen Herrscher den Wissenschaften huldigt und sie zur Blüte bringt. Nichts bringt den Menschen der Gottheit näher als die geistige Betätigung. Ich widme mich ihr so viel, wie meine Gesundheit es zuläßt. Auch mit den Regeln der Baukunst habe ich mich etwas zu beschäftigen begonnen und baue prächtige Schlösser auf dem Papier, die aber aller Wahrscheinlichkeit nach auf dem Papier bleiben werden. Dann komponiere ich eine neue Oper, deren Plan ich selbst entworfen habe. Den Vormittag widme ich der Physik und der Philosophie, und ein paar Nachmittagsstunden lese ich Geschichtswerke. Bei dieser Lebensweise verfliegt die Zeit so rasch, daß ich wünschte, die Tage hätten 24 Stunden.«

In ihren Memoiren zeichnet Wilhelmine für das Jahr 1740 ein Bild der zunehmenden Entfremdung von ihrem Bruder. Besonders deutlich wird dies in der Schilderung von dessen überraschendem Bayreuth-Besuch im August und Wilhelmines anschließender Reise nach Berlin und Rheinsberg. Doch wieder einmal zeichnen die Briefe ein differenzierteres Bild als die Memoiren. Daß Friedrich sich seiner Schwester weiter verbunden fühlte – wenn auch als König mittlerweile überlegen –, zeigte sich schon daran, daß er sie bereits wenige Monate nach der Thronbesteigung besuchte. Zwar war der Halt in Bayreuth nur die Zwischenstation auf einer politischen Mission, die ihn nach Straßburg und in die westlichen preußischen Provinzen führte, aber gleichwohl: Er hätte direkt dorthin reisen können; niemand zwang ihn zu einem Stopp im Fränkischen. Sollte er dies getan haben, obwohl er seiner Schwester nicht mehr wirklich etwas zu sagen hatte, wie Wilhelmine in ihren Memoiren dargelegt hat? »Ich merkte sofort, daß seine Liebkosungen gezwungen waren, was mich etwas befremdete … Der König sprach den ganzen Tag lang nur über gleichgültige Dinge mit mir.« Dagegen die Briefe: »Mir fehlt der Ausdruck, um Dir zu sagen, wie sehr ich von all der Güte gerührt bin, mit der Du mich hier überhäuft hast. Seit Deiner Abreise fehlt mir alles; ich komme mir vor wie in einer Wüste, und mein einziges Vergnügen ist die Erinnerung an all Deine Güte und an die wundervollen Stunden, die ich mit Dir, liebster Bruder, verlebt habe. Dein Bild ist mir tief ins Herz gegraben.«

Im Herbst reiste das Markgrafenpaar zum Gegenbesuch nach Berlin. Die erste Zeit dort verlief wenig zufriedenstellend: Der König war krank und zog sich nach Rheinsberg zurück, Wilhelmine mußte sich mit der Gesellschaft ihrer Mutter begnügen. Die aber hatte schlechte Laune: Sie hatte gehofft, von ihrem Sohn um politischen Rat gefragt zu werden – und wurde bitter enttäuscht. Wilhelmine gab sich Mühe, sie »zu zerstreuen und ihre Schwermut zu verscheuchen«, aber alle Bemühungen der Tochter konnten nichts am Grund der Trübsal ändern, die Sophie Dorothea blies. Um so erfreuter war Wilhelmine über die Einladung Friedrichs, nach Rheinsberg zu kommen. »Ich richte hier die Zimmer ein, um Dich angemessen empfangen zu können«, schrieb er ihr am 24. Oktober, fünf Tage später waren Markgräfin und Markgraf im Musenhort des neuen Königs. Von der Rastlosigkeit ihres Bruders war Wilhelmine gebührend beeindruckt: »Es ist erstaunlich, wie er trotz seines üblen Befindens alle Arbeiten zu erledigen vermochte; alles ging durch seine Hände. Er verbrachte seine wenigen Mußestunden in der Gesellschaft einiger geistvoller oder gelehrter Leute, wie Voltaire, Maupertuis, Algarotti und Jordan. Abends war Konzert, wo er trotz seiner Schwäche zwei oder drei Musikstücke auf seiner Flöte blies, und man darf ohne Schmeichelei behaupten, daß er die größten Meister dieses Instruments übertraf. Die Zeit nach dem Souper war der Poesie und Wissenschaft gewidmet, für die er unendlich viel Talent und Aufnahmefähigkeit hat.«

Ein Name in der Liste Wilhelmines läßt aufhorchen: Voltaire! Seit 1736 standen Friedrich und der schon damals berühmte Philosoph in brieflichem Kontakt, im September 1740 kam es in Kleve zum von beiden sehnsüchtig gewünschten ersten Treffen. Die Begeisterung beruhte auf Gegenseitigkeit: Friedrich bewunderte Voltaires scharfen Intellekt, Voltaire wiederum glaubte, in Friedrich einen künftigen Philosophenkönig vor sich zu haben, den »Salomo des Nordens«. Daß Voltaire bereits kurze Zeit später nach Rheinsberg aufbrach, hatte einen eher unphilosophischen Hintergrund: In Frankreich wollte man wissen, in welche Richtung die Politik des jungen Königs sich nach dem überraschenden Tod Kaiser Karls VI. am 21. Oktober 1740 wenden würde. Voltaire bot sich dem leitenden Minister Frankreichs, Kardinal André Hercule de Fleury, daraufhin als Vermittler und Kundschafter an. Zwar bekam er dafür keinen direkten Auftrag, aber Fleury sprach sich auch nicht ausdrücklich gegen die Mission aus. Doch Voltaire erging es wie Wilhelmine und Sophie Dorothea: Friedrich ließ ihn einfach auflaufen. Gerne diskutierte er mit ihm über Philosophie, versuchte Voltaire, auf das Feld der Politik zu wechseln, wich der König aus und wechselte rasch das Thema. Für Friedrich waren Diskussionen mit Voltaire ein Spiel – ein Spiel, das auch noch viel Geld kostete: »Sein sechstägiges Erscheinen«, schrieb er an seinen Freund Charles Étienne Jordan, »kostet mich täglich 150 000 Écus. Das nenne ich einen Narren teuer bezahlen. Niemals hat der Narr eines großen Herrn ähnliche Gagen erhalten.« Friedrich der große König, Voltaire sein Narr …

Es war die Kälte, die aus diesen Zeilen spricht, die Wilhelmine zu schaffen machte. Der »Soldatenkönig« hatte sich als Amtmann Gottes verstanden, vor dem er sich würde verantworten müssen. Diese Hemmschwelle besaß Friedrich nicht. Er stand vor seinem Auftritt als Kriegsherr, er fühlte sich groß und mächtig. Wilhelmine hatte darauf gehofft, den Friedrich der Kinder- und Jugendzeit wiederzutreffen, seine intime Vertraute zu sein. Doch diesen Friedrich gab es nicht mehr. Wiederum scheint die Darstellung in den Memoiren zwar etwas überzeichnet zu sein, aber dennoch gibt sie die enttäuschte Hoffnung der Markgräfin gut wieder: »Der Aufenthalt in Rheinsberg hatte für mich nur Reiz durch die anwesende Gesellschaft. Den König sah ich nur selten, und er gab mir keinen Grund, mit unseren Zusammentreffen sonderlich zufrieden zu sein. Wir kamen meist über verlegene Höflichkeitsphrasen oder beißende Bemerkungen über die schlechten Finanzen des Markgrafen nicht hinaus; oft spottete er sogar über ihn und die Reichsfürsten, was mir sehr empfindlich war.«

Wilhelmine mußte erkennen, daß sie durch ihre Heirat einen Rangverlust erlitten hatte. Es spricht für sie, daß sie sich mittlerweile mit ihrer neuen Heimat arrangiert hatte und ihr die abschätzigen Bemerkungen des königlichen Bruders nahegingen. In seinem *Antimachiavell* hatte Friedrich die kleinen Reichsfürsten tatsächlich so abgebürstet, wie Wilhelmine dies in ihren Memoiren angedeutet hat: Diese seien Zwitterwesen zwischen Herrschern und Privatleuten, deren Gebieterrolle höchstens ihre Bediensteten ernst nähmen. Die Mehrzahl dieser Fürsten »richtete sich zugrunde durch die Aufwendungen, zu denen ihr trunkener Größenwahn sie verführt, die in gar keinem Verhältnis zu ihrem Einkommen stehen; die Ehre ihres Hauses hochzuhalten, sinken sie immer tiefer, aus Eitelkeit geraten sie auf den Weg zum Elend und zum Armenhaus. Noch der allerjüngste Sproß einer apanagierten Linie hält sich in Einbildung für einen Ludwig XIV. ...« So unrecht mag Friedrich damit nicht gehabt haben, Wilhelmine aber und vor allem ihrem Mann mußten solche Sätze bitter aufstoßen. Am 24. November kehrte das markgräfliche Paar Rheinsberg den Rükken und nach Berlin zurück. In einem Brief an Friedrich hat Wilhelmine gleichwohl die Zeit in Rheinsberg reichlich übertrieben als »die schönste ihres Lebens« bezeichnet, die Stunden seien nur zu schnell verflossen. Selbst Friedrich war dieses Lob seiner Schwester peinlich. »Du verstehst Dich auf die Kunst des Wortes und der Schrift: Du bauschst die paar Aufmerksamkeiten, die ich Dir erweisen konnte, so auf, daß Du mir fast eingeredet hast, ich hätte die Pflichten eines Bruders und Gastgebers gegen Dich erfüllt. Ich darf Dir jedoch sagen, daß ich trotz Deiner Nachsicht wohl weiß, was ich unterlassen habe. Du mußt es aber auf Rechnung meiner Krankheit setzen, denn das Herz hatte keinen Anteil daran.«

Der Tod Karls VI. war geeignet, ganz Europa in Wirren zu stürzen. Der Kaiser war gestorben, ohne einen männlichen Nachkommen zu hinterlassen. Der Erbfolge seiner Tochter Maria Theresia in den habsburgischen Erblanden hatten alle europäischen Mächte einschließlich Preußens zugestimmt.

Doch nun, als der Fall tatsächlich eingetreten war, sah die Sache anders aus: Würden sich wirklich alle an ihr Versprechen halten? Schon 1737 hatte ein Wiener Diplomat gemutmaßt, daß Friedrich II. seine Regierung mit einem »großen Schlag« beginnen werde. Anders als sein Vater fühlte er sich den Habsburgern moralisch nicht verpflichtet, im Gegenteil: Daß sie den »Soldatenkönig« nicht nur im jülich-bergschen Erbstreit hinters Licht geführt hatten, empfand Friedrich als Demütigung. Und wenn er das Wiener Geld auch genommen hatte, so empfand er dafür zu keiner Stunde auch nur einen Funken Dankbarkeit oder Verpflichtung!

Tatsächlich hatte Preußen Erbansprüche auf Teile Schlesiens, über deren Berechtigung an dieser Stelle nicht zu diskutieren ist. Friedrich waren diese Ansprüche natürlich bekannt, und er ließ ein entsprechendes Rechtsgutachten erarbeiten, doch war seine Entscheidung zum Angriff schon längst gefallen. Als ihm das bestellte Gutachten vorgelegt wurde, erwiderte er nur sarkastisch: »Bravo, das ist die Arbeit eines tüchtigen Scharlatans.« Er, der kurz zuvor noch an seinem *Antimachiavell* geschrieben hatte, in dem er den Gedanken einer reinen Staatsräson ohne Moral verwarf, begründete sein Handeln nun denkbar machiavellistisch: »Wenn man im Vorteil ist, muß man es sich zunutze machen oder nicht?« Friedrich war bereit zum »Rendezvous des Ruhms« und überschritt am 16. Dezember 1740 »den Rubikon«. Europa war baß erstaunt, daß es sich dabei um denselben Friedrich handelte, der die Uniform einst einen Sterbekittel genannt und lieber Flöte gespielt als exerziert hatte. Sein Vater hatte diese Wandlung gespürt, als er am Ende seines Lebens über ihn sagte: »Dort steht einer, der mich rächen wird.« Gleichwohl wäre er mit dem Vorgehen seines Sohnes kaum einverstanden gewesen: Hatte Gott nicht ungerechte Kriege verboten? Und als »gerecht« war dieser Krieg schwerlich zu bezeichnen, selbst wenn noch andere europäische Mächte glaubten, mit Maria Theresia leichtes Spiel zu haben, und den habsburgischen Kuchen mit gierigen Augen betrachteten, allen voran die Wittelsbacher, die ihre Chance gekommen sahen, den Kaiserthron zu erobern. Denn Maria Theresia konnte gemäß der Pragmatischen Sanktion über die Erblande herrschen – römisch-deutscher Kaiser konnte nur ein Mann werden. Für Maria Theresia war klar, wer dies sein sollte: ihr Ehemann Franz Stephan von Lothringen. Bis dahin sollte es noch ein mühevoller Weg werden.

Wie reagierte Wilhelmine auf die Nachricht vom Ausbruch des Krieges? Markgraf Friedrich – die kommenden Wirren vorausahnend – hatte bereits Anfang Dezember die Heimreise nach Franken angetreten; anders Wilhelmine, die in Berlin geblieben war. Was die Markgräfin damals wirklich gedacht hat, ist schwer einzuschätzen. In ihren Memoiren schreibt sie darüber ungewöhnlich diplomatisch: »Er hatte ein Unternehmen gewagt, das sehr schwierig war und schlimme Folgen haben konnte, falls es mißlang. Diese Gedanken erschwerten mir die Trennung von ihm.« An ihren Bruder schrieb sie am 17. Dezember 1740: »Ich bete für den Erfolg Deiner Waffen und vor allem für die Erhaltung Deines Lebens, die mir mehr am Herzen liegt als alles auf Erden.« Wenig später begründete sie gegenüber dem König, daß ihr Mann in absehbarer Zeit nicht nach Berlin zurückkehren könne: »Neue Betrügereien und Ränke verbieten seine Abwesenheit; es hat sich gleichsam ein neuer Klüngel von Schurken gegründet. Berghoffer hat nach Regensburg zurückkehren müssen, und der ganze Ministerrat ist kassiert; daher muß er selbst alles allein machen. Zudem zwingen ihn die Zerwürfnisse im Kreis mehr denn je, auf seine Interessen zu sehen.«

Dieser Brief ist in mancherlei Punkten sehr aufschlußreich: Betrügereien und Ränke – das könnte zum einen bedeuten, daß die Minister wieder allzu selbstherrlich schalteten und walteten. Zum anderen könnte es aber auch darauf hinweisen, daß in Bayreuth große Unsicherheit darüber herrschte, wen man in diesem Krieg unterstützen sollte. Wenn Markgraf Friedrich die Minister »kassierte«, also wenigstens vorläufig vom Dienst suspendierte, und den preußenfreundlichen Oberhofmarschall Johann Adolf von Berghoffer zum Reichstag nach Regensburg schickte, dann läßt dies darauf schließen, daß Friedrich eine preußenfreundliche Politik im Sinn hatte, es dagegen aber Widerstand in Bayreuth gab. Und dieser Widerstand hatte einen Namen: Daniel de Superville! Mit aller Macht versuchte der von Friedrich II. enttäuschte Arzt seinen Einfluß am Hof zugunsten der österreichischen Partei in die Waagschale zu werfen.

Die Markgrafschaft war in diesem Konflikt gleich aus mehreren Gründen in der Zwickmühle. Gegen Habsburg standen außer den preußischen Hohenzollern noch die bayerischen Wittelsbacher: Kurfürst Karl Albrecht, der mit einer Schwester des verstorbenen Kaisers verheiratet war, wollte Nachfolger seines Schwagers auf dem Thron des Heiligen Römischen Reiches werden und betrieb daher gleichfalls eine gegen Maria Theresia gerichtete Politik. Doch sollte Bayreuth dem mächtigen Nachbarn dabei helfen, noch mächtiger zu werden? Schließlich die kleineren süddeutschen Reichsstände. Da diese allein nichts ausrichten konnten, sahen sie ihre politische Basis vor allem in den insgesamt zehn Kreisen, in die das Reich seit 1512 eingeteilt war, wobei die fünf sogenannten vorderen Reichskreise, darunter der fränkische, sich 1727 zu einer prohabsburgischen Assoziation zusammengeschlossen hatten. Dem Brief Wilhelmines an ihren Bruder zufolge gab es aber selbst innerhalb des fränkischen Kreises keine einheitliche Meinung, inwiefern diese Assoziation nach dem Tod Kaiser Karls VI. weiter gültig sei. Markgraf Friedrich war bekanntlich Oberst des fränkischen Reichskreises und Inhaber eines kaiserlichen wie eines preußischen Regiments. Auf gut deutsch: Er saß zwischen allen Stühlen.

Hatte Wilhelmine ursprünglich noch auf die Rückkehr des Bruders nach Berlin warten wollen, so entschied sie sich aufgrund der brisanten Lage bald anders und brach am 12. Januar 1741 in ihre Residenzstadt auf. Ihrem kriegführenden Bruder kam es überhaupt nicht in den Sinn, daß die stammverwandten fränkischen Hohenzollern anders könnten, als ihn unterstützen, oder ihm wenigstens keine Steine in den Weg legen würden.

Doch Maria Theresia arbeitete bereits daran, die Assoziation der fünf vorderen Reichskreise als Gegengewicht gegen Bayern und eventuelle französische Schachzüge am Leben zu erhalten. Dem diente eine diplomatische Mission des Grafen Carl von Cobenzl an den Bayreuther Hof im März 1741. In ihren Memoiren hat Wilhelmine diesem Besuch keinerlei Bedeutung beigemessen: »Er brachte mir einen Brief der Kaiserinwitwe. Diese Fürstin bat mich dringend, auf den König einzuwirken, daß es zum Frieden käme. Ihrer Tochter, der Königin [Maria Theresia], fehlte es an Geld und Truppen … Trotz ihrer traurigen Lage hatte sie sich auf das bestimmteste geweigert, den Forderungen meines Bruders, des Königs, nachzukommen, und sich entschlossen, lieber das Äußerste zu wagen, als die vier umstrittenen Herzogtümer [Schlesien] aufzugeben. Alle Bemühungen des Grafen Cobenzl und all die vorteilhaften Bedingungen, die mir angetragen wurden, konnten mich nicht bewegen, mich in die Sache einzumischen. Ja, ich wollte die Sache dem König gegenüber nicht einmal erwähnen …« Letzteres ist richtig: In ihren Briefen im März und April 1741 gab sie ihrem Bruder keine Nachricht vom Besuch Cobenzls. Und sie tat gut daran: Anders, als in ihren Memoiren behauptet, hat Wilhelmine gegenüber Cobenzl mehr als Höflichkeitsfloskeln geäußert. In einem Bericht an Maria Theresia schwärmte

Cobenzl geradezu über seine freundliche Aufnahme. Dabei sagte der Markgraf dem Gesandten zu, daß Bayreuth den Reichstag auch ohne gewählten Kaiser als funktionsfähig betrachte und akzeptiere, daß dieser Beschlüsse zur Umsetzung der Pragmatischen Sanktion – sprich der ungeteilten Erbfolge Maria Theresias – fasse. An dem geplanten Treffen der assoziierten Reichskreise in Frankfurt wollte der Markgraf allerdings nicht teilnehmen, umgekehrt schloß Cobenzl aus, daß die Truppen der Reichskreise in Schlesien eingesetzt würden.

Wilhelmine ging in ihrem Gespräch mit dem österreichischen Emissär noch weiter: Sie sagte offen, daß sie sich ein anderes Verhalten ihres Bruders gegenüber Maria Theresia gewünscht hätte, und versicherte Cobenzl, »daß der Herr Markgraf an dem preußischen Verfahren [dem Krieg gegen Österreich] niemals teilnehmen, sondern seine Anhänglichkeit gegenüber Eure Königliche Majestät und dero Durchlauchtigstem Erzhaus jederzeit bezeugen würde«. Das war starker Tobak, und man kann von Glück für Wilhelmine sagen, daß ihr Bruder davon nichts erfahren hat.

Im September 1741 sandte Wilhelmine die Kopie eines Briefes der Kaiserinmutter an ihren Bruder, verbunden mit der Bitte, »mir die Antwort so zu schicken, wie ich sie an die Kaiserin senden soll«. Um was für einen Brief handelte es sich dabei? Entweder hat Wilhelmine in ihren Memoiren das Schreiben der Kaiserinwitwe fälschlicherweise mit dem Besuch Cobenzls in Verbindung gebracht, und wir haben es hier mit einem neuerlichen österreichischen Vermittlungsversuch via Bayreuth zu tun. Das wäre gut möglich, denn den Österreichern stand das Wasser in diesen Wochen bis zum Hals: Die Franzosen hatten den Rhein überschritten, die Bayern waren in Österreich einmarschiert – die Habsburgermonarchie stand am Abgrund. Daß die Kaiserinwitwe sich in dieser Situation an Wilhelmine wandte, mag mit dem großen Einfluß auf Friedrich zusammenhängen, den man ihr seit den Zeiten Seckendorffs in Wien zuschrieb. Zumindest theoretisch möglich wäre aber auch, daß Wilhelmine jenen Brief, den Cobenzl im März überbracht hatte, erst jetzt nach Berlin weiterleitete, vielleicht aus Angst, ihr Bruder würde es sonst aus anderer Quelle erfahren.

Friedrich fiel zwar ob des Schreibens der Kaiserinwitwe nach eigener Aussage »aus allen Wolken«, nahm es tatsächlich jedoch ziemlich gelassen und riet seiner Schwester zu einer ausweichenden, höflich-nichtssagenden Antwort. Was Wilhelmine nicht ahnen konnte: Friedrich verhandelte zu diesem Zeitpunkt bereits insgeheim mit Österreich – am 9. Oktober kam es zu der geheimen Abkunft von Klein-Schnellendorf: Maria Theresia beließ Preußen vorläufig den Besitz weiter Teile Schlesiens, gleichzeitig konnten die österreichischen Truppen ungehindert von dort abziehen, um die bedrohten habsburgischen Stammlande zu schützen. Daß Friedrich II. damit seine Verbündeten Frankreich und Bayern einfach im Stich ließ, kümmerte ihn wenig. Und ebenso unbekümmert wechselte er wieder auf die Seite der Verbündeten, als diese Ende November Prag eroberten und der bayerische Kurfürst sich zum König von Böhmen erheben ließ. Friedrich warf sich stets auf die Seite, auf der er am ehesten glaubte den Besitz Schlesiens sichern zu können. Der Vorwurf der Treulosigkeit prallte an ihm ab.

All diese Winkelzüge waren für das Bayreuther Markgrafenpaar nur schwer nachvollziehbar. Deutlich sichtbar war im Frühjahr 1741 dessen Bemühen, es sich mit keiner Seite zu verscherzen und sich dementsprechend nicht festzulegen. Am Reichstag wirkte Berghoffer im preußischen Sinne, und mit seiner Absage an eine Erneuerung der Kreisassoziation tat der Markgraf das Seine, den großen Verwandten nicht über Gebühr zu reizen. Zugleich aber kamen der Markgraf und die Markgräfin im Gespräch mit Cobenzl auch Maria Theresias Wünschen entgegen. Daß Wilhelmine fast gleichzeitig Cobenzl der Bayreuther Anhänglichkeit an das Haus Österreich versicherte und ihrem Bruder aufmunternde Briefe schrieb, ja sich sogar über Voltaire mokierte, weil der sie als »Schwester Apolls, der Mars geworden ist«, ansprach, zeugt von dieser Ambivalenz. Erst durch Friedrichs Sieg gegen die Österreicher in der Schlacht von Mollwitz am 10. April und dem Abschluß seines Bündnisses mit dem mächtigen Frankreich im Juni senkte sich die Waagschale auf die preußische Seite, und in Wilhelmines Briefen wurde nun auch ein gewisser Stolz auf den großen kleinen Bruder sichtbar.

In Bayreuth hoffte man im Juni/Juli 1741, ebenfalls ein Stück des großen Kuchens abzubekommen. Inmitten des Territoriums der Markgrafschaft lag die freie Reichsstadt Nürnberg, in der einst die fränkischen Hohenzollern als Burggrafen das Sagen gehabt hatten. Nun sahen sie die Stunde gekommen, sich Nürnbergs wieder zu bemächtigen. Doch Friedrich riet von einem solchen Handstreich, der nur unnötige Verwicklungen gebracht hätte, dringend ab: Der Markgraf möge »um Gottes willen nicht Hals über Kopf falsche Schritte tun, die ihm in der Folge Kummer bereiten sollten«. Damit war die Hoffnung auf Nürnberg zunichte gemacht. Friedrich braute sein eigenes Süppchen, und die Verwandtschaft in Ansbach und Bayreuth sollte nur das tun, was er ihnen befahl. Als schließlich das Gerücht vom unerwarteten Waffenstillstand zwischen Preußen und Österreich nach wenigen Tagen Bayreuth erreichte, konnte es Wilhelmine gar nicht glauben.

Streit mit dem geliebten Bruder

Zu den politischen Sorgen des Jahres 1741 gesellten sich private. Mit Erfolg hatte sich Wilhelmine zwar eingeredet, daß das Verhältnis zwischen ihrem Mann und der Marwitz beendet sei. Darin bestärkte sie die wiedergewonnene Zuneigung ihres Mannes ebenso wie die äußerlich freundschaftliche Beziehung zu ihrer Nebenbuhlerin. Insgeheim war Wilhelmine aber wohl selbst bewußt, daß dem nicht so war – es sollte einfach nicht sein, was nicht sein durfte. Dennoch kam es Wilhelmine nicht ungelegen, als die Marwitz Ende April 1741 um Urlaub bat: Ihr Vater, mittlerweile preußischer Gouverneur im schlesischen Breslau, erholte sich nur schleppend von einer Verwundung, die er im Dienst des Königs erlitten hatte, und wollte seine Tochter bei sich wissen. Wilhelmine gewährte der Marwitz den Urlaub, doch kurz vor ihrer Abreise »kam sie in Tränen und ganz verzweifelt zu mir«. Sie müsse den Dienst bei Wilhelmine aufgrund der Gerüchte, die im Umlauf seien, dauerhaft quittieren. Ausgerechnet die betrogene Markgräfin redete ihr dieses Vorhaben aus: »Konnte ich denken, daß sie mich grausamer verraten würde, indem sie mir das Teuerste raubte, was ich besaß, nämlich das Herz meines Gatten.« Was auf den ersten Blick reichlich naiv oder allzu vertrauensselig klingt, könnte einen ganz nüchternen Hintergrund haben: Würde Wilhelmine sich tatsächlich von der Marwitz trennen, würde alle Welt glauben, es sei wegen deren Verhältnis mit dem Markgrafen. Es wäre also ein Eingeständnis ihrer eigenen Ohnmacht gewesen. So mimte sie weiter die zufriedene Ehefrau – und gewährte der Marwitz lediglich einen Urlaub zum Besuch des Vaters.

Es war ein seltsamer Besucher, der Anfang 1742 durch Bayreuth reiste: inkognito, mit zugezogenen Vorhängen an seiner Kutsche. Erst als er das Stadttor schon wieder passiert hatte, erfuhr das markgräfliche Paar, wer es da so eilig gehabt hatte: Es war der bayerische Kurfürst Karl Albrecht auf dem Weg nach Frankfurt am Main, wo er am 24. Januar 1742 zum Kaiser gewählt werden sollte – der erste nichthabsburgische Kaiser seit 500 Jahren! Markgraf Friedrich, der ein exzellenter Reiter war, wollte den hohen Besuch nicht einfach ziehen lassen und stieb mit seinem Pferd hinterher. Drei Meilen vor der Stadt erwischte er den Wittelsbacher: »Dieser verließ den Wagen, umarmte den Markgrafen und zeigte sich so herzlich und zuvorkommend, als man nur sein kann. Nach einer halbstündigen Unterredung schieden sie sehr befriedigt voneinander.« Als Wilhelmine und ihr Mann kurz darauf erfuhren, daß die Krönung auf den 31. Januar festgesetzt war, entschlossen sie sich, sich dieses Spektakel nicht entgehen zu lassen. In Breslau hatte die Marwitz Wind von der bevorstehenden Fahrt nach Frankfurt erhalten. Und auch sie wollte dieses Ereignis keinesfalls verpassen: Sie brach ihren Urlaub ab und stand, sehr zum Mißfallen Wilhelmines, bald wieder vor der Bayreuther Tür.

Während Kurfürst Karl Albrecht in Frankfurt auf seine Krönung wartete, waren in Bayern österreichische Truppen einmarschiert – Karl Albrecht wurde zu einem Kaiser ohne Land. Friedrich II. von Preußen hatte diesen Coup durch den in Klein-Schnellendorf geschlossenen Waffenstillstand zwar mit ermöglicht, aber dieser Erfolg der »Betschwester«, wie er Maria Theresia abschätzig nannte, ging ihm denn doch entschieden zu weit. »Der Ablenkung halber und um seinen [nun wieder] Alliierten zu Hilfe zu kommen«, überschritt er mit seiner Armee die böhmische Grenze. Oder wie er es seiner Schwester gegenüber ausdrückte: »Ich bin hier [in Böhmen], um die bayerischen und französischen Dummheiten wieder wettzumachen.«

Trotz der katastrophalen Lage in Bayern wurde in Frankfurt an der Wahl und Krönung des Wittelsbachers festgehalten. Am 30. Januar kamen Wilhelmine und ihr Mann in der Stadt an, wo sie erfuhren, daß sie sich nicht hätten abhetzen müssen: Die Krönung war auf den 12. Februar verschoben worden. Wilhelmine erfreute sich am »prachtvollen Einzug« des zukünftigen Kaisers in der Stadt, ging auf einen Maskenball, wo sie sich »den Spaß machte, recht viele Masken zu necken«. Bei einem anderen Ball tanzte sie mit dem Kurfürsten von Köln – kurzum: Wilhelmine gefiel die illustre Gesellschaft, die sich zur Krönung eingefunden hatte. Wenn, ja wenn da nicht ihre Nebenbuhlerin und deren Schwester Albertine gewesen wären, die sich über alles und jeden lustig machten und sich dabei selbst am geistvollsten vorkamen. Der verliebte Markgraf fand an dem, wie Wilhelmine meinte, »albernen Benehmen« nichts auszusetzen »und merkte nicht, daß er oft der Gegenstand ihres Spottes war«. Wilhelmine hatte für solche Späße kein Verständnis und ließ ein Donnerwetter auf die Marwitze herabsausen, scheute aber vor einem endgültigen Bruch weiterhin zurück. Sie fürchtete den Skandal, den dies in Frankfurt ausgelöst hätte. Und mit Albertine, die seit 1735 Hofdame in Bayreuth war, hatte sie sich bis dahin immer gut verstanden.

In Frankfurt wurde nicht nur getanzt und gekrönt; natürlich fanden am Rande der Feierlichkeiten auch politische Beratungen statt. Karl Albrecht von Bayern, nunmehr Kaiser Karl VII., war angesichts der bedrohlichen militärischen Lage darum bemüht, Verbündete zu gewinnen. Markgraf Friedrich ging auf die Offerten des Kaisers ein und versicherte seiner Gemahlin, daß die Bedingungen des ausgehandelten Vertrags so vorteilhaft seien, daß er nicht umhinkönne, ihn gutzuheißen. So wurde das Abkommen noch in Frankfurt unterzeichnet. Wilhelmine bekam das Dokument allerdings erst nach ihrer Rückkehr in Bayreuth zu sehen und fand ihr Mißtrauen bestätigt, jedenfalls schreibt sie das in ihren Memoiren. Der Vertrag sei keinesfalls so vorteilhaft gewesen, wie man ihren Mann glauben gemacht habe. Weniger die einzelnen Punkte des Vertrags als dessen Abschluß überhaupt kritisierte Friedrich II. in Berlin: »Der König schrieb mir hierüber im gereizten Tone mehrere Briefe. Er beklagte sich bei mir sehr bitter, daß man sich in eine solche Unterhandlung ohne sein Wissen eingelassen habe. Ich unterdrückte die ersten seiner Briefe und ließ den Punkt unbeantwortet. Endlich schrieb er mir, daß ich in seinem Auftrag mit dem Markgrafen darüber sprechen und ihm zu fühlen geben solle, wie ungehörig es sei, Verträge abzuschließen, ohne den Chef des Hauses um Rat zu fragen. Der Markgraf war empört. Er diktierte mir die Antwort, die in sehr starken Ausdrücken gehalten war. Von nun an war es mit dem Frieden vorbei. Ich erhielt nur noch sehr harte Briefe von ihm ...«

Zwar war das Verhältnis der Geschwister sichtlich abgekühlt und der Briefwechsel mittlerweile eher sporadisch. Doch in der Sache stimmt es nicht, was Wilhelmine in ihren Memoiren geschrieben hat. Tatsächlich hatte Friedrich seiner Schwester am 29. April mitgeteilt: »Ehrlich gesagt, bin ich sehr in Sorge wegen des Vertrags, den der Markgraf mit dem Kaiser geschlossen hat. Offen gesagt, fürchte ich, Ihr werdet Verdruß davon haben. Du weißt über das Räderwerk der europäischen Politik nicht Bescheid, und so kannst Du Dich über die Konjunkturen täuschen ... Der Markgraf kann natürlich tun, was er für richtig hält; ich kann nur vor der Gefahr warnen, in die er sich begibt ...« Wilhelmine und ihr Mann konnten mit dieser Antwort nichts anfangen: Hatte ihr Bruder nicht selbst gewünscht, Bayreuth solle dem Bündnis gegen Österreich beitreten? Nun hatten sie es vor, und Friedrich riet ab – wie paßte das zusammen? Auch wenn sie die Antwort nicht kannte, schrieb sie Friedrich am 15. Mai 1742, daß der Markgraf sie beauftragt habe, »Dich seiner Hochachtung und Anhänglichkeit zu versichern. Er läßt Dir sagen, er werde nie einen Schritt tun, der Deinen Interessen nachteilig sein kann.« Gut sechs Wochen später erfuhren die Bayreuther, was der Grund für Friedrichs Ablehnung gewesen war: »Zu meiner Genugtuung kann ich Dir mitteilen, daß ich Frieden mit der Königin von Ungarn [Maria Theresia] geschlossen habe … Deshalb hätte ich gewünscht, daß der Markgraf sich nicht so rasch mit dem Kaiser eingelassen hätte, denn das kann ihm übel bekommen.«

Als man in Bayreuth darangegangen war, in das antihabsburgische Bündnis einzutreten, war Friedrich schon wieder dabei gewesen, es zu verlassen und mit Maria Theresia einen Sonderfrieden abzuschließen! Das mochten seine bisherigen Verbündeten als neuerlichen Verrat auffassen; für Friedrich war dagegen klar, daß Preußen eine Erholungspause brauchte und seine Armee regeneriert werden mußte. Zudem hatte er sich über die ausbleibende französische Unterstützung maßlos geärgert. Daß dabei seine Bayreuther Verwandten wie begossene Pudel dastanden, nahm er in Kauf. Für Friedrich war Politik »die Kunst, mit allen geeigneten Mitteln stets den eigenen Interessen gemäß zu handeln«.

Wie schwierig es für den Markgrafen war, einen eigenständigen Kurs zu fahren, zeigte sich 1742 noch an einem weiteren Beispiel: den Verhandlungen um die Eheschließung von Wilhelmines Tochter Elisabeth Friederike. Die war damals zwar kaum elf Jahre alt, aber die Markgräfin wußte aus der eigenen leidvollen Erfahrung nur zu gut, daß dies bei dynastischen Eheanbahnungen keine Rolle spielte. Es ist bezeichnend, daß über den Plan für die Verheiratung der Tochter in Berlin verhandelt wurde. Als passende Partie für seine Nichte hatte König Friedrich den Erbprinzen Karl Eugen von Württemberg ausgesucht. Dessen Vater Karl Alexander war bereits 1737 verstorben, das Herzogtum wurde seither durch einen Administrator verwaltet, wobei auch die erst 37jährige Herzoginwitwe Maria Augusta kräftig mitzumischen versuchte.

In dem 1740 ausgebrochenen Krieg versuchte Württemberg, neutral zu bleiben, gab sich aber schließlich doch relativ offen in die Obhut Preußens. Um den künftigen Herzog und seine Brüder vor den kriegerischen Wirren zu schützen, aber auch um die Beziehungen zu Preußen weiter zu verbessern, wurden die Kinder an den Berliner Hof geschickt und sollten dort bis auf weiteres bleiben. König Friedrich nahm dieses Angebot dankend an, konnte er doch so seinen Einfluß in Süddeutschland weiter stärken und den künftigen württembergischen Herrscher in seinem Sinne formen.

Ihren Weg nach Berlin, Anfang Dezember 1741, unterbrachen die drei württembergischen Prinzen für einen Besuch in Bayreuth, der immerhin eine Woche dauerte. Die erste Begegnung des damals 14jährigen Karl Eugen mit Elisabeth Friederike verlief äußerst erfreulich, wie König Friedrich seiner Schwester am 18. Dezember bestätigte: »Die drei Prinzen von Württemberg, die eben angekommen sind ..., sind höchst zufrieden mit ihrem Besuch in Bayreuth, was mir großes Vergnügen bereitet hat, hauptsächlich über die kleine Prinzessin, die, wie mir scheint, bei ihnen mehr als bloß Gefühle der Wertschätzung hervorgerufen hat ...« Wilhelmine bestätigte diese Einschätzung: »Der Herzog [Karl Eugen] hat sich in meine Tochter verliebt ... und diese kleine Liebschaft hat uns sehr amüsiert.«

Den gleichen Weg wie ihre Kinder nahm die wegen ihres freizügigen Lebenswandels »sehr berüchtigte« württembergische Herzoginwitwe im Januar 1742. Auch sie machte unterwegs in Bayreuth Station – sehr zum Mißfallen Wilhelmines und ihres Mannes, wollten die beiden doch gerade zur Kaiserkrönung nach Frankfurt aufbrechen. Es ist nicht ganz klar, inwiefern Wilhelmine bereits in dieser Anbahnungsphase in die Verhandlungen involviert war. In den Briefen an ihren Bruder läßt sich darauf kein Hinweis finden, in den Memoiren erweckt sie den Eindruck, daß der Plan von Berlin aus an sie herangetragen wurde: Anfang März 1742 sei der württembergische Oberhofmarschall Baron de Montolieu in Bayreuth eingetroffen und habe Briefe des Königs, der Königinmutter und der Herzogin von Württemberg überbracht. Letzterer enthielt, so Wilhelmine, »einen Heiratsantrag für meine Tochter mit dem jungen Herzog von Württemberg«, der ihr »sehr vorteilhaft« erschien.

Doch wollte sich die Markgräfin spätestens jetzt nicht mehr mit der Rolle einer Statistin zufriedengeben, sondern ihre Vorstellungen in den Ehevertrag einfließen lassen. Auch König Friedrich war daran gelegen, seine Schwester für die Heirat einzunehmen. Er erklärte sich auf Bitten Wilhelmines damit einverstanden, »die Mitgift der Prinzessin und die Kosten der Hochzeit zu übernehmen«. Sorge bereitete Wilhelmine, daß der Ehemann in spe im Mai 1742 noch nichts über sein künftiges Glück wußte. Die Markgräfin setzte daher durch, daß der weiterhin in Berlin ausgehandelte »Vertrag betreffs der Verheiratung unserer Kinder ... nur dann in Kraft treten solle, wenn beide Teile im reiferen Alter ihre Einwilligung dazu gäben«. Mit den Berliner Vereinbarungen in der Tasche traf Maria Augusta am 25. Mai 1742 wieder in Bayreuth ein, nicht gerade freudig erwartet von Wilhelmine, die seufzte, daß sie nun »wohl oder übel« häufiger mit der Herzogin zu tun bekommen werde. Es ist möglich, daß in Bayreuth noch Korrekturen an dem Vertrag vorgenommen wurden. Die entscheidenden Verhandlungen hatten aber bereits in Berlin stattgefunden.

Die Herzogin gab während ihres 14tägigen Aufenthalts in Bayreuth, wie von Wilhelmine befürchtet, die kokette Lebedame, stets zu Albernheiten und Flirts aufgelegt. Das Schlimmste aber war für die Markgräfin, daß Maria Augusta die beiden jungen Marwitz-Damen mit diesem Benehmen ansteckte: »Es wurde jetzt Mode, sich zu schlagen, sich Servietten an den Kopf zu werfen, wie ausgelassene Pferde hintereinander herzulaufen, endlich gewisse zweideutige Lieder zu singen und sich zu küssen.« Wäre Wilhelmine katholisch gewesen, sie hätte dreimal das Kreuzzeichen geschlagen, als die Herzogin endlich gen Stuttgart aufbrach. Doch es gab, aus Wilhelmines Sicht allzubald, ein Wiedersehen: Ende Juli unternahm der Bayreuther Hof einen offiziellen Besuch in Stuttgart, »um einer Einladung der Herzogin von Württemberg zu folgen. Ich will mich mit einer Schilderung dieses Hofes nicht länger aufhalten; er war höchst unerfreulich, umständlich und steif.« Mit diesem Satz brechen die Memoiren Wilhelmines – leider – reichlich abrupt ab. Doch wie ging es weiter? Während Wilhelmine sich in Stuttgart, Krankheit vorschützend, meist in ihrem Zimmer aufhielt, genoß der Markgraf die Freuden am württembergischen Hof in vollen Zügen. Aus den geplanten fünf Tagen wurden zwei Wochen …

Die Heirat von Wilhelmines Tochter Elisabeth Friederike und Karl Eugen von Württemberg war 1743 noch lange nicht unter Dach und Fach. In den proösterreichischen Kreisen am Stuttgarter Hof hatte man es noch nie gerne gesehen, daß der Erbfolger in Berlin erzogen wurde. Die Herzoginwitwe wurde so lange bearbeitet, bis auch sie darauf drängte, Karl Eugen nach Hause zu holen. Der junge Prinz selbst brauchte nicht überredet zu werden; er wollte ohnehin zurück, der preußische Hof schien ihm nicht mehr als ein »honettes Gefängnis« zu sein. Für Friedrich II. waren diese Bestrebungen eine immanente Gefahr, drohte ihm doch auf diesem Weg der erhoffte zusätzliche Einfluß in Süddeutschland zu entgleiten. Auch für die angestrebte Ehe des Erbprinzen mit seiner Nichte schien es dem König besser, Karl Eugen bliebe weiterhin in Berlin. Daß er an diesem Plan festhielt, daran kann kein Zweifel sein, und man kann verstehen, daß er unwirsch reagierte, als interessierte Kreise in Stuttgart sogar das Gerücht streuten, er wolle die Heirat hintertreiben. Dies sei eine »grobe Falle«, schrieb er am 23. Juli 1743 an seine Schwester, sie dürfe auf keinen Fall darauf hereinfallen. Nun glaubte zwar auch Wilhelmine nicht daran, daß ausgerechnet ihr Bruder etwas gegen diese Ehe haben könnte, nachdem der Plan dazu doch von ihm ausgegangen war, dennoch zeigte sie Verständnis für den Wunsch der Herzogin: »Die Rückkehr der Prinzen nach Württemberg beruht teils auf ihrer Unzufriedenheit, teils auf der Herzogin, die sich beklagt, Du hättest nicht Rücksicht genug für sie gezeigt. Sie beschwert sich vor allem über folgendes. Obwohl Du in Berlin ausgemacht hättest, daß sie dorthin zurückkehren und daß die Verlobung des Herzogs dort stattfinden sollte, hättest Du es Dir anders überlegt. Du kannst es ihr nicht verübeln, daß sie darüber böse ist.«

Wilhelmine hatte in den Vertrag über die Ehe ihrer Tochter mit Karl Eugen eingewilligt, weil die Verbindung ihr standesgemäß und opportun erschien; ihr Herzblut hing aber nicht daran: »Ich muß Dir gestehen, daß diese Heirat zunächst nur ein Luftschloß ist«, schrieb sie dem König. »Auch wenn der Herzog mit den Jahren Zuneigung für meine Tochter faßt, so sehe ich die Sache doch nicht als völlig gesichert an, da ich nicht weiß, ob er ein paar Jahre später noch geneigt sein wird, sie zu heiraten, oder ob er sich eines anderen besinnt ... In diesem Falle wäre es für den Markgrafen und mich sehr ärgerlich, gute Partien, die sich bieten könnten, auszuschlagen.« Einzig die auch von der Herzogin gewünschte Verlobung könne da mehr Sicherheit bringen. Bei Friedrich klingelten nun alle Alarmglocken: Was sollte das heißen? Hatte die Schwester da gerade im Einklang mit der »ränkesüchtigen« Württembergerin Widerworte gefunden? Friedrich hatte nicht vor, sich von den beiden Frauen unter Druck setzen zu lassen: »Den jungen Herzog behalte ich hier als Pfand der Treue seiner Mutter«, ließ er Wilhelmine am 16. August wissen. Basta! Wilhelmine war von dem

Verhalten ihres Bruders gekränkt. Er behandelte sie wie eine Fürstin von Zipfel-Zerbst ... In dieser niedergeschlagenen Stimmung schrieb sie ihm am 27. August: »Sei überzeugt, liebster Bruder, daß nichts meine zärtliche Liebe zu Dir aus meinem Herzen auslöschen kann. Nichts wird mich mehr beglücken als die Hoffnung, daß Du mir noch einen Rest der alten Freundschaft bewahrst, die mir so teuer war und an die ich oft und gern zurückdenke.« Wilhelmine sprach von der Freundschaft zu ihrem Bruder in der Vergangenheit!

Friedrich spürte, daß es allein mit Machtworten in diesem schwierigen Sommer 1743 nicht mehr getan war. Zu den familiären Unbilden kamen politische Schwierigkeiten: Die Österreicher hatten Böhmen zurückerobert und nahezu ganz Bayern eingenommen, in der Nähe von Frankfurt wurde eine französische Armee von Truppen der Verbündeten Maria Theresias (allen voran England) in der Schlacht von Dettingen am Main aufgerieben. Offen diskutierte man in Wien darüber, Bayern dem habsburgischen Gesamtstaat einzuverleiben und den Wittelsbacher Kurfürstkaiser mit den österreichischen Niederlanden abzufinden. Der Tausch wäre für den Bayern vielleicht nicht einmal so furchtbar gewesen wie für Friedrich von Preußen: Er hätte Österreich zur unerreichbaren Nummer eins in Deutschland gemacht. Was das für Schlesien bedeutet hätte, konnte sich Friedrich an den Fingern einer Hand abzählen. Der König wußte, daß er allein für die Sache Preußens kaum mehr einen Verbündeten gewinnen würde. Aber was wäre, wenn er das Interesse des Reiches in den Vordergrund stellte? Unterstützung für den aus seinem Land vertriebenen armen Wittelsbacherkaiser müßte doch zu gewinnen sein?

Beide Hindernisse, die familiären wie die politischen, bedurften seines persönlichen Eingreifens. So entschloß er sich zu einer Reise nach Süddeutschland, die ihn am 12. September 1743 zunächst nach Bayreuth führte. In seinem Gepäck hatte er aber nicht nur politische Pläne, sondern auch ein Gefolge, das eines Musenkönigs würdig war: Voltaire war mit in die fränkische Provinz gekommen; nicht, weil er von Friedrich dazu aufgefordert worden wäre. Er war aus eigenem Antrieb mitgekommen, weil er Wilhelmine wiedersehen wollte, aber auch, weil er noch immer für den französischen Hof die Absichten des Preußenkönigs erkunden wollte. Allerdings mit demselben »Erfolg« wie ehedem. Friedrich hatte sich sogar einen Spaß daraus gemacht, ihm ironisch-veralbernde Antworten auf seine Fragen zu geben und ihn wissen zu lassen, daß er mit ihm nie über Politik parlieren werde: Man trinke mit seiner Geliebten ja auch keinen Kräutertee.

Friedrich selbst hielt sich zunächst nur drei Tage am Hof seiner Schwester auf, doch sie genügten, um die Wolken zu vertreiben. Besonders freute es Wilhelmine, als ihr Bruder in der Eremitage darum bat: »Diese Stätte laß ewiglich uns zum Tempel der Freundschaft weihen.« Bedenkt man, wie wichtig »Freundschaft« für Wilhelmine war, so kann man sich ausmalen, welche Gefühle ihr Bruder dadurch geweckt hat. Von Bayreuth aus brach Friedrich – was Wilhelmine weniger gefiel – sogleich nach Ansbach auf, doch sollte die zweite Hohenzollernresidenz in Franken nur das Sprungbrett für weitere politische Gespräche sein. Die aber verliefen anders, als der König gehofft hatte: Friedrich Karl von Schönborn, der Fürstbischof von Würzburg und Bamberg, gab sich zwar wie die vorderen Reichskreise insgesamt neutral und war über den kaiserlichen Hof verärgert, »der allezeit nur österreichische und keine deutsche Politik treiben will«, sah aber nicht ein, weshalb er statt dessen dem protestantischen Preußen dabei helfen sollte, eine süddeutsche Allianz gegen die Habsburger zu schmieden. Er wich dem von Friedrich beabsichtigten Treffen einfach aus.

Während Friedrich vergeblich nach Verbündeten suchte, leuchtete der Stern Voltaires in Bayreuth, und Wilhelmine war selig, den großen Philosophen bei sich zu wissen. Nach ihrem Rheinsberger Zusammentreffen hatte Wilhelmine zwar im Frühjahr 1741 einen Brief Voltaires erhalten; danach aber war Funkstille eingetreten. Im Sommer 1741 versuchte die Markgräfin daher erneut, in brieflichen Kontakt mit ihm zu kommen, und übersandte ihm sogar ein Geschenk. Doch der Franzose antwortete nicht einmal. Daß die stolze Wilhelmine in diesem Fall nachhakte, zeugt davon, wie wichtig ihr der Austausch war.

Anfang Oktober 1742 kam dann endlich die ersehnte Antwort, in der Voltaire Stein und Bein schwor, daß er selbstverständlich ein Dankesschreiben abgesandt habe, doch die böse, böse Post habe wohl nicht funktioniert. Der Brief ist eher konventionell, enthält aber immerhin eine schmeichelhafte Ansprache, die Wilhelmine gut gefallen haben dürfte: »Niemals, Madame, werde ich die fürstliche Philosophin, die Beschützerin der Künste, die musikalische Meisterin, das Vorbild aller geselligen Tugenden vergessen.« Um so glücklicher war Wilhelmine, als Voltaire zusammen mit ihrem Bruder nach Bayreuth kam und zwei ganze Wochen blieb. Wilhelmine liebte die Diskussionen mit ihm und stand in einer Aufführung der Tragödie *Bajazet* von Racine gar mit dem großen Philosophen auf der Bühne. Voltaire seinerseits gefiel es, wenn nicht nur Wilhelmine für ihn ins Schwärmen geriet, sondern auch deren hübsche Hofdamen. Voltaire brachte es sogar fertig, die Miene der württembergischen Herzogin aufzuheitern, die ebenfalls herbeigeeilt war, um dem preußischen König ordentlich die Leviten zu lesen. Maria Augusta war wütend, als sie Friedrich dort gar nicht antraf. Es gelang Wilhelmine zwar, die rasende Württembergerin etwas zu beschwichtigen, doch als sie einen Brief ihrer Söhne erhielt, die weiterhin darauf drängten, nach Hause zurückzukehren, war es mit ihrer guten Laune schon wieder vorbei. Doch da war ja noch Voltaire: Er soll Maria Augusta so sehr begeistert haben, daß sie sein Versepos *La Pucelle* in einer einzigen Nacht abschrieb.

Wilhelmines Bruder war am 21. September von seiner wenig ergiebigen Reise nach Ansbach zurückgekehrt, um bereits einen Tag später wieder nach Berlin aufzubrechen. Immerhin hatte er es in der kurzen Zeit erreicht, nicht nur Wilhelmine wieder für sich einzunehmen, sondern auch die Herzogin von Württemberg von seinen edlen Absichten zu überzeugen. »Die Herzogin ist heute abgereist«, teilte ihm Wilhelmine am 28. September 1743 mit. »Sie ist völlig besänftigt und entzückt von der Art, wie Du sie am Tage Deiner Abreise behandelt hast.« Friedrich hatte aber ebenfalls nachgeben müssen: Er hatte sich damit einverstanden erklärt, daß Karl Eugen vorzeitig für mündig erklärt würde und danach in sein Herzogtum zurückkehren könne. Dies geschah am 7. Januar 1744, am 22. Februar fand die Verlobung Karl Eugens mit Elisabeth Friederike statt.

Die Besänftigung der Herzogin war der einzige greifbare Erfolg dieser Reise, sieht man einmal davon ab, daß ihm das Beisammensein mit seiner Schwester und Voltaire doch einige frohe Stunden bereitet hat. Die Quintessenz seiner Reise nach Bayreuth faßte er daher kurz und knapp zusammen: »Ich habe gefunden, daß ich für mein Vergnügen ein Jahrhundert zuwenig in Bayreuth geblieben bin, für meine Angelegenheiten bin ich ein Jahrhundert zuviel geblieben. So wenig stimmt unsere Pflicht mit unseren Neigungen überein.« Besonders ärgerte Friedrich, daß die Bayreuther nicht bereit waren, seine politischen Bestrebungen aktiv zu unterstützen. Verärgert bemerkte er gegenüber seinem Minister Heinrich von Podewils, daß man diese »nicht nach Berlin bekommt, solange sie noch Geld haben«.

Die mangelnde Bildung selbst in den gehobenen und adligen Kreisen hatte Wilhelmine schon bei ihrer Ankunft in Bayreuth beklagt. Daß Reformen gerade auf diesem Gebiet notwendig waren, war darüber hinaus dem Geist der Aufklärung geschuldet, dem sich Wilhelmine und ihr Mann verbunden fühlten. Das Dreigestirn wurde komplettiert durch Superville. Seit 1741 war er neben seiner ärztlichen Tätigkeit Direktor des Bayreuther Gymnasiums, 1742 bekam er die Leitung der »Friedrichs-Academie« übertragen, deren Ziel es sein sollte, »die Eltern, so ihre Kinder denen Studiis widmen, zu unterstützen«. Die Schüler sollten dort »nicht nur allein höhere Disziplinen und Wissenschaften ordentlich und vollkommen dociret [bekommen], sondern auch die französische Sprache und Exercitia wie Reiten, Fechten, Tanzen etc. gründlich excoliret werden können, daß also junge Leute, adligen und unadligen Standes, hinführo nicht mehr nötig haben werden, auf Universitäten zu ziehen« – wo sie allerhand Flausen in den Kopf gesetzt bekamen und sie als »Ignoranten und untüchtige Subjecta in unsere Lande zurückkommen«. Wollte Friedrich das auf Dauer verhindern, kam er um die Gründung einer eigenen Landesuniversität nicht herum; die Akademie konnte diese auf Dauer nicht ersetzen.

Die theoretische Untermauerung für diesen Wunsch lieferte ihm der Jurist, Philosoph und Historiker Andreas Elias Roßmann in seiner Schrift *Gedancken von Aufrichtung einer Universität in Teutschland, insbesondere zu Erlangen.* Der aus Halle stammende Roßmann wurde von Markgraf Friedrich bereits im April 1743 nach Bayreuth berufen und gehört neben dem Markgrafenpaar und Superville zu den entscheidenden Köpfen im Vorfeld der Gründung und in der Anfangszeit der Universität.

Nachdem Kaiser Karl VII. das notwendige Privileg erteilt hatte, stand der förmlichen Gründung nichts mehr im Weg. An die Spitze der neuen Hochschule stellte der Markgraf wie erwartet Superville, ausgestattet mit umfassenden Vollmachten und nur gegenüber dem Landesherrn weisungsgebunden. Es ist auch Supervilles Einfluß zuzuschreiben, daß die Universität nicht in der Residenzstadt Bayreuth eingerichtet wurde (wo die Schüler der Akademie wegen ihrer Eskapaden herzlich unbeliebt waren), sondern in der Zweitresidenz Erlangen, die ein ruhigeres Studieren zu ermöglichen schien und in der auch geeignete Räumlichkeiten zur Verfügung standen. Bezeichnend ist ein weiterer Grund, der für die Verlegung damals angegeben wurde: In dem von Hugenotten geprägten Erlangen hätten die Studenten »bessere Gelegenheit zur Erlernung der französischen Sprache«, der Sprache des Hofes.

Der Anteil Wilhelmines an der Universitätsgründung ist nur schwer auszumachen. Mit Sicherheit hat sie ihren Gatten und Superville bei diesem Vorhaben unterstützt, bedeutete eine eigene Universität doch zusätzliches Prestige für die Markgrafschaft und bot zudem die Chance, gelehrte Köpfe nach Bayreuth beziehungsweise Erlangen zu holen – auch wenn Wilhelmine in ihrer Vorliebe für die französische Kultur keine allzu hohe Meinung von den Professoren an den deutschen Universitäten hatte und viele davon für ziemliche Langweiler hielt.

Direkten Einfluß nahm Wilhelmine auf die Eröffnungsfeierlichkeiten der Universität vom 4. bis 6. November 1743. Markgraf Friedrich wollte dieses Ereignis mit besonderer Prachtentfaltung feiern. Dies geschah denn auch, doch damit allein wollte sich Wilhelmine nicht zufriedengeben. Bei der Eröffnung einer Universität durfte eine intellektuelle Herausforderung nicht fehlen. Zwei Professoren sollten über die folgenden von Wilhelmine ausgewählten Thesen disputieren: »Es ist nicht unvorstellbar, daß eine Materie denken kann« und: »Es ist nicht schlechterdings notwendig, daß die zusammengesetzten Dinge aus Einheiten bestehen müssen«. Da die Markgräfin die Gelehrtensprache Latein nicht verstand und die Französischkenntnisse deutscher Professoren nicht allzu hoch einschätzte, bat sie diese darum, über die beiden Thesen auf deutsch zu diskutieren. Am 6. November um neun Uhr ging es los – und man kann sich vorstellen, daß nicht wenige Gäste große Mühe hatten, dabei nicht einzuschlafen. Nach gut einer Stunde brach man die Diskussion ab und ging zu einer Dichterkrönung über. Die auf leichtere Unterhaltung hoffenden Höflinge hatten die Rechnung ohne die Wirtin gemacht. Wilhelmine bestand darauf, daß die beiden Gelehrten nach diesem Zwischenspiel weiterdiskutierten. Die Professoren der neuen Universität dankten der Markgräfin diesen Einsatz für den intellektuellen Disput und ernannten sie zur »Bayreuther Pallas« (nach der Göttin Athene). Das war ein Ehrentitel, mit dem sich die Markgräfin gerne schmücken ließ! Interessantes Detail am Rande: Bei ihrer Diskussion durften sich die beiden Professoren keinesfalls auf die Bibel berufen – gemäß dem Geist der Aufklärung war nicht Glaube, sondern Wissen oder besser »ratio« gefordert.

Wilhelmine wollte ihre sichtliche Freude über die Universitätsgründung mit ihrem Bruder teilen und schrieb ihm am 11. November: »Soeben komme ich aus Erlangen zurück, wo wir die Universität eingeweiht haben. Ich fand sie sehr bereichert an Professoren und Studenten. Sehr tüchtige Leute sind da, und so hoffe ich, die Universität wird gedeihen …« Für die Kontrahenten der Disputation fand sie anerkennende Worte: »Beide haben ihr System sehr gescheit und ohne Pedanterie verteidigt, was bei diesen Leuten eine Seltenheit ist.« Friedrich war weit davon entfernt, seine Schwester aufrichtig zu beglückwünschen. Seine Antwort wirkt von oben herab, in der für ihn typischen Ironie und Verachtung für die kleinen Fürsten, die glaubten, große Herren spielen zu müssen: »Es freut mich sehr, daß Eure Universität Dich unterhalten hat. Ich zittere bereits im voraus vor all den Gelehrten, die daraus hervorgehen werden. Wenn sie schon mit Disputationen über die Teilbarkeit der Materie anfangen, welche Fortschritte werden sie dann erst machen?«

Wilhelmine war klar, daß angesichts der begrenzten Mittel der Markgrafschaft manche architektonischen Träume Makulatur bleiben mußten: »Leider lassen sie sich nur mit dem kostbaren Metall befriedigen, das die Liebhaberei der meisten Menschen bildet.« Dennoch haben die Markgräfin und ihr Mann in vielfältiger Weise als Bauherren gewirkt und dem friderizianischen Rokoko in Preußen eine Bayreuther Variante hinzugefügt. Überhaupt Preußen und Friedrich II.: Man wird den Verdacht nicht los, daß Wilhelmine bewußt versucht hat, es ihrem Bruder auch auf diesem Feld gleichzutun. Friedrichs Rheinsberg (und später Sanssouci) stellte sie ihre Eremitage gegenüber, dem Opernhaus Unter den Linden in Berlin ihr Markgräfliches Opernhaus in Bayreuth.

Bei der Eremitage hatte Wilhelmine, wie geschildert, 1735 bereits das Alte Schloß umgebaut und erweitert beziehungsweise bauliche Maßnahmen im Bereich des Gartens vorgenommen. Es folgten 1743/44 die Eremitenhäuser des markgräflichen Paares und dann vor allem das Ruinentheater, das Wilhelmine selbst, wenn auch etwas knapp, in ihren Memoiren beschrieben hat: »Es ist ein Theater in Haustein ausgeführt, dessen sämtliche [Kulissen-]Bogen getrennt voneinander stehen, so daß man darin eine Oper unter freiem Himmel aufführen kann.« Doch das Ruinentheater war weniger reale Aufführungsstätte als Kulisse, ein Mosaikstein im Gesamtkunstwerk Eremitage. Ein Detail sei noch hervorgehoben. Zum imaginären Zuschauerraum ausgerichtet, findet sich an einem Pfeiler eine in Stein geritzte »Freundschaftserklärung« Wilhelmines: »Albertine von der Marwitz, dauerhafter eingegraben in mein Herz als in den Stein.« (Das war, zur Erinnerung, nicht jene Marwitz, die ein Verhältnis mit dem Markgrafen hatte, sondern deren ein Jahr jüngere Schwester.)

Für die bauliche Umsetzung der Träume Wilhelmines war seit dem 19. Juli 1743 Joseph Saint-Pierre als »hochfürstlicher Hofbauinspektor« verantwortlich. Saint-Pierre entstammte einer piemontesischen Familie, wuchs aber wohl selbst in Mannheim auf, wo er als Theatermaler in Erscheinung getreten sein könnte. Gesichert ist das nicht. Später wirkte er noch in Ludwigsburg und Paris, wo er sich vor allem mit Theaterdekorationen und weniger mit realer Architektur beschäftigte. Das war kein Makel, denn diese Scheinarchitektur war höchst aufwendig und der realen sehr nahe – wenn sie auch bloß aus Pappmaché bestand. Durch die Vermittlung des Ansbacher Baudirektors Leopoldo Retti kam Saint-Pierre 1743 nach Bayreuth. Daß seine ersten Aufgaben in der Eremitage – die Vollendung der Unteren Grotte und des Labyrinths, die Eremitenhäuser, das Ruinentheater – so etwas wie Stein gewordene Illusionsarchitektur war, entsprach einerseits seinem Werdegang und traf sich zudem mit der Traumwelt Wilhelmines. Nur war aus Pappmaché nun Stein geworden.

In das Jahr 1743 fällt nicht nur die Umgestaltung des Erlanger Opern- und Komödienhauses, sondern auch bereits der erste konkrete Gedanke an den Bau eines neuen Opernhauses in Bayreuth. In dieser Sache wandte sich Wilhelmine am 19. November eigens an ihren Bruder: »Darf ich Dich bitten, mir den Plan Deines Opernhauses zu senden? Es soll ja ein vollkommenes Bauwerk sein. Da Neugier das Erbteil unseres Geschlechts ist, siehst Du mir die meine hoffentlich nach.« Friedrich fühlte sich geschmeichelt und befahl seinem Baumeister Georg Wenzeslaus von Knobelsdorff, »Dir den Plan des Opernhauses zu schicken. Es ist jetzt ganz vollendet; das Gebäude wird hoffentlich Deinen Beifall finden, denn es ist von außen schön und im Innern bequem.« Genau so etwas wollte Wilhelmine auch in Bayreuth haben! Doch bis dahin war es noch ein weiter Weg; immerhin Anfang Februar 1744 erhielt sie die Unterlagen aus Berlin – und war des Lobes voll: »Der Plan des Opernhauses ist ohnegleichen. Das Äußere ist von edlem, reizenden Geschmack und das Innere gut angeordnet und eingerichtet.«

Mit der Eremitage »gedanklich« verbunden, aber doch mit einem ganz eigenen Charakter ist der Felsengarten Sanspareil, zwischen Bayreuth und Bamberg. Auch er entspringt ganz Wilhelmines Gedankenwelt und ist noch deutlicher als Kontrast zum Hofleben zu sehen als die Eremitage. Es war vor allem die größere Entfernung von Bayreuth, die dafür verantwortlich war, daß Wilhelmine nicht häufiger hier war. Keimzelle der Anlage ist zum einen die markgräfliche Burg Zwernitz, zum anderen der sich dahinter ausbreitende natürliche Felsenhain. Diese ungewöhnliche Landschaft veranlaßte bereits 1604 den Humanisten Friedrich Taubmann zu einem Vergleich mit der Insel Ogygia, auf der Homers Odysseus sieben Jahre verbracht haben soll. In einem zur Zeit Wilhelmines vielgelesenen Roman des Pariser Erzbischofs Fénelon, *Die Abenteuer des Telemach*, strandet auch dieser, der Sohn des Odysseus, auf der Insel Ogygia. Wilhelmine kannte diesen Roman schon seit Kindheitstagen, in Bayreuth wurde ihr die Freude daran ein wenig durch ihren Schwiegervater vergällt, der ihn auswendig kannte und bei jeder passenden und weniger passenden Gelegenheit daraus zitierte. Dauerhaft kann die daraus entstehende abschreckende Wirkung nicht gewesen sein, denn Wilhelmine ging daran, den Felsengarten tatsächlich in die Insel Ogygia zu verwandeln. Wer wollte, konnte die einzelnen Stationen aus Fénelons Roman hier sinnend durchwandeln – bis hin zu der Hütte des Schweinehirten Eumaios, der Odysseus und Telemach nach ihren Irrfahrten in der Heimat Ithaka willkommen hieß. Tatsächlich ist kaum ein Ort so sehr dazu angetan, sich aus der realen Welt hinwegzuträumen wie der Felsengarten Sanspareil, so benannt nach einem Ausspruch von Wilhelmines Hofdame Dorothea von Sonsfeld, die diese romantische, einsame Szenerie »sans pareil« fand, ohnegleichen.

Wieder einmal waren es Mitglieder der Familie Marwitz, die der Markgräfin im Jahr 1744 Sorgen bereiteten. Im Oktober des Vorjahres hatte die jüngste der drei Schwestern, Karoline Henriette, heimlich den Grafen Albrecht Friedrich von Schönburg-Waldenburg geheiratet. Karoline stand zwar nicht in Diensten der Markgräfin wie ihre Schwestern, war aber von ihrer Tante Dorothea von Sonsfeld ebenfalls nach Bayreuth geholt worden, wo ihre Ausbildung den letzten Schliff erhalten sollte: »Sie war sehr hübsch«, schrieb Wilhelmine über sie, »ihr anmutiges Gesicht, ihr herrlicher Teint und ihr liebenswürdiges Wesen erregten überall Aufmerksamkeit.« Nicht zuletzt beim Kämmerer Wilhelmines, dem erwähnten Schönburg-Waldenburg. Doch was war so schlimm an dieser Ehe? Der Vater der Marwitz-Schwestern hatte einst dem »Soldatenkönig« versprochen, daß er seine Töchter in Preußen verheiraten würde. Nur deshalb hatte er die Erlaubnis bekommen, sie nach Bayreuth ziehen zu lassen. Der Hintergrund ist klar: Das reiche Erbe der Schwestern sollte im Land bleiben!

Wilhelmine schrieb ihrem Bruder zunächst nichts über die Heirat, sah sich dann aber doch gezwungen, sich zu rechtfertigen: »Ich habe Dir nichts von der Heirat der jüngsten Marwitz berichtet, da sie nicht in meinem Dienst steht und die Sache mich nichts angeht. Ich habe ihr Benehmen stark verurteilt und teile Deinen gerechten Zorn. Es ist eine Liebschaft, die schon acht Jahre währt [da hat Wilhelmine reichlich übertrieben], ohne daß die Angehörigen ihr ein

Ende machen konnten. Verliebte Mädchen zu hüten ist, wie Du weißt, schlimmer als des Argus Dienst in der Fabel. Daher lege ich auch gar keine Fürsprache für die Schuldigen ein, sondern nur für ihre beiden Schwestern, die schon so lange in meinen Diensten stehen und gar nichts für die Streiche ihrer jüngsten Schwester können.«

Nach der Heirat Karoline Henriettes bemühte sich Friedrich im Einklang mit Vater Marwitz um eine preußische Partie für die älteste der drei Grazien, Wilhelmine Dorothea – ebenjene, die dem Markgrafen mehr als nur schöne Augen gemacht hatte. Eigentlich sollte man meinen, Wilhelmine wäre froh darum gewesen, doch das Gegenteil war der Fall: Die Marwitz wollte aus nachvollziehbaren Gründen den ihr vorgeschlagenen Grafen Otto Christoph von Podewils nicht heiraten und in Bayreuth bleiben. Sie fand Unterstützung bei Wilhelmine, die die älteste Marwitz weiterhin »wie mein eigenes Kind betrachtete« und die Augen vor deren Verhältnis mit dem Markgrafen verschloß. Deshalb wandte sie sich am 21. Januar 1744 an ihren Bruder: »Die älteste ist mir so zugetan, daß sie entschlossen ist, auf jede Heirat zu verzichten, um in meinen Diensten zu bleiben. Ich zweifle nicht, daß die jüngere [Albertine Eleonore] sich dem Willen ihres Vaters fügt, wenn man ihr nur Zeit läßt, sich einen Mann zu suchen. Ich verbürge mich dafür, daß keine von beiden hier eine Liebschaft hat. Und Du läufst keine Gefahr, lieber Bruder; denn wollten sie ohne Deine Erlaubnis heiraten …, so bleibst Du ja stets Herr ihres Vermögens.« Natürlich mußte Friedrich in diesem Fall keine der Marwitz-Töchter mehr ins Land lassen und konnte seine Hand auf deren Besitztümer legen, doch das hätte einen negativen Beigeschmack gehabt, und so war aus seiner Sicht eine preußische Heirat eindeutig vorzuziehen.

Doch was sagte Friedrich zu den Vorstellungen seiner Schwester? Er ging mit keiner Zeile darauf ein, bemühte sich jedoch um die Verbindung mit Podewils. So war der König äußerst befremdet, als er von dem alten Marwitz erfuhr, daß Wilhelmine »an einer Heirat seiner ältesten Tochter mit dem Grafen Burghauß arbeitet und sogar die Einwilligung des genannten Generals fordert«. Noch nie war Friedrich so erzürnt über seine Schwester gewesen, die er in dem entsprechenden Brief vom 6. April 1744 sehr förmlich mit »Verehrte Frau Schwester« ansprach. »Dies Unternehmen«, so Friedrich weiter, »ist um so erstaunlicher, als Du Dich gewiß des ausdrücklichen Willens des verstorbenen Königs, unseres vielgeliebten Vaters, erinnerst, wonach die Fräulein von Marwitz, als er sie Dir mitgab, unter keinen Umständen außer Landes heiraten und mit der Zeit zurückkehren sollten. Somit hoffe ich, Du wirst bei Deiner Klugheit und Deiner Freundschaft für mich in dieser Sache nicht weitergehen, sondern Dich offen dieser Heirat widersetzen, die mir aufs höchste mißfällt und die der General von der Marwitz nie genehmigen wird ... Sollte die Marwitz sich aber durch ihre Leidenschaft derart verblenden lassen, daß sie den Grafen Burghauß gegen meinen ausdrücklichen Willen heiraten will, so kann sie darauf rechnen, daß ich sie für unwürdig und unfähig erkläre, die beträchtliche Erbschaft ihres Vaters anzutreten, was betreffs der jüngsten Tochter des Generals aus dem gleichen Grunde schon geschehen ist. Ich wäre freilich untröstlich, wenn diese unselige Sache zu einem Zerwürfnis zwischen uns führte, die wir durch Blut und Herz so eng miteinander verbunden sind.«

Der Brief Friedrichs erreichte Bayreuth erst, als es schon zu spät war, denn am 8. April hatte sich Wilhelmine Dorothea von der Marwitz mit dem Grafen Otto Ludwig Konrad von Burghauß verheiratet, der als Offizier im fränkischen Kreisregiment diente, das unter dem Kommando des Markgrafen stand. Die Marwitz schlug so zwei Fliegen mit einer Klappe: Die Hochzeit war dazu angetan, die Gerüchte um ihr Verhältnis mit dem Markgrafen verstummen zu lassen;

zum anderen konnte sie an der Seite Burghauß' in Bayreuth bleiben, wenigstens solange dieser im Kreisregiment Dienst tat.

Wilhelmine reagierte erstaunlich kühl auf die Vorwürfe ihres Bruders: »Es überrascht mich, daß Du mich jetzt an den Willen des verstorbenen Königs erinnerst. Ich habe das Wort, das ich ihm betreffs der Marwitz-Töchter gab, nicht gebrochen; sie haben zu seinen Lebzeiten nicht geheiratet. Aber der Tod des Königs hat mich von allen Versprechen entbunden, die ich ihm zu seinen Lebzeiten gegeben habe; somit kannst Du mir in dieser Hinsicht nichts vorwerfen. Nie hast Du mit mir über diese Sache gesprochen noch mir davon geschrieben; somit trage ich Dir gegenüber keine Schuld, zumal Du mir auf meine eindringliche Bitte, mir die Älteste [Wilhelmine Dorothea] zu lassen ..., nicht einmal eine Antwort erteilt hast ...« Geschickt argumentierte Wilhelmine mit den eigenen Erfahrungen, die die Geschwister einst in Heiratssachen gemacht hatten: Sollte eine Frau von 27 Jahren wie die älteste Marwitz sich wirklich »durch die Heirat mit einem ihr unbekannten Mann unglücklich machen«? Und sollte eine solche Kleinigkeit wie die Heirat Wilhelmine Dorotheas tatsächlich dazu angetan sein, die Freundschaft zwischen den Geschwistern vollständig auszulöschen?

Um ihren Bruder und den alten Marwitz ein wenig zu besänftigen, schickte sie die mittlere der drei Töchter zu ihrem Vater. Albertine Eleonore war dazu bereit, den Grafen von Podewils zu heiraten, und damit sollte die Sache aus der Sicht Wilhelmines aus der Welt sein. Mitleid mit dem alten General hatte sie nicht. Hätte dieser seine älteste Tochter nicht zur Ehe mit Podewils zwingen wollen, hätte diese auch nicht so überstürzt den Grafen Burghauß geheiratet. König Friedrich ging auf die Einlassungen seiner Schwester und auch auf ihre Beteuerungen unverbrüchlicher Freundschaft und Zuneigung nicht ein. Auch die weiteren Briefe in dieser Sache ließ er zunächst links liegen. Erst am 15. Mai griff er in Potsdam zur Feder, um eine mehr als distanzierte Antwort zu Papier zu bringen: »Ein altes Sprichwort sagt, man soll die Menschen nach ihren Taten, nicht nach ihren Worten beurteilen. Trifft das zu, kannst Du Dir leicht denken, was ich von Deiner Tat halten muß.« Punkt! Aus! Mehr gab es nicht zu sagen! Trotz dieser barschen Antwort ließ Wilhelmine in der Folge nicht locker. Brief um Brief schrieb sie nach Berlin. Doch erst Mitte August war Friedrich bereit, den Mantel des Vergessens über das Vorgefallene zu legen: »Obwohl ich großen Anlaß habe, über Dich zu klagen, obgleich alles, was uns von geliebten Menschen angetan wird, uns schmerzlicher trifft als alles, was von Fremden kommt, will ich das Vergangene auslöschen ... Ich will in dieser Sache denken, daß ich Dein Bruder bin, und alles übrige vergessen.«

Wilhelmine bedankte sich überschwenglich für diese Zeilen, doch blieb das Grunddilemma bestehen und das Verhältnis angeknackst: Friedrich war eben, auch wenn er es behauptete, nicht mehr nur der Bruder, sondern der König, für den die Staatsräson über allem stand. Hätte er Wilhelmine als Kronprinz noch recht gegeben und eine Eheschließung aus reinem Kalkül abgelehnt, so konnte er sich diese Freiheit als König nicht mehr leisten. Er mußte auf das Wohlergehen Preußens achten, und er wollte und konnte es sich nicht leisten, einen alten General zu düpieren; schließlich war es die adlige Offiziersklasse, die ihm in seinen Schlachten zur Seite stand, auf deren Treue er seine Herrschaft aufbaute.

Bleibt der traurige Nachtrag zu Wilhelmines Verständnis, ja intensiven Förderung der Heirat ihrer Hofdame mit dem Grafen Burghauß: Erst vier Jahre nach den Ereignissen schrieb sie ihrem zweitältesten Bruder August Wilhelm – bemerkenswerterweise nicht Friedrich – darüber einen Brief, dem die Enttäuschung noch deutlich anzumerken ist. Die Marwitz, so Wilhelmine, habe sechs Wochen nach ihrer Hochzeit »die Maske fallen lassen« und ihr Verhältnis mit dem Markgrafen offen eingestanden. Ja, sie sei noch weiter gegangen und habe zugegeben, daß die Ehe mit Burghauß nur ein Vorwand gewesen sei, um in der Nähe des Geliebten bleiben zu können. Wilhelmine solle sich in der Eremitage in ihre Bücher vertiefen und alles weitere ihr überlassen.

Daß Wilhelmine über eine solche Unverschämtheit außer sich war, kann man gut verstehen. Wenn sie aber tatsächlich davon ausgegangen war, daß diese sich nicht mehr mit ihrem Mann treffen würde, dann ist das aus heutiger Sicht entweder ein Zeichen grenzenloser Naivität – oder nicht minder grenzenloser Selbstverleugnung, wenn man so will der Bau eines emotionalen Kartenhauses, das die Marwitz bar jeder Rücksicht zum Einsturz brachte. Versetzt man sich aber in die Zeit Wilhelmines zurück, dann sieht die Sache etwas anders aus: Wilhelmines Kult um die Freundschaft war noch ausgeprägter, als es der Epoche ohnehin entsprach. Wenn also eine Freundin – und als solche verstand die Markgräfin ihre Hofdame – ihr Freundschaft schwor, dann glaubte sie daran, allen rationalen Einwänden zum Trotz. Und mit Wilhelmine Dorothea von der Marwitz verband sie noch immer die Erinnerung an das junge Mädchen, das einst nach Bayreuth gekommen war und das sie »bis zur Leidenschaft geliebt« hatte. »Nie ist mir eine ähnliche Übereinstimmung der Charaktere vorgekommen; sie konnte weder ohne mich noch ich ohne sie leben. Sie tat nicht einen Schritt, ohne mich um Rat zu fragen«, hatte Wilhelmine ihr Verhältnis zu Wilhelmine Dorothea 1735 beschrieben. Das alles konnte doch nicht einfach vorbei sein? In ihrer Einsamkeit klammerte sich die Markgräfin weiter an die Marwitz.

Wären es nur die Hochzeiten der Marwitze gewesen, so hätte das Verhältnis der Geschwister sich langsam wieder in Richtung Normalität lenken lassen. Doch König Friedrich fand bald wieder einen Grund, sich über die Bayreuther Mischpoke aufzuregen. Diesmal war es der Redakteur des *Christian-Erlangischen Zeitungs-Extrakt*, Johann Gottfried Groß, der sich seinen Zorn zugezogen hatte. Dessen ironische Anspielungen, Veröffentlichungen über Interna preußischer Politik und Andeutungen über die Unzuverlässigkeit Friedrichs machten ihn in Berlin zur Persona non grata. Vor allem wurmte es den König, daß sich da ein Schreiberling seiner Kontrolle entzog – und das in einem Land, das er zum Gesamtkomplex der hohenzollernschen Territorialmasse zählte.

Friedrich war nicht bereit, dies hinzunehmen. Zwar hatte er gleich nach seinem Regierungsantritt in Preußen unter dem Motto »Die Gazetten sollen nicht genieret werden« die Zensur aufgehoben, doch galt dies nur für den Kulturteil. Friedrich konnte zwar Kritik an seiner Person bisweilen ungestraft lassen – aber was hinnehmbar war und was nicht, das entschied er und nicht irgendein Zeitungsschreiber. Was Groß betraf, so war es nach Meinung des Preußenkönigs an der Zeit, dessen spitze Feder abzubrechen, damit sie kein Unheil mehr anrichten konnte. Bereits am 4. Juli 1744 wandte sich Friedrich in dieser Sache an den Markgrafen. Zwar verlor Groß damals sein kaiserliches Privileg und auch die markgräfliche Konzession, doch bereits im September konnte das Blatt unter neuem Namen wieder erscheinen. Und der aus einer fränkischen Pfarrersfamilie stammende Groß freute sich diebisch darüber, daß »das Erlanger Blättlein offensichtlich als einziges am Berliner Hofe gelesen wird und damit für alles die Schuld tragen muß«.

Schließlich versuchte es Friedrich am 13. November mit einem Brief an seine Schwester: »Der Erlanger Zeitungsschreiber hält sich auch über mich auf. Ich weiß nicht, womit ich seine Ungnade verdient habe; wohl aber weiß ich, daß ich in meinem Lande nicht gestatte, daß Frechheiten gegen meine Verwandten gedruckt werden.« Im Klartext: Wilhelmine und ihr Mann sollten endlich etwas gegen Groß und seine Informanten unternehmen. Denn hinter dem »Gazetier« vermutete der Preußenkönig Superville und die älteste der Marwitz-Schwestern. Doch es geschah nichts …

Um seiner Forderung Nachdruck zu verleihen, schickte Friedrich Anfang Januar 1745 zwei Ausgaben, über die er sich besonders geärgert hatte, an Wilhelmine: »Sie werden Dich ein wenig über seine Denkweise und seine Rücksichtslosigkeit gegen mich aufklären.« Erst jetzt fühlte sich die Markgräfin so unter Druck, daß sie glaubte, reagieren zu müssen. Sie habe »dieses Zeug« nicht gelesen und daher auch keine Ahnung vom »unehrerbietigen Benehmen« des Redakteurs gehabt. Es mag wohl sein, daß sie die Zeitung selbst nicht gelesen hat, aber Groß war in der Markgrafschaft kein unbeschriebenes Blatt: Seit 1740 lehrte er Geschichte, abendländische Sprachen und Theologie an der Erlanger Ritterakademie, und so dürften sein Name und sein Tun mit Sicherheit dem Markgrafen Friedrich, aber auch Wilhelmine ein Begriff gewesen sein.

Im Januar 1745 mußte der Markgraf schließlich reagieren, wollte er es mit seinem Schwager, der »wegen der fast täglich anwachsenden Impertinenz« des Redakteurs immer wütender wurde, nicht noch mehr verderben. Wilhelmine ließ ihren Bruder pflichtschuldig wissen, »daß der Herr Zeitungsschreiber sofort verhaftet« worden sei. Doch das stimmte nicht: Zwar war ein Haftbefehl gegen Groß ergangen, er konnte sich aber rechtzeitig über Nürnberg nach Wien retten.

Die Dünnhäutigkeit, die Friedrich gegenüber Wilhelmine und dem Redakteur Groß 1744 über weite Phasen hinweg gezeigt hatte, hing vor allem mit der politischen Lage zusammen, die dem Preußenkönig zu schaffen machte. Friedrich ging (wenigstens zu diesem Zeitpunkt fälschlicherweise) davon aus, daß die wiedererstarkten Österreicher sich Schlesien mit Gewalt zurückholen wollten. Da Friedrich stets lieber agierte als reagierte, wollte er Maria Theresia zuvorkommen. Doch erst im Juni 1744 erreichte er ein neuerliches Bündnis mit Frankreich. Mit dieser Deckung im Rücken glaubte er, losschlagen zu können. Dabei gab er sich offiziell stets den Anstrich, ganz uneigennützig die Rechte des armen Wittelsbacherkaisers verteidigen zu wollen … Friedrich strebte dieses Mal erst in zweiter Linie weitere Gebietsgewinne an; es ging ihm um eine Schwächung Österreichs, denn nur ein schwaches Österreich würde ihm Schlesien belassen.

Ziel des im August 1744 begonnenen Feldzugs war zunächst Böhmen, dessen Hauptstadt Prag er am 16. September eroberte. Doch damit war die Zeit der Erfolge schon vorüber. Die Österreicher wichen der von Friedrich erhofften Entscheidungsschlacht aus, so daß er sich dazu gezwungen sah, Anfang Dezember mitsamt seiner demoralisierten und ausgehungerten Armee den Rückzug nach Schlesien anzutreten. Über den Abzug aus Prag berichtete die Erlanger Zeitung mit schadenfrohem Unterton; dies war wohl einer der Beiträge, über die der König sich besonders geärgert hatte. Sein Ärger war um so größer, als die Hiobsbotschaften kein Ende nahmen: Am 20. Januar 1745 starb Kaiser Karl VII., und sein Sohn beeilte sich, seinen Frieden mit Maria Theresia zu machen: Er wollte zurück nach Bayern und dort Kurfürst sein; nach der Kaiserkrone drängte es ihn nicht. Damit lief alles doch noch auf eine Wahl von Maria Theresias Gemahl Franz Stephan von Lothringen hinaus. Die Schwäche des preußischen Gegners klar erkennend, sah Maria Theresia im Frühjahr 1745 die Chance, Schlesien zurückzuerobern. Unter dem Befehl des Prinzen Karl von Lothringen rückten die verbündeten Österreicher und Sachsen vor. Friedrich aber war entschlossen auszuharren:

Man werde ihn aus Schlesien genausowenig hinauswerfen können wie aus der heimischen Mark Brandenburg. In der Schlacht bei Hohenfriedberg gelang ihm am 4. Juni 1745 einer seiner glänzendsten Siege. Wieder rückte er in Böhmen ein, doch in Erinnerung an die Blamage des Vorjahrs unternahm er keine größeren Operationen. Obwohl er den österreichischen Angriff auf Schlesien hatte abwehren können, war seine politische Lage weiter diffizil: Maria Theresia war nicht zu einem neuerlichen Frieden mit ihm bereit, und mit der Wahl ihres Ehemanns Franz Stephan zum Kaiser am 13. September hatte sie einen diplomatischen Sieg errungen. Friedrich half auch ein weiterer Schlachtenerfolg – bei Soor am 30. September – nicht weiter. Österreich und sein Hauptverbündeter Sachsen waren nicht so weit geschwächt, daß sie einen Frieden zu preußischen Bedingungen angenommen hätten. Im Gegenteil: Friedrich erwartete einen Angriff auf das Herz seiner Macht, auf Brandenburg.

Vor diesem politischen und militärischen Hintergrund spielte sich eine Auseinandersetzung ab, wie es sie – bei allen Verärgerungen – zwischen Wilhelmine und Friedrich bis dahin niemals gegeben hatte. Schon in der ersten Jahreshälfte 1745 hielten die Geschwister kaum brieflichen Kontakt miteinander, zwischen Ende Januar und Ende Mai herrschte komplette Funkstille. Erst am 5. Juni griff Wilhelmine wieder einmal zur Feder, »obwohl ich mich aus Deinem Gedächtnis ganz ausgelöscht glaube«. Am selben Tag – welch ein Zufall – schrieb auch König Friedrich wieder einen Brief an seine Schwester, doch nicht, um mit ihr Freundlichkeiten auszutauschen, sondern um ihr mit markigen Worten seinen Sieg bei Hohenfriedberg zu schildern. Wilhelmine gratulierte pflichtschuldig dazu, doch darüber hinaus hatten sich die beiden nichts zu sagen.

Wilhelmine versuchte sich abzulenken und feierte ihren 36. Geburtstag am 3. Juli 1745 auf einer Insel inmitten des

Brandenburger Weihers beim Ordensschloß Sankt Georgen mit besonderer Pracht. Eine Brücke führte vom Land zu der festlich illuminierten Insel, auf der eine französische Komödie aufgeführt wurde: »Am Schlusse des Festspiels erfolgte ein Auswurf aller Seeungeheuer, und aus der Mitte des Theaters stieg, umgeben von Leuchtkugeln und Feuerrädern, in glänzender Beleuchtung der Name der Markgräfin empor.« Danach wurde gegessen und getanzt bis in den frühen Morgen – und vier Wochen später wurde das Fest sogar noch einmal wiederholt, um die Geburt eines Prinzen von Dänemark zu feiern. Doch die Wolken am Bayreuther Himmel verzogen sich nicht.

Zum eigentlichen Stein des Anstoßes aus preußischer Sicht wurde das Zusammentreffen Wilhelmines mit Maria Theresia. Die Habsburgerin passierte auf dem Weg zur Kaiserkrönung ihres Mannes in Frankfurt am Main am 20. September 1745 bei Emskirchen bayreuthisches Gebiet. Was tun? Wie bei der Durchreise des Wittelsbacherkaisers in spe 1743 war es einerseits ein Gebot der Höflichkeit, dem hohen Reisenden seine Aufwartung zu machen. Andererseits war Wilhelmine klar, welche Konsequenzen ein solches Treffen haben würde: Maria Theresias erstes Ziel war es, Schlesien zurückzuerobern und den »bösen Mann«, wie sie Friedrich nannte, dort hinauszuwerfen, ja es ihm unmöglich zu machen, künftig solche Schläge zu führen. Wenn also Wilhelmine mit der Habsburgerin zusammentraf, mußte ihr klar sein, daß dies den Bruch mit dem Bruder bedeutete. Sie hat dies gegenüber dem kaiserlichen Gesandten in Bayreuth, von Hagen, auch offen bekannt.

Warum hat sie sich dennoch zu diesem Schritt entschlossen? Sie habe die Gelegenheit nicht versäumen wollen, die Bekanntschaft Maria Theresias zu machen, erklärte sie dem kaiserlichen Gesandten. Doch reicht das als Erklärung aus? Fakt ist, daß Wilhelmine den Mut Maria Theresias bewundert hat. Daß sie als Frau gegenüber ihrem Bruder nicht klein beigab, nötigte ihr Respekt ab. Diese Frau kennenzulernen muß der Bayreuther Markgräfin besonders reizvoll erschienen sein. Inwiefern sie damit politische Absichten verband, das Treffen also nur ein weiteres Glied in einer langen Kette der Annäherung Bayreuths an Österreich war, ist schwer zu beurteilen. Aus Bayreuther Sicht aber schien es vernünftig, mit der auf politischem Feld zu dieser Zeit erfolgreichen Habsburgerin zu kooperieren. Der ferne Preußenkönig hätte damals nichts, aber auch gar nichts zum Schutz ihres Landes beitragen können. Daß weder sie noch der Markgraf den Durchmarsch eines österreichischen Korps unter dem General Nikolaus Franz Graf von Grünne in Richtung Norden, sprich in Richtung Brandenburg, meldeten, ist zwar kein aktives Eintreten an der Seite Habsburgs gewesen, aber wenn man es juristisch ausdrücken will: Unterlassene Hilfeleistung war es allemal. Denn die Bedrohung, die von Grünnes Soldaten für Berlin ausging, muß Wilhelmine und Markgraf Friedrich klar gewesen sein.

Das Zusammentreffen Wilhelmines mit Maria Theresia war eher kurz, fand aber in einem sehr freundlichem Rahmen statt. Die Habsburgerin war damals erst 28 Jahre alt, und nicht nur Wilhelmine empfand ihr Wesen als freundlich und gewinnend. Allerdings konnte kein großes Gespräch zwischen den beiden Frauen aufkommen, da Maria Theresia speiste, während ihr die nach Emskirchen mitgereisten Bayreuther Höflinge dabei zusahen. Alles in allem dauerte das Ganze gerade einmal zwei Stunden. Die österreichische Seite zog dennoch ein äußerst positives Fazit des Treffens. Wilhelmine habe mit der größten Verehrung und Hochachtung von Maria Theresia gesprochen.

Als die Nachricht von der Zusammenkunft nach Berlin gelangte, war dort sofort der Teufel los. Die erste Reaktion darauf kam jedoch nicht von Wilhelmines Bruder, sondern von ihrer Mutter Sophie Dorothea. In einem wütenden Brief an Prinz August Wilhelm schrieb sie: »Ihre Bayreuther Schwester hat eine neue Torheit begangen, indem sie nach Emskirchen gegangen ist, um die Königin von Ungarn zu sehen. Ich habe ihr einen bitterbösen Brief über die Angelegenheit geschrieben. Ich weiß nicht, was der König zu dieser neuen Extravaganz sagen wird, die mich wahrhaftig betrübt.« In einem weiteren Brief an August Wilhelm sprach die Königin gar von »den Verrücktheiten Ihrer Bayreuther Schwester«, man müsse verhindern, daß Friederike Luise im benachbarten Ansbach den gleichen Unsinn anstelle. Und Wilhelmine sollte es sich auf keinen Fall einfallen lassen, Maria Theresia nach der Rückkehr von der Kaiserkrönung zu empfangen. Die Loyalität der beiden Markgräfinnen hatte nach Meinung ihrer Mutter zuallererst dem Bruder und damit Preußen zu gelten.

Diese Loyalität hatte Wilhelmine sträflich vermissen lassen. Als die Markgräfin von Ansbach versuchte, das Verhalten ihrer Schwester zu rechtfertigen, wurde sie von ihrer Mutter brüsk zurückgewiesen. Selbst die Schwester Luise Ulrike im fernen Schweden schrieb einen bösen Brief nach Bayreuth und unterstützte die Mutter in ihrer harten Haltung. Wilhelmine lasse sich, ohne zu überlegen, auf die Ratschläge der Burghauß ein, die doch nur ihre eigenen Interessen verfolge. Die Markgräfin fühlte sich ausgestoßen von der eigenen Familie, »behandelt wie ein Bastard«, sie komme sich vor wie eine Verbannte, mit der niemand zu tun haben wolle. Anders als die Mutter und die Schwester in Schweden sprach König Friedrich den Vorfall gegenüber seiner Schwester zunächst nicht direkt an. Doch sein Brief vom 2. Oktober, nach dem preußischen Sieg in der Schlacht von Soor, sprach Bände: »Liebe Schwester! Soeben haben wir die Österreicher geschlagen, oder Deine Kaiserlichen, wie Du sie nennen willst. Ich glaube, daß sie davon genug haben werden.« Was für ein

Tiefschlag, was für eine Demütigung müssen diese Zeilen für Wilhelmine gewesen sein?

Während Wilhelmine mit Maria Theresia plauderte, befürchtete ihr Bruder den Angriff der verbündeten Österreicher und Sachsen. Dem wollte er mit einem spektakulären Coup zuvorkommen: Am 22. November 1745 fiel er in Sachsen ein! In der Schlacht von Kesselsdorf bezwang der Alte Dessauer am 15. Dezember die sächsische Armee, bevor diese sich mit der österreichischen Hauptarmee vereinigen konnte, wenige Tage später nahm er Dresden nach heftigem Artilleriebeschuß ein. Damit war Maria Theresia weichgeklopft – und bereit für einen neuerlichen Friedensschluß mit dem Erzrivalen, der Schlesien behielt, aber im Gegenzug Maria Theresias Gatten nachträglich seine Kurstimme zusicherte. Sachsen mußte eine Million Taler Kriegsentschädigung bezahlen und füllte damit die leeren preußischen Kassen wieder auf. Zwar ließ Friedrich damit schon wieder seinen Verbündeten Frankreich im Stich, der im Verbund mit Spanien noch bis 1748 weiter gegen Österreich kämpfte, doch das einzige, was für Friedrich zählte, war der Besitz Schlesiens. Für die neutrale Markgrafschaft Bayreuth bedeutete der Friedensschluß zwar eine Verminderung des schwer lastenden Druckes, sich für eine der beiden Seiten entscheiden zu müssen, doch blieb ja der Gegensatz zwischen Österreich und Frankreich bestehen – und diese beiden Staaten versuchten weiterhin, sich der Unterstützung des strategisch wichtigen Bayreuth zu versichern. Das Lavieren ging weiter.

Für Friedrich II., der nun schon als »der Große« gefeiert wurde, war der Friedensschluß mit Maria Theresia ein Triumph; in einem geradezu genüßlich-boshaften Brief teilte er ihn seiner Schwester mit: »Der Anteil, den Du an allem nimmst, was die Königin von Ungarn [Friedrich nannte sie beharrlich weiter so und niemals Kaiserin] betrifft, gibt mir

Gelegenheit, Dir mitzuteilen, daß wir Frieden miteinander geschlossen haben. Ich hoffe, das wird Dir um so angenehmer sein, als Deine Vorliebe für diese Fürstin nicht mehr durch einen Rest alter Freundschaft behindert wird, den Du mir vielleicht bewahrt hast.« Wilhelmine beschloß, über den Sarkasmus ihres Bruders hinwegzusehen und den Friedensschluß als Gelegenheit zu betrachten, sich diesem wieder anzunähern. Der gesamte Briefwechsel der ersten Jahreshälfte 1746 war auf diese Weise geprägt durch offene Aussprachen der Geschwister über die großen Zerwürfnisse des vergangenen Jahres.

Trotz des spürbaren Wunsches von Wilhelmine, sich mit dem Bruder auszusöhnen, verteidigte sie ihre Sichtweise der Dinge offen und stellte auch klar, daß sie Friedrich mehr schätzte, wenn er Apollo mimte und nicht Mars. Das zeigte sich bereits in ihrer Antwort auf die Nachricht vom Friedensschluß, der für sie eines »der glücklichsten Ereignisse überhaupt« war. »Was die Königin von Ungarn betrifft, so habe ich nie eine Vorliebe für sie noch besondere Anhänglichkeit für ihre Interessen gehabt. Ich werde ihren Vorzügen gerecht und halte es für erlaubt, alle Menschen zu schätzen, die solche besitzen.«

Auch Friedrich suchte nun den Ausgleich mit seiner Schwester. Er tat dies, indem er die Schuld »an all den Widerwärtigkeiten, die Du mir seit drei Jahren bereitet hast«, nicht Wilhelmine in die Schuhe schob, sondern bei den »Unseligen« suchte, »die Dein Vertrauen mißbrauchen und eine boshafte Freude daran finden, Dich mit Menschen zu entzweien, die Dich stets zärtlich geliebt haben ... Ich beklage Dich von ganzem Herzen, daß Du Deine Freundschaft einer Unwürdigen geschenkt hast. Die ganze Welt kennt den niedrigen Charakter der Kreatur, deren Namen ich nicht nennen will, um meine Feder nicht zu besudeln. Du allein warst blind gegen sie. Ohne Vergleiche zu ziehen, liebe Schwester,

Du kommst mir vor wie die Hahnreie, die stets zuletzt erfahren, was in ihrem Haus vorgeht, während die ganze Stadt von ihrem Abenteuer redet.« Natürlich war damit niemand anderer als Wilhelmine Dorothea von der Marwitz, verheiratete Burghauß, gemeint.

Doch damit ließ es Friedrich nicht bewenden. Er brachte 1746 seine ganze Litanei der Geschehnisse auf den Tisch, die die Geschwister entzweit hatten. So bekamen auch Maria Theresia und der Redakteur Groß ihr Fett weg: »Du hast es geduldet, daß ein Schuft von einem Zeitungsschreiber in Erlangen mich wöchentlich zweimal zerpflückte; statt ihn zu bestrafen, ließ man ihn entkommen. Seitdem hat der Markgraf eine ausgesprochene Parteinahme für alles Österreichische gezeigt, und schließlich bist Du selbst hingegangen, um meiner Todfeindin, der Königin von Ungarn, tausendfache Unterwürfigkeit zu bezeigen – zu einer Zeit, als sie auf meinen Untergang sann. Das Korps Grünne ist bei Bayreuth vorbeimarschiert. Hättest Du noch einen Funken von Freundschaft für Deine ehrwürdige Mutter und für Deine Familie gehabt, warum hast Du uns nicht mit einer Zeile gewarnt, was da ausgesponnen wurde?« Auch das schob Friedrich seiner Intimfeindin Marwitz zu: »Das Geschöpf, das ich nicht nennen kann, ohne daß mir das Blut zu Kopfe steigt, diese Medea, genoß den Vorzug vor allem, und da sie nichts als Rache atmet, hat sie Dich angesteckt.« Nach Rache war der Marwitz tatsächlich mehr denn je zumute, denn im Dezember 1744 war ihr Vater gestorben – und der preußische König hatte das gesamte Erbe, wie angekündigt, vorerst kassiert. Und das Geld, das ihr der Vater zu Lebzeiten regelmäßig sandte, blieb nun natürlich ebenso aus.

Mit Sicherheit war die Marwitz eine Triebfeder hinter der Annäherung an Wien. Dabei kam ihr das seltsame Dreiecksverhältnis mit Markgraf und Markgräfin zupaß, das es ihr erlaubte, auf beide einzuwirken. Es ist jedenfalls bemerkenswert, daß ein so nüchterner politischer Denker wie der preußische König ihren Einfluß für so groß hielt, daß er ihre Entfernung vom Bayreuther Hof forderte. Auch der österreichische Gesandte in Bayreuth erwähnte in einem Bericht nach Wien im Oktober 1745 den Einfluß der Marwitz-Burghauß, den es zu nutzen gelte, und berichtete zugleich, daß sich die Markgräfin sehr über den König von Preußen beklagt habe – ein Zeichen dafür, wie verletzt Wilhelmine war.

Gegen die Vorwürfe des Bruders verteidigte sich die Markgräfin gleichwohl kühl und sachlich. Sie kenne sehr wohl die Gerüchte, die über sie in Umlauf seien, antwortete sie ihrem Bruder am 9. April 1746. Doch sie habe sich seit langem damit abgefunden. »Ich könnte mit keinem Menschen mehr Umgang haben, wollte ich dergleichen Behauptungen ein Ende machen … Ich weiß, man wirft mir Schwachheit, unerträglichen Hochmut, Ränkesucht und unersättliche Vergnügungslust vor … Es wundert mich nicht, daß ein so schönes Charakterbild Dich mir entfremdet hat. Wer mich aber kennt, kann beurteilen, ob der geringste Zug von mir diesem schönen Bild entspricht … Ich bin jetzt in einem Alter, in dem einem nichts mehr an rauschenden Vergnügungen liegt … So ziehe ich denn die Gesellschaft geistvoller Leute diesem Vergnügungstaumel vor. Weder von irdischen Herrschern noch von Ränken ist in unseren Gesprächen die Rede … Dummköpfe bleiben davon ausgeschlossen. Aus Eifersucht auf die Talente wollen sie sich vielleicht an unserem kleinen Kreis rächen … Kurz, liebster Bruder, ich und meine Umgebung, wir müssen das Gerede über uns ergehen lassen.«

Was die Marwitze und die Erlanger Zeitung betraf, wiederholte Wilhelmine noch einmal ihre schon im Jahr zuvor gegebenen Erklärungen. Zu einem Bruch mit der Marwitz war sie auch jetzt noch nicht bereit, ja sie gab ihrem Bruder sogar eine gewisse Mitschuld an den Geschehnissen, habe dieser doch zunächst gar nicht auf die Nachricht von den Marwitzschen Heiratsplänen reagiert, mit denen das ganze Unheil begonnen hatte. Daß der König »den Berichten von Verleumdern und Schuften mehr vertraut als denen einer Schwester«, brachte Wilhelmine zur Verzweiflung, wie sie ihrem Bruder August Wilhelm schrieb: »Ich bin weder so schwach noch so dumm ..., mich von einer jungen Person, die meine Ratschläge viel mehr als ich der ihrigen bedarf, betrügen und beherrschen zu lassen.«

Interessanter sind ihre Erklärungsversuche in Sachen Maria Theresia: »Was meine Begegnung mit der Königin von Ungarn betrifft, so handelte es sich um einen bloßen Akt der Höflichkeit. Sie war auf der Durchreise, und da habe ich sie gesehen. Man setzte ihr ein Mahl vor, und es gehörte sich, daß ich dabei die Honneurs machte. Wir müssen Rücksicht auf diesen Hof nehmen, da wir ihn ringsum zum Nachbarn haben ... Die Truppen marschieren in einem fort durch. Die Kaiserwahl [Franz Stephans] hatte bereits stattgefunden. All diese Gründe schienen mir stark genug – zumal in einem neutralen Land –, um diesen Schritt zu tun; ein andersgeartetes Benehmen hätte uns übel ausgelegt werden können. In keiner Weise haben wir für den Wiener Hof Partei genommen ...«

In wenigen Sätzen hat Wilhelmine hier ihrem Bruder die Zwickmühle klarzumachen versucht, in die kleine Fürstentümer wie die Markgrafschaft Bayreuth gerieten, wenn sich die Großen stritten. Ganz offen war Wilhelmine allerdings nicht: Die Annäherung an Wien ging über bloße Höflichkeit hinaus: Die fast freundschaftliche Beziehung Wilhelmines zu Cobenzl war Friedrich sicher nicht entgangen, und es war ebenso bekannt, daß es die Markgräfin war, die darauf gedrängt hatte, neben dem preußenfreundlichen Montmartin einen zweiten – österreichisch gesinnten – Kreisgesandten nach Nürnberg zu schicken. Schließlich verlor die preußische Partei in Bayreuth durch den Tod des ersten Ministers Berghoffer ihre größte Stütze. Deutlich sichtbar wurde diese Ausrichtung durch die Entlassung Montmartins und die Ernennung des wieder aus der Versenkung aufgetauchten Ellrodt zum Kreisgesandten. Dieser galt allgemein als Vertrauter Supervilles, und dessen Abneigung gegen den preußischen König war allseits bekannt. Auch das von Friedrich angeprangerte Schweigen in bezug auf den Durchmarsch Grünnes versuchte Wilhelmine zu begründen: Hatte das nicht in allen Zeitungen gestanden? Der Feldzugsplan habe dem Bruder doch nicht unbekannt sein können. Zudem habe man das Ganze ohnehin für ein österreichisches Ablenkungsmanöver gehalten, »damit Du Deine Truppen aus Schlesien zurückzögest«.

Friedrich genügte die Mühe, die Wilhelmine sich bei ihrer Rechtfertigung gab, um selbst einen Schlußstrich unter den leidigen Streit ziehen zu wollen: »Mein Herz, das für Dich spricht, würde Dich selbst dann schuldlos finden, wenn mein Geist Dich schuldig erklärte.« Auf die einzelnen Vorwürfe ging Friedrich nicht mehr ein. Er war des Streites müde und wollte seine Schwester, an die ihn doch so viele gemeinsame Erlebnisse banden, nicht verlieren. Zur Mäßigung Friedrichs dürften auch der Friedensschluß mit Österreich beigetragen haben und das Kalkül, die Bayreuther Verwandtschaft vielleicht doch wieder gebrauchen zu können. Da durfte er sie nicht weiter in den Schoß Maria Theresias treiben. So schrieben sich die Geschwister fortan wieder freundliche Briefe, aber bei weitem nicht so viele wie einst. Beide wußten, daß ihre Krise noch nicht ausgestanden war. Politik und persönliche Streitpunkte blieben nach der äußerlichen Versöhnung vorerst ausgeklammert, die Briefe wirken zum Teil sehr fahrig geschrieben. Nur ein Brief läßt aufhorchen, den Wilhelmine ihrem Bruder am 12. Juli 1746 mit stolzgeschwellter

Brust schrieb: »Wir haben hier einen Kreis von Musen, der mich fast den ganzen Tag erfreut. Hasse, die Faustina und Carestini.« Diese drei Musiker waren absolute Größen im Musikgeschäft der Zeit, die allesamt eigentlich am Dresdner Hof beschäftigt waren: Johann Adolf Hasse war Hofkapellmeister, dessen Frau, Faustina Bordoni, Primadonna und Giovanni Carestini einer der ersten Sänger. Es spricht für Wilhelmines Überredungskunst, für den guten Ruf ihres Hofes in Künstlerkreisen (und ihr bereitwillig geöffnetes Portemonnaie), daß diese Stars für einige Wochen nach Bayreuth kamen, auch wenn eine dauerhafte Verpflichtung Hasses und seiner Frau sehr zum Leidwesen der Markgräfin nicht zustande kam.

Wilhelmines Gesundheit war derweil wieder einmal so stark angegriffen, daß die Ärzte ihr dringend zu einer Kur rieten. Zwar hielt sie davon nach wie vor nichts, aber sie fügte sich. Vier Wochen blieb sie in Pyrmont, was kaum der Rede wäre, hätte sie dort nicht die Bekanntschaft einer Hofdame der preußischen Königin Elisabeth Christine gemacht. Gemeinsam mit ihr fädelte sie den Coup ein, der die endgültige Versöhnung mit ihrem Bruder bringen sollte: ein Überraschungsbesuch in Berlin.

Friedrich war hoch erfreut und zugleich entsetzt, als er seine abgemagerte Schwester am 15. August 1747 in die Arme schloß. Dabei hatte der König selbst mit gesundheitlichen Problemen zu kämpfen. Obwohl erst 35 Jahre alt, plagte ihn bereits die Gicht, die er zum einen von seinem Vater vererbt bekommen, darüber hinaus aber durch seinen ungesunden Lebensstil mit wenig Schlaf, Unmengen von Kaffee (den er mit Senf würzte) und Champagner selbst beförderte. Dem Lebensstil geschuldet waren auch Friedrichs heftig schmerzende Hämorrhoiden …

Wilhelmine gefiel die geistreiche Atmosphäre in Potsdam, und sie blühte dort sichtlich auf. Der Besuch tat auch ihrer Gesundheit gut. Der englische Gesandte Charles Hanbury Williams schrieb über die Markgräfin damals nach London: »Sie betrachtet alle Zeit für verloren, die man nicht mit Büchern verbringt oder mit Leuten, von denen man ihr gesagt hat, daß sich der Umgang mit ihnen lohnt. Sie verbringt die ganze Zeit damit, daß sie in der geistreichen Art ihres Bruders konversiert, dicke Bücher schreibt und vorgelesen bekommt ...« In das kurz vor ihrem Besuch fertiggestellte Schloß Sanssouci scheint Wilhelmine damals zwar noch nicht gekommen zu sein, doch das tat ihrer guten Laune keinen Abbruch. Eher in konventioneller Langeweile verliefen dagegen die Besuche Wilhelmines bei Königin Elisabeth Christine und ihrer Mutter Sophie Dorothea. Zu beiden fand die Markgräfin keinen Draht mehr; die Mutter versuchte lediglich, Details aus dem Eheleben von Wilhelmine herauszupressen. Doch diese Fragerei war zu durchsichtig, als daß Wilhelmine darauf hereingefallen wäre.

Angesichts der großen Freude, die Wilhelmine der Besuch bei ihrem Bruder bereitet hat, ist es sehr erstaunlich, daß sie bereits am 1. September wieder nach Bayreuth aufbrach; ein Grund dafür läßt sich leider nirgends finden.

Am Bayreuther Hof wurde ihre Rückkehr jedoch von einigen Personen mit Bangen erwartet. Der kaiserliche Gesandte beim Fränkischen Kreis, von Widmann, hatte in Erfahrung gebracht, daß sich Wilhelmine wieder gänzlich mit ihrem Bruder versöhnt und in Berlin bereits eine Generalabrechnung mit der Burghauß angekündigt habe. Und während Widmann darüber tiefe Sorgenfalten bekam, frohlockte sein französischer Kollege über die sich anbahnenden Differenzen zwischen Wien und Bayreuth. Es sei, bilanzierte Widmann, »nichts Günstiges zu versprechen«. Die Burghauß und ihr Mann drohten »zum Opfer der Versöhnung mit dem König [zu] werden, durch deren Entfernung aber würden Eure Kaiserliche Majestät die einzigen zwei Personen verlieren ..., so für Allerhöchst Dieselbe eine wahre alleruntertänigste Ergebenheit haben«.

Das große Donnerwetter kam Ende September: Wilhelmine schmiß die wiedergenesene Burghauß und ihren Mann aus dem Schloß! Ganz tief flog die Gräfin aber nicht, denn noch legte der Markgraf seine schützende Hand über sie. Er brachte sie im Gesandtenhaus unter und kümmerte sich weiterhin um ihr Wohlergehen. So kam es fast erwartungsgemäß zu einem lautstark ausgetragenen Krach zwischen den beiden Frauen, bei der sich Wilhelmine über die Impertinenz der Burghauß beschwerte und diese ihrerseits darauf verwies, daß es doch lediglich die von der Markgräfin eingefädelte Eheschließung gewesen sei, die sie ins Unglück gestürzt habe. Völlig konsterniert schrieb Wilhelmine Dorothea von Burghauß einen Brief an ihre Schwester Albertine Eleonore nach Berlin. Auch diese war überrascht von Wilhelmines Auftritt: »Ich bin wie aus den Wolken gefallen, als ich Deinen Brief erhielt, in dem Du von der Art und Weise sprichst, wie die Markgräfin Dich behandelt. Ich wußte wohl, daß eine Verstimmung zwischen Euch eingetreten ist, aber ich war weit entfernt anzunehmen, daß Ihre Königliche Hoheit die Dinge so weit treiben würde. Mein Gott, wie ist es möglich, daß man sich so verändern kann? Nach all den Versprechungen, die sie Dir gemacht hat, nachdem sie Dich zu dieser Heirat bestimmt hat, an die Du ohne sie niemals gedacht hättest. Es erscheint mir unmöglich, daß sie sich im Grunde ihres Herzens so geändert hat; da muß es Personen geben, die sie leiten.« Die Burghauß fühlte sich etwas sicherer, als sie spürte, daß der Markgraf (noch) nicht bereit war, sie fallenzulassen.

Es ist interessant, daß Wilhelmine wiederum ihrem jüngeren Bruder August Wilhelm das Herz ausschüttete. Seit dieser sich für die Aussöhnung Wilhelmines mit Friedrich eingesetzt hatte, war das Verhältnis der Geschwister ein sehr enges geworden; August Wilhelm war nicht so schroff und hart wie der König, dafür ebenfalls musisch hochbegabt, und so fanden die Geschwister immer mehr Gefallen aneinander. Die Briefe mit Friedrich blieben in dieser Zeit dagegen oberflächlich-freundlich, doch verdanken wir einem dieser Schreiben immerhin einen weiteren Hinweis auf die Antikenbegeisterung Wilhelmines. Denn sie berichtete ihrem Bruder über den Besuch des neapolitanischen Gesandten in Dresden, Azzolino Malaspina, »der mich sehr unterhalten hat. Er gab mir den beiliegenden Plan der neu entdeckten Stadt Herculaneum«. Eine Menge Statuen seien dort gefunden worden, Freskomalereien und vollständige Mosaikfußböden. »In der Stadt Pompeji, die dicht dabei liegt, sollen noch erstaunlichere Dinge zu finden sein …«

All das half nicht darüber hinweg, daß der Fall Burghauß jetzt endlich gelöst werden mußte. Das Paar mußte weg! Wilhelmine war klar, daß sie diese Krisensituation mit heraufbeschworen hatte und daß die Burghauß und ihr Mann ohne eine anständige finanzielle Ausstattung Bayreuth nicht verlassen würden. In dieser Situation nahm sie ihren ganzen Mut zusammen und schrieb am 21. Februar 1748 an König Friedrich: »Falsch angebrachtes Mitleid und allzu große Schwachheit gegenüber einer Person, die ich mir treu ergeben glaubte, haben mich straucheln lassen. Zu meiner Rechtfertigung kann ich darüber hinaus nichts anführen. Ohne mein schrankenloses Vertrauen in Deine Güte würde ich nicht wagen, Dich zu bitten, mich aus dem Labyrinth zu retten, in das ich so lächerlich hineingetappt bin. Ich habe das Schicksal vieler Großer erfahren: Ich glaubte, eine Freundin gefunden zu haben …, und mein Lohn war aller erdenklicher Undank.« Nach diesem Schuldbekenntnis kam Wilhelmine zur Sache: »Die Burghauß … hat all ihr Hab und Gut verloren und ist gegenwärtig im tiefsten Elend; denn ihr Gatte hat seit zwei Jahren keinerlei Einkünfte aus seinem Regiment, und eigenes Vermögen besitzt er nicht. Das wenige, was ich geben kann, reicht bei weitem nicht hin ... Nur Du kannst meinem Geist und meinem Herzen die Ruhe wiedergeben, indem Du ihr das auszahlst, was ihr Vater ihr vermacht hat.« Der alte Marwitz hatte in seinem Testament Albertine Eleonore von Podewils zur Alleinerbin eingesetzt; die beiden anderen mußten sich mit dem Pflichtteil von jeweils 25 000 Talern begnügen. Doch diesen hatte der preußische König kassiert – so daß Wilhelmine Dorothea und Karoline leer ausgegangen waren.

Der König zeigte sich nun als nachsichtiger, treusorgender Bruder. Das konnte er leicht, denn er hatte auf der ganzen Länge gesiegt: Wilhelmine hatte sich entschuldigt, und die verhaßte Medea war abhängig von dem Geld, das er blokkierte. So erklärte er sich bereit, wenigstens die Zinsen aus dem Erbteil auszubezahlen – sofern die Burghauß bereit sei, Bayreuth sofort zu verlassen. Wilhelmine setzte noch eins drauf und bedachte die Burghauß mit einem stattlichen Legat in ihrem persönlichen Testament: Sie sollte nach dem Ableben der Markgräfin zehn Paar silberne Leuchter und ein vergoldetes Besteck erhalten, wenn sie nur endlich verschwände.

Endlich, Anfang Mai 1748, war es soweit: Die Burghauß und ihr Mann verließen den Bayreuther Hof auf Nimmerwiedersehen. Ihr erstes Ziel war der Kurort Spa in den Ardennen, später sollte es nach Wien gehen, wo man sich derweil die Wunden ob dieser kleinen diplomatischen Niederlage leckte und den preußischen König als Verantwortlichen dafür ausmachte. Daß der Markgraf die Abrechnung mit der Burghauß nicht hatte verhindern können, war für den österreichischen Gesandten Widmann ein weiterer Beleg dafür, wer in Bayreuth das Sagen hatte: Wilhelmine! Verbittert schrieb Widmann damals: »Sie [das Ehepaar Burghauß] haben nichts anderes verbrochen, als daß sie

Euer Majestät Allerhöchstes Interesse zuviel Eifer haben verspüren lassen.«

Von der Markgräfin war durch die Entfernung der Burghauß eine Zentnerlast gefallen. Wie befreit wirkt ihr Dankesbrief an den Bruder, man hat das Gefühl, daß sich Wilhelmine endlich freigeschwommen hatte und bereit war, selbstbewußt persönliche Krisen zu meistern – obwohl sie in diesen Tagen wie so oft krank war. Eine Zentnerlast war aber auch von ihren Schultern gefallen, weil sie zu ihrem geliebten Bruder endlich wieder ein unbelastetes Verhältnis hatte. Dies zeigt sich in einem Brief August Wilhelms an den König: »Du hast unserer Bayreuther Schwester einen neuen Freundschaftsbeweis gegeben. Sie hat mir einen dankerfüllten Brief über Deine Verfügung zugunsten der Burghauß geschrieben. Da sie von dieser boshaften Kreatur befreit ist, so schreibt sie mir, seien Ruhe und Frieden ihres Lebens nun für immer gesichert ...« Zwar hatte der Markgraf auch in der Folge Beziehungen zu anderen Frauen, doch waren diese rein sexueller Natur, und keine erlangte Einfluß bei Hofe. Das Ehepaar fand Achtung füreinander, indem Wilhelmine darauf verzichtete, in der Ehe nach Liebe zu suchen.

Im Jahr 1748 verließ nicht nur das Ehepaar Burghauß die Markgrafschaft – auch Superville nahm seinen Abschied. Bereits 1746 war dessen Machtstellung an der Universität beschnitten worden, im März 1748 schied er offiziell aus gesundheitlichen Gründen aus dem Amt und verließ die Bayreuther Lande. Superville könnte ein weiteres Bauernopfer gewesen sein, um die Gunst des preußischen Königs wiederzuerwerben; dagegen spricht, daß von Superville – anders als von der Burghauß – in diesem Zusammenhang nie die Rede war und er in Braunschweiger Dienste trat, wo ebenfalls eine Schwester Wilhelmines verheiratet war. So könnten eher finanzielle Ungereimtheiten in der Amtsführung, über die gemunkelt wurde, der Grund gewesen sein. Fakt aber bleibt, daß mit Superville ein weiterer Gegner Friedrichs des Großen aus der Bayreuther Politik ausschied. Nicht in der Erlanger Universität, aber bei Hofe nahm Theodor Camille de Montperny als Obersthofmeister, Leiter des Bauwesens und der französischen Komödie bis 1754 seine Stelle ein, ein treuer Gefolgsmann des preußischen Königs. »Er hat ... nicht nur die Markgräfin, sondern auch den Markgrafen gänzlich eingenommen und fast bezaubert«, ärgerte sich der österreichische Gesandte Widmann.

Montperny, dessen Familie aus der Provence stammte, war zwar kein so brillanter Intellektueller wie Superville, aber eine ausgeglichenere Persönlichkeit mit wesentlich weniger Kanten. Bei den Bayreuther Untertanen war er allerdings reichlich unbeliebt. Die Rechte der Landstände interessierten ihn nicht besonders, und wenn es darum ging, Geld für den Hof, für seine Kunst- und Bauwut zu beschaffen, war er nicht zimperlich. Daß alle intellektuellen Gesprächspartner Wilhelmines – Superville, Montperny, Voltaire – Franzosen waren, ist natürlich kein Zufall gewesen, sondern Zeichen ihrer Zuneigung zu der französischen Kultur und Sprache. Einen ihrer eigenen Untertanen, »denen man zumeist die dicke Bergluft anmerkt«, hätte sie sich an dieser Stelle nur schwerlich vorstellen mögen, brauchten diese nach Meinung der Markgräfin doch »zehn Jahre, um guten Tag und guten Abend sagen zu lernen, und weitere zehn Jahre, um eine höchst linkische Verbeugung zu machen«.

Die große Fürstenhochzeit

Wilhelmine hatte es immer bedauert, daß sie als Bayreuther Opernintendantin mit provisorischen beziehungsweise aus ihrer Sicht ungenügenden Spielstätten hatte vorliebnehmen müssen. Doch auch damit sollte in diesem so glücklichen

Jahr 1748 Schluß sein: »Heute feiern wir den Geburtstag des Markgrafen mit einer Pastorale«, schrieb Wilhelmine ihrem Bruder Friedrich am 14. Mai. »Ich weiß nicht, ob sie gut ausfallen wird, denn mein leidender Zustand verbot mir, den Proben beizuwohnen und die Regie zu führen. Dieser Tage habe ich das neue Opernhaus besichtigt. Ich war sehr erfreut darüber; das Innere ist fast vollendet. Bibiena hat in diesem Theater die Quintessenz des italienischen und französischen Stils vereinigt, man muß zugeben: In seinem Fach ist er ein Meister.«

Neues Opernhaus? Bibiena? Um diese Fragezeichen aufzuklären, bedarf es eines Rückblicks in das Jahr 1744: Im Juni dieses Jahres beantragte Wilhelmine als nachträgliches Hochzeitsgeschenk die Unterstützung der Landstände beim Kauf des Bauplatzes für ein »Winterpalais« neben dem Redoutenhaus. 2000 Gulden wurden ihr schließlich bewilligt. Doch was dort dann in den folgenden Jahren entstand, war kein Palais, sondern das neue Opernhaus. Weshalb diese Verschleierung? Wilhelmine hatte den Landständen weiszumachen versucht, daß, wenn sie denn nur ein entsprechendes Palais hätte, sie auch im Winter länger in Bayreuth bleiben könne und die Untertanen, »die sonst mit den Frohnen nach Erlangen viel Beschwerlichkeit gehabt«, dadurch entlastet würden.

Wie erinnerlich, hatte Wilhelmine sich von ihrem Bruder Friedrich dessen Pläne für sein neues Opernhaus Unter den Linden kommen lassen. Als dann aber die Entscheidung für den eigenen Opernbau fiel, griff Wilhelmine letztlich nicht auf dieses Vorbild zurück und machte auch keine Anstalten mehr, dessen Architekten Knobelsdorff für das Projekt zu gewinnen. Das ist nicht verwunderlich, wenn man bedenkt, wie zerstritten die Geschwister 1744 waren. So wie sich das markgräfliche Paar in dieser Phase politisch an Wien angenähert hatte, so geschah dies auch bei der Suche nach einem

Architekten für das Opernhaus: Den ersten Entwurf für die Fassade lieferte Giuseppe Galli da Bibiena aus einer damals weithin berühmten, ursprünglich aus Bologna stammenden Künstlerfamilie. Der Onkel Giuseppes hatte zwischen 1700 und 1704 das neue Wiener Opernhaus errichtet. Giuseppe weilte zunächst ebenfalls in der habsburgischen Residenzstadt, ehe er einem Ruf nach Dresden folgte. Zwar wurde der Plan Galli da Bibienas von 1744 nicht ausgeführt und die Gestaltung der Fassade schließlich dem langjährigen Bayreuther Hofbaumeister Saint-Pierre übertragen, doch auch dieser orientierte sich an süddeutschen Vorbildern (etwa dem von Wilhelmine so bewunderten fürstbischöflichen Residenzschloß in Würzburg) und nicht an Knobelsdorff und Friedrich dem Großen.

Die Verwirklichung des Opernbaus zog sich länger hin, als Wilhelmine dies wohl erhofft hatte. Zwar wurde bereits im Januar 1745 ein Kostenvoranschlag auf den Tisch gelegt, doch noch am 25. Februar 1746 war »zur Erbauung des Opernhauses ... kein Stein angefahren«. Es darf sicherlich Geldmangel hinter dieser Verzögerung vermutet werden. Dann aber ging es Schlag auf Schlag: Wohl im März 1746 begannen endlich die Bauarbeiten, im Oktober 1747 konnte Richtfest gefeiert werden. Die Eile, mit der nun vorangegangen wurde, hatte mit der Hochzeit von Wilhelmines Tochter Elisabeth Friederike und dem württembergischen Erbherzog Karl Eugen zu tun, die für den 30. August 1748 geplant war und deren »Kulturprogramm« auf alle Fälle in dem neuen Opernhaus stattfinden sollte. Hatte bei der Fassade noch Saint-Pierre den Zuschlag erhalten, so wurde die Einrichtung des Innenraums, der das eigentliche Prunkstück des Markgräflichen Opernhauses wurde, dann doch Giuseppe Galli da Bibiena übertragen; dessen 18jähriger Sohn Carlo war bereits 1746 vor Ort und traf die vorbereitenden Arbeiten für seinen Vater. Dabei brachte Wilhelmine als Intendantin des künftigen Opernhauses durchaus auch selbst Ideen ein: So bestand sie darauf, aus akustischen Gründen im Innenausbau ausschließlich Holz zu verwenden. Ebenso geht der theatralische Effekt, nach einem schlicht gehaltenen Entree in einen überaus prunkvollen, aber zugleich warm und intim gehaltenen Theaterraum zu treten, auf ihre Einwirkung zurück. Noch heute trägt dieser Kunstgriff zu der überwältigenden Wirkung des Theaters bei.

Eingeweiht wurde das – noch nicht ganz fertiggestellte – Markgräfliche Opernhaus wie geplant mit der Hochzeit von Wilhelmines einzigem Kind mit Herzog Karl Eugen von Württemberg. Daß Wilhelmine die Erziehung ihrer Tochter weitgehend Gouvernanten, Lehrern und Hofdamen überlassen hat, ist an sich kein Zeichen mangelnder Fürsorge, sondern adlige Praxis der Zeit. Leider finden sich, abgesehen von der Zeit unmittelbar nach der Geburt und der Verlobung, in den Memoiren und den Briefen Wilhelmines auch keine Hinweise auf Elisabeth Friederike, so daß deren Bild blaß bleibt und wir über die Beziehung zwischen Mutter und Tochter nicht mehr als Mutmaßungen anstellen können. Was vielfach auf den Einfluß der Mutter zurückgeführt wird, ist der auch die Zeitmaßstäbe übersteigende Standesdünkel der Tochter, der seine Wurzeln in dem Stolz auf die königliche Abstammung hat. Dabei hatte Elisabeth Friederike eigentlich alle Voraussetzungen, ihre Umgebung zu bezaubern: Voltaire nannte sie »das schönste Kind Europas«, Ernst Ahasverus Reichsgraf von Lehndorff, der Kammerherr der Königin Elisabeth Christine, rühmte ihren »Busen von Alabaster« und ihr »bezauberndes Lächeln«; für Giacomo Casanova, der es doch wissen mußte, war sie »die schönste und vollkommenste Prinzessin ganz Deutschlands«. Doch das allein und die von der Mutter geerbte und durch eine sorgfältige Erziehung geförderte Intelligenz reichten nicht aus, um den wankelmütigen Stuttgarter Herzog dauerhaft an sich binden zu können. Zudem verscherzte sie sich durch ihren Hochmut die Sympathien ihrer schwäbischen Untertanen schon beim Einzug in Stuttgart, als sie sich über das »Geschmeiß« ereiferte, das ihr zu nahe kam. Wilhelmine scheint erst beim Aufbruch ihrer Tochter nach Stuttgart bewußt geworden zu sein, was sie an ihr hatte oder, besser gesagt, gehabt haben könnte: »Die Trennung«, schrieb sie, »wird mir sehr schwer werden, denn sie war meine einzige Gesellschaft, und wir begannen uns näherzukommen.«

Da Elisabeth Friederike Wilhelmines einziges Kind war, sollte die Hochzeit als singuläres Ereignis mit aller erdenklichen Pracht gefeiert werden. Dem diente eine minutiöse Vorbereitung. Auch die Stadt Bayreuth erhielt dabei im wahrsten Sinne des Wortes einen neuen Anstrich, denn an die Bewohner erging der »geschärfteste Befehl«, ihre Häuser zu streichen und die Schindel- durch Ziegeldächer zu ersetzen. Das Residenzschloß wurde ebenfalls mit großem Aufwand auf Vordermann gebracht, neue Stühle, Tische und Matratzen gekauft. Für 24 000 Gulden wurde ein neuer Staatswagen angeschafft, der dem Brautpaar einen glanzvollen Auftritt bescheren sollte. Selbst bei so großen fürstlichen Hochzeiten war es im 18. Jahrhundert nicht üblich, daß der gesamte Hochadel und die ganze Verwandtschaft dazu erschienen. Dazu waren die Entfernungen zu groß und die Infrastruktur zu schlecht. Gleichwohl waren hohe Gäste natürlich die Aushängeschilder jeden Festes, und so hoffte Wilhelmine besonders darauf, daß ihr Bruder der Hochzeit königlichen Glanz verleihen möge. »Darf ich noch hoffen, liebster Bruder, Dich zur Hochzeit meiner Tochter hier zu sehen«, fragte Wilhelmine am 14. Mai 1748 zart an. Dessen Antwort ließ hoffen: »Wenn meine Gesundheit es mir nicht verwehrt, werde ich ... die Ehre haben, Dir meine Aufwartung zu machen und meine beiden Brüder mitzubringen. Lange kann ich freilich nicht von hier fortbleiben, höchstens acht bis neun Tage, von denen sechs auf die Fahrt gehen. Ich bin der Sklave meines Amtes, und wie die Dinge hier liegen, kann ich mein Land nicht für lange verlassen, sonst kommt die ganze Maschine ins Stocken.« Das war nicht viel, aber immerhin.

Doch Wilhelmine freute sich zu früh. Am 28. August 1748 sagte Friedrich ab: »Es tut mir aufrichtig leid, an der Hochzeit Deiner einzigen Tochter nicht teilnehmen zu können. Hätte ich mein Verlangen einigermaßen mit den gegenwärtigen Umständen in Einklang setzen können, ich wäre sicher nach Bayreuth gekommen. Aber einerseits wollen mich die Ärzte ins Bad schicken, um meine Hämorrhoiden zu heilen, die mich oft plagen, und andererseits halten mich die Staatsgeschäfte zurück.« Und um die Enttäuschung Wilhelmines komplett zu machen, sagte Friedrich für seinen nächstälteren Bruder August Wilhelm gleich mit ab, der sich noch nicht genügend von einer Krankheit erholt habe. Wenigstens die beiden jüngsten Prinzen, der 22jährige Heinrich und der 18jährige Ferdinand, durften die Reise nach Bayreuth antreten. Erstaunen rief hervor, daß Wilhelmines Schwester Friederike Luise aus dem nahen Ansbach nicht an der Hochzeit teilnahm, doch sie lebte von ihrem Mann damals bereits getrennt auf Schloß Schwaningen, wo sie in Depressionen versunken einsam ihre Tage verbrachte.

Trotzdem wurde die Hochzeit zum größten Fest, das Bayreuth bis dahin gesehen hatte. Die Standesherren der Umgebung und die hohen Beamten bildeten den Rahmen für die Auftritte der hohen Gäste. Schon deren Empfang in der Stadt war von einem prunkvollen Schauspiel begleitet, Salut wurde geschossen, Fanfaren erklangen. Mit der Ankunft des Bräutigams und seiner Mutter war die Festgesellschaft komplett. Im Mittelpunkt der Festlichkeiten stand die neue Oper, die am 19. September 1748 ihre Einweihung, wenn auch noch nicht ihre festliche Premiere erlebte. Aufgeführt wurde keine Oper, sondern die Komödie *Democrite* von Jean-François Regnard. Es folgten weitere französische Theaterstücke und dann, am 23. September, die eigentliche Einweihung mit der Oper *Il trionfo d'Ezio* von Johann Adolf Hasse. Es war eine Opera seria, also eine ernste Oper im italienischen Stil, ganz nach dem Geschmack der Markgräfin; der Stoff stammt aus der römischen Geschichte (Ezio ist der italienische Name für den römischen Feldherrn Aetius), was zwar einerseits zeittypisch war, andererseits aber auch der Vorliebe Wilhelmines für die Antike entsprach. Die Hauptrolle sang ihr Starsänger Giacomo Zaghini, von dem Wilhelmine schon befürchtet hatte, daß er »aufgrund seines alten Steinleidens ... bald im Jenseits singen« würde. Doch zum Glück war Zaghini wieder rechtzeitig gesund geworden. Die aufwendigen Bühnenbilder stammten von Carlo Galli da Bibiena. Daß Wilhelmine sich eine Oper Hasses zur Eröffnung des neuen Opernhauses gewünscht hatte, war Programm: Mit dessen *La clemenza di Tito* war 1743 das Opernhaus ihres Bruders Unter den Linden eingeweiht worden – nun zog sie mit diesem einmal mehr gleich.

Mit Maskenbällen, Festessen und weiteren Theaterabenden vertrieben sich die hohen Gäste die Zeit bis zum eigentlichen Hochzeitstag, dem 26. September 1748. Dabei wurde auch das gemeine Volk nicht vergessen. Ein Ochse, zwei Hirsche und acht Hammel wurden gebraten und den Untertanen zum Speisen »verofferiert«, es gab einen Springbrunnen, aus dem in zwei Röhren Bier und Wein flossen; eine Musik spielte zum Tanz auf. Da aus Sicherheitsgründen keine Messer verwendet werden durften, mußte das »Volk« sich seinen Teil der Beute mit den bloßen Fingern herausreißen, was zu einigen handfest ausgetragenen Streitereien inklusive blutiger Köpfe führte. Die Hochzeitsgäste, die dem Treiben aus sicherer Entfernung zusahen, ergötzten sich am Anblick der sich um ein Stück Fleisch balgenden Bauerntölpel. Den Menschen war das einerlei, sie nahmen das Fest als

Abwechslung vom oft drögen Alltag, ein wenig fiel von dem Glanz des Ereignisses auch auf sie ab. Sogar aus den umliegenden Orten strömten die Menschen herbei, um als Zaungäste mit dabeisein zu können. Selbst das Brautkleid »nebst Gold- und Silberwaren«, die ganze funkelnde Aussteuer Elisabeth Friederikes, durften sie am Morgen des Hochzeitstags noch bestaunen.

Die Vermählung fand um sieben Uhr abends im großen Saal des Bayreuther Schlosses statt. Mit Trompeten und Pauken wurde das Zeichen zur Trauung gegeben, die von dem Bayreuther Oberhofprediger vollzogen wurde: »Bey Übergebung und Wechslung der Ringe«, heißt es in einer zeitgenössischen Beschreibung des Festes, »wurden 56 Stücke [Kanonen] dreimal gelöset.« Danach gingen die hohen Herrschaften »unter allgemeinem Freuden-Tumult« zum kulinarischen Teil des Abends über, und natürlich wurde getanzt: »Nach einigen Stunden, ungefähr gegen ein Uhr nach Mitternacht, wurde das Durchlauchtigste Brautpaar unter einer Entree von Trompeten und Pauken in das Schlafzimmer ... begleitet.«

Für Wilhelmine brachten die Festtage Glücksgefühle und Streß zugleich: »Gestern«, schrieb sie am 27. September 1748 an ihren Bruder nach Berlin, »hat endlich die Hochzeit meiner Tochter stattgefunden. Du kannst Dir denken, daß der Tag recht anstrengend war. Ich begreife selbst nicht, wie ich ihn überstanden habe ...« In den Tagen nach der Hochzeit wurde gleichwohl weiter gefeiert, Theater gespielt und mit *Artaserse* zum Abschluß eine zweite Oper Hasses aufgeführt. »Die Hochfürstlichen Herrschaften begaben sich zu diesem Ende ... in das prächtige Opernhaus und speisten allerorten während der Opera in der Loge.« Das war eine im Barock weitverbreitete Praxis: Das Opernhaus bot eben nicht nur Raum für künstlerische Aufführungen, sondern war zugleich Festsaal für besondere Anlässe.

Erst am 30. September reiste das frischvermählte Paar ab nach Stuttgart. In Bayreuth kehrte wieder Stille ein. Wilhelmine konnte zufrieden mit sich sein. Die Hochzeitsfeierlichkeiten waren ohne Mißtöne verlaufen; das für das Selbstverständnis der Markgräfin zentrale »Kulturprogramm« wurde von ihrem Bruder Prinz Heinrich lobend gewürdigt. Das neue Opernhaus beschrieb dieser dem König als »im Inneren sehr schön«. Wilhelmine hatte mit der »Linden«-Oper Friedrichs gleichgezogen – und darauf war sie stolz. Nur die Landstände wollten nicht in den Kanon der allgemeinen Freude einstimmen. Als der Markgraf weitere Gelder von ihnen bewilligt haben wollte, stellten sie sich quer: Man habe doch schon so viele »importante Bewilligungen« gegeben und trage aufgrund der »gar sehr augmentierten [gestiegenen] Besoldungen« für den Hof ohnehin schon eine enorme Schuldenlast. »So sehen wir leider keine Mittel und Wege für uns, wie eine weitere Bewilligung solle ermöglicht werden.«

Der Frühling kam ins Land – und mit ihm wurden die Ausreden immer weniger, mit denen die Markgräfin eine Einladung nach Stuttgart bisher immer wieder hinausgeschoben hatte: Waren es zuerst die Staatsgeschäfte gewesen, so waren es später die verschneiten Wege ... Es half nichts mehr; um der Form zu genügen, mußte der Besuch stattfinden! Wilhelmine war von vornherein davon überzeugt, daß es schreckliche Tage würden – und fand ihre Befürchtungen bestätigt: »Ich bin sehr froh, wieder auf meinem Düngerhaufen zu sitzen«, schrieb sie am 6. Mai von Bayreuth aus an ihren Bruder, »und einen Ort verlassen zu haben, wo man nur feierlich spricht, schläft und ißt. Ich war aufs höchste überrascht, den Herzog völlig verändert zu finden. Weder der Markgraf noch ich haben Anlaß, damit zufrieden zu sein; denn er hat nicht die mindeste Rücksicht noch Achtung für uns gehabt. Seine Laune ist unerträglich und wechselt in einem Augenblick dreißigmal. Sein Hochmut geht so weit, daß er sich seinem ganzen Hof verhaßt und lächerlich macht. Das Land verabscheut ihn. Er ist toll verliebt in meine Tochter und mißhandelt sie. Kein Tag vergeht, wo er ihr durch seine Brutalität und seinen Jähzorn nicht brennenden Kummer macht.« Obwohl es in Wilhelmine innerlich gebebt haben muß, behielten sie und ihr Mann die Contenance: »Als verständige Leute haben wir unsere Unzufriedenheit nicht gezeigt.« Denn das hätte eine Verstimmung zwischen den beiden Höfen zur Folge gehabt, die es zu vermeiden galt – auch wenn Elisabeth Friederike dafür den Preis bezahlen mußte.

Daß Karl Eugen seine Frau, wie Wilhelmine säuerlich angemerkt hatte, vielleicht etwas zu heftig begehrte, fand der preußische König keineswegs zu kritisieren: Als jungverheiratete Frau werde Elisabeth Friederike darüber nicht unglücklich sein … Vielleicht werde das Gefühl hinzukommen, wenn die Leidenschaft erst einmal abgekühlt sei. Viel interessanter als diese zur Schau gestellte Männlichkeit Friedrichs ist dessen sonstige Reaktion auf die Beschreibungen Wilhelmines: »Ich glaube, den württembergischen Hof zu sehen; so gut schilderst Du ihn mir. Er ist wohl wie alle kleinen deutschen Höfe, an denen Langeweile und Zeremoniell zum Zeittotschlagen dienen.« War Friedrich bewußt, wie diese Zeilen auf seine Schwester gewirkt haben müssen? Immerhin war die Markgrafschaft Bayreuth noch kleiner als das Herzogtum Württemberg. Zwar wußte die Schwester um des Bruders Verachtung für die kleinen Potentaten, doch mußte er es ihr so deutlich aufs Butterbrot schmieren? Wilhelmine trug auch diesen Schlag mit der antrainierten Würde und ließ sich nichts anmerken. Auf keinen Fall wollte sie die Liebe ihres Bruders durch einen unachtsamen Satz wieder verlieren.

Lieber schrieb sie ihm über einen Hexenprozeß im benachbarten Fürstbistum Würzburg, den sie in einem Brief an König Friedrich am 11. August 1749 als aufgeklärte Zeitgenossin nur mit Kopfschütteln und Sarkasmus kommentieren konnte: »Die Geschichten, die man darüber erzählt, sind spaßhaft und reine Ammenmärchen. Ich habe in ihrem Prozeß einen offenkundigen Widerspruch gefunden. Die Ärmste war über 80 Jahre alt und in ihrer Jugend nach allgemeinen Aussagen eher häßlich als schön gewesen. Das genügt meines Erachtens zu ihrer Rechtfertigung. Der Teufel hat guten Geschmack und stellt nur den hübschen Mädchen nach. Das haben die guten Priester nicht bedacht. Ich bin froh, nicht in ihre Klauen zu fallen, denn sie sind auf alte Frauen besonders erpicht. Auch ich werde eine alte Hexe, denn meine Tochter schickt sich an, mich zur Großmutter zu machen« – die heißblütige Leidenschaft des Herzogs hatte demnach rasch Früchte getragen.

Trotz dieser guten Nachricht und ihrer stabilen gesundheitlichen Verfassung bemächtigten sich Wilhelmine trübe Gedanken: Sie, die so viel Wert auf Freundschaft legte, hatte erkennen müssen, daß Freundschaft gerade in einer so herausgehobenen Position wie der ihren nur schwer zu erreichen war. Am Hof herrschten Eigensucht, Ränke und Ehrgeiz: »Man fühlt sich vereinsamt, und alle diese Vorstellungen zusammen versenken uns in eine Art Schwermut, gegen die unsere Vernunft nur mit Mühe ankämpft.« An wen mag sie dabei gedacht haben: Wilhelmine Dorothea von der Marwitz, Daniel de Superville, all die nach oben strebenden Beamten und Minister ihres Mannes? Oder an eine der wenigen Menschen, denen sie ihr Lebtag hatte vertrauen können und die vielleicht ihre einzige wirkliche Freundin gewesen war: ihre 1746 verstorbene Oberhofmeisterin Dorothea Henriette Louise von Sonsfeld, die sie schmerzlich vermißte? In ihrer Verbitterung über die Menschen wandte Wilhelmine ihre Liebe einem Begleiter auf vier Pfoten zu: dem Schoßhündchen Folichon. Sie ließ ihn einen Brief an Friedrichs

Lieblingshündin Biche schreiben, vermenschlichte das kleine Wesen und machte aus ihm den Freund, den sie unter den Menschen nicht mehr fand. Auch hier sind die Parallelen zum Bruder unübersehbar, für den vor allem in den letzten Lebensjahrzehnten seine Hunde die menschlichen Gefährten ersetzten. Als Friedrichs Biche starb und der König sich fragte, ob es angemessen oder eine Schwäche sei, so sehr um einen Hund zu trauern, antwortete ihm Wilhelmine: »Ist es verwunderlich, daß Du ein Tier liebtest (das vielleicht nur die Gestalt eines solchen hatte), das treu, dankbar und stets bereit war, Dich zu unterhalten und Dir alles von den Augen abzulesen? Solche Eigenschaften sind bei Menschen anbetungswürdig, aber so selten, daß man unter tausend kaum einen findet, der sie besitzt und ein wahrer Freund ist. Folichons Tod würde mir sehr großen Kummer bereiten. Er ist mir in meiner Einsamkeit ein treuer Gefährte ... Mir scheint, wenn man die Menschen kennenlernt, muß man sich von ihnen zurückziehen, und wir finden weit mehr Tugenden bei den sogenannten Tieren als bei den vernunftbegabten Wesen ... Es gibt keinen aufrichtigen treuen Freund. Der geringste Vorteil läßt alle Dankbarkeit und Freundschaft vergessen. Oft wird der, welcher der liebevollste scheint, zum unversöhnlichen Feind. Ich kann nicht verleugnen, daß das, was ich täglich erlebe, mir die Welt völlig verleidet.«

Eine Welt ohne Ränke und Intrigen

Schon zu Beginn ihrer Zeit als regierende Markgräfin hatte Wilhelmine zugegeben, vom Bauwurm besessen zu sein. Man mag sich gar nicht ausmalen, was sie alles geschaffen hätte, wenn das nötige Kleingeld vorhanden gewesen wäre. Dabei versuchte Wilhelmine, ihren Vorstellungen von einem erfüllten Leben bauliche Gestalt zu geben. Kaum war das

Opernhaus eingeweiht, ging sie daran, sich wieder ihrer geliebten Eremitage zuzuwenden. In diesem Zusammenhang ist auch ein Brief zu sehen, in dem Wilhelmine ihren Bruder am 29. August 1749 darum bat, ihr eine Zeichnung des »goldenen Saales« von Sanssouci zuzusenden. Als sie die Skizze wenig später erhielt, war sie begeistert: »Die Zeichnung ... habe ich so gefunden, wie Montperny ihn mir geschildert hatte – das heißt: vollendet. Wie oft habe ich mir gewünscht, dort zu sein!« Natürlich wollte sie dort sein wegen ihres Bruders, doch konnte sie sich ihm nicht zugleich nahe fühlen, wenn sie einen ähnlichen Raum in Bayreuth schuf?

Die Gelegenheit dazu nutzte die Markgräfin beim Bau des Neuen Schlosses der Eremitage, mit dem noch 1749 begonnen wurde. Im Mittelpunkt dieser von Saint-Pierre errichteten Anlage steht der Sonnentempel, dessen Ikonographie wieder ganz die Vorstellungen Wilhelmines wiedergibt. Das Innere des Sonnentempels jedoch kann die Nähe zum goldenen oder Marmorsaal von Sanssouci nicht verleugnen, wo Friedrichs berühmte Tafelrunden stattfanden, denen Wilhelmine in Bayreuth so gerne nacheifern wollte. Einzig wo in Potsdam das Sonnenlicht in der Mitte der Kuppel nach dem Vorbild des Pantheons in Rom direkt hereinstrahlen und den Raum erhellen kann, findet sich in Bayreuth ein aus zierlichem Rokokostuck gearbeitetes Sonnenrad. Beide Räume dienten zwar ganz »profan« als Speisesaal, doch sie waren zugleich viel mehr: Zentren der Harmonie, der Weisheit, des philosophischen Diskurses, aber auch der dank kluger Herrschaft geordneten Welt. Das zeigt sich im Sonnentempel Wilhelmines noch viel deutlicher als in Sanssouci, wenn man den Bau von außen betrachtet: Auf der Kuppel zieht der Sonnengott Apollo mit seinem Wagen durch die Welt, um ihr das Licht zu bringen. Zieht man die Interpretation noch etwas weiter, dann ist es – ein typisches Bild der Zeit – die kluge Regentschaft des Markgrafen, die sich in dieser Ikonographie selbst feiert, vielleicht aber auch eine Verherrlichung ihres mittlerweile wieder vergötterten Bruders. Dieser Sonnentempel wird flankiert von im Halbrund angeordneten Seitenflügeln, die zunächst als Orangerie gedacht waren, in denen aber 1751 bis 1753 Wohnräume für das markgräfliche Paar eingerichtet wurden. Leider wurden diese mit zierlichem Rokokostuck versehenen Räume bei einem Fliegerangriff 1945 zerstört und nur äußerlich wiederhergestellt. An die Seitenflügel schloß man auf beiden Seiten Volieren an und daran wiederum sogenannte Treillagen, ein hölzernes Gitterwerk, in dem an antiken Vorbildern orientierte Vasen aufgestellt wurden.

So entstand ein nahezu geschlossenes Oval mit einem großen Bassin in der Mitte oder, wenn man es ikonographisch deuten will: eine perfekte Welt im Kleinen, ein geordneter Mikrokosmos nach den Ideen Wilhelmines – das Gegenteil von dem, was die Markgräfin im Brief an ihren Bruder beklagt hatte: eine Welt ohne Eigennutz, Ränke und höfische Intrigen – und eine Welt, in der sie sich ihrem Bruder ganz nahe fühlen konnte.

Seit Wilhelmine wußte, daß sie Großmutter werden würde, stand fest, daß sie um eine weitere Reise nach Stuttgart nicht herumkommen würde. Zu allem Überfluß wurde der Geburtstermin auf Januar (1750) berechnet, so daß die Markgräfin die Reise im Winter antreten mußte. »Halb erfroren und stark erschöpft« erreichte sie die württembergische Residenzstadt; während der Fahrt hatte sie sich vorgestellt, sie reiste zu ihrem Bruder nach Berlin: »Diese holde Illusion half mir über alle Unbilden der Reise fort.« Immerhin war der Empfang in Stuttgart freundlicher als bei ihrem letzten Besuch, und Wilhelmine fand den Mann ihrer Tochter »sehr zu seinem Vorteil verändert, heiter und freundschaftlich gegen uns«. Zwar wollte die Markgräfin dem neuen Frieden nicht so recht trauen, dennoch half ihr die veränderte Stimmung bei Hofe, die lange Zeit des Wartens zu ertragen – der neue Erdenbürger hatte es nämlich alles andere denn eilig. Man vertrieb sich die Zeit mit Kostümfesten, die Wilhelmine ausgesprochen gut gefielen.

Am 19. Februar war es endlich soweit: »Soeben ist bei meiner Tochter ein kleines Wesen eingetroffen, über das man gewöhnlich die Nase rümpft, wenn es zur Welt kommt, und das später doch oft wie eine Gottheit angebetet wird. Du ahnst schon«, schrieb sie ihrem Bruder, »daß es das schöne Geschlecht ist, das diese verschiedenen Wirkungen hervorruft.« Wie bei Wilhelmines Geburt und dann wieder bei der Geburt ihrer eigenen Tochter hatte alles auf einen männlichen Erben gehofft ... Doch ein solcher stellte sich weder bei Wilhelmine noch bei Elisabeth Friederike ein. Die Prinzessin Friederike Wilhelmine Auguste Luise Charlotte blieb Wilhelmines einziges Enkelkind; das Mädchen starb, gerade ein Jahr alt, am 12. März 1751. Bereits wenige Tage nach der Geburt trat Wilhelmine die Heimreise nach Bayreuth an. Alles Sinnen Wilhelmines galt nun einem Besuch in Berlin. Zwar war ihre Gesundheit wieder einmal derart zerrüttet, daß sie in ihren eigenen Worten nur noch dazu taugte, »in einer Nische in Sanssouci als antike Statue« eine der alten Sibyllen zu verkörpern, doch ein weiterer Badaufenthalt brachte wenigstens vorübergehend Linderung, und Wilhelmines Wunsch, ihren Bruder wiederzusehen, war so groß, daß sie die Reise auch sterbenskrank angetreten hätte.

Am 7. August 1750 traf sie zusammen mit ihrem Mann in Berlin ein, wo sie sogleich einen schwärmerischen Brief an den König schrieb: »Endlich bin ich wieder in meiner geliebten Heimat und am Vorabend des Tages, an dem ich meinen geliebten Bruder wiedersehen soll. Meine Freude ist so überschwenglich, daß ich nicht mehr weiß, was ich tue ... Die Herrscher gelten für Ebenbilder Gottes auf Erden. Du allein, liebster Bruder, darfst diesen Titel mit Recht tragen, denn

Du vollbringst Wunder und schenkst den Sterblichen vollkommenes Glück. Dieser Vorteil wird auch mir zuteil. Deine Freundschaft ersetzt mir alles. Ich fühle und erkenne sie …« Auch wenn manches in diesem Brief der zeitgenössischen Übertreibung geschuldet ist, bleibt doch genügend Substanz übrig, um die neu entbrannte Liebe Wilhelmines glaubhaft zu dokumentieren. Es war eine Liebe, die auch wieder auf Gegenseitigkeit beruhte. Als Friedrich seine Schwester und deren Mann am 8. August 1750 willkommen hieß, bereitete er ihnen einen herzlichen Empfang. Die folgenden Wochen sollten die glücklichsten in Wilhelmines Leben werden. In Sanssouci traf sie wieder all die geistreichen Mitglieder von Friedrichs Tafelrunde: Maupertuis, d'Argens, La Mettrie, Algarotti und vor allem Voltaire, der sich seit dem 10. Juli 1750 wieder in Potsdam befand, ja als Kammerherr sogar offiziell in preußische Dienste getreten war.

Mit großer Neugier betrat Wilhelmine das neue Schloß ihres Bruders: Sanssouci! In Windeseile hatte es sein Baumeister Knobelsdorff 1747 nach einer eigenhändigen Skizze des Königs entworfen. Es sollte wirklich sein »Sorgenfrei« werden, in dem die Stunden vor allem der Muße und dem geistreichen Gespräch geschuldet waren. Daß er Wilhelmine dort empfing und an der – normalerweise Männern vorbehaltenen – Tafelrunde teilnehmen ließ, war schon eine Auszeichnung an sich. Friedrichs Ehefrau Elisabeth Christine hat das Schlößchen nie betreten. Sie hatte in Hohenschönhausen ihren eigenen kleinen Hofstaat. Im Briefwechsel der Geschwister wird Sanssouci bisweilen als »Abtei« bezeichnet und Wilhelmines Eremitage als »Kloster«, ein schönes Zeichen für die Aufeinanderbezogenheit der beiden Bauten und der parallelen Gedankenwelten von König und Markgräfin. Wie in einem Kloster wollten die Geschwister in ihren Schlössern Gleichgesinnte in einem besonderen Orden um sich scharen.

Es war Wilhelmines großer Traum, in Bayreuth eine ähnliche Tafelrunde um sich zu versammeln, wie sie ihr Bruder in Potsdam hatte. Nach Supervilles Abgang sah es damit schlecht aus. Voltaire, der selbst am preußischen Königshof bleiben wollte, bot seine Hilfe an. Doch es war selbst für ihn nicht so leicht, große Geister von den Vorzügen der fränkischen Provinz zu überzeugen. So konnte er Wilhelmines Herzenswunsch nach einer ränkefreien, gebildeten Gesellschafterin vorerst nicht erfüllen. Françoise de Graffigny, die mit Wilhelmines Kammerherr Carl Heinrich von Gleichen freundschaftlich verbunden war, wäre ihre erste Wahl gewesen. Die Verfasserin der vielgelesenen *Briefe einer Peruanerin* hatte in Cirey-sur-Blaise in der Champagne zum Kreis Voltaires gehört, während dieser dort mit seiner Geliebten Gabrielle Émilie Marquise du Châtelet zusammenlebte. In Paris unterhielt sie einen Salon, den Voltaire, Rousseau, Diderot und andere Geistesgrößen der Zeit besuchten. Doch Madame gab Voltaire einen Korb: »Um es kurz zu sagen«, schrieb er an Wilhelmine, »sie will Paris nicht verlassen, so wie ich Friedrich den Großen. Jedermann in dieser Welt wird nun einmal von seinen Neigungen regiert.« Wilhelmine war tief enttäuscht: »Solche Menschen gibt es, und man muß ihren Umgang entbehren. Das Bewußtsein, in einer Ecke [in der Bayreuther Provinz] zu verschimmeln, tut mehr weh, als man glaubt.« Immerhin vermittelte Voltaire der Markgräfin einen Schauspieler namens Heurtaud für ihr Bayreuther Theater, den er mit folgenden Worten anpries: »In der Tragödie entlockt er einem die Tränen, während man sich in der Komödie über ihn totlachen möchte.«

Das wichtigste Ergebnis von Voltaires Bemühungen war die Vermittlung des mit Denis Diderot und Jean Le Rond d'Alembert befreundeten Marquis d'Adhémar an den Bayreuther Hof, ein hochgebildeter Kavallerieoffizier mit philosophischen und schriftstellerischen Neigungen. In einem

Brief faßte der Philosoph die Gründe zusammen, die Adhémar für Bayreuth einnehmen sollten: »Im Militär ist hier [in Preußen] für ihn kein Platz ... Nach meiner Meinung könnte er während des Friedens nichts Besseres tun, als sich an den Hof von Bayreuth zu fesseln. Die meisten deutschen Höfe gleichen ... denen der alten Palatine ... Es sind alte Schlösser, und man sucht sich da angenehm zu unterhalten. Schöne Hofdamen sind da, elegante Kavaliere ... In Bayreuth ist auch italienische Oper und französisches Theater nebst einer schönen Bibliothek, von der die Fürstin einen vortrefflichen Gebrauch macht.« Adhémar ließ sich überzeugen und ging tatsächlich nach Bayreuth – allerdings erst 1752, nach scheinbar endlosem Hin und Her.

Wilhelmines Aufenthalt in Berlin beschränkte sich nicht auf philosophische Diskurse, Theaterabende, Konzerte und Opernbesuche. Friedrich der Große unternahm alles, um seine Schwester glücklich zu machen. Am 18. August gab es ein Feuerwerk und nur eine Woche später ein grandioses Fest, das er ihr zu Ehren in dem von 30 000 Laternen erhellten Berliner Lustgarten veranstaltete. Den Besuchern wurde ein farbenprächtiges Schauspiel geboten: Prächtig kostümierte Reiter stellten Römer, Karthager, Griechen und Perser dar. Auch die jüngeren Brüder Wilhelmines waren unter ihnen, während die ältere Schwester und der König von der Loge aus zusahen. Viel zu bald kam für Wilhelmine der Tag des Abschieds: Am 1. September brach der König zur Revue nach Schlesien auf, und Wilhelmine legte ihre Abreise auf den 5. September fest. Sie fühlte sich elend, »denn mein Herz ist nicht mehr mein, es ist bei Dir«. Berlin ohne Friedrich war für sie wie ein Leib ohne Seele. Voltaire versuchte die Markgräfin zu trösten und durch seine Geistesblitze abzulenken. Doch seine gute Laune steckte Wilhelmine nicht an. So brach sie zusammen mit ihrem Mann wie geplant nach Bayreuth auf. Schon nach wenigen Kilometern erkrankte Wilhelmine und blieb in Potsdam zurück, während ihr Gemahl die Reise fortsetzte. Als es Wilhelmine wieder ein wenig besser ging, besuchte sie ihre Mutter in Monbijou, mit der sie sich dieses Mal sogar glänzend verstand. Ebenso versuchten die jüngeren Geschwister, ihr Gesellschaft zu leisten. »Obwohl ich die Freuden der Freundschaft mit ihnen genieße, empfinde ich doch das Fernsein dessen, der mein ganzes Herz besitzt, und alle Reize des Lebens sind schal, wo er nicht ist.« Am 3. Dezember 1750 war Wilhelmine wieder zu Hause in Bayreuth.

»Gestern des Abends nach acht Uhr wurden wir durch eine in dem allhiesig Hochfürstlichen Residenz-Schlosse unvermutet ausgebrochene Feuersbrunst in das äußerste Schrecken gesetzt. Die Flamme wütete von ersagter Zeit bis in diesen Morgen mit solcher Heftigkeit, daß dadurch nicht allein der größte Teil gedachten Hochfürstlichen Schlosses bereits in die Asche geleget, sondern auch der Schloßkirchen-Turm von der gewaltigen Glut ergriffen.« So berichtete die *Bayreuther Zeitung* am 27. Januar 1753 ihren Lesern, die – wenn sie denn in der Residenzstadt lebten – das Ereignis sicherlich auch mit eigenen Augen gesehen haben. Wilhelmine lag, als das Feuer ausbrach, wieder einmal schwerkrank zu Bett, und mußte »aus den brennenden Balken« gerettet werden. »Ich habe meinen Hund, meine Juwelen und einige Briefe behalten. Ich weiß noch nicht, was ich besitze und was ich verloren habe«, berichtete sie aufgeregt ihrem Bruder. Die Nacht und die darauf folgenden Tage verbrachte sie im Haus Montpernys. Was Wilhelmine am meisten aus der Fassung brachte, war das offensichtliche Desinteresse, ja die Gleichgültigkeit der Bayreuther Bevölkerung: »Am schmerzlichsten«, gesteht sie dem Bruder, »war uns der böse Wille der hiesigen Leute, die gar nicht helfen wollten, sich versteckten oder fortliefen, um nicht arbeiten zu müssen. Nur das Militär, der Hof und die Fremden haben das wenige, was uns geblieben ist, gerettet.« Beliebtheit bei der Bevölkerung war kein Kriterium, an dem sich Wilhelmine jemals orientiert hatte. Mit einer solchen Ablehnung, wie sie sich in der Haltung der Menschen beim Brand des Schlosses aus ihrer Sicht manifestierte, hatte sie aber nicht gerechnet.

Wie oft bei großen Bränden brodelte in den Wochen danach zwar nicht mehr die Glut, dafür aber um so mehr die Gerüchteküche. Der Markgraf selbst habe den Brand wenigstens fahrlässig, wenn nicht vorsätzlich verursacht, weil er einen brennenden Wachsstock auf einem lackierten Wandtisch vergessen habe. Zudem habe er, als ihn die Schildwachen auf den Brandgeruch aufmerksam gemacht hätten, nur zögernd den Schlüssel zu diesem Raum herausgegeben. Und als man endlich mit den Löscharbeiten begonnen habe, sei des Markgrafen Baumeister Saint-Pierre dazwischengefahren und habe die Menschen – »bei Zuchthausstrafe« – davon abgehalten, »weil er Lust hatte, ein neues Schloß zu bauen«.

Gestützt wurden diese Gerüchte durch einige Fakten: Zwischen dem Hofgarten und der Stadt lag die einstige Reit- und Rennbahn, die von Saint-Pierre nach 1744 bereits in einen repräsentativen Platz mit palaisartigen Bauten umgestaltet worden war. 1747 begann der Markgraf damit, einige der dort entstandenen Häuser aufzukaufen. Der Reformierten Gemeinde, die mit dem Bau einer neuen Kirche begonnen hatte, wurde der Weiterbau schon vor dem Brand – im Herbst 1752 – untersagt und ein neuer Platz angeboten ... Und bereits 1748 war der große Markgrafenbrunnen vom Ehrenhof der alten Residenz auf den neu entstandenen Platz an der Rennbahn versetzt worden. Was für einen Sinn hätten alle diese Aktionen gehabt, wenn dort nicht schon sehr viel früher an den Neubau eines Residenzschlosses gedacht worden wäre? Das aber muß keineswegs heißen, daß der Markgraf den Brand zu diesem Zweck inszeniert hat. Er hätte in diesem Fall kaum sich selbst und seine Frau in Gefahr gebracht, wie es aber tatsächlich der Fall gewesen war. Auch klingt die Erregung Wilhelmines über das Ereignis in den Briefen an ihren Bruder nicht aufgesetzt, sondern echt, geschrieben unter dem unmittelbaren Eindruck einer gerade noch überstandenen großen Gefahr. Der Brand mag also wie so oft in dieser Zeit durch eine – von wem auch immer – unachtsam stehengelassene Kerze entzündet worden sein, und er bot dem Markgrafen die Gelegenheit, einen bereits gehegten Plan rasch in die Tat umsetzen zu können. Daß dabei nicht bei Null begonnen werden mußte, zeigt sich schon daran, daß Saint-Pierre noch im Februar 1753 einen Kostenvoranschlag für den Neubau auf den Tisch legen konnte. Natürlich könnte man auch daran wieder gewisse Gerüchte klammern ...

Bleibt der Vorwurf Wilhelmines über die mangelnde Unterstützung aus der Stadt. Wenn Wilhelmines Eindrücke den Tatsachen entsprechen, dann kann hinter diesem passiven Widerstand nur der Unmut über die steigenden Abgaben und Kosten des Hofes vermutet werden. Doch war es vielleicht nicht eher so, daß die Höflinge und Fremden vor Ort waren und damit schneller am Brandherd? Konnte mit den unzulänglichen Mitteln der Zeit ein solcher Brand überhaupt gelöscht werden? Wohl kaum, zumal eisige Kälte alle Maßnahmen zusätzlich erschwerte. Vielleicht haben es manche dabei ein wenig an Begeisterung und Einsatz fehlen lassen. Doch so rational konnte und wollte es Wilhelmine nicht sehen; bei ihr blieb Verbitterung zurück, die sich in einem weiteren Rückzug in die Intimität, einem weiteren Abschotten von den Menschen bemerkbar machte, in die Welt ihrer Bücher und ihrer Musik. Um so beglückter war Wilhelmine darüber, daß ihre Bibliothek »wie durch ein Wunder« aus dem brennenden Schloß hatte gerettet werden können. »Alles ist ohne Körbe und Kisten geborgen worden, nur mit den Händen. Auch meine sehr zahlreichen, größtenteils nicht gebundenen Noten sind gerettet, ohne daß ein Blättchen fehlte. Um diese Dinge war ich am meisten in Sorge. Ich bin zufrieden, nur das verloren zu haben, was zum Prunk und Dünkel diente ...«

Doch wie sollte es weitergehen? Schon am 4. Februar 1753 schrieb Wilhelmine darüber ihrem Bruder: »Der Markgraf ist sehr beschäftigt mit Anordnungen. Das Land wird zum Bau eines neuen Schlosses beitragen.« Und zwei Wochen darauf: »Wir müssen nun entweder die Untertanen bedrükken oder das Land durch Verpfändung von Gütern zugrunde richten, und selbst das wäre aus Kreditmangel nicht möglich. Oder wir müssen in unserer jetzigen kläglichen Lage bleiben.« Wenn da nicht der Bruder wäre: Geschenke aus dem wie zu des »Soldatenkönigs« Zeiten unantastbaren preußischen Staatsschatz wollte sie von diesem zwar nicht, aber: »Als einzige Gnade bitte ich, daß Du in eine Anleihe willigst.« Friedrich hatte gegen einen solchen Kredit unter Verwandten nichts einzuwenden, stellte aber klar, daß aus seiner Sicht kein Neubau notwendig sei. Es stünden noch viele Mauern, und so sei eine Wiederherrichtung des Gebäudes mit 40000 bis 50000 Talern zu schaffen. »Für weitere 60000 Taler könntet Ihr es wieder einrichten.« Daran dachte in Bayreuth längst niemand mehr. Wilhelmine hatte sich im alten Residenzschloß niemals wohl gefühlt, notwendige Arbeiten waren aufgrund des Geldmangels oft hinausgeschoben worden, zu durchgreifenden Sanierungen hatte es nie gereicht. Schon um 1750 hatte das Hofbauamt festgestellt, daß das Gebäude so viele Mängel habe, »daß dessen Niederreiß- und Wiederbauung inevitable sey«. Nun lag dem Hofbauamt mit Saint-Pierre natürlich selbst an einem Neubau, so daß dieses Urteil nicht ganz vorurteilsfrei gewesen sein dürfte; dennoch gibt es die Stimmung gut wieder: Es mußte ein Neubau sein, und dieser sollte am Platz der einstigen Rennbahn stehen. Das markgräfliche Paar war Ende

Februar bereits dorthin umgezogen, zunächst gemeinsam in das sogenannte von Meyernsche Palais.

Ihrem Bruder gestand Wilhelmine am 6. März, daß die Entscheidung über einen Neubau an anderer Stelle gefallen war. Allerdings machte sie dies wieder einmal äußerst geschickt. So verwies sie zuerst noch einmal auf die verheerenden Schäden, um dann zur Sache zu kommen: »Der Markgraf hat ein Haus für mich gekauft, ähnlich demjenigen, in dem ich jetzt wohne. Die Reformierte Kirche, die erst halb fertig ist, liegt dazwischen ... Diese Kirche liefert uns einen Saal und zwei große Zimmer, die die Verbindung zwischen meinem Hause und dem des Markgrafen herstellen.«

Damit war der Weg vorgezeichnet: Das Schloß entstand nicht als gänzlicher Neubau, sondern durch ein Zusammenfügen, Ergänzen und Umbauen bereits vorhandener Gebäude beziehungsweise Gebäudeteile. Daß Saint-Pierre daraus ein in seiner äußeren Gestaltung zwar eher einfaches, aber doch relativ harmonisch wirkendes Ganzes schuf, ist einerseits ein Beleg für seine architektonischen Fertigkeiten, könnte andererseits aber auch ein Hinweis darauf sein, daß die Gebäude von Anfang an mit der Absicht hochgezogen worden waren, später zu einem solchen Gesamtkomplex vereinigt zu werden. Das wäre aber schon sehr viel der vorausschauenden Planung und zugleich der bewußten Täuschung gewesen. Insgesamt waren es jedenfalls vier größere Häuser und die Reformierte Kirche, die die Basis für den Bau des Neuen Schlosses lieferten. Bereits im November 1754 waren die Arbeiten am Nordflügel, den die Markgräfin bewohnte, dem Südflügel des Markgrafen und dem Mittelbau, der ehemaligen Kirche, im Rohbau weitgehend abgeschlossen. Was heute daran noch angefügt ist, sind spätere Zutaten, zum Teil nach dem Tod Wilhelmines. Die Bauleitung hatte seit dem Tod Saint-Pierres 1756 der erst 25jährige Bauinspektor Carl Gontard, dem noch eine große Karriere, bis 1764 in Bayreuth und danach in Berlin, bevorstehen sollte.

Interessanter als der Außenbau des Schlosses sind seine Innenräume und darin vor allem jene Wilhelmines. Die Markgräfin hat ihrem Bruder darüber geschrieben: »Ich habe mir das Vergnügen gemacht, den Plan meines Palastes selbst zu entwerfen; er ist zwar puppenhaft, wird aber ganz bequem werden.« Tatsächlich gehen wohl die Anordnung und Ausstattung der Räume im ersten Obergeschoß des Nordflügels auf Wilhelmine selbst zurück. In einem der Vorzimmer ließ sie das Zedernholz einbauen, das ihr der Bruder ursprünglich für die Eremitage geliefert hatte, die vier sehr kleinen Räume daneben bildeten ihre eigentliche Wohnung. Die im Barock übliche Schauwirkung auch in privaten Räumen hielt Wilhelmine nicht mehr für notwendig, dafür genügten ihr die Vorzimmer. Diese Räume hier aber waren ihr Refugium und kein Ort höfischer Inszenierung. Insofern sind sie der gebaute Beleg für die immer weitere Hinwendung Wilhelmines in den privaten Raum und die Abwendung vom Hof und seinen Zwängen. Ein aus zahllosen Spiegelscherben gestaltetes Kabinett erinnerte Wilhelmine an die vielen Brüche ihres Lebens. Die Decke dieses Kabinetts bevölkern phantastische Meereswesen – inklusive einer Tee trinkenden chinesischen Göttin, die wohl Wilhelmine selbst darstellen soll. Den Versuch, die Natur in das Schloß zu holen, belegen auch zwei weitere Räume, in denen Meerestiere und Muscheln eine Grotte suggerieren beziehungsweise Blätter und Rankenwerk den Eindruck eines luftigen Parks vermitteln. Größer als die intimen Räume der markgräflichen Wohnung ist das Musikzimmer, mußte es doch Raum geben für die abendlichen musikalischen Aufführungen. Hatte Wilhelmine im Musikzimmer der Eremitage noch die Bilder von Freunden und Freundinnen als Zeichen ihres Kultes um die Freundschaft aufgehängt, so ließ sie hier mit Ausnahme Voltaires Schauspieler und Musiker auf die Leinwand bannen.

Doch: Woher kam eigentlich das Geld für den Bau? Da war zunächst die Anleihe beim preußischen König, für deren Gewährung ihm Wilhelmine in überschwenglichen Worten dankte, deren Auszahlung sich aber lange hinzog. Darüber hinaus wurde eine von Montperny ersonnene Kopfsteuer eingeführt, um die fehlenden Mittel bereitstellen zu können. Zwar wurde diese nach einem Jahr wieder erlassen – doch nur, um von einer Erhöhung der Biersteuer abgelöst zu werden ... Diese Maßnahmen führten zu einer Verschlechterung der Stimmung im Land und zu weiteren Vorbehalten gegenüber den Ausgaben des markgräflichen Paares. Die Lust, fürstliche Brände zu löschen, dürfte dadurch jedenfalls nicht gesteigert worden sein ... Zumal das fürstliche Paar sich selbst nicht einzuschränken gedachte und den Geburtstag des Markgrafen wie gewohnt mit einem prachtvollen Fest feierte, verbunden mit der Aufführung einer neuen Oper: Wilhelmine selbst hatte dazu Voltaires Tragödie *Semiramis* in ein Libretto umgearbeitet. Wenn sie in dem der Tragödie angehängten versöhnlichen Schluß die bekannte Sonnensymbolik wiederverwendete und das Volk über seinen geliebten König jubeln ließ, dann ist diese Gleichsetzung nicht real zu sehen, sondern als idealisierte Darstellung aufgeklärter Herrschaft.

Unabhängig von solcher Sozialkritik, die Wilhelmine kaum verstanden hätte, da herrschaftliche Bauten und großartige Feste unverzichtbarer Teil des fürstlichen Selbstverständnisses waren, bleibt die innovative Leistung der Markgräfin für die Weiterentwicklung der Oper: weg von einem reinen Singspiel, hin zu einem Gesamterlebnis aus Musik, Gesang, Ballett und mitreißenden technischen Effekten. Mit dem Ergebnis der ersten Aufführung der *Semiramis* war Wilhelmine übrigens genau aus diesem Grund unzufrieden gewesen: »Nach dem Verlust der Garderobe und hundert anderen Mißgeschicken, die eine frühere Aufführung verhindert haben, ist sie auch noch mißlungen. Alle Maschinen haben versagt. Das Durcheinander war schrecklich, trotz aller meiner Anordnungen ...« Immerhin: »Die Darsteller haben göttlich gespielt und gesungen ...«

Die Oper war der eine feste Bestandteil der markgräflichen Geburtstage, scheinbar ungezwungene ländliche Kostümfeste mit der typisch barocken Freude an Verkleidung und Rollenspiel der andere. 1753 fand das Fest in Sankt Georgen statt, der gesamte Hof erschien dazu »im türkischen Kostüm verkleidet. Als Sultan der Markgraf, die Markgräfin von Schleswig als Sultanin, die bayreuthsche Fürstin trat als Favoritin auf, der Markgraf von Schleswig stellte den Großwesir, der dicke Graf L. den Mufti vor etc. Beinahe das ganze Infanterie-Regiment wurde als Janitscharen und Sklaven gebraucht, letztere waren mit blechernen Ketten behangen.« Auf der Insel, inmitten des Brandenburger Weihers, »brannte man eines der größten, auch brillantesten Feuerwerke ab, das Bayreuth je gesehen«, Wilhelmine wurde »in einem kleinen, niedrigen, mit Blumenkränzen behängten Wagen und einer Zither in der Hand von verkleideten Sklaven herumgezogen«.

Der Brand und der in dessen Folge geplante Neubau hatten Wilhelmines Gesundheit wieder einmal sehr zugesetzt. Trotzdem wollte sie es Ende September 1753 auf keinen Fall versäumen, eine Einladung ihres Bruders anzunehmen und nach Berlin zu reisen: »Ich sterbe vor Freude, wenn ich daran denke«, jubilierte sie in echter Vorfreude. Am 4. Oktober traf die Markgräfin in Berlin ein. Welchen Eindruck sie damals auf einen Beobachter gemacht hat, zeigt ein Auszug aus dem Tagebuch des Reichsgrafen von Lehndorff, der über eine Begegnung mit ihr schrieb: »Die Markgräfin sehe ich um zwölf Uhr. Ich finde sie mit viel aufgelegtem Weiß und Rot, viel Steinen und sehr geputzt, ihrem Aussehen nach eine Person von 26 Jahren [tatsächlich war sie damals 44!]. Trotzdem behauptet sie, sie sei sehr krank. Es ist eine ganz eigen beanlagte Prinzessin. Ich glaube, daß sie auf einem Throne eine berühmte Frau geworden sein würde, ihr ganzes Denken wäre auf das Große, auf eine tüchtige Wirksamkeit gerichtet gewesen, während sie jetzt nichts Großes findet, womit sie sich beschäftigen könnte. Sie gibt sich einer Pracht hin, die für ihr Land zu groß ist und es ruiniert. Sie liebt das Außerordentliche, und damit ist alles gesagt.« Nach einer weiteren Begegnung mit Wilhelmine lobte Lehndorff zwar ihre Freigebigkeit und Gönnerhaftigkeit gegenüber Gelehrten, auch behandle sie ihre Diener gut, »aber sie spielt gern die Witzige, dünkt sich erhaben über die übrige Menschheit und beweist nur gegen ihre Familie wirkliche Achtung; so ist sie immer bereit, dem König Altäre zu errichten.« Nun war Graf Lehndorff als Kammerherr der ungeliebten und abseits gehaltenen Königin Elisabeth Christine gegenüber der Markgräfin nicht unbefangen, und doch ist es ihm gelungen, ihr Wesen und ihr Dilemma in wenigen Sätzen treffend zu charakterisieren.

Die Wochen an der Seite des Bruders wirkten wieder wie ein Jungbrunnen auf Wilhelmine, doch fehlte ein Mann, der Sanssouci erst zu dem gemacht hatte, was es auch für sie war: Voltaire! Der Dichter war im März 1753 im Unfrieden von Friedrich geschieden, der ihn am 1. Juni in Frankfurt am Main sogar noch hatte verhaften lassen, um die Herausgabe seines Pour-le-Mérite, seines Kammerherrenschlüssels und einer Ausgabe von Friedrichs Gedichten zu erzwingen. Friedrich hatte zunächst gehofft, Voltaire würde über Bayreuth reisen, und er hätte dort leichter Zugriff auf den »Erzlumpen« und »schlimmsten Halunken der Welt« als in der Freien Reichsstadt Frankfurt. Wilhelmine wäre dies überaus peinlich gewesen, denn anders als ihr Bruder ließ sie Voltaire niemals fallen. Doch zum Glück für Wilhelmine nahm Voltaire den Weg über Frankfurt, der ihm dann zum Verhängnis wurde, da die Verantwortlichen der Freien Reichsstadt die Agenten des Preußenkönigs schalten und walten ließen.

Wilhelmine hatte schon während des ganzen Streites versucht, die Wogen zu glätten. Voltaire, so schrieb sie im Frühjahr an Friedrich, denke keineswegs schlecht über ihn, im Gegenteil: »Er nennt Dich mit Recht einen großen Mann. Nur klagt er über Deine Vorliebe für Maupertuis und Deine Voreingenommenheit gegen ihn selbst.« Friedrich wollte sich jedoch selbst von seiner Schwester nicht beruhigen lassen: »Es ist ein Jammer, daß die große Begabung dieses Mannes durch die schwärzeste und treuloseste Seele getrübt wird, die seinen Geist verbittert und verdirbt.«

Aus seinem zum Gefängnis umfunktionierten Hotelzimmer heraus wandte sich Voltaire an Wilhelmine mit der Bitte, zwischen ihm und dem erbosten König zu vermitteln. Die Markgräfin verweigerte sich nicht, und wieder einmal zeigte sich ihre ganze Kunst, dem Bruder in einem Brief im ersten Satz zu schmeicheln, um im nächsten um so eher an seine Güte appellieren zu können. So gab sie Friedrich zwar recht und bezeichnete Voltaire als »den unwürdigsten und elendesten Menschen, wenn er es in Wort und Schrift an Ehrerbietung gegen Dich hat fehlen lassen«, doch müsse der Bruder bedenken: »Ein lebhafter, galliger Mensch wie er häuft Torheit auf Torheit, wenn er erst einmal damit angefangen hat. Dennoch flößen mir sein Alter, seine Gebrechlichkeit und sein durch diese Katastrophe befleckter Ruf etwas Mitleid mit ihm ein.« Voltaire sei nun einmal verzweifelt gewesen, und da mache man schon einmal Fehler. Sicher nicht nur aufgrund der Intervention der Schwester, aber vielleicht beschleunigt durch deren Bitte, ordnete Friedrich an, den Philosophen freizulassen. Auch in der Folge setzte Voltaire seine Hoffnung auf Wilhelmine: »Das Unglück ist nun einmal geschehen«, schrieb er ihr nach seiner Freilassung. »Ist es aber nicht wiedergutzumachen? Wird die Philosophie des Königs, Ihre Humanität, werden Ihre Ratschläge und Bitten nichts ausrichten?« Voltaire wollte nicht nach Preußen zurückkehren; er wollte nach Versailles, doch wußte er, daß er am dortigen Hof – dem Verbündeten Preußens – erst dann wieder in Gnaden aufgenommen werden würde, wenn Friedrich seinen Groll gegen ihn aufgab. Dabei sollte ihm Wilhelmine während ihres Besuchs in Berlin helfen.

Hintergrund der ganzen Affäre war der von Wilhelmine angedeutete Streit zwischen Voltaire und Pierre Louis Moreau de Maupertuis gewesen, dem Präsidenten der Akademie der Wissenschaften in Berlin, auf dessen Details an dieser Stelle nicht eingegangen werden kann, doch um diese und all die anderen Nickligkeiten geht es auch gar nicht: Voltaire war selbst für einen Monarchen wie Friedrich den Großen zu freimütig und sein Charakter nicht so angenehm, daß die Zahl seiner Feinde sich in überschaubaren Grenzen gehalten hätte. Schon 1750/51 hatte Voltaire durch einen in die Öffentlichkeit gezerrten Prozeß mit einem jüdischen Makler viel von seinem Nimbus verloren und galt allgemein als geiziger Streithansel. Daß Wilhelmine anders als ihr Bruder nie mit Voltaire gebrochen hat, lag vielleicht zum einen daran, daß sie nie längere Zeit persönlich mit ihm zu tun gehabt hatte, vor allem aber stand sie in einem ganz anderen Verhältnis zu ihm: Boshaft hatte Friedrich den Philosophen einmal als seinen »gelehrten Narren« bezeichnet, ein anderes Mal soll er offen zu einem Gegner Voltaires an seinem Hof gesagt haben: »Lassen Sie nur, ich brauche ihn höchstens noch ein Jahr. Man preßt die Orange aus und wirft die Schale weg.« Der Vollständigkeit halber sei hinzugefügt, daß auch Voltaire gegenüber Friedrich nicht gerade zimperlich war. Über ein Bündel Gedichte des Herrschers, das er sich anschauen und korrigieren sollte, sagte Voltaire: »Da schickt mir der König seine schmutzige Wäsche zum Waschen.« Für Friedrich stand Voltaire in einem Abhängigkeitsverhältnis von ihm – doch genau das konnte der Philosoph nicht akzeptieren. Friedrich verbot ihm, seine Schmähschrift über Maupertuis (die er im Manuskript gleichwohl höchst erheiternd fand) zu drucken – und Voltaire tat es dennoch. Der Philosoph widersetzte sich dem absoluten Herrscher!

Dieser Keim des Anstoßes fehlte im Verhältnis zwischen Voltaire und Wilhelmine, und so konnte sich deren weitgehend auf Briefe beschränkte Freundschaft harmonischer und ungestörter entwickeln, wenngleich die Markgräfin es nicht wagen konnte, in der Zeit der größten Verstimmung des Franzosen mit ihrem Bruder schon offen dessen Partei zu ergreifen. Auch tauschte sie in dieser Zeit keine direkten Briefe mehr mit Voltaire aus, sondern korrespondierte mit dem Philosophen fast fünf Jahre lang über Adhémar.

Doch zurück zum Besuch Wilhelmines in Berlin und Potsdam, wo sie sich mit dem von Voltaire so heftig verspotteten Maupertuis und dem Glanz ihres Bruders begnügen mußte, von dem bei ihren Besuchen immer auch ein wenig auf sie selbst abfiel – und in dem sie auch gerne zu baden bereit war. Mit schwerem Herzen verließ sie am 15. November 1753 die preußische Residenzstadt und kehrte heim nach Bayreuth, wo sie sich »mit der Einrichtung meines Hauses« (dem Neuen Schloß) ein wenig Ablenkung verschaffte. In Sachen Voltaire hatte Wilhelmine zwar nicht erreicht, daß der königliche Bruder ihn wieder in Gnaden aufnahm, immerhin aber hatte sich dessen Zorn so weit gelegt, daß er es Wilhelmine selbst überließ, ob sie den Philosophen bei sich aufnehmen wollte oder nicht: »Allein, raten würde ich ihr niemals dazu, da dieser Mensch einen häßlichen und infamen Charakter hat.« Doch zu einem weiteren Aufenthalt Voltaires kam es nicht.

Einer der wenigen Vertrauten, die Wilhelmine in Bayreuth hatte, war Montperny. Um so schlimmer traf es die Markgräfin, als dieser während einer Reise nach Paris im Sommer 1754 schwer erkrankte und starb: »Ich kann nicht leugnen, daß dieser Verlust mir nahegeht. Er war ein rechtschaffener Mann und mir treu ergeben ... Ich suche mich nach Möglichkeit abzulenken und meine Gedanken auf andere Dinge zu richten.« Ihr Bruder riet, sich nicht über den Verlust von Freunden zu grämen, »zu denen wir uns bald wieder gesellen werden. Man muß die Welt als ein wechselndes Schauspiel betrachten, als Zauberlaterne, die uns immerfort neue Bilder zeigt und sie immerfort verschwinden läßt, bis auch unsere Stunde schlägt und wir den Nachgeborenen Platz machen.«

Als wäre die Trauer um Montperny und die eigene schwache Gesundheit nicht schon genug, drohte wieder Ärger von anderer Stelle: »Um das Unglück voll zu machen, höre ich soeben, daß in Stuttgart der Teufel los ist.« Diese Nachricht erhielt die Markgräfin am 10. August 1754. Herzog Karl Eugen und Elisabeth Friederike waren gerade erst von einer längeren Italienreise zurückgekehrt. Eigentlich sollte das Paar während der Reise wieder zueinander finden. Das klappte zwar auch, doch kaum wieder in Stuttgart, fingen die Probleme von neuem an. Friederike neigte nach dem Tod ihrer Tochter dazu, sich in sich selbst zurückzuziehen, Karl Eugen suchte Trost in wechselnden Verhältnissen, die heiße Leidenschaft zu seiner Gemahlin kühlte immer mehr ab. Elisabeth Friederike war nicht bereit, sich mit den Mätressen ihres Mannes abzufinden, zudem fühlte sie sich am württembergischen Hof einsam und ungeliebt. Sie entschloß sich zu einem in dieser Zeit spektakulären Schritt: Sie packte ihre Siebensachen und ging zurück nach Bayreuth, wo ihre verdutzten Eltern zunächst einmal tief schlucken mußten. Karl Eugen war klar, welchen Skandal und welches Gelächter dadurch ausgelöst werden konnte: Dem württembergischen Herzog lief die Frau davon! Schnell entschlossen, reiste er ihr nach und versuchte sie dazu zu bewegen, mit ihm nach Stuttgart zurückzukommen. Elisabeth Friederike weigerte sich. Wilhelmine hatte für die Leiden ihrer Tochter zwar Verständnis, wußte aber aus eigener Erfahrung nur zu gut, daß man selbst in solchen Fällen die Contenance zu bewahren und still zu dulden hatte. Dazu war sie als königliche Prinzessin erzogen worden. Sie redete ihrer Tochter gut zu, bis diese schließlich im September einwilligte und es mit ihrem Mann noch einmal versuchen wollte. Doch der Vulkan war noch längst nicht erloschen, sein nächster Ausbruch nur eine Frage der Zeit.

Nach Italien, nach Italien

Dem Markgrafenpaar fiel ein Stein vom Herzen, als die Tochter zurück gen Stuttgart gereist war. Wilhelmine und Friedrich wollten endlich die Reise in den Süden verwirklichen, die sie 1739 schon hatten unternehmen wollen, aber wegen der Erkrankung des Markgrafen bereits in Erlangen hatten abbrechen müssen. Da die Inneneinrichtung des Neuen Schlosses noch nicht abgeschlossen war und es daher an einer den Ansprüchen des Paares genügenden Behausung für den Winter fehlte, bot sich die Flucht in wärmere Gefilde an. Wie schon 1739 hoffte der Markgraf zudem, das mildere Klima würde Wilhelmine guttun.

Um ja auf Nummer Sicher zu gehen, fragte die Markgräfin aber zunächst bei ihrem königlichen Bruder an, ob dieser die Reise goutieren würde: »Der Markgraf«, schrieb ihm seine Schwester, »beunruhigt sich darüber, daß alle Kuren … meine Leiden nur für ein paar Wochen gemildert haben, ohne sie auszurotten. Aus Freundschaft für mich hat er den Gedanken gefaßt, mit mir nach Montpellier zu gehen;

vielleicht daß die Luftveränderung mir mehr hilft als die Brunnenkuren und Arzneien. Seine Absicht ist, wir reisen inkognito, um Kosten zu sparen, und brechen im nächsten Monat auf, um Montpellier vor Eintritt der großen Kälte zu erreichen. Wir haben jedoch noch keinen festen Entschluß gefaßt, ehe wir nicht wissen, ob Du diesen Plan billigst.« Es ist interessant, daß Wilhelmine hier nur von ein paar Wochen in Montpellier gesprochen hat, obwohl längst feststand, daß die Reise weiter nach Italien führen sollte. Wahrscheinlich hatte sie Angst, der Bruder würde angesichts der zu erwartenden Kosten ablehnen. Doch so wie Wilhelmine ihre Bitte angebracht hatte, konnte der König gar nicht anders als zustimmen, ja er gab sich gar »entzückt von dem Gedanken des Markgrafen, mit Dir den Winter in Montpellier zu verbringen«. Weniger entzückt waren die Landeskinder Wilhelmines, denn die Reise konnte das markgräfliche Paar nicht mit seinem guten Namen bezahlen. So ersann der alte Finanzjongleur Ellrodt eine neuerliche Kopfsteuer …

Am 10. Oktober brachen Friedrich und Wilhelmine auf. Mit Hinweis auf das Inkognito konnte das markgräfliche Paar auf große Einladungen verzichten und mußte zugleich keine zeremoniellen Rangfragen fürchten. Der Finanzbedarf für die Reise war aber allein schon wegen dieser Begleitung immens. Zuallererst war die Reise für Wilhelmine eine Bildungsreise auf den Spuren der klassischen Antike. Die Begeisterung, die ihr Veyssière de La Croze schon als Kind für diese Zeit eingeimpft hatte, wollte sie endlich durch eigenen Augenschein antiker Zeugnisse ergänzen und möglichst selbst klassische Kunst zur Ausstattung ihrer Schlösser erwerben. Das im Briefwechsel mit ihrem Bruder dokumentierte Interesse Wilhelmines etwa an den Ausgrabungen von Pompeji und Herculaneum und die in ihrer Bibliothek gesammelten antiken Werke belegen aber eine weit über das fürstliche Normalmaß hinausgehende Beschäftigung mit dem Thema.

Es war mehr als Schmeichelei, wenn der berühmte Archäologe Johann Joachim Winckelmann die Markgräfin in einem Brief als »Dottoressa di Bareit« bezeichnete.

Den ersten längeren Aufenthalt in Frankreich nahmen Wilhelmine und Friedrich in Lyon, das sie am 30. Oktober 1754 erreichten und wo sie bis zum 21. November blieben. Obwohl inkognito, wußte natürlich jeder, wer da gerade angekommen war: die Schwester des preußischen Königs! Entsprechend gaben sich die Besucher die Türklinke in die Hand: der Erzbischof von Lyon, der Marschall Herzog von Belle-Isle und die ganzen Honoratioren der Stadt. In Frankreich wurde das Hohelied vom Ruhm Friedrichs des Großen gesungen, was Wilhelmine sichtlich genoß: »Überall, wo ich hinkomme, werde ich wie das Rhinozeros angestaunt. Mehrmals war ich nahe daran, von den Neugierigen, die die Schwester des Königs von Preußen sehen wollten, in Stücke gerissen zu werden. Man mietet Fenster, um mich aus dem Wagen steigen zu sehen, und ruft mir zu: ›Wir lieben den König von Preußen und alles, was ihm gehört.‹«

Die nächste Station auf der Reise war Avignon, doch für den Weg dorthin nahm sich die Markgräfin viel Zeit, »denn wir wollen uns in Vienne, Valence und Nîmes aufhalten, wo die schönsten antiken Denkmäler sind«. Dabei erregte besonders der Pont du Gard, einer der besterhaltenen Aquädukte der römischen Zeit, Wilhelmines Bewunderung – was zeigt, daß ihr Interesse nicht nur schönen Statuen galt, sondern sie auch die Ingenieurskunst der Römer zu würdigen wußte. Leider spielte das Wetter in Avignon nicht mehr mit, und die ungewöhnliche Kälte im mediterranen Süden machte alle gesundheitlichen Fortschritte bald wieder zunichte. »Es ist, als hätte die Provence ihre Lage geändert und wäre nach Sibirien versetzt.« Doch Wilhelmine waren die Erlebnisse dieser Tour so wichtig, daß sie dafür jede Strapaze in Kauf nahm, auch um den Preis der völligen Erschöpfung.

Das galt sowohl für die Begegnungen mit interessanten Menschen wie für die Besichtigung der antiken Hinterlassenschaften.

Einen ihrer Gäste in Avignon fand Wilhelmine besonders bemerkenswert: den Mathematiker und Forschungsreisenden Charles Marie de La Condamine. Von ihm stammt die erste wissenschaftliche Karte des Amazonasgebiets; ebenso vermaß er weite Teile Perus und Ecuadors. Aufmerksam lauschte Wilhelmine den »fesselnden Einzelheiten«, die dieser »heitere, liebenswürdige und höchst gesellige Mann« ihr erzählte. »Er hat nur einen einzigen unangenehmen Fehler. Er ist taub, und man schreit sich im Gespräch mit ihm die Lunge aus.« Nicht alle Besucher waren so geistreich – und doch wollten alle von der preußischen Prinzessin empfangen werden: »Unser Haus«, klagte Wilhelmine, »wird nie leer, und wohl oder übel muß man offene Tafel halten, wenn man sie nicht kränken will.«

In der Hoffnung auf milderes Klima und in Vorfreude auf das eigentliche Ziel Italien reiste Wilhelmine mit dem Beginn des Frühjahrs in großer Gesellschaft nach Marseille. Vom ersten Augenblick an war sie von dieser Hafenstadt begeistert, »die schönste Stadt, die ich in diesem Königreich sah. Es ist ein Klein-Paris, so viele Menschen sieht man auf den Straßen … Man sieht Menschen aus allen Ländern; die fremdartigen Kleider bieten ein reizendes Bild.« Entlang der französischen Küste ging es zunächst auf dem Landweg weiter nach Antibes, wo die eher prüde Wilhelmine ausgerechnet bei dem für seine sexuellen Phantasien berühmtberüchtigten Marquis de Sade (der dem Sadismus seinen Namen gab) übernachtete. Doch schon am nächsten Morgen brach die Reisegesellschaft wieder auf, diesmal per Schiff. Aufgrund widriger Witterungsbedingungen mußte Wilhelmine einen ursprünglich nicht vorgesehenen Zwischenstopp in Monaco einlegen, den sie aber nicht bereute: Das Schloß der Grimaldis, das heute noch wie damals inmitten der auf einem Hügel gelegenen Altstadt über dem Meer thront, fand sie reizend; zum ersten Mal sah sie dort auch Palmen und Orangenbäume, die nicht in Kübeln, sondern in die Erde gepflanzt waren.

Am 15. April erreichten Wilhelmine und ihr Mann San Remo, das damals zur Republik Genua gehörte. Die Stadt hatte ihre besten Tage zwar schon längst hinter sich, aber der dortige Adel verstand es noch immer, sich so affektiert und nobel zu verhalten, als sei Genua der Nabel der Welt. Erstmals auf dieser Reise wurde Wilhelmine hier mit zeremoniellen Problemen konfrontiert, als die Damen des Genueser Adels einen Sessel mit Armlehnen beanspruchten. Das sah die Markgräfin nun überhaupt nicht ein – und so unterhielt man sich stehend. Gleichwohl klingt die Beschreibung der Stadt, die Wilhelmine ihrem Bruder gab, begeistert: »Gestern sah ich den ganzen Adel. Dann fuhr ich durch die Stadt, die zwei herrliche Straßen hat. Man sieht dort die schönsten Paläste, deren Wirkung aber durch die Enge der Straßen geschmälert wird … Vom Hafen sieht man eine Seite der Stadt, die gleich einem Amphitheater auf einem Berge erbaut ist. Dieser Blick war unvergleichlich. Heute besuchte ich die Kirchen. Ich war überrascht von der Pracht, dem Geschmack und der Kunst, die in ihrem Inneren herrschen, äußerlich bieten sie nichts Besonderes …« Das ist eine Beschreibung, die der Genua-Besucher auch heute noch nachvollziehen kann. Der Brief zeigt zudem, daß Wilhelmine zwar bevorzugt auf antiken Spuren reiste, sich aber durchaus die Zeit nahm, Kirchen zu besichtigen und deren Schönheit zu würdigen.

Wie ein moderner Tourist steuerte Wilhelmine in Pisa, das sie am 24. April 1755 erreichte, zuerst den »in seiner Art einzigen« Campo Santo an: »Den berühmten Schiefen Turm habe ich mir von außen und innen angesehen. Er ist sehr merkwürdig und hängt derart über, daß man Angst bekommt. Jedenfalls hat er sich geneigt, aber es ist unbegreiflich, daß er nicht umfällt. Das Baptisterium ist im Inneren sehr hübsch, die Kanzel ist ein Meisterwerk, sie ist aus weißem durchsichtigem Marmor und im Relief gearbeitet.« In Florenz konnte sich Wilhelmine an den Schätzen der Uffizien, die damals noch in erster Linie eine »Statuengalerie« mit zahlreichen antiken Exponaten waren, kaum sattsehen. Im Palazzo Pitti besichtigte die Markgräfin die riesige Gemäldesammlung der mediceischen Großherzöge. Schon in Südfrankreich hatte Wilhelmine mit Ankäufen antiker Kunst begonnen. Dies setzte sie nun in Florenz fort, wo sie unter anderem ein Mosaikfragment aus dem 2. Jahrhundert v. Chr. erwarb.

Alle Wege führen bekanntlich nach Rom – so natürlich auch jene Wilhelmines. Am 14. Mai 1755 kam sie in der Ewigen Stadt an. Unterbrochen nur von einem zweiwöchigen Ausflug nach Neapel, der sie auch in das wenige Jahre zuvor entdeckte Herculaneum führte, blieb Wilhelmine bis zum 1. Juli in Rom, wo sie zusammen mit ihrem Mann einen Palast bezog, den ihnen der kurpfälzische und preußische Geschäftsträger Giovanni Antonio Coltrolini zur Verfügung gestellt hatte. In dieser Zeit absolvierte sie ein Besichtigungs- und Gesellschaftsprogramm, das heutigen Reisenden die Schweißperlen ins Gesicht treiben dürfte, und dies, obwohl sie sich noch immer gesundheitlich angeschlagen fühlte. »Fast täglich pilgere ich durch die Stadt, um mir ein Bild von der Lage des alten Roms zu machen. Da heißt es, Hügel erklimmen und Ruinen erklettern, bisweilen auch in das Erdgeschoß hinabsteigen.«

Zwei Anziehungspunkte machten Rom für Wilhelmine besonders attraktiv: die Vielzahl antiker Überreste (und damit die Möglichkeit gezielter Ankäufe, deren Verhandlung sie ihrem Kammerherrn Gleichen überließ) und die päpstliche Kurie. Konnte sie über ihre Antikenbegeisterung getrost ins

Schwärmen geraten, so mußte sie bei ihrer Begeisterung für den Papst etwas vorsichtiger sein; zu viele Gerüchte machten bereits die Runde. Dennoch hat sie mit ihren Sympathien für Benedikt XIV. auch dem königlichen Bruder gegenüber nicht hinter dem Berg gehalten.

Wenden wir uns zunächst der Antike zu: Noch mehr als heute stolperte man im Rom des 18. Jahrhunderts förmlich über die Hinterlassenschaften der von Wilhelmine so sehr bewunderten Epoche: »Ich bin noch stets dabei, das antike Rom zu besuchen und mich mit ihm und seinen Bewohnern zu unterhalten«, schrieb sie dem Bruder im Mai 1755. »Hättest Du intelligente und kunstverständige Leute hier, Du fändest Antiken und Gemälde für ein Butterbrot. Man kann Granit- und Porphyrstücke, ja halbe Säulen für ein paar Zechinen haben. Diese herrlichen Marmorstücke liegen haufenweise auf den Straßen, ohne daß man danach fragt. Wäre nicht der Transport, wir könnten so viel mitnehmen, um ganze Säle damit zu täfeln, ohne den Wert der Steine zu bezahlen.« Das mochte auf die Säulen zutreffen, nicht aber auf antike Kunstwerke. Für herausragende Exponate galt schon damals ein Exportverbot; nur minderwertige Stücke, von denen es in Rom genügend gab, durften ausgeführt werden. Hier kamen Wilhelmine ihre guten Beziehungen zur Kurie zupaß, vor allem zu dem Kardinalstaatssekretär Silvio Gonzaga Valenti, dem sie nach ihrer Heimkehr ein erlesenes Geschenk zukommen ließ, ein Service von Meißner Porzellan. Valenti sorgte dafür, daß der Hausantiquar des für Ausfuhrgenehmigungen zuständigen Kardinals Alessandro Albani die Markgräfin als Reiseleiter durch das antike Rom führte und ab und an ein Auge zudrückte, wenn jene der Markgräfin auf ein besonders schönes Stück gefallen waren.

Wilhelmine besichtigte jedoch nicht nur die päpstlichen Sammlungen, sondern auch die größeren Privatsammlungen, spazierte über das Forum und das Kapitol mit dem Reiterstandbild des berühmten Philosophenkaisers Mark Aurel, besuchte das Kapitolinische Museum mit seiner außergewöhnlichen Sammlung antiker Skulpturen, und natürlich war sie im Kolosseum, dessen christliche Verwandlung sie erstaunte: »Vor ein paar Tagen war ich im Kolosseum«, schrieb sie am 17. Juni 1755. »Zu meiner Verwunderung sah ich im Inneren mehrere Altäre im Kreis aufgestellt. Mein Führer, ein Mann von Geist und ein großer Altertumsfreund, erzählte mir lachend, die Päpste hätten diese Stätte unter dem Vorwand der Märtyrertode weihen müssen, um ihre Zerstörung zu verhüten. So ruft man also den heiligen Leo und den heiligen Leopardus an, die ihr Blut in der Arena vergossen haben …« Auch wenn sie es an dieser Stelle scherzhaft ummantelte: Daß man antike Statuen oder Bilder zerstörte, weil sie »heidnisch« waren, dafür hatte die aufgeklärte Wilhelmine kein Verständnis. Die noch nachvollziehbare luxuriöse Ausstattung der Caracalla-Thermen fand die Markgräfin höchst bemerkenswert, ebenso das ungewöhnliche Grab, das sich der Volkstribun Gaius Cestius um 12 v. Chr. in Form einer Pyramide schuf.

Da die Antikenankäufe trotz des kurialen Entgegenkommens viel Zeit in Anspruch nahmen und die Markgräfin gar nicht alle möglichen Erwerbungen selbst hatte in Augenschein nehmen können, schickte sie ihren Kammerherrn Gleichen später nach Rom zurück. Von Bayreuth aus gab ihm Wilhelmine die größtmögliche Freiheit: »Ich überlasse Ihnen vollständig die Herrschaft über meinen Schatz, kaufen Sie alles, was Ihnen gefällt.« Gleichen blieb bis 1757 in Rom, die von ihm nach Bayreuth gesandten Statuen, Büsten, Schmuckstücke, Mosaiken und so weiter ließ die Markgräfin in der Eremitage und im Neuen Schloß aufstellen. Sie vermachte die Sammlung testamentarisch ihrem Bruder, so daß sämtliche Bayreuther Antiken nach ihrem Tod nach Berlin gebracht wurden, wo sie sich bis heute befinden.

Das antike Rom war das eine, das päpstliche das andere. Daß Wilhelmine von letzterem nicht minder fasziniert war, verdankt sich dem Zusammenspiel einiger glücklicher Umstände: Der Kurie war an einem guten Verhältnis zum preußischen König gelegen, der seit seiner Eroberung Schlesiens auch über zahlreiche Katholiken herrschte. Zudem waren die Beziehungen zu den Habsburgern trotz deren zur Schau gestellter Katholizität nicht ungetrübt, der Papst neigte eher Frankreich und Bayern zu. Wenn nun also die Schwester des preußischen Königs nach Rom kam, galt es diese für den Kirchenstaat einzunehmen. So war es wohlbedacht, wenn Wilhelmine bei ihrem Empfang in der Ewigen Stadt den »Korb« erhielt. Dieser war gefüllt mit Zuckerwerk, Blumen, Schokolade, Käse, Früchten, Kalbfleisch und zwei Perlhühnern. Nichts Besonderes, möchte man meinen, doch dieser Korb wurde gewöhnlich nur gekrönten Häuptern überbracht. Wilhelmine fühlte sich denn auch durch die »größten Ehren«, die man ihr seitens der Kurie erwies, höchst geschmeichelt. Ein weiterer Glücksfall war der amtierende Papst: Benedikt XIV., ein hochgebildeter Mann, der sich den Idealen der Aufklärung verbunden fühlte und sogar Voltaire seinen Segen gab mit den legendären Worten: »Der Arme wird ihn brauchen können.« Voltaire dankte es dem Papst, indem er ihm seinen *Mahomet* widmete. Auch der Kardinalstaatssekretär Valenti war ein aufgeklärter Geist, in dessen Salon sich Wilhelmine fast wie in Sanssouci fühlen konnte. Gleichwohl registrierte sie Widersprüche: Zwar fühle sich der Papst der Philosophie verbunden – und doch mache er gleichzeitig neue Heilige, »die ihm diese Sünde vergeben sollen«.

Distanzierter als Wilhelmine verhielt sich Markgraf Friedrich gegenüber den kurialen Annäherungsversuchen: »Der Markgraf besucht die Kardinäle nicht und wird den Papst nicht sehen, da sich die Dinge nicht gütlich regeln lassen.«

»Die Dinge« – das waren die zeremoniellen Schwierigkeiten, wenn protestantische Fürsten mit katholischen Würdenträgern zusammentrafen. Und um solche Schwierigkeiten erst gar nicht aufkommen zu lassen, vermied der Markgraf deren Nähe. Natürlich stand Wilhelmine vor demselben Problem. Doch gab sie sich wesentlich geschmeidiger. Einerseits tat es ihr unendlich gut, umworben zu werden, andererseits wußte sie um die drohenden Verwicklungen. Ihrem Bruder schrieb sie darüber: »Man zerreißt sich, um mir eine Audienz beim Papst zu verschaffen … Ich soll Seine Heiligkeit in einem Garten treffen. Alles dreht sich um den Kniefall, den ich, wie ich deutlich erklärt habe, nie machen werde. Übrigens erweisen mir die Kardinäle und Botschafter die größten Aufmerksamkeiten. Alle haben mir ihren Besuch gemacht. Der Kardinal Albani besitzt Geist und Witz; er ist hier der größte Altertumssammler.« Bleibt die Frage: Hat sie nun, oder hat sie nicht? Zum einen den Papst gesehen, zum anderen das Knie vor ihm gebeugt. Die erste Frage läßt sich eindeutig mit »ja« beantworten. Wilhelmine besuchte mehrere kirchliche Zeremonien, bei der Pontifikalmesse am Tag des heiligen Petrus wurde sogar eine eigene Tribüne für die Markgräfin errichtet. Der Papst hatte Wilhelmines Standesbewußtsein richtig eingeschätzt, indem er ihr nicht zumuten wollte, mit rangniedrigeren Damen eine Tribüne teilen zu müssen …

Der Abschied von Italien fiel Wilhelmine schwer: »Vielleicht habe ich nie Zerstreuungen gehabt, die mich so gefesselt haben wie dort«, schrieb sie an ihren Bruder, mit dem sie diese Zerstreuungen so gerne geteilt hätte. Fast als würde sie mit dem Näherrücken der Heimat die Sorgen wieder einholen, erkrankte Wilhelmine auf der ansonsten eher unspektakulären Rückreise. Über Bologna und Ferrara ging es – meist ritt der Markgraf voraus – nach Venedig, wo Wilhelmine am 16. Juli eintraf und in dem Gasthof »Allo Scudo di Francia« abstieg, dessen Wirt ein Deutscher war. Es war die letzte längere Station ihrer Italienreise, deren Erlebnis jedoch durch die Erkrankung sowohl Wilhelmines wie des Markgrafen beeinträchtigt war. Allerdings ist es denn doch etwas übertrieben, wenn sie ihrem Bruder darüber schrieb: »Ich habe es [Venedig] wieder verlassen, ohne das geringste gesehen zu haben, bis auf einige Bilder.« In ihrem Reisetagebuch sind einige Besichtigungsstationen aufgeführt. So war sie natürlich auf dem Markusplatz, besichtigte den Dogenpalast und einige Kirchen. Auch einige gesellschaftliche Zusammenkünfte gab es.

In Venedig traf Wilhelmine einen alten Bekannten wieder: Francesco Algarotti. Der Sohn eines wohlhabenden venezianischen Kaufmanns war sehr zum Ärger Friedrichs des Großen Ende 1754 still und heimlich in seine Heimatstadt zurückgekehrt. Friedrich traf dies um so härter, als der Kreis seiner Tafelrunde durch den Streit mit Voltaire und eine Krankheit Maupertuis' zusammengeschrumpft war. Dennoch hat Friedrich im nachhinein ein schönes Porträt dieses außergewöhnlichen Menschen gezeichnet: »Algarotti hat seinen Verstand aufs beste gepflegt; er hat es verstanden, sich das Interessanteste aus der Philosophie, der Literatur und den schönen Künsten anzueignen ... Er hat Geschmack und ist ein zarter, auserlesener, feiner, geschmeidiger Geist.« So verwundert es nicht, daß Wilhelmine sich freute, den Italiener auf ihrer Reise wiederzusehen. Wie schon im Falle Voltaires, versuchte sie, den Bruch mit ihrem Bruder zu kitten, dem sie am 25. Juli 1755 schrieb: »Ich traf Algarotti, den ich kaum wiedererkannte, so alt geworden und verändert ist er. Seine Gesundheit ist noch immer sehr zerrüttet, aber sein Geist ist frisch geblieben. Er hat sich sehr viel Mühe um uns gegeben und mir versichert, er warte nur auf seine Genesung, um nach Berlin zurückzukehren. Ich schätze ihn höher denn je, weil er bei jeder Gelegenheit seine Anhänglichkeit bewiesen hat.« Zwar starb Algarotti erst 1764, doch ist er nie nach Berlin zurückgekehrt. Auch Wilhelmine sah ihn niemals wieder.

Über Verona und den Brenner kehrten Wilhelmine und ihr Mann in die Heimat zurück; am 9. August waren sie wieder in Erlangen. Wilhelmine hatte der Alltag wieder, und sie konnte sich damit nur schwer abfinden. Sie hatte in Italien ihr Paradies gefunden, für das sie »zärtliche Liebe« empfand; Bayreuth schien ihr weniger anziehend denn je. Traurigkeit und ein noch einmal verstärktes Gefühl der Einsamkeit ergriffen sie. Wie beneidete sie ihren Kammerherrn Gleichen, der wieder in Rom war! Wie gerne würde sie mit ihm tauschen! »All das Schöne, was Sie mir über Rom erzählen, läßt mir das Wasser im Munde zusammenlaufen.« Doch die Markgräfin von Bayreuth konnte nicht einfach weggehen und fliehen. »Die Traurigkeit hat mich ergriffen ... Ach, wie ich diese lebendige und liebenswerte Lustigkeit von Rom vermisse, die mich aus so vollem Herzen lachen machte! Aber das ist ein Traum, der für immer zerronnen ist, wie die glänzenden und purpurroten Wolken als Begleiter der Morgenröte, die mit ihr dahinschwinden ... Die langweilige Einförmigkeit des Landes hier, die düstere Traurigkeit des Himmels, die Verschlossenheit der Bewohner, das alles zersetzt mein Sein und stürzt es in dieselbe Nichtigkeit, die ich in allem, was mich umgibt, feststellen kann. Ach, wie oft rufe ich ... aus: nach Italien, nach Italien!« Tatsächlich berichtete Winckelmann im Januar 1756 aus Rom darüber, »daß die Markgräfin von Bayreuth hier wieder erwartet wird« – doch das blieb ein Gerücht ...

V

Am Abgrund

Noch einmal Krieg um Schlesien

Wilhelmine war keine Pazifistin, aber sie schätzte den Frieden, zumal nach den beiden Kriegen ihres Bruders um Schlesien und das Erbe Karls VI., höher als jedes andere Gut. Zehn Jahre herrschte nun Frieden, doch die Markgräfin sah die Gewitterwolken, die sich am Horizont zusammenbrauten, und sie hatte Angst davor. Sie sprach diese Angst ihrem Bruder gegenüber offen aus: Am 2. September 1755 wünschte sie ihm für die Zukunft »stets friedliche Feldlager … Ich spreche als Frau; Gefahr erschreckt mich, und es ist ganz natürlich, um das, was man liebhat, zu bangen. Der Gedanke an den Ruhm verschwindet vor der Liebe.«

Was war geschehen? Im Sommer 1755 war es zu offenen Feindseligkeiten zwischen England und Frankreich in Nordamerika beziehungsweise dem heutigen Kanada gekommen. Die Befürchtung Wilhelmines war, daß sich daraus ein regelrechter Krieg zwischen den beiden Ländern entwickeln könnte, der auch auf Europa übergreifen könnte. Friedrich beschwichtigte seine Schwester, und diese ließ sich vorderhand überzeugen: »Mag der Krieg in Amerika toben, wenn er uns in Deutschland nur in Frieden läßt.« Doch ausgerechnet Friedrich selbst leistete dem Krieg, zunächst unbewußt, Vorschub. Im Januar 1756 schloß er einen Bündnisvertrag mit England. Aus seiner Sicht war das ein guter Pakt: England könnte Rußland in Schach halten (dem es eben noch Subsidien gezahlt hatte), Österreich wäre, abgesehen von den zu vernachlässigenden Mittelmächten wie Sachsen, auf sich allein gestellt – was konnte daran falsch sein? Daß er damit Frankreich verärgern könnte, hielt der Preußenkönig für wenig wahrscheinlich: Was sollten die Franzosen schon tun? Wem sich an den Hals werfen außer Preußen? Österreich etwa? Das schien Friedrich angesichts der tiefverwurzelten Feindschaft undenkbar. Und doch geschah das Undenkbare, der Umsturz der Bündnisse in Europa. Die Staatskunst des österreichischen Außenministers Wenzel Anton Graf Kaunitz, die französische Verärgerung über den wechselhaften Verbündeten in Berlin und vor allem die Sorge vor dem weiteren Aufstieg Preußens zu einer das Gleichgewicht der Mächte störenden Großmacht machten es möglich.

Friedrich registrierte nur langsam, welche Gefahr sich da über seinem Kopf zusammenbraute. Als immer mehr Meldungen über russische und österreichische Truppenbewegungen in Berlin eintrafen, stand für Friedrich fest, daß es ernst werden würde: Er erwartete, daß Maria Theresia Schlesien zurückerobern wollte, dessen Verlust sie niemals verwunden hatte. An Wilhelmine schrieb Friedrich am 22. Juni 1756: »Deine elenden Nachbarn haben wieder ein Komplott geschmiedet, das mir so aussieht, als ob es zu einer großen Katastrophe führt. Du hast mehr als ein Mittel, um näher zu erfahren, was in Deiner Nachbarschaft vorgeht. Ließen sich das Gebaren dieser Leute und vor allem die Versammlung ihrer Truppen aufklären, so wäre ich Dir für alle Mitteilungen darüber dankbar.« Wie selbstverständlich ging der König davon aus, daß die Schwester auf seiner Seite stand und bereit war, sich als Kundschafterin in den Dienst der preußischen Sache zu stellen. Kein Hauch mehr von Zynismus war zu spüren, wie in den Zeiten, als er Wilhelmine der Nähe zum kaiserlichen Lager bezichtigt hatte.

Tatsächlich sagte die Markgräfin dem König zu, ihn von Zeit zu Zeit mit Nachrichten darüber zu versorgen, »was bei unserem verhaßten Nachbarn geschieht, da der Markgraf einen sicheren Kanal hat, um Neuigkeiten zu erfahren«. Sie riet dem Bruder, Sondergesandte zu den Reichskreisen zu schicken, da sie zu Recht davon ausging, daß auch die andere Seite dies bald tun werde. Zugleich aber warnte Wilhelmine ihren Bruder davor, selbst anzugreifen: »Die [Reichs-]Kreise sind Dir, wie es scheint, geneigt. Wenn man Dich angreift, könnte das sehr vorteilhaft für Dich sein.« Und einige Tage später: »Es besteht kein Zweifel, daß das ganze Reich sich für Dich erklärt, wenn Du angegriffen wirst. Man ist außer sich über Deine Gegner.« Das mochte zwar eine arg optimistische Einschätzung gewesen sein, doch auf die protestantischen Reichsstände traf sie sicherlich zu, auch auf einige katholische, denen an einer Übermacht des Hauses Habsburg nicht gelegen war. Das alles aber galt nur, wenn Preußen der Angegriffene und nicht der Angreifer war.

Friedrich war in die Defensive gedrängt, mit einem einzigen Verbündeten – England, für das der Krieg in Übersee sehr viel wichtiger war. Friedrich war nicht der Mann, der sich das Heft des Handelns aus der Hand nehmen lassen wollte. Nach einer kurzen Phase des Verhandelns und einer aus seiner Sicht ungenügenden Antwort Maria Theresias auf seine Frage nach den ungewöhnlichen Truppenbewegungen in Böhmen und Mähren entschloß er sich, loszuschlagen, den Eingebungen auch seiner Schwester zum Trotz. Zu warten wie das Kaninchen im Bau – das war seine Sache nicht. Krieg führen hieß für ihn agieren, nicht reagieren. Daß er mit seinem Angriff nur noch weiter half, die Allianz seiner Gegner fester zu schmieden, erkannte er nicht. Zwar versuchte er, den präventiven Charakter des Krieges herauszustellen und Maria Theresia als eigentliche Schuldige zu brandmarken, doch das ist ihm nicht gelungen. Er war der Friedensbrecher, weil er sein Schwert als erster aus der Scheide gezogen hatte. Dies um so mehr, als er es nicht für nötig fand, eine Kriegserklärung auszusprechen.

Friedrichs Ziel war Sachsen: Schon in seinem politischen Testament von 1752 hatte er dessen Erwerbung als »am nützlichsten« für Preußen erachtet. So fällt es schwer, Friedrichs Angriff als reinen Präventivkrieg zu verteidigen, der allein dazu dienen sollte, den weiteren Besitz Schlesiens zu garantieren. Zumal seine Gegner ihrem Bündnis erst nach dem Angriff Friedrichs einen offensiven Charakter gaben – mit dem Ziel, Preußen territorial drastisch zu verkleinern und damit als eigenständige politische Macht auszuschalten. Friedrich war überzeugt, daß diese Umwandlung von vornherein beabsichtigt war – angesichts des Hasses, den Maria Theresia auf das Berliner »Monstrum« hatte, ein nachvollziehbarer Gedanke. Doch weil es nun einmal Preußen war, das zuerst angriff, wurde und wird bis heute der Vorwurf laut, der König habe nur die Gelegenheit genutzt, sein Ziel der Eroberung Sachsens umzusetzen. Doch dazu hätte er seit dem Friedensschluß von 1745 weit bessere Gelegenheiten und Bündniskonstellationen gehabt. Am 28. August 1756 überschritt der König die sächsische Grenze; am selben Tag schrieb er an Wilhelmine in seiner gewohnt ironischen Art: »Ich will meinem dicken Nachbarn [dem sächsischen Kurfürsten und König von Polen] einen kleinen Besuch abstatten und hoffe, Dir in Kürze mehr sagen zu können.«

Zwar gab Wilhelmine am 4. September 1756 in einem Brief an Friedrich ihrer Hoffnung Ausdruck, daß dieser einst wie Cäsar werde sagen können: »Ich kam, ich sah, ich siegte« – doch das war der Wunsch der Schwester. Wie dachte die Markgräfin von Bayreuth? Wie sollte, wie konnte sich die Markgrafschaft in diesem Krieg verhalten, der unweigerlich das ganze Reich in Mitleidenschaft ziehen würde? Und wie konnte man durch diese Krise lavieren, ohne Wien oder Berlin gegen sich aufzubringen?

Nach seinem Einmarsch in Sachsen wurde Friedrich der Große zwar vom Reichshofrat in Wien als »Landfriedensbrecher« gebrandmarkt, doch auf dem Reichstag in Regensburg liefen keineswegs alle Mitglieder mit fliegenden Fahnen in das österreichische Lager. Die Markgrafen von Bayreuth und Ansbach saßen dabei gleich doppelt in der Zwickmühle: Einerseits hatten sie im Pactum Fridericianum – einem 1752 geschlossenen Erbvertrag – zugesagt, den preußischen König auf Reichs- und Kreistagen zu unterstützen, sich nicht ohne höchste Not (ein dehnbarer Begriff) von seinem politischen System zu trennen und keine Bündnisse ohne sein Wissen einzugehen; andererseits mußten sie befürchten, daß ein Reichskrieg gegen Preußen beschlossen wurde, dem sie sich kaum gänzlich entziehen konnten.

Die Losung für die Bayreuther Politik faßte Philipp Andreas von Ellrodt zusammen, der mittlerweile Gesandter beim Fränkischen Kreis war: Sorgfältigst sollten alle Schritte vermieden werden, »welche dem einen oder dem anderen Teil den geringsten Andacht machen oder ihn verletzen könnten«. Dementsprechend sollte Ellrodt für eine Neutralität des Kreises in dem Konflikt werben. Vergeblich versuchten der österreichische Gesandte Widmann und der französische Gesandte in Bayern und beim Fränkischen Kreis, Hubert de Folard, den Markgrafen umzustimmen. Allerdings bemühte sich der Bayreuth und vor allem Wilhelmine wohlgesinnte Franzose nicht besonders darum. Der Markgraf verfüge über keine so großen Machtmittel, daß man ihn mit aller Gewalt ins Lager der Verbündeten ziehen müsse, so seine Begründung. Widmann erreichte nur, daß Friedrich von Bayreuth zusagte, seinen Pflichten als Reichsfürst nachzukommen. Als der Markgraf dem österreichischen Gesandten gegenüber bei einer längeren Audienz im

Dezember 1756 klarstellte, daß seine Frau keine Rücksichtnahme auf ihre schwesterlichen Gefühle erwarte, bestärkte die ebenfalls anwesende Wilhelmine ihn darin: »Ich bin zwar die Schwester des Königs von Preußen, aber ich bin mir auch wohl bewußt, daß ich die Gemahlin des Markgrafen von Bayreuth bin.« Widmann glaubte ihr kein Wort. Auch in Wien wußte man von der Versöhnung der königlichen Geschwister – und daß Wilhelmine wieder ganz zur Preußin mutiert war. Wie seine Frau wünschte sich der Markgraf nichts sehnlicher als einen schnellen Frieden. Mit diesem Wunsch verabschiedete er Widmann, der mit dem Erfolg seiner Gespräche zwar nicht ganz zufrieden war, aber immerhin die Zusicherung hatte, daß Bayreuth sich auch nicht auf die Seite Preußens schlagen würde. Das wäre politisch auch mehr als unklug gewesen, denn es hätte unweigerlich die sofortige Besetzung der Markgrafschaft herausgefordert, ohne daß Friedrich der Große daran etwas hätte ändern können.

Friedrich hoffte darauf, daß die Reichskreise bei ihrer Neutralität bleiben würden. Sahen die Reichsfürsten denn nicht, so der König in einem Brief an Wilhelmine, daß sie sich ihre eigenen Ketten schmiedeten, wenn sie die Sache Österreichs zu der ihren machten? Sogar nationale Töne schlug der König nun an, doch ging es ihm dabei mehr um Propaganda, als daß ihn ernsthaft solche Gefühle bewegten: »Ich werde ihre Freiheit selbst gegen ihren Willen schirmen, man soll nicht sagen, es fehle Deutschland an Verteidigern, solange noch ein Preuße lebt! Gefällt es dem Himmel, wird es mir gelingen, und der Hochmut und der despotische Geist des Wiener Hofes werden gedemütigt werden.«

Alle Hoffnungen Friedrichs zerschlugen sich, als der Reichstag am 17. Januar 1757 mehrheitlich für den Reichskrieg gegen Preußen stimmte. Auch der Ansbacher Markgraf hatte sich unter dem Einfluß Widmanns auf die österreichische Seite geschlagen. Friedrich der Große hatte von seinem

Ansbacher Schwager nichts anderes mehr erwartet. Je besser die Beziehungen zu Bayreuth geworden waren, um so mehr verschlechterten sich jene zu Ansbach. Als der leitende Ansbacher Minister Christoph Ludwig von Seckendorff, ein Neffe des alten Seckendorff, nach der italienischen Reise Wilhelmines und ihres Mannes beim König über die Mißwirtschaft in Bayreuth und die Ausgaben für die teure Reise geklagt hatte, hatte ihm Friedrich eine Antwort gegeben, die an Deutlichkeit nichts zu wünschen übrigließ: »Ich bin nicht wenig über den lächerlichen Brief des Seckendorff erstaunt, und ich wundere mich nur, daß der Markgraf diesen Menschen noch nicht hat in das Irrenhaus bringen lassen. Das steht dem Seckendorff nicht übel an, von der schlechten Wirtschaft in Bayreuth zu reden, während sein eigener Herr selbst vor dem Bankrott steht. Aber dieser Lump will nur die beiden Markgrafen entzweien.« Und von Kritik an Wilhelmines Reise hatte Friedrich schon gar nichts wissen wollen: Der Ansbacher sollte doch froh sein, wenn die Markgräfin am Leben bliebe. Stürbe sie, könnte der Bayreuther Markgraf sich wieder verheiraten – und Kinder bekommen. Dann hieße es für den Ansbacher »adieu, schöne Erbschaft«. Als er von der Ansbacher Stellungnahme auf dem Reichstag erfuhr, ließ Friedrich der Große seinen Schwager wissen: »Es soll keineswegs gesagt sein, daß Sie mich ungestraft beleidigt haben; wenn mir Gott das Leben läßt, dann werden Sie es bald genug bereuen müssen.«

Während in Ansbach also die österreichische Partei immer mehr an Einfluß gewann, blieb Bayreuth bei seinem auf Ausgleich bedachten Kurs: Der bayreuthische Gesandte beim Reichstag, von Rothkirch, lobte die Politik des Kaisers, forderte aber zugleich beide Seiten zur sofortigen Einstellung der Feindseligkeiten auf. Indem er aber unter dem Druck des preußischen Gesandten Erich Christoph von Plotho die Erklärung abgab, die Markgrafschaft werde sich an einem

Angriff auf Preußen nicht beteiligen, wurde Bayreuth doch mehr dem preußischen Lager zugerechnet, als es den verantwortlichen Ministern lieb sein konnte – zumal Wilhelmine es durchgesetzt hatte, daß ihr Bruder in der Markgrafschaft Rekruten anwerben durfte. Rothkirch hielt es daher für das vernünftigste, sich in Regensburg künftig »ganz piano« zu verhalten, um Wien nicht noch mehr zu vergrätzen.

Der Kriegsbeginn war nicht die einzige Angelegenheit, die Wilhelmine und ihren Mann 1756 bedrückte: Im September stand ihre Tochter vor der Tür! Elisabeth Friederike hatte sich wieder einmal heillos mit ihrem Mann zerstritten und war nach Bayreuth geflüchtet. Diesmal war es eine Flucht ohne Umkehr. Die Tochter ließ sich weder von ihren Eltern noch von ihrem königlichen Onkel und schon gar nicht von ihrem Mann dazu bewegen, nach Stuttgart zurückzukehren. Erst im März 1757 ließ sie Karl Eugen mitteilen, daß sie sich eine Rückkehr vorstellen könne, wenn dieser ihr wieder seine Liebe und seine Gunst schenken würde. Doch nun hatte Karl Eugen die Lust verloren, und so blieb Elisabeth Friederike in der Markgrafschaft Bayreuth, wo sie auf Schloß Fantaisie in Donndorf einen Musenhof nach dem Vorbild ihrer Mutter einrichtete. Sie starb 1780, im Alter von 47 Jahren.

Trotz Sorgen und Nöten, trotz Krieg und Waffengeklirr wurde die Kunst in Bayreuth nicht vergessen. Es gibt kaum ein schöneres Bild für die Friedenssehnsucht, die Wilhelmine und ihren Mann bewegte, als die Gründung der markgräflichen Kunstakademie just in dieser Zeit – wobei der Gerechtigkeit halber hinzugefügt werden muß, daß der Markgraf in diesem Fall die treibende Kraft war. In Rom hatte Anton Raphael Mengs Wilhelmine und Friedrich dazu angeregt, in Bayreuth eine Stätte für die Ausbildung junger Künstler zu schaffen. Wohl in der Folge dieser Anregung hat das markgräfliche Paar zwei ähnliche Einrichtungen in der Ewigen Stadt besucht und sich bei der Vorbereitung der eigenen

Gründung von Mengs beraten lassen. Am 10. Mai 1756 wurde die Bayreuther Kunstakademie eröffnet, an der unter anderem Architektur, Perspektive, Anatomie und »Zeichnen nach dem Leben« gelehrt wurden. Markgraf Friedrich würdigte die Arbeit der Akademie durch zahlreiche Besuche. Und ebenfalls 1756 wurde die im alten Karthago spielende Oper *Amalthea*, zu der Wilhelmine das Libretto geschrieben hatte, im Markgräflichen Opernhaus uraufgeführt, natürlich mit Bühnenbildern Galli da Bibienas. Warum konnte nicht endlich Frieden sein? »Wenn irgend etwas in der Welt mich vollkommen zufrieden machen würde«, sagte Wilhelmine damals, »so ist es nur der Friede. Der Mensch handelt immer nach dem falschen Schein des Ruhmes.«

Fast planmäßig hatte Friedrich im Herbst 1756 Sachsen erobern können, am 31. Oktober 1756 schrieb er an Wilhelmine: »Unser Feldzug ist zu Ende, wir haben nur noch ein paar Schelme von Panduren und österreichischen Soldaten von der sächsischen Grenze zu vertreiben.« Der Feldzug war zu Ende – aber nicht der Krieg, das wußte Friedrich. Und das wußte auch Wilhelmine, die Ende 1756 immer wieder mit dem Einmarsch von Truppen der Verbündeten rechnete. Fast verzweifelt fragte sie Friedrich, ob er zulassen werde, »daß man uns zwingt, abtrünnig zu werden oder das Martyrium des Glaubens zu erleiden«? Das war durchaus pathetisch ausgedrückt, gibt aber recht zutreffend die Einschätzung wieder, daß in diesem Konflikt auch der konfessionelle Gegensatz wieder eine Rolle spielte; vor allem als Instrument der Propaganda. Doch gab es auch – allerdings gescheiterte – Versuche, einen evangelischen Fürstenbund wiederzubeleben, der eine Kriegserklärung des Reiches an Preußen hätte verhindern sollen. Da auf der Gegenseite mit Frankreich und Österreich die beiden zentralen katholischen Mächte im Siebenjährigen Krieg verbündet waren, stand die päpstliche Kurie nun auch eindeutig an deren Seite – gegen Preußen. Wilhelmine hielt zwar weiterhin dem aufgeklärten Papst in Rom als Person die Stange, wandelte sich aber ansonsten wieder ganz in die überzeugte Protestantin, an der ihr Vater seine Freude gehabt hätte. Das änderte gleichwohl nichts an der praktizierten Toleranz in Bayreuth, wo die Katholiken eine Kirche bauen konnten wie die Juden eine Synagoge.

Während der Krieg im Winter pausierte, bereitete Friedrich, so teilte er seiner Schwester ganz offen mit, den nächsten Feldzug vor. Sie möge nichts auf die Gerüchte geben, daß Preußen verloren sei: »Ich sehe den Augenblick kommen, wo man das freche Geschwätz dieses österreichischen und französischen Lumpenpacks zum Schweigen bringen wird.« Im Frühjahr 1757 war klar, welchen Feldzug er vorbereitet hatte: Friedrich fiel in Böhmen ein. Weshalb dieser neuerliche Angriff? Der Preußenkönig wollte einem nach wie vor befürchteten Einfall in Brandenburg oder Schlesien zuvorkommen und beweisen, daß er die Habsburger auch in deren eigenen Ländern schlagen und auf diese Weise mürbe machen konnte für einen aus seiner Sicht akzeptablen Friedensschluß, bevor die Verbündeten zusammen über ihn herfielen. Doch wieder setzte er sich als Angreifer damit ins moralische Unrecht.

In der Schlacht von Prag, mit rund 120000 Soldaten einer der größten, die die Welt bis dahin gesehen hatte, errang Friedrich am 6. Mai 1757 zwar einen taktischen Sieg, doch die Vernichtung der österreichischen Armee gelang ihm nicht. Im Gegenteil: Seine eigenen Verluste waren höher als jene seiner Gegner, und die anschließende Belagerung Prags zog sich weit mehr in die Länge, als Friedrich gedacht hatte. Daß in wenigen Tagen kein österreichischer Soldat mehr in Böhmen stehen würde, war eine allzu optimistische Einschätzung des Königs, die nur noch von Wilhelmine übertroffen wurde: »Gott gebe, daß es so weitergeht und daß Du bald vor den Toren Wiens stehst ... Dieser verwünschte Wiener Hof bringt uns vor Kummer fast um. Um Gottes willen, mach ihn so klein, daß er Dir nicht mehr schaden und Dich nicht mehr beunruhigen kann. Wird er nicht kräftig geschwächt, so geht das gleiche Spiel in ein paar Jahren wieder los.«

Anfang Mai 1757 schickte Friedrich ein Korps von 1500 Mann nach Süddeutschland, zunächst in die Oberpfalz und dann nach Franken, um seine Stärke zu demonstrieren. Der Schuß ging nach hinten los: Zwar konnte das Korps eine Weile marodierend herumstreifen, doch mußte es sich schließlich vor der Übermacht der Reichstruppen auf bayreuthisches Gebiet zurückziehen, das dadurch direkt in die Kampfhandlungen verwickelt zu werden drohte. Wilhelmine setzte ihre ganze Hoffnung auf das Waffenglück ihres Bruders in Böhmen: »Ich bin überzeugt, daß sich bis auf die Geistlichen alles zur Neutralität bereit finden wird, sobald Prag gefallen ist.«

Während Friedrich Prag belagerte, kam es für den Markgrafen von Bayreuth zur Nagelprobe. Den Reichstagsbeschlüssen folgend sollten sich die fränkischen Kreistruppen in Würzburg sammeln, um in den Krieg gegen Preußen einzugreifen. Dies sollte spätestens am 25. Mai 1757 geschehen. Für Markgraf Friedrich barg diese Entwicklung gleich doppelte Gefahr: Er mußte nicht nur die Bayreuther Kreistruppen nach Würzburg schicken; er war darüber hinaus als Generalfeldmarschall des Kreises für den gesamten Truppenaufmarsch verantwortlich. Auf der anderen Seite stand die dem Schwager gegebene Zusicherung, daß er mit seinen Truppen niemals Preußen angreifen würde.

Wie sollte er sich verhalten? Er zog sich clever aus der Affäre: Zwar erteilte er, als es gar nicht mehr anders ging, den Truppen sämtlicher Mitglieder des Kreises den Befehl, zum Sammelplatz nach Würzburg zu marschieren – doch seine eigenen Soldaten ließ er brav zu Hause und erfand dafür tausend Ausreden: Er müsse sein eigenes Land vor marodierenden Soldaten schützen, er habe kein Geld, in Würzburg sei eine Epidemie ausgebrochen, er sei in großer Furcht vor der Rache des Preußenkönigs ... Dem kaiserlichen Gesandten Widmann riß zusehends der Geduldsfaden, und er machte Wilhelmine für die Haltung des Markgrafen verantwortlich: »All dies«, schrieb er am 13. Mai an Kaunitz, »ist mutmaßlich der Zärtlichkeit der Markgräfin gegen ihren Bruder ... zuzuschreiben, um so mehr als Ellrodt sich wegen seiner eigenen Erhaltung an die Markgräfin halten muß und viele Stunden bei ihr zubringt.« Und es sei doch wohl kein Zufall, daß das preußische Korps, das sich in diesen Wochen in Franken herumtrieb, einzig die Markgrafschaft Bayreuth verschonte? Daß es überhaupt dazu in der Lage war, marodierend umherzustreifen, wurde dem Markgrafen zum Vorwurf gemacht. Er habe seine Aufgabe nicht oder nur nachlässig wahrgenommen. Als die Preußen sich nach Bayreuth zurückzogen, galt die Unterstützung des Markgrafen für Friedrich den Großen als ausgemachte Sache. Da half es ihm nur wenig, darauf hinzuweisen, daß er gegen den Aufenthalt der Preußen bei seinem Schwager protestiert habe und daß auch würzburgische Truppen durch Bayreuth hatten marschieren dürfen.

Noch schwieriger wurde die Situation der Markgrafschaft durch die unglückliche Entwicklung der militärischen Lage in Böhmen: Als ein österreichisches Entsatzheer vor Prag anrückte, entschied sich der preußische König wieder zum Angriff, obwohl seine Armee zahlenmäßig weit unterlegen war. Es kam, wie es kommen mußte: Friedrich verlor die Schlacht von Kolin am 18. Juni, mußte die Belagerung Prags abbrechen und sich aus Böhmen zurückziehen. Preußen konnte diesen Krieg nicht mehr gewinnen. Friedrich sandte am 25. Juni in einem Brief an Wilhelmine erste Friedensfühler aus: »Nach dem Unglück, das uns getroffen hat, bleibt mir kein anderer Ausweg, als zu versuchen, durch Vermittlung Frankreichs Frieden zu schließen. Bitte sag Folard, Du wüßtest bestimmt, ich sei dazu geneigt.« Noch konkreter wurde er einige Tage später: »Wenn Du die Franzosen dahin bringen könntest, sich über die Friedensbedingungen zu äußern, damit man ihre Absichten erfährt und sehen kann, ob mit ihnen etwas zu machen ist, wenn Du sie bätest, Dir ihre Forderungen mitzuteilen ..., so ließe sich vielleicht erkennen, ob ihr angeblicher Vertrag mit den Österreichern wirklich besteht ...« Wie verzweifelt muß Friedrich gewesen sein, als er diesen Brief schrieb, der so gar nicht zu seiner sonstigen forschen Art paßt.

Sofort setzte die Markgräfin alle Hebel in Bewegung: Sie schickte Folard ein Schreiben für den kurz vor seiner Ernennung zum Kriegsminister stehenden Marschall Herzog von Belle-Isle; zudem sandte sie ihren Oberkammerherrn Louis Alexandre de Mirabeau (ein Onkel des berühmten Revolutionärs Honoré Graf von Mirabeau) nach Paris, der dort mit der Marquise de Pompadour Verhandlungen aufnehmen sollte, galt die Mätresse des Königs der Markgräfin doch als Ursache der französischen Verstimmung gegenüber Preußen. Mirabeau wurde zwar von der Pompadour nicht einmal empfangen, dafür aber von dem Abbé François de Bernis, dem Staatssekretär für die Auswärtigen Angelegenheiten, mit dem er verwandt war. Bernis soll Mirabeau sogar zugesagt haben, daß Preußen Schlesien behalten dürfe, doch die Mission des Bayreuther Kammerherrn litt darunter, daß Friedrich der Große ihm keine Instruktion und schon gar keine Vollmacht mit auf den Weg geben wollte. Er sollte nur herausbekommen, was die Bedingungen Frankreichs wären. Auf dieses Spiel ließ sich in Paris erwartungsgemäß niemand ein. So verliefen die Bayreuther Versuche zur Friedensvermittlung im Sande. Für die Gegner Preußens wäre es auch ein seltener Anfall von Großmut gewesen, ausgerechnet dem derart geschwächten König einen akzeptablen Frieden anzubieten, selbst wenn Wilhelmine immer wieder über Nachrichten aus Paris berichtete, daß Frankreich kriegsmüde sei und sich mit Österreich »schon halb entzweit« habe. Friedrich müsse nur endlich »jemanden nach Frankreich« schikken, der berechtigt sei, in seinem Namen zu verhandeln. Das alles war mehr Wunschdenken als Realität.

Der Tod wirft seine Schatten

Nach der Niederlage bei Kolin teilte Friedrich die Reste seiner Armee. Er selbst zog sich mit etwa der Hälfte der Truppen nach Sachsen zurück, die andere Hälfte vertraute er seinem Bruder und präsumptiven Nachfolger August Wilhelm an, der die Lausitz und damit Schlesien decken sollte. Der österreichische Feldmarschall Leopold Graf von Daun hatte sich entschlossen, August Wilhelm zu folgen, und setzte diesem heftig zu. Der Prinz verlor zahlreiche Soldaten und seine gesamte Artillerie. Friedrich eilte herbei und konnte das Schlimmste gerade noch abwenden. Der Schuldige an der Beinahekatastrophe stand für ihn fest: August Wilhelm! Er schrieb ihm einen vernichtenden Brief, in dem er ihm offen Feigheit vorwarf: »Du wirst stets nur ein kläglicher Heerführer sein. Kommandiere einen Harem, wohlan, aber zeit meines Lebens vertraue ich Dir keine zehn Mann mehr an.« Durch den Generalmajor Karl Christoph von der Goltz ließ er ihm mitteilen, »daß ich ihn und alle seine Generale köpfen lassen sollte«. Das tat er zwar nicht, aber das Tischtuch zwischen den Brüdern war zerschnitten.

Tief verbittert zog sich August Wilhelm daraufhin zurück; der einst so lebensfrohe Prinz sollte sich von dieser Demütigung niemals wieder erholen. Obwohl Wilhelmine einen neuerlichen Bruch mit dem König nicht riskieren wollte, nahm sie August Wilhelm in Schutz: »Er hat mir zwei Briefe über seine Verluste geschrieben. Er glaubt, Ehre und Ruf eingebüßt zu haben. Sein Verhalten mag falsch gewesen sein; er ist lebhaft und läßt sich von seinen Leidenschaften leiten, aber er ist gewiß gutherzig.« Zugleich drängte sie jedoch August Wilhelm inständig, sich mit dem König auszusöhnen, und warnte ihn davor, sich nach Berlin zurückzuziehen und die Armee zu verlassen: »Du ahnst nicht, welch üble Wirkung die Entfremdung zwischen Euch hat ... Bedenke, es ist Dein Bruder, Dein Blut und noch mehr, gegen den Du erbittert bist. Vergiß das Vergangene. Ich bin überzeugt, man [der König] wird das gleiche tun ... Ich gäbe mein Leben darum, wenn ich Euch alle einig sähe ... Du willst, sagst Du, Deine Regimenter aufgeben und Dich ins Privatleben zurückziehen ... In Kriegszeiten, in denen der ganze Staat dem Untergang nahe ist, wäre Dein Ruhm gefährdet, wenn Du als mutmaßlicher Thronerbe Dich in Berlin niederließest, um müßig den Leiden eines Landes zuzuschauen, das Du eigentlich verteidigen müßtest.« Der Streit zwischen den Brüdern, die bedrohliche militärische Lage und die eigene angeschlagene Gesundheit führten bei der Markgräfin zu Todesahnungen und -ängsten, der sie in den Briefen an August Wilhelm offen Ausdruck gab.

»Ein neuer Kummer« traf Wilhelmine am 28. Juni 1757: »Wir haben keine Mutter mehr«, so teilte Friedrich der Große seiner Schwester den Tod der Königinwitwe Sophie Dorothea mit, die darüber aber schon von ihrer Schwester Amalie informiert worden war. Dieser antwortete sie: »Meine liebe Schwester, Sie können sich leicht meine Trauer vorstellen über das, was Sie mir berichtet haben. Es scheint, als würde uns alles Unglück auf einmal niederdrücken. Mein Herz ist zerrissen, und ich versichere Ihnen, daß ich mein Leben für das meiner geliebten Mutter geben würde.« Bis zuletzt hatte auch die alte Königin darauf gehofft, daß Prag fallen würde, doch nun fand sich ihr Sohn statt dessen überall in der Defensive: Russische Truppen marschierten in Ostpreußen ein, die Schweden – die sich der Koalition gegen Preußen angeschlossen hatten, obwohl Friedrichs Schwester Luise Ulrike dort Königin war – standen in Pommern, in Schlesien erwartete man täglich die Österreicher …

Trotz dieser verzweifelten Lage war es für Friedrich undenkbar, unter diesen Umständen einen unvorteilhaften Frieden zu suchen, lieber wollte er seinem Leben selbst ein Ende setzen: »Standhaft sein heißt, sich dem Unglück zu widersetzen, nur Feiglinge beugen sich unter das Joch, tragen geduldig ihre Ketten und dulden still die Bedrückung. Nie, liebe Schwester, kann ich diese Schande auf mich nehmen … Das Leben ist es sicherlich nicht wert, sich so fest zu klammern, zumal wenn man voraussieht, daß es fortan nur eine Kette von Schmerzen sein wird … Hätte ich meiner Neigung folgen wollen, ich hätte sogleich nach der unglücklichen Schlacht, die ich verloren habe [Kolin], ein Ende gemacht. Aber ich empfand das als Schwäche und betrachtete es als meine Pflicht, das geschehene Unglück wiedergutzumachen.«

Es war Wilhelmine, die ihren Bruder in den folgenden Wochen immer wieder beschwor, nicht aufzugeben, und ihm alle Gedanken an Selbstmord (»Ich wünsche einzig den Tod«) ausredete: »Verbanne doch um Gottes willen alle finsteren Gedanken aus Deinem Geist. Bedenke, wie viele andere Mächte schon in Deiner Lage gewesen sind … Cäsar war der Sklave von Piraten und wurde der Herr der Welt … Lebe und erhalte Dein Heer für glückliche Zeiten, die früher wiederkehren können, als Du glaubst … Ließest Du so tapfere Leute im Stich, die ihr Leben für Dich opfern, welche Vorwürfe müßtest Du Dir dann machen, daß Du so viele Menschen ins Unglück stürzt! Wie könntest Du Dich da friedlich und ohne Reue ins Grab legen! Du weißt nicht, wie sehr Du geliebt wirst. Willst Du so viele Untertanen umkommen lassen, die ihre einzige Hoffnung auf Dich setzen?« Daß Wilhelmine ihn in diesem Augenblick nicht im Stich ließ, hat Friedrich tief beeindruckt: »Könnte mich noch etwas auf Erden trösten, so wäre es Deine zärtliche Teilnahme an meinem Unglück.« Dabei hatte Wilhelmine selbst Trost und Zuspruch nötig. Nur dem König gegenüber gab sie die Zuversichtliche, in den Briefen an ihre Schwester Amalie ließ sie ihren eigenen Depressionen freien Lauf: »Ich sterbe jeden Augenblick aus Sorge und Kummer über die Situation des Königs und meiner Brüder. Meine Gesundheit ist völlig ruiniert und mein Geist so melancholisch, daß ich mir tausendmal den Tod wünsche.«

Aus Wien gingen derweil Drohungen in Bayreuth ein: Würde der Markgraf nicht endlich die Truppen seines Kreiskontingents stellen und sich an der Finanzierung des Reichskriegs beteiligen, werde man mit Gewalt gegen ihn vorgehen. Selbst König Friedrich riet seinem Schwager am 4. Oktober 1757, nachzugeben: »Was hier verlautet, läßt mich für sein Land fürchten.« Er möge daher »die Segel während des Sturmes streichen und sich nicht aus Liebe zu mir zugrunde richten«. Wilhelmine verstärkte daraufhin noch einmal ihre Friedensbemühungen. Über Voltaire trat sie in Verbindung mit Kardinal Pierre Guérin de Tencin, dem Erzbischof von Lyon, den sie während ihrer großen Reise 1754 kennengelernt hatte – doch Ludwig XV. reagierte so abweisend wie möglich, und ihren zwischenzeitlich so verzweifelten Bruder interessierte diese Vermittlung ebenfalls nicht mehr: Am 5. November 1757 hatte er bei Roßbach mit gerade einmal 20000 Mann ein weit über doppelt so starkes Kontingent aus französischen und Reichstruppen überraschend angegriffen und vernichtend geschlagen.

Es war nicht zuletzt dieser Sieg, der aus Friedrich eine Legende machte. Selbst Johann Wolfgang von Goethe bekannte später, daß er damals »fritzisch gesinnt« war, und in der Bevölkerung machten Spottverse über die Gegner des Preußen die Runde: »Kommt der große Friedrich und klopft nur auf die Hosen, so läuft die ganze Reichsarmee, Panduren und Franzosen.« Die Reichsarmee erhielt den spöttischen Beinamen »Reißausarmee«, weil ihre Soldaten bisweilen nicht gerade von besonderem Kampfeseifer beseelt waren. An Wilhelmine schrieb Friedrich nach der Schlacht: »Nach so vielen Sorgen dank dem Himmel endlich ein günstiges Ereignis ... Nun werde ich in Frieden ins Grab steigen, seit der Ruf und die Ehre meines Volkes gerettet sind. Wir können wohl unglücklich sein, aber nicht ehrlos. Du, meine liebe, gute, göttliche und zärtliche Schwester, die Du am Schicksal eines Bruders, der Dich anbetet, so freundlich Anteil nimmst, nimm auch an meiner Freude teil.« Wilhelmine antwortete überschwenglich: »Lebe, um glücklich zu machen, Dich zu rächen und Europa den Frieden zu geben. Kein blindes Schicksal regiert die Welt. Gäbe es keine Vorsehung, die das schönste ihrer Meisterwerke schützte, Du wärest zugrunde gegangen. Wir alle betrachten Dich als unseren Erlöser ... Diese Schlacht hält in jeder Weise den Vergleich mit der Schlacht Alexanders [des Großen] gegen [den Perserkönig] Darius aus.«

Nach dieser Niederlage der Reichsarmee wurde der Druck auf den Markgrafen immer größer, nun endlich sein Kontingent zu stellen. Er konnte sich nicht länger entziehen. Um dem Markgrafen »die rechte Ahnung für das Vergangene empfinden zu machen«, drohte ihm der Generalissimus des Heiligen Römischen Reiches, Joseph Friedrich Fürst von Sachsen-Hildburghausen, mit der Einquartierung einer ganzen Armada hungriger Soldaten, besetzte die Städte der Markgrafschaft und ließ sich deren Schlüssel aushändigen. Am 20. Dezember 1757 erklärte sich der Markgraf – nach der Zusicherung, daß dann auch wieder französische Subsidiengelder fließen würden – bereit, das Bayreuther Kreiskontingent der Reichsarmee anzuschließen, und im Frühjahr 1758 zogen die Soldaten nach Böhmen. Wilhelmine schob die Schuld daran den eingeschüchterten, ängstlichen Ministern zu – und gab ihrer Hoffnung Ausdruck, daß die Soldaten in Scharen zu Friedrich dem Großen überlaufen würden.

Als die Bayreuther ausrückten, hatte Friedrich schon seinen zweiten großen Sieg in Folge gefeiert: Von Roßbach war er weiter in Richtung Breslau gezogen, um die Österreicher wieder aus Schlesien hinauszukomplimentieren. Und wieder besiegte er, dieses Mal dank der legendären schiefen Schlachtordnung, bei Leuthen am 5. Dezember 1757 eine doppelt so starke österreichische Armee. Einer der größten Siege des Jahrhunderts sei dies gewesen, triumphierte der König in einem Brief an Wilhelmine. Nachdem die Russen auch noch Ostpreußen geräumt hatten, war Friedrich wieder Herr seiner Länder. Dennoch war die Stimmung in Bayreuth schlecht. Wilhelmine hoffte noch immer darauf, daß ihr Bruder Verhandlungen mit Frankreich aufnehmen würde. Friedrich war dazu nicht mehr geneigt: Er glaubte, durch weitere Erfolge auf dem Schlachtfeld die Gegner noch mürber machen zu können: »Dieses Gesindel von Kaisern, Kaiserinnen und Königinnen zwingt mich dieses Jahr noch einmal zum Seiltanzen«; zudem habe er England versprochen, keinen Separatfrieden zu schließen.

Doch je länger der Krieg dauerte, desto unhaltbarer wurde die Situation in der von fremden Truppen überschwemmten Markgrafschaft. Ein Stimmungsbild des markgräflichen Hofes in dieser Zeit stammt aus der Feder des Barons von Gleichen, der damals gerade von Rom zurückgekehrt war: »Die Frau Markgräfin ist sehr leidend und erinnert sich mit sanfter Trauer der römischen Freunde. Der Markgraf erwartet mit Sehnsucht die [nach dem Anschluß an die Reichsarmee versprochenen] französischen Subsidien, die immer noch nicht eintreffen wollen. Darin besteht seine einzige Beschäftigung, es sei denn, man rechne sehr reichliches Essen und Trinken zu den menschlichen Beschäftigungen. Am Hof sucht man die Kleinlichkeit der Verhältnisse mit Intrigen zu verstecken, die größer sind und wichtiger genommen werden als die schwierigen und recht unangenehmen Verhältnisse unserer äußeren Lage. Man fühlt sich nach Wien wie nach Berlin gebunden und beneidet den vermögenden Nachbarn, den Fürstbischof von Würzburg, der keine königlichen Verwandten hat und deshalb viel leichter zwischen den Einflüssen von Süd und Nord lavieren kann.« In den Briefen an den Bruder ließ nun auch Wilhelmine ihre Niedergeschlagenheit durchblicken: »Das traurige Jahr geht zu Ende«, schrieb sie ihm am 29. Dezember 1757. »Lieber tausendmal sterben als nochmals die Qualen ausstehen, die ich erduldet habe. Nur ein ruhmreicher Friede kann mich beruhigen.« Und einige Wochen später: »Je mehr die Zeit verstreicht, um so mehr kehren meine Befürchtungen wieder. Möchten sie mit diesem Jahr ihr Ende nehmen und ich den Trost haben, Dich glücklich und siegreich zu wissen, sonst ist mein einziges Glück das Grab.«

Wenigstens der Satz mit dem ruhmreichen Frieden war ganz im Sinne Friedrichs, der große Pläne für 1758 hatte: Zuerst wollte er das noch von österreichischen Truppen besetzte schlesische Schweidnitz und dann das nordmährische Olmütz erobern. Von dort aus wollte er Wien direkt bedrohen, auch wenn er die Belagerung der Stadt für »sehr prophetisch« hielt. Vielleicht würde Maria Theresia auch so schon genug haben und das Bündnis seiner Gegner auseinanderbrechen. Seinem Schwager, Wilhelmines Mann, prophezeite Friedrich im März 1758: »Der Krieg wird, auf die eine oder andere Art, gewiß in diesem Jahr enden.« Friedrichs Optimismus war verfrüht: Zwar fiel Schweidnitz am 16. April 1758, doch es gelang ihm nicht, Olmütz zu erobern, von einer Bedrohung Wiens ganz zu schweigen. Es kam noch schlimmer: Ostpreußen wurde von russischen Truppen besetzt, die Hauptstadt Königsberg huldigte der Zarin als neuer Herrin.

Während Friedrich noch gutgelaunt in Richtung Olmütz marschierte, wurden die Zustände in der Markgrafschaft für Wilhelmine immer unerträglicher. Der kaiserliche Gesandte Widmann erzwang die Übergabe der oberhalb Kulmbachs gelegenen Plassenburg: »Unsere Festung gehört uns nicht mehr«, erbitterte sich die Markgräfin im April 1758 darüber. »Wir werden aufs schmachvollste behandelt und völlig zugrunde gerichtet … Ich kann meine Lage der Feder nicht anvertrauen; sie ist furchtbar.« Daran schuld sei vor allem der neue Fürstbischof von Würzburg und Bamberg, Adam Friedrich Graf von Seinsheim, ein wahrer »Satansknecht … Ich wünschte, alle diese Teufel kehrten in die Hölle zurück, oder vielmehr, Du wärest der Erzengel, der sie in den Abgrund stürzt.« Die angeschlagene Konstitution Wilhelmines hielt dieser Anspannung nicht stand.

Prinz Heinrich stand just in dieser Zeit an der sächsisch-fränkischen Grenze. Teile seiner Einheiten stießen von dort weiter nach Süden in die Fürstbistümer Bamberg und Würzburg vor. Dabei ging es nicht um einen großen Schlachtenerfolg, sondern um pures Plündern. Preußen, das war die Lehre, die die geistlichen Herren daraus ziehen sollten, war in der Lage, überall zuzustoßen, und noch keineswegs am Ende. Während seine Soldaten in der Nachbarschaft wüteten, stattete Prinz Heinrich seiner Schwester einen Besuch ab. Sicher war der Abstecher in erster Linie persönlich motiviert, doch Heinrich war auch in politischer Mission unterwegs. So machte der Prinz dem Markgrafen in scharfer Form klar, daß er auch das Bayreuther Kontingent der Reichsarmee »unwidersprechlich als feindliche Truppen« ansehen werde. Aber diese kriegerische Drohung, die vor allem einschüchtern und den Markgrafen auf preußischem Kurs halten sollte, war nur die eine Seite der Medaille. Er hoffte darüber hinaus, daß über den markgräflichen Hof und seine Verbindungen nach Wien und Paris neue Friedensverhandlungen angebahnt werden könnten (die wie alle anderen im Sande verliefen).

Als Heinrich in Bayreuth am 11. Juli 1758 seine älteste Schwester wiedersah, war er zutiefst erschrocken. Dem König schrieb er, daß Wilhelmine »dem Ende nahe« sei. »Ich fürchte, daß sie sich von dieser Krankheit nicht wieder erheben wird.« Weil er fürchtete, die Nachricht vom Tod des Prinzen August Wilhelm am 12. Juni würde »die geringe Hoffnung schwinden lassen, die man in ihre Wiederherstellung setzt«, verheimlichte er ihr die traurige Nachricht. Der König, den nicht wenige für den Tod des Prinzen verantwortlich machten, teilte es der Schwester schließlich am 15. Juli mit – in demselben Brief, in dem er sie auch über den Abbruch der Belagerung von Olmütz unterrichtete. Doch Markgraf Friedrich hielt diesen und auch die folgenden Briefe seines Schwagers vor Wilhelmine verborgen, weil auch er glaubte, diese Hiobsbotschaften würden ihren Widerstandswillen brechen. Natürlich konnte er weder den Tod August Wilhelms noch den unglücklichen Verlauf der militärischen Aktionen auf Dauer vor ihr verheimlichen. Schließlich gab er ihr die Briefe doch.

Obwohl ihr das Schreiben unglaubliche Mühe machte, griff Wilhelmine am 18. Juli – vom Tod August Wilhelms wußte sie damals noch so wenig wie vom unglücklichen Ausgang der Belagerung von Olmütz – zur Feder, um ihrem Bruder über neue Friedensbemühungen mit Frankreich zu berichten, die ihr Mann eingeleitet hatte. Als Friedrich diesen Brief in Händen hielt, war ihm klar, wie es um seine Schwester wirklich stand: »Ich war mehr tot als lebendig, als ich Deinen Brief erhielt. Bei Gott, welche Schrift! Du mußt aus dem Grabe zurückkehren, denn sicherlich warst Du hundertmal kränker, als man mir gesagt hat …

Ich flehe Dich an ... meide jede Anstrengung, um Deine Krankheit nicht zu verschlimmern. So krank und elend, wie Du bist, denkst Du noch an die Nöte, in denen ich mich befinde? Wahrhaftig, das geht zu weit. Denke vielmehr daran und überrede Dich selbst, daß es ohne Dich für mich kein Lebensglück mehr gibt, daß mein Leben von dem Deinen abhängt.«

Wilhelmine war mit ihren Kräften am Ende. Am 10. August schrieb sie ihrem Bruder einen erschreckenden, ja ergreifenden Brief, der bereits eine Vorahnung des nahen Todes enthielt: »Ich bin so schwach, daß ich kaum kritzeln und nicht einmal lange schreiben kann ... Du fragst nach meinem Zustand. Wie ein armer Lazarus liege ich seit sechs Monaten im Bett. Seit acht Tagen trägt man mich auf einem Sessel und fährt mich im Rollstuhl ... Ich leide an einem heftigen trokkenen Husten, der nicht weichen will. Meine Beine, Hände und Gesicht sind unförmig geschwollen ... Ich habe mich in mein Schicksal ergeben. Ich werde zufrieden leben und sterben, wenn nur Du glücklich bist.« Die Markgräfin litt hochgradig an Wassersucht, wahrscheinlich als Folge einer Tuberkulose. Die Lage in Bayreuth schilderte Wilhelmine dem König in düsteren Farben: »Die letzte Abteilung [der Reichsarmee], die hier durchzog, hat alles ausgeplündert und das Land fast zugrunde gerichtet, die Saaten und Obstbäume vor der Reife niedergeschlagen, aber man muß sein Leid geduldig tragen.« Da die Bauern wegen der ständigen Bedrohung nicht zur Aussaat gekommen waren, drohte der Markgrafschaft ein Hungerwinter.

Friedrich beschwor seine Schwester, gegen die Krankheit zu kämpfen, sich nicht von seinem Unglück mitreißen zu lassen. Als er in der Schlacht von Zorndorf am 25. August endlich einmal wieder einen Sieg feiern konnte, schrieb er noch am selben Tag an Wilhelmine: »Zu meiner Genugtuung kann ich Dir melden, daß wir die Russen geschlagen haben. Unsere Verluste waren nicht stark, die des Feindes an Menschen und Artillerie aber sehr beträchtlich. Ich umarme Dich von ganzem Herzen; mir ist nichts zugestoßen, aber ich hoffe, diese Nachricht wird zur Wiederherstellung Deiner Gesundheit und zu Deiner völligen Genesung beitragen.« Doch so wie Friedrichs Sieg nur ein Strohfeuer gewesen war, so blieb auch die erhoffte anhaltende Verbesserung von Wilhelmines Gesundheitszustand aus. Friedrichs Briefe wurden immer verzweifelter: »Liebste Schwester! Alles Schlimme, was mir zugestoßen ist, alle Wechselfälle des Glückes sind nichts im Vergleich zu der schmerzlichen Sorge, die mir Deine Krankheit bereitet ... Lieber Gott, muß ich denn alle Leiden Hiobs erdulden ... Ich flehe Dich auf Knien an, ich beschwöre Dich, alles Nötige zu tun, um diese Krankheit zu überstehen. Iß, nimm die Arzneien, und mache blindlings, was Dein Arzt verlangt ...« Nicht anders Voltaire, der noch immer darauf hoffte, Wilhelmine könne den Frieden vermitteln helfen: »Niemals, Madame, hatten Sie so viel Ursache, sich dem Leben zu erhalten, wie gerade zum gegenwärtigen Zeitpunkt.«

Friedrich schickte sogar seinen Leibarzt Christian von Cothenius nach Bayreuth, doch er kam zu spät. Am 14. Oktober 1758 starb die Markgräfin Wilhelmine von Bayreuth – ruhig und gefaßt – in den Armen ihres Mannes und ihrer Tochter Elisabeth Friederike. Zuvor hatte sie noch selbst ihren Sarg bestellt, mit rotem Samt bezogen und die Beschläge mit der preußischen Königskrone geschmückt. Sie bestimmte auch das Thema der Leichenpredigt selbst: Der Hofprediger Wüst sollte über die Eitelkeit aller menschlichen Dinge, keinesfalls aber über sie selbst, die Markgräfin, sprechen. Musik und jegliche Zeremonie verbat sie sich. Beigesetzt wurde Wilhelmine in der Bayreuther Schloßkirche, wo später neben ihr auch Markgraf Friedrich und ihre Tochter Friederike bestattet wurden. Daß die von Saint-Pierre errichtete Schloßkirche seit 1813 katholische Pfarrkirche ist, entbehrt nicht einer gewissen Ironie.

An demselben Tag, als seine Schwester starb, mußte Friedrich der Große seine bis dahin größte Niederlage auf dem Schlachtfeld hinnehmen. Bei Hochkirch in der Lausitz griff ihn der österreichische Feldmarschall Daun so kühn und überraschend an, wie er es selbst bei Roßbach und Leuthen vorgemacht hatte. Als Friedrich von Wilhelmines Tod erfuhr, war er außer sich vor Schmerz. »Ich habe selbst Aufrüstung und Trost nötig«, bekannte er dem Markgrafen in seinem Kondolenzschreiben. Sein Vorleser Henri Alexandre de Catt versuchte, den König zu trösten, doch dies sei unmöglich gewesen. »Wie soll ich meine Schwester wiederbekommen, diese edle, bewundernswerte Schwester, die mich seit meiner zartesten Jugend so herzlich geliebt hat ... Will denn nur alles Unglück über mich hereinbrechen ... Das ist der entsetzlichste Schlag, der mich treffen konnte ... Mußte ich diese teure, so zärtlich geliebte Schwester mitten in all meinem Unglück verlieren? Sie allein half mir es tragen, sie tröstete mich, sie feuerte mich an ...« Monate nach ihrem Tod notierte Catt: »Ich sah ihn immer traurig, immer mit seiner Schwester, der Markgräfin von Bayreuth, beschäftigt.« An Voltaire schrieb Friedrich: »Es gibt Unglücksfälle, die durch Standhaftigkeit und ein wenig Mut wettzumachen sind, doch es gibt andere, gegen die alle Festigkeit, mit der man sich wappnen will, und alles Reden der Philosophen nichts als vergebliche und unnütze Hilfe sind.«

Zum Andenken an seine Schwester ließ Friedrich der Große im Park von Sanssouci einen Freundschaftstempel errichten. Erbaut wurde dieser kleine Rundtempel zwischen 1766 und 1769 von Carl Gontard, der nach dem Tod des Markgrafen und dem damit verbundenen Ende des Bayreuther Musenhofs in die Dienste des Preußenkönigs gewechselt war. An der Rückwand des Tempelchens findet sich eine

Skulptur Wilhelmines – auch sie von ehemaligen Bayreuther Bildhauern geschaffen. Die Markgräfin sitzt gedankenversonnen, den Kopf in die linke Hand gestützt, auf einem Sessel; in der Hand hält sie ein aufgeschlagenes Buch, auf ihrem Schoß sitzt Folichon, ihr kleines Schoßhündchen …

Bibliographie

Da sich diese Biographie an einen breiten Leserkreis richtet, wurde bewußt auf wissenschaftliche Anmerkungen verzichtet. Die benutzten Quellen sind im folgenden zusammenfassend aufgeführt, die beiden wichtigsten eingangs erläutert.

Wilhelmines Memoiren

Die sehr lesenswerten Memoiren Wilhelmines sind geschrieben als Quintessenz eines von vielen Enttäuschungen gezeichneten Lebens. Vergleiche mit anderen Quellen oder Datenvergleiche zeigen, daß sich mancher Fehler eingeschlichen hat beziehungsweise manche der geschilderten Ereignisse so nicht stattgefunden haben können. Dennoch bleiben sie eine wichtige Quelle für das Leben der Markgräfin, denn sie gewähren intime Einblicke in die Biographie Wilhelmines und lassen ihr Bild lebendig werden. Insgesamt sind drei Fassungen der Memoiren überliefert: Die erste reicht bis in den Sommer 1739; sie ist entstanden zwischen dem Frühjahr 1739 und dem Herbst 1740. 1810 erschien diese Fassung bei Cotta in Tübingen in deutscher Übersetzung. Die zweite Fassung, im wesentlichen identisch mit der ersten, reicht bis Ende 1741. An ihr arbeitete Wilhelmine 1744. Die größte Verbreitung erfuhr schließlich die bis 1742 reichende dritte Fassung, an der die Markgräfin bis in den Sommer 1746 hinein gearbeitet hat – sie entstand also weitgehend in der Zeit der größten Auseinandersetzung mit Friedrich dem Großen. Diese Fassung erschien 1810 bei Vieweg in Braunschweig in französischer, 1845 in deutscher Sprache. Die heute noch erhältliche, von Annette Kolb herausgegebene Ausgabe der Memoiren basiert auf dieser dritten Fassung. Wenn nicht anders angegeben, sind die Memoiren in dieser Biographie nach Annette Kolb zitiert.

Der Briefwechsel mit dem Bruder

Wilhelmine war eine große Briefeschreiberin. Sie unterhielt umfangreiche Briefwechsel mit allen Geschwistern, allen voran mit ihrem ältesten Bruder Friedrich dem Großen. Gustav Berthold Volz hat den Briefwechsel Wilhelmines mit Friedrich 1927 in deutscher Übersetzung veröffentlicht. Die Zitate in der vorliegenden Biographie beruhen auf dieser Ausgabe. So wurde das persönliche »Du« der Übersetzung beibehalten, auch wenn sich die Geschwister dem Stil der Zeit entsprechend auf französisch mit »Vous«, also »Sie«, ansprachen. Es sei auch darauf hingewiesen, daß Volz nicht alle Briefe veröffentlicht hat und die veröffentlichten zum Teil gekürzt sind. Eine wissenschaftliche Neubearbeitung des Briefwechsels wäre daher wünschenswert, kann im Rahmen einer populären Biographie aber nicht geleistet werden.

Ungedruckte Quellen

Der Autor dankt folgenden Archiven für zahlreiche Hinweise sowie für die Bereitstellung von Akten aus den genannten Beständen:

Geheimes Staatsarchiv Preußischer Kulturbesitz Berlin
- BPH Rep. 46 König Friedrich Wilhelm I.
- BPH Rep. 43 V. Markgrafen von Bayreuth

Universitätsbibliothek Erlangen
- Ms. 1764–66 (Elemens abbregez de l'histoire universelle à l'usage de son altesse roiale madame la princesse de Prusse)
- Ms. 1775 (Les noms des roys et empereurs romains avec un abrégé de leur vie)

Staatsarchiv Bamberg
- Fürstentum Brandenburg-Kulmbach-Bayreuth: Geheimes Archiv Bayreuth / Neu verzeichnete Akten

Österreichisches Haus-, Hof- und Staatsarchiv Wien
Akten der Hof-/Staatskanzlei, Berichte aus dem Reiche

Gedruckte Quellen und Literatur

Aign, K. W.: Die Friedrichs-Academie zu Bayreuth 1742/43, in: Archiv für Geschichte und Altertumskunde von Oberfranken, 21. Band, Bayreuth 1918.

Alfter, Dieter (Hrsg.): Zar Peter der Große. Die zweite große Reise nach Westeuropa 1716–1717, Hameln 1999.
Amodeo, Immacolata: Die Gärten der Markgräfin Wilhelmine von Bayreuth, in: Archiv für Geschichte von Oberfranken, 80. Band, Bayreuth 2000.
Amtmann, Josef: Die Bibliothek der Universität Erlangen von ihrer Gründung bis zum Ende der Markgrafenzeit, Erlangen 1941.
Arkell, R. L.: Caroline of Ansbach. George the second's Queen, Oxford 1939.
Arneth, Alfred Ritter von: Maria Theresia's erste Regierungsjahre, Wien 1864.
Arnheim, Fritz: Aus Briefen der Kronprinzessin Ulrike von Schweden an die Königin-Mutter Sophie-Dorothea (1745–1748), in: Forschungen zur Brandenburgischen und Preußischen Geschichte, 2. Band, Leipzig 1889.
Arnheim, Fritz: Ein Memoirenfragment der Königin Luise Ulrike von Schweden über ihre Jugendzeit am Hofe Friedrich Wilhelms I., in: Forschungen zur Brandenburgischen und Preußischen Geschichte, 5. Band, Leipzig 1892.
Ausländer, Fritz: Friedrich Wilhelms I. Verhältnis zu Österreich, Königsberg 1908.
Bachmann, Erich: Neues Schloß Bayreuth, München 1995.
Bachmann, Erich / Seelig, Lorenz: Felsengarten Sanspareil. Burg Zwernitz, München 1985.
Bardong, Otto: Friedrich der Große (Ausgewählte Quellen zur deutschen Geschichte der Neuzeit, Band XXII), Darmstadt 1982.
Barthel, Daniela: Markgräfin Wilhelmine von Bayreuth und die historischen Bücher ihrer Bibliothek, Erlangen 1994.
Bauer, Hans-Joachim: Barockoper in Bayreuth, Laaber 1982.
Bayerische Vereinsbank (Hrsg.): Barockfeste, Nachrichten und Zeugnisse über theatralische Feste nebst einem Singspiel der Markgräfin Wilhelmine von Bayreuth, München 1979.
Bayerische Verwaltung der Staatlichen Schlösser, Gärten und Seen: Markgräfin Wilhelmine von Bayreuth und ihre Welt, Bayreuth 1959.
Beneckendorff, Carl Friedrich von: Karakterzüge aus dem Leben König Friedrich Willhelm I., Berlin 1787.
Bengtsson, Frans G.: Karl XII., Stuttgart 1957.
Benninghoven, Friedrich / Börsch-Supan, Helmut / Gundermann, Iselin: Friedrich der Große. Ausstellung des Geheimen Staatsarchivs Preußischer Kulturbesitz anläßlich des 200. Todestages König Friedrichs II. von Preußen, Berlin 1986.
Berner, Ernst (Hrsg.): Aus dem Briefwechsel König Friedrichs I. und sei-

ner Familie (Quellen und Untersuchungen zur Geschichte des Hauses Hohenzollern, Band 1), Berlin 1901.

Beyreuther, Erich: August Hermann Francke. Zeuge des lebendigen Gottes, Marburg 1957.

Birtsch, Günther: Friedrich Wilhelm I. und die Anfänge der Aufklärung in Preußen, in: Neue Forschungen zur brandenburg-preußischen Geschichte, Band 7, Köln/Wien 1987.

Bischoff, Cordula: Markgräfin Wilhelmine von Bayreuth (1709–1758), in: Kerstin Merkel / Heike Wunder (Hrsg.), Deutsche Frauen der Frühen Neuzeit. Dichterinnen. Malerinnen. Mäzeninnen, Darmstadt 2000.

Bracker, Elisabeth: Markgräfin Wilhelmine von Bayreuth und die geistige Welt Frankreichs, Erlangen 1940.

Brandt, Otto: Staat und Kultur der fränkischen Markgrafschaften im Zeitalter Friedrichs des Großen, in: Zeitschrift für bayerische Landesgeschichte, 4. Jahrgang, München 1931.

Bratuscheck, Ernst: Die Erziehung Friedrichs des Großen, Berlin 1885.

Brode, Reinhold: Friedrich der Große und der Conflict mit seinem Vater. Zur inneren Geschichte der Monarchie Friedrich Wilhelms des Ersten, Leipzig 1904.

Burrell, Mary Banks: Thoughts for enthusiasts at Bayreuth, London 1888–91.

Carlyle, Thomas: History of Friedrich II. of Prussia called Frederick the Great, London 1897.

Cotoni, Marie-Hélène (Hrsg.): Correspondance de Frédéric II avec Louise Dorothée de Saxe-Gotha (1740–1767), Oxford 1999.

Curties, Henry: A forgotten Prince of Wales, London 1912.

Cuthell, Edith: Wilhelmina, Margravine of Baireuth, London 1905.

Czok, Karl: August der Starke und seine Zeit, Leipzig 1989.

Delderfield, Eric R.: Kings and Queens of England and Great Britain, London 1990.

Deutsches Historisches Museum / Stiftung Preußische Schlösser und Gärten Berlin Brandenburg (Hrsg.): Preußen 1701. Eine europäische Geschichte, 2 Bände, Berlin 2001.

Dillmann, Edwin: Maria Theresia, München 2000.

Droysen, Hans: Aus den Briefen der Königin Sophie Dorothea, in: Hohenzollern-Jahrbuch, Siebzehnter Jahrgang, Berlin/Leipzig 1913.

Droysen, Hans: Aus den Briefen der Königin Sophie Dorothea, in Hohenzollern-Jahrbuch, Achtzehnter Jahrgang, Berlin/Leipzig 1914.

Droysen, Hans: Graf Seckendorff und Kronprinz Friedrich, in: Forschungen zur Brandenburgischen und Preußischen Geschichte, 28. Band, München/Leipzig 1915.

Droysen, Johann Gustav: Abhandlungen zur neueren Geschichte, Leipzig 1876.

Droysen, Johann Gustav: Geschichte der Preußischen Politik, Leipzig 1870.
Duchhardt, Heinz (Hrsg.): Friedrich der Große, Franken und das Reich, Köln/Wien 1986.
Duffy, Christopher: Friedrich der Große. Ein Soldatenleben, Zürich/Köln 1986.
Endres, Rudolf: Die Erbabreden zwischen Preußen und den fränkischen Hohenzollern im 18. Jahrhundert, in: Jahrbuch für fränkische Landesforschung, 25. Band, Neustadt a. d. Aisch 1965.
Endres, Rudolf: Reformpolitik im 18. Jahrhundert. Die Markgraftümer Ansbach und Bayreuth, in: Jahrbuch für fränkische Landesforschung, 58. Band, Neustadt a. d. Aisch 1998.
Endres, Rudolf: Versuche Wiens zur Einflußnahme auf Kronprinz Friedrich von Preußen, in: Jahrbuch für fränkische Landesforschung, 29. Band, Neustadt a. d. Aisch 1969.
Faßmann, David: Leben und Thaten des Allerdurchlauchtigsten und Großmächtigsten Königs von Preußen Friederici Wilhelmi, Hamburg/Breslau 1735 (Nachdruck Wiesbaden, 1981).
Fellmann, Walter: Heinrich Graf Brühl. Ein Lebens- und Zeitbild, Leipzig 1989.
Fester, Richard: Die Bayreuther Schwester Friedrichs des Großen. Ein biographischer Versuch, Berlin 1902.
Fester, Richard: Markgräfin Wilhelmine und die Kunst am Bayreuther Hofe, in: Hohenzollern-Jahrbuch, Sechster Jahrgang, Berlin/Leipzig 1902.
Fester, Richard: Vorstudien zu einer Biographie der Markgräfin Wilhelmine von Bayreuth, in: Forschungen zur Brandenburgischen und Preußischen Geschichte, Band 14, Leipzig 1901.
Feuerstein-Praßer, Karin: Die preußischen Königinnen, Regensburg 2000.
Fischer-Fabian, Siegfried: Preußens Gloria. Der Aufstieg eines Staates, München 1979.
Focht, Josef: Die musische Aura der Markgräfin Wilhelmine. Musikinszenierung in der Kunst des Bayreuther Rokoko, Passau 1998.
Förster, Friedrich: Friedrich Wilhelm I. König von Preußen, Potsdam 1834/35.
Fürst Leopold I. von Anhalt-Dessau (1676–1747). »Der Alte Dessauer«. Ausstellung zum 250. Todestag (Katalog), Dessau 1997.
Gansera-Söffing, Stefanie: Die Schlösser des Markgrafen Georg Wilhelm von Brandenburg-Bayreuth, Bayreuth 1992.
Gaxotte, Pierre: Friedrich der Große, Frankfurt/Berlin/Wien 1972.
Gleichen-Rußwurm, Alexander von: Aus den Wanderjahren eines fränkischen Edelmannes, Würzburg 1907.

Gleichen-Rußwurm, Alexander von: Die Markgräfin von Bayreuth. Friedrich des Großen Lieblingsschwester, Stuttgart 1925.
Gleichen, Karl Heinrich von (Hrsg.): Denkwürdigkeiten des Barons Carl Heinrich von Gleichen, Leipzig 1847.
Gooch, George Peabody: Friedrich der Große. Herrscher. Schriftsteller. Mensch, Göttingen 1951.
Haake, Paul: Der Besuch des preußischen Soldatenkönigs in Dresden 1728, in: Forschungen zur Brandenburgischen und Preußischen Geschichte, 47. Band, Berlin 1935.
Haake, Paul: Jakob Heinrich Graf von Flemming, in: Sächsische Lebensbilder. Zweiter Band, Leipzig 1937.
Häseler, Jens: Ein Wanderer zwischen den Welten. Charles Etienne Jordan (1700–1745), Sigmaringen 1993.
Haffner, Sebastian: Preußen ohne Legende, Hamburg 1979.
Hager, Lutz / Seelig, Lorenz: Markgräfliches Opernhaus Bayreuth, München 1982.
Hartmann, Karl: Geschichte der Stadt Bayreuth in der Markgrafenzeit, Bayreuth 1949.
Hatton, Ragnhild: Georg I. Ein deutscher Kurfürst auf Englands Thron, Frankfurt a. M. 1982.
Hauser, Oswald (Hrsg.): Friedrich der Große in seiner Zeit (Neuere Forschungen zur Brandenburg-Preußischen Geschichte, Band 8), Köln/Wien 1987, darin besonders die Beiträge von Peter Baumgart (Kronprinzenopposition. Friedrich und Friedrich Wilhelm I.); Oswald Hauser (England und Friedrich der Große) und Ragnhild Hatton: (Frederick the Great and the House of Hanover).
Heigel, Karl Theodor: Der Österreichische Erbfolgestreit und die Kaiserwahl Karls VII., Nördlingen 1877.
Heinrich, Gerd: Geschichte Preußens. Staat und Dynastie, Frankfurt/Berlin/Wien 1981.
Heinritz, Johann Georg: Die Lebens- und Regierungsjahre des Markgrafen Friedrich, in: Archiv für Geschichte und Alterthumskunde des Ober-Main-Kreises, 2. Band, Bayreuth 1835/36.
Hell, Th. (Hrsg.): Memoiren von Friederike Sophie Wilhelmine Markgräfin von Baireuth. Schwester Friedrichs des Großen, Braunschweig 1845.
Henning, Herzeleide und Eckart: Bibliographie Friedrich der Große, Berlin 1988.
Herrmann, Franz: Markgrafen-Büchlein. Kurz zusammengefasste Geschichte der Markgrafen Ansbach's und Bayreuth's und ihrer Vorfahren der Burggrafen in Nürnberg, Bayreuth 1902.
Hinrichs, Carl: Der Kronprinzenprozeß. Friedrich und Katte, Hamburg 1936.

Hinrichs, Carl: Friedrich Wilhelm I. König in Preußen. Eine Biographie. Jugend und Aufstieg, Hamburg 1941.

Hintze, Otto: Die Hohenzollern und ihr Werk. Fünfhundert Jahre vaterländischer Geschichte, Berlin 1915.

Hofmann, Friedrich H.: Die Kunst am Hofe der Markgrafen von Brandenburg. Fränkische Linie, Straßburg 1901.

Horn, Georg: Voltaire und die Markgräfin von Baireuth, Berlin 1865.

Hudde, Heinrich: Theaterleidenschaft und tragisches Lebensgefühl in den Memoiren der Wilhelmine von Bayreuth, in: Jahrbuch für fränkische Landesforschung, 55. Band, Neustadt a. d. Aisch 1995.

Hübsch, Georg: Der fürstliche Lustsitz Eremitage bei Bayreuth, Bayreuth 1924.

Kaiser, Wolfgang J. (Hrsg.): Le siècle de Voltaire. Friedrich der Große und Voltaire. Aufklärung – Lumières, Frankfurt a. M. 1995.

Kammerer-Grothaus, Helke / Kreikenbom, Detlev: Wilhelmine und Friedrich II. und die Antiken, Stendal 1998.

Kathe, Heinz: Der »Soldatenkönig« Friedrich Wilhelm I. 1688–1740, Köln 1981.

Klepper, Jochen: Der Vater. Roman des Soldatenkönigs, Stuttgart 1937.

Klepper, Jochen: Der König und die Stillen im Lande, Witten/Berlin 1956.

Klepper, Jochen: In tormentis pinxit. Bilder und Briefe des Soldatenkönigs, Stuttgart 1938.

Kluxen, Andrea M.: Die Ruinen-»Theater« der Wilhelmine von Bayreuth, Erlangen 1983.

Koch, Hansjoachim W.: Geschichte Preußens, München 1980.

Kolb, Annette (Hrsg.): Wilhelmine von Bayreuth. Eine preußische Königstochter. Glanz und Elend am Hofe des Soldatenkönigs in den Memoiren der Markgräfin Wilhelmine von Bayreuth, Frankfurt a. M. 1980.

Koser, Reinhold: Aus den letzten Tagen König Friedrich Wilhelms I., in: Hohenzollern-Jahrbuch, Berlin/Leipzig 1904.

Koser, Reinhold: Friedrich der Große als Kronprinz, Stuttgart 1886.

Krauske, Otto: Die Briefe des Kronprinzen Friedrich von Preußen an den Fürsten Leopold und an die Prinzen von Anhalt-Dessau, in: Forschungen zur Brandenburgischen und Preußischen Geschichte, Siebenter Band, Leipzig 1894.

Krauske, O.: Die Briefe König Friedrich Wilhelms I. an den Fürsten Leopold zu Anhalt-Dessau, in: Acta Borussica. Denkmäler der Preußischen Staatsverwaltung im 18. Jahrhundert. Ergänzungsband, Berlin 1905.

Krieger, Bogdan: Sieben Tage am Hofe Friedrich Wilhelms I. Tagebuch

des Professors J. A. Freylinghausen über seinen Aufenthalt in Wusterhausen vom 4.–10. September 1727, Berlin 1900.
Kröll, Joachim: Zum Gedankengut der Aufklärung in Bayreuth, in: Archiv für Geschichte von Oberfranken, 39. Band, Bayreuth 1959.
Kroll, Frank-Lothar (Hrsg.): Preußens Herrscher. Von den ersten Hohenzollern bis Wilhelm II. (darin Peter Baumgart über Friedrich Wilhelm I. und Johannes Kunisch über Friedrich den Großen), München 2000.
Krückmann, Peter O.: Paradies des Rokoko. Band I: Das Bayreuth der Markgräfin Wilhelmine, Band II: Galli Bibiena und der Musenhof der Wilhelmine von Bayreuth, München/New York 1998.
Kunisch, Johannes: Friedrich der Große. Der König und seine Zeit, München 2004.
Lauterbach, Hans: Das Archiv des Historischen Vereins für Oberfranken in Bayreuth, Würzburg 1959.
Lavisse, Ernst: Die Jugend Friedrichs des Großen. 1712–1740, Berlin 1919.
Lehmann, Hartmut: Pietismus und soziale Reform in Brandenburg-Preußen, in: Neue Forschungen zur brandenburg-preußischen Geschichte, Band 7, Köln/Wien 1987.
Lehndorff, Ernst Ahasverus Heinrich Reichsgraf von: Dreißig Jahre am Hofe Friedrichs des Großen. Drei Bände, Gotha 1907.
Malettke, Klaus: Die französisch-preußischen Beziehungen unter Friedrich Wilhelm I. bis zum Frieden von Stockholm, in: Neue Forschungen zur brandenburg-preußischen Geschichte, Band 7, Köln/Wien 1987.
Mamlock, G. L.: Friedrichs des Großen Korrespondenz mit Ärzten, Stuttgart 1907.
Mass, Edgar: Le Marquis d'Adhémar: la correspondence inéditée d'un ami des philosophes à la cour de Bayreuth, in: Theodore Besterman, Studies on Voltaire and the eighteenth century. Volume CIX, Banbury 1973.
Mass, Edgar: Voltaire und Wilhelmine von Bayreuth, in: Peter Brockmeier/Roland Desné/Jürgen Voss (Hrsg.): Voltaire und Deutschland, Stuttgart 1979.
Memoiren von Sophie Dorothea, Gemahlin Georgs I. Aus den geheimen Archiven von Hannover, Braunschweig, Berlin und Wien, mit einem Tagebuch über Gespräche zwischen berühmten Personen dieser Höfe, Stuttgart 1847.
Merten, Klaus: Der Bayreuther Hofarchitekt Joseph Saint-Pierre (1708/9–1754), Berlin 1964.
Meyer, Johann Gottlob von: Nachrichten von der politischen und ökonomischen Verfassung des Fürstenthums Bayreuth und der in diesem Jahrhundert verstorbenen Markgrafen, Gotha 1780.

Mittenzwei, Ingrid: Friedrich II. von Preußen. Eine Biographie, Köln 1980.
Morand, Paul: Sophie Dorothea von Celle. Die Geschichte eines Lebens und einer Liebe, Hamburg 1970.
Müller, Friedrich Ludwig: Die Markgräfin. Aus dem Leben der preußischen Prinzessin Wilhelmine, Bonn 2003.
Müller, Wilhelm: Im Glanz des Rokoko. Markgräfin Wilhelmine von Bayreuth. Gedenken zu ihrem 200. Todestag (Archiv für Geschichte von Oberfranken, 38. Band), Bayreuth 1958.
Müssel, Karl: Bayreuth in acht Jahrhunderten. Geschichte der Stadt, Bindlach 1993.
Müssel, Karl: Die große Bayreuther Fürstenhochzeit. Vorgeschichte, Vorbereitungen und Verlauf, Bayreuth 1997.
Müssel, Karl: Markgraf Friedrich von Brandenburg-Bayreuth. 1711–1763. Zwei Teile, Wissenschaftliche Beilage zum Jahresbericht 1953/54 bzw. 1955/56 des Gymnasiums Christian-Ernestinum Bayreuth.
Müssel, Karl: Das Repertoire der »Französischen Komödie« am Hofe des Bayreuther Markgrafenpaares Friedrich und Wilhelmine, in: Archiv für Geschichte von Oberfranken, 77. Band, Bayreuth 1997.
Müssel, Karl: Eine vatikanische Quelle zum Rombesuch der Markgräfin Wilhelmine, in: Archiv für Geschichte von Oberfranken, 55. Band, Bayreuth 1975.
Müssel, Karl: Wilhelmine von Bayreuth: Von Königen und Fürsten Europas betrauert. Der Tod der Markgräfin im Spiegel der Kondolenzschreiben, in: Archiv für Geschichte von Oberfranken, 78. Band, Bayreuth 1998.
Müssel, Karl: Wilhelmines Jugend im Spiegel von Briefen ihrer Mutter, in: Archiv für Geschichte von Oberfranken, 39. Band, Bayreuth 1959.
Müssel, Karl: Zauberwerk der Phantasie. Das Bayreuther Rokoko, in: Wolfgang Buhl (Hrsg.): Franken im Rokoko. Streifzüge durch eine Kulturlandschaft, München 1989.
Müssel, Karl: Zum Briefwechsel der Markgräfin Wilhelmine mit ihrem Bruder Friedrich im Jahre 1748, in: Archiv für Geschichte von Oberfranken, 78. Band, Bayreuth 1998.
Mundt, Bernhard: Prinz Heinrich von Preußen 1726–1802. Die Entwicklung zur politischen und militärischen Führungspersönlichkeit (1726–1763), Hamburg 2002.
Neugebauer, Wolfgang: Die Hohenzollern. Zwei Bände, Stuttgart 1996/2003.
Neuhaus, Helmut: Andreas Elias Roßmann und die Universität Erlangen (Jahrbuch für fränkische Landesforschung, 54. Band), Neustadt a. d. Aisch 1994.

Neumann, Hans-Joachim: Friedrich I. Der erste König der Preußen, Berlin 2001.

Noack, Paul: Elisabeth Christine und Friedrich der Große, Stuttgart 2001.

Oestreich, Gerhard: Friedrich Wilhelm I. Preußischer Absolutismus, Merkantilismus, Militarismus, Göttingen 1977.

Oncken, Wilhelm: Sir Charles Hotham und Friedrich Wilhelm I. im Jahre 1730, in: Forschungen zur Brandenburgischen und Preußischen Geschichte, 7., 8. und 9. Band (1894, 1895, 1897).

Ortner-Buchberger, Claudia: »Quel plaisir je trouve à m'entretenir avec vous«: Zur Korrespondenz der Markgräfin Wilhelmine mit Voltaire und Friedrich dem Großen, in: Günter Berger / Franziska Sick (Hrsg.): Französisch-deutscher Kulturtransfer im Ancien Régime, Tübingen 2002.

Pangels, Charlotte: Friedrich der Große, München 1979.

Pangels, Charlotte: Königskinder im Rokoko. Die Geschwister Friedrichs des Großen, München 1976.

Pantenius, Wilhelm Moritz (Hrsg.): Erlasse und Briefe des Königs Friedrich Wilhelm I. von Preußen, Leipzig 1913.

Pfeiffer, Gerhard: Gründung und Gründer der Universität Erlangen, in: 250 Jahre Friedrich-Alexander-Universität Erlangen-Nürnberg, Erlangen 1993.

Pfeiffer, Gerhard: Markgräfin Wilhelmine von Bayreuth und die Eremitagen bei Bayreuth und Sanspareil, in: Archive und Geschichtsforschung. Studien zur fränkischen und bayerischen Geschichte, Neustadt a. d. Aisch 1966.

Pfeiffer, Gerhard: Wilhelmine von Bayreuth, in: Fränkische Lebensbilder, Sechster Band, Würzburg 1975.

Pierson, John: König Friedrich Wilhelm I. in den Denkwürdigkeiten der Markgräfin Wilhelmine von Baireuth, Halle an der Saale 1890.

Pleschinski, Hans (Hrsg.): Voltaire – Friedrich der Große. Briefwechsel, Zürich 1992.

Plumb, J. H.: The first four Georges, London 1956.

Pöhlau, Fritz: Staat und Wirtschaft in Ansbach-Bayreuth im Zeitalter Friedrichs des Großen, Erlangen 1934.

Pöllnitz, Karl Ludwig Baron von: Mémoires pour servir à l'histoire des quatres derniers de la maison de Brandenbourg Royale de Prusse, Berlin 1791.

Preuß, J. D. C.: Friedrich der Große mit seinen Verwandten und Freunden. Eine historische Skizze, Berlin 1838.

Preußen, Friedrich Wilhelm Prinz von / Kretschmer, Sibylle / Heckmann-Janz, Kirsten: »... solange wir zu zweit sind.« Friedrich der

Große und Wilhelmine Markgräfin von Bayreuth in Briefen, München 2003.
Ranke, Leopold: Neun Bücher preußischer Geschichte, Berlin 1847.
Raumer, Friedrich von: Beiträge zur neueren Geschichte aus dem britischen Museum und Reicharchive. Zweiter Theil. König Friedrich II. und seine Zeit, Leipzig 1836.
Rehm, Walther: Johann Joachim Winckelmann. Briefe, Erster Band. 1742–1759, Berlin 1952.
Reich, August: Finanzwesen und Landstände unter Markgraf Friedrich von Bayreuth 1735–1763, Würzburg 1923.
Ritter, Gerhard: Friedrich der Große. Ein historisches Profil, Heidelberg 1936.
Rödenbeck, Karl Heinrich Siegfried: Tagebuch oder Geschichtskalender aus Friedrich's des Großen Regentenleben, Berlin 1840 (Neudruck Bad Honnef 1982).
Rudloff-Hille, Gertrud: Die Bayreuther Hofbühne im 17. und 18. Jahrhundert, in: Archiv für Geschichte und Altertumskunde von Oberfranken, 31. Band, Bayreuth 1936.
Rüthnick, Richard: Die Politik des Bayreuther Krieges während des siebenjährigen Krieges, Bayreuth 1905.
Sahrmann, Adam: Die Frage der preußischen Sukzession in Ansbach und Bayreuth und Friedrich der Große, Bayreuth 1912.
Schenk, Erich: Giuseppe Antonio Paganelli. Sein Leben und seine Werke, nebst Beiträgen zur Musikgeschichte Bayreuths, Salzburg 1928.
Schieder, Theodor: Friedrich der Große. Ein Königtum der Widersprüche, Berlin 1983.
Schlenke, Manfred (Hrsg.): Preußische Geschichte. Eine Bilanz in Daten, Freiburg/Würzburg 1983.
Schmidt, Gustav: 250 Jahre Markgräfliches Opernhaus Bayreuth, Bayreuth 1998.
Schmidt, Gustav: Die Eremitage (bei Bayreuth), Bayreuth 2003.
Schmidt, Roderich: Bayreuth und die Hohenzollern vom ausgehenden Mittelalter bis zum Ende des Alten Reiches, Ebsdorfergrund 1992.
Schmidt, Werner: Friedrich I. Kurfürst von Brandenburg. König in Preußen, München 1996.
Schoeps, Hans-Joachim: Preußen. Geschichte eines Staates, Frankfurt/Berlin 1966.
Schrader, Susanne: Das Markgrafentheater in Bayreuth. Studien zum Hoftheatertypus des 18. Jahrhunderts, München 1985.
Schüßler, Willy (Hrsg.): Friedrich der Große. Gespräche mit Henri de Catt, Bremen 1955, München 1981.
Seckendorff, Christoph Ludwig von: Journal secret du Baron Christophe Louis de Seckendorff, 1811 (als Band 2.2. der Tübinger Ausgabe der

Memoiren Wilhelmines angegliedert; Denkwürdigkeiten aus dem Leben der Königl. Preußischen Prinzessin Friederike Sophie Wilhelmine), Tübingen 1810/11.
Seckendorff, Theresius Joseph Carl Sigismund Ludwig Graf von: Versuch einer Lebensbeschreibung des Feldmarschalls Grafen von Seckendorff, Leipzig 1794.
Seelig, Lorenz: Friedrich und Wilhelmine von Bayreuth. Die Kunst am Bayreuther Hof 1732–1763, München/Zürich 1982.
Sitzmann, Karl: Die Frühzeit des Architekten Carl Gontard in Bayreuth, in: Archiv für Geschichte von Oberfranken, 36. Band, Bayreuth 1952.
Stamm-Kuhlmann, Thomas: Die Hohenzollern, Berlin 1995.
Stiftung Stadtmuseum Berlin (Hrsg.): Im Dienste Preußens. Wer erzog Prinzen zu Königen? Berlin 2001.
Streidt, Gerd / Frahm, Klaus: Potsdam: Die Schlösser und Gärten der Hohenzollern, Köln 1996.
Talkenberger, Heike: Zwischen Hofintrige und Arkadien. Adliges Frauenleben im 18. Jahrhundert am Beispiel der Wilhelmine von Bayreuth, in: Peter Müller (Hrsg.): Frauengeschichte(n), Stuttgart 2002.
Thiel, Heinrich: Wilhelmine von Bayreuth. Die Lieblingsschwester Friedrichs des Großen, München 1967.
Toussaint, Ingo: Lustgärten um Bayreuth. Eremitage. Sanspareil. Fantaisie, Hildesheim/Zürich/New York 1998.
Toussaint, Ingo: Reisen nach Bayreuth. Berichte aus acht Jahrhunderten, Hildesheim/Zürich/New York 1994.
Trübsbach, Rainer: Geschichte der Stadt Bayreuth 1194–1994, Bayreuth 1993.
Trübsach, Rainer: Wirtschafts- und Sozialgeschichte Bayreuths im 18. Jahrhundert, in: Archiv für Geschichte von Oberfranken, Bayreuth 1985.
Van der Kiste, John: King George II and Queen Caroline, Phoenix 1997.
Veh, Otto: Markgraf Georg Friedrich Karl von Bayreuth (1726–1735), in: Archiv für Geschichte von Oberfranken, 35. Band, Bayreuth 1951.
Velder, Christian: 300 Jahre Französisches Gymnasium Berlin, Berlin 1989.
Venohr, Wolfgang: Der große König. Friedrich II. im Siebenjährigen Krieg, Bergisch Gladbach 1995.
Venohr, Wolfgang: Der Soldatenkönig. Revolutionär auf dem Thron, Berlin 1988.
Volz, Gustav Berthold (Hrsg.): Briefwechsel Friedrichs des Großen mit seinem Bruder Prinz August Wilhelm, Leipzig 1927.
Volz, Gustav Berthold: Friedrich der Große im Spiegel seiner Zeit. Drei Bände, Berlin 1910.
Volz, Gustav Berthold: Friedrich der Große und Wilhelmine von Bay-

reuth. Band 1: Jugendbriefe 1728–1740, Band 2: Briefe der Königszeit, 1740–1758, Leipzig/Berlin 1924–26.
Volz, Gustav Berthold: Die Markgräfin Wilhelmine von Bayreuth und ihre Denkwürdigkeiten, in: Forschungen zur Brandenburgischen und Preußischen Geschichte, 36. Band, München/Berlin 1924.
Volz, Gustav Berthold: Die Romreise der Markgräfin Wilhelmine von Bayreuth, in: Forschungen zur Brandenburgischen Geschichte, 39. Band, München/Berlin 1927.
Wagner, Karlheinz: Herzog Karl Eugen von Württemberg. Modernisierer zwischen Absolutismus und Aufklärung, Stuttgart/München 2001.
Walter, Jürgen: Wilhelmine von Bayreuth. Die Lieblingsschwester Friedrichs des Großen, München 1981.
Weber, Gordian A.: Die Antikensammlung der Wilhelmine von Bayreuth, München 1996.
Wittern, Renate: Wilhelmine von Bayreuth und Daniel de Superville: Vorgeschichte und Frühzeit der Erlanger Universität, Erlangen 1993.
Wörner, Friedrich J.: Burgen und Schlösser der Hohenzollern. Geschichte und Baukultur einer Dynastie, Wiesbaden 1981.
Wolff, Richard: Vom Berliner Hofe zur Zeit Friedrich Wilhelms I. Berichte des Braunschweigischen Gesandten in Berlin; 1728–1733, in: Schriften des Vereins für die Geschichte Berlins 48/49, Berlin 1914.
Wright, Constance: A Royal Affinity. The Life of Frederick the Great and Wilhelmina of Bayreuth, London 1967.
Zapf, Rosemarie: Wilhelmine von Bayreuth im religiösen Umfeld ihrer Zeit, Erlangen 1994.
Ziebura, Eva: Prinz Heinrich von Preußen, Berlin 1999.

Personenregister

Zusammengestellt von Uwe Steffen

Bildnachweis

Archiv für Kunst und Geschichte, Berlin: Tafel 3 oben links, 11 oben rechts
Bayerische Verwaltung der Schlösser und Seen: Tafel 2, 4 oben, 5 bis 7, 11 oben links und unten, 12, 13 unten, 15
Klaus Frahm, Börnsen: Tafel 8 bis 10, 13 oben, 14
Staatsbibliothek Preußischer Kulturbesitz: Tafel 4 unten
Stiftung Preußische Schlösser und Gärten Berlin-Brandenburg: Tafel 1, 3 oben rechts und unten, 16

Jakob VI. (1566–1625),
König von Schottland 1567,
als Jakob I. König von England 1603
⚭ Anna von Dänemark (1574–1619)

Elisabeth Stuart (1596–1662)
⚭ Friedrich V., Graf von
Pfalz-Simmern
(1596–1632)

Karl Ludwig von
Pfalz-Simmern
(1617–1680)

Sophie (1630–1714)
⚭ Ernst August,
Kurfürst von
Hannover
(1629–1698)

Georg I. (1660–1727),
Kurfürst von Hannover 1698,
König von England 1714
⚭ Sophie Dorothea von Celle
(1666–1726)

Georg II. (1683–1760),
König von Großbritannien 1727,
als Georg II. August Kurfürst von
Hannover 1727
⚭ Karoline von Brandenburg-
Ansbach (1683–1737)

Sophie Dorothea von
Hannover (1687–1757)
⚭ Friedrich Wilhelm I.,
König in Preußen
(1688–1740)

Friedrich
Ludwig, Prinz
von Wales
(1707–1751)
⚭ Augusta von
Sachsen-Gotha
(1719–1772)

Anna
(1709–1759)
⚭ Wilhelm IV.,
Prinz von
Oranien
(1711–1751)

Maria
(1723–1772)
⚭ Friedrich II.,
Landgraf von
Hessen-Kassel
(1720–1785)

Luise
(1724–1751)
⚭ Friedrich V.,
König von
Dänemark
(1723–1766)

Das Haus Hannover

Karl I. (1600–1649), König von Großbritannien 1625
⚭ Henriette Maria von Frankreich (1609–1669)

- Karl II. (1630–1685), König von Großbritannien 1660
  ⚭ 1. Katharina von Portugal (1638–1705)
  ⚭ 2. Lucy Walters (1630–1658)
  - aus 2: James Scott, Herzog von Monmouth (1649–1685)
- Maria (1631–1660)
  ⚭ Wilhelm II., Prinz von Oranien (1626–1650)
  - Wilhelm III. von Oranien (1650–1702), König von Großbritannien 1689
    ⚭ Maria II. Stuart, Königin von England (1662–1694)
- Jakob II. (1633–1701), König von England 1685–88
  ⚭ 1. Anna Hyde (1638–1671)
  ⚭ 2. Maria Beatrix von Este (1658–1718)
  - aus 1: Maria II. Stuart (1662–1694), Königin von England 1689
    ⚭ Wilhelm III. von Oranien, König von Großbritannien (1650–1702)
  - aus 1: Anna (1665–1714), Königin von Großbritannien 1707 und von Irland 1702–14
    ⚭ Georg, Prinz von Dänemark (1653–1708)
  - aus 2: Jakob (III.) Eduard, Thronprätendent (1688–1766)
    ⚭ Maria Klementine von Polen (1702–1735)
    - Karl Eduard, Thronprätendent (1720–1788)
- Henriette Anna von England (1644–1670)
  ⚭ Philipp I., Herzog von Orléans (1640–1701)

Das Haus Hohenzollern

Friedrich Wilhelm, der Große Kurfürst (1620–1688), Kurfürst von Brandenburg 1640
⚭ 1. Luise Henriette von Oranien (1627–1667)
⚭ 2. Dorothea von Holstein-Sonderburg-Glücksburg (1636–1689)

aus 1:
Friedrich III. (1657–1713), Kurfürst von Brandenburg 1688 als Friedrich I. König in Preußen 1701
⚭ 1. Elisabeth Henriette von Hessen-Kassel (1661–1683)
⚭ 2. Sophie Charlotte von Hannover (1668–1705)
⚭ 3. Sophie Luise von Mecklenburg-Schwerin (1685–1735)

aus 1:
Luise (1680–1705),
⚭ Friedrich I., König von Schweden (1676–1751)

aus 2:
Friedrich Wilhelm I. (1688–1740), König in Preußen 1713
⚭ Sophie Dorothea von Hannover (1687–1757)

Wilhelmine (1709–1758)
⚭ Friedrich, Markgraf von Brandenburg-Bayreuth (1711–1763)

Elisabeth Friederike (1732–1780)
⚭ Karl Eugen, Herzog von Württemberg (1728–1793)

Friedrich II., der Große (1712–1786), König von Preußen 1740
⚭ Elisabeth Christine von Braunschweig-Bevern (1715–1797)

Friederike Luise (1714–1784)
⚭ Karl, Markgraf von Brandenburg-Ansbach (1712–1757)

Philippine Charlotte (1716–1801)
⚭ Karl I., Herzog von Braunschweig (1713–1780)

aus 2:
Philipp Wilhelm
(1669–1711),
Markgraf zu Schwedt
⚭ Johanna Charlotte von
Anhalt-Dessau
(1682–1750)

Friedrich Wilhelm, Markgraf
von Brandenburg-Schwedt
(1700–1771)
⚭ Sophie von Preußen
(1719–1765)

Sophie
(1719–1765)
⚭ Friedrich
Wilhelm,
Markgraf von
Brandenburg-
Schwedt
(1700–1771)

Luise Ulrike
(1720–1782)
⚭ Adolf Friedrich,
König von
Schweden
(1710–1771)

August Wilhelm
(1722–1758)
⚭ Luise Amalie
von Braunschweig-
Wolfenbüttel
(1722–1780)

Amalie
(1723–1787)

Ferdinand
(1730–1813)
⚭ Luise von
Brandenburg-
Schwedt
(1738–1820)

Friedrich Wilhelm II. (1744–1797),
König von Preußen 1786
⚭ 1. Elisabeth Christine von
Braunschweig-Wolfenbüttel
(1746–1840)
⚭ 2. Friederike Luise von Hessen-
Darmstadt (1751–1805)

Wilhelmine
(1751–1820)
⚭ Wilhelm V. von
Oranien
(1748–1806)

Louis Ferdinand
(1772–1806)

Die vergessene Prinzessin

Coveränderungen vorbehalten

Karin Feuerstein-Praßer

Alice von Battenberg – Die Schwiegermutter der Queen

Ein unkonventionelles Leben

Piper Taschenbuch, 256 Seiten
ISBN 978-3-492-31545-6

Verlassen, verraten, vergessen – nur wenige kennen Alice von Battenberg, Mutter von Prinz Philip und Schwiegermutter von Queen Elizabeth II. Die Ehe der nahezu tauben Prinzessin mit Prinz Andreas von Griechenland wurde schnell von Kriegen und Revolutionen überschattet, vor der Härte des Alltags im Exil flüchtete sie sich in eine religiöse Traumwelt, bis sie wegen Verdachts auf Schizophrenie schließlich in der Psychiatrie landete.

Leseproben, E-Books und mehr unter www.piper.de